JN124536

受験研究社

はじめに

人と人との円滑なコミュニケーションには，相手のことばを正しく理解し，自分の気持ちや考えを正しく相手に伝えることが求められます。このやり取りに欠かせないのが，それぞれの言語独自のルール，つまり「文法」の知識です。たとえば “I play soccer every Monday.”（私は毎週月曜日にサッカーをします。）を，文法を無視して “Monday soccer I every play.” とすると，意味は正しく伝わりません。英語には「語句の順序が変わると，意味も変わる」という言語的特徴があります。

コミュニケーション成立のためには文法知識が必要ですが，残念なことに，英文法の学習に苦手意識をもつ中学生は少なくありません。本書はこの点にも配慮して，中学生のみなさんにとって「楽しくわかりやすく，読んでためになる英語の参考書」をめざしました。英文を意味のまとまり(「意味順」)でとらえ，視覚的に整理して示すことで，英文の仕組みが直感的にわかり，「意味から直接英語をつくる」ことができるように工夫しています。

新学習指導要領の内容に対応した本書は，「表現力」の礎となる産出技能(「話す[やり取り]と[発表]」，「書く」)の育成もめざして執筆されています。さらに，新しく中学校で紹介される仮定法なども丁寧に扱われています。編著者は，私の信頼する大向雅士先生と松本真奈先生，Edwin G Wiehe 先生で，最先端の英語教育研究成果にもとづいた内容となっています。

本書をとおして，高校・大学英語への架け橋となる知識と技能を身につけ，なにより英語でのコミュニケーションを楽しんでいただけることを願っています。

監修者
田地野　彰

この本を使うみなさんへ

1. ネットワーク社会で必要なこと

すさまじいスピードで社会のネットワーク化が進む中，地球に暮らす私たちを隔てる物理的な壁は取り払われ，遠く離れた人たちとも瞬時につながり合うことができるようになりました。しかし，この進歩をもたらしたテクノロジーは，同時に，地球環境や生態系の秩序を乱し，その原因を作った私たち人間自身が，持続可能な(sustainable)世界を取り戻すことを真摯に考えなければならない時代に差しかかっていると思われます。そこで私たちに必要なことは，ネットワークを通じて「言葉」でつながり，話し合いを通じて「未来について考える」ことではないでしょうか。

2. 英語を学ぶことの意味

インターネットの共通言語は英語と言われていますが，もちろん，英語だけが大切なわけではありません。世界中の人々がそれぞれに持つ母語は，彼らの文化や伝統そのものであり，その多様性は当然大切にされなければなりません。AIによる自動翻訳技術が，この多様な言語の壁をある程度解消してくれるかもしれませんが，深く理解し合うためには，私たち自身が紡ぎ出す丁寧な言葉が必要です。コンピューターによる表面的なコミュニケーションではなく，世界共通語としての英語をしっかりと学んだ私たちの言葉がもたらす深いコミュニケーションこそが，今後ますます必要になってくることでしょう。

3. 深く強い学びを起動する

世界中の人々がつながり合うために，英語のしくみをきちんと学び，それを土台とした4技能(読む・聞く・話す・書く力)を伸ばすことは，どんなに時代が進んでも大切なことに変わりありません。英語教育の長い歴史の中で，旧版の編著者である織田稔先生の研究成果をしっかりと引き継ぎ，新しい時代に向けて発信に軸足を置いた，田地野彰先生の「意味順」を導入した，この新しい『自由自在』が，若い皆さんの中に深く強い「言語の学び」を起動してくれるものと確信しています。また，今回の改訂には，編著者の勤務校である中学校の全校生徒と共に授業の現場で『自由自在』を利用した経験が大いに生かされています。

この新『自由自在』を存分に活用し，しっかりとした英語力を身につけていただけることを願っています。頑張ってください。

編著者 しるす

特長と使い方

解説ページ

基本用例

各課の重要な学習事項を含む例文やダイアログを掲載しています。音声を繰り返し聞いて練習することで，文の仕組みも身につけることができます。

Points for Study

その課の学習目標です。ポイントをチェックし，そのあとの解説を読みましょう。試験前の要点整理にも役立ちます。

QR コード

QR コードを読み取ると，基本用例の英文やリスニングの音声を聞くことができます。読んだり，書いたりするだけでなく，英文を繰り返し聞いてインプットを充実させることが可能です。スマートフォンなどで読み込んでいただくと，本書の画像が表示されます。グレー部分をタッチして音声を再生してください。

※お使いの機器によっては再生できないものもあります。通信費はお客様負担になります。

第1編 初級

1 This is ～. That is ～. の文

基本用例

1. That's an airplane.
2. That is a crane.
3. This is an elephant.
4. This is a dog.

語句 dog [dɔ́(ː)g ドーグ]「犬」 crane [kréin クレイン]「ツル」 elephant [éləfənt エれふァント]「象」 That's [ðǽts ざぁッツ] = That is airplane [éərplèin エアプれイン]「飛行機」

訳し方 1. あれは飛行機です。 2. あれはツルです。 3. これは象です。 4. これは犬です。

Points for Study

1 this と that の使い方　This is ～.（これは～です。）That is ～.（あれは～です。）

発音 this [ðís ずィス] is [iz イズ] that [ðǽt ざぁット]

2 a と an の使い方　a [ə ア] は子音の前，an [ən アン] は母音の前。

3 国名・人名の言い方　a, an を付けずに，大文字で始める。

42

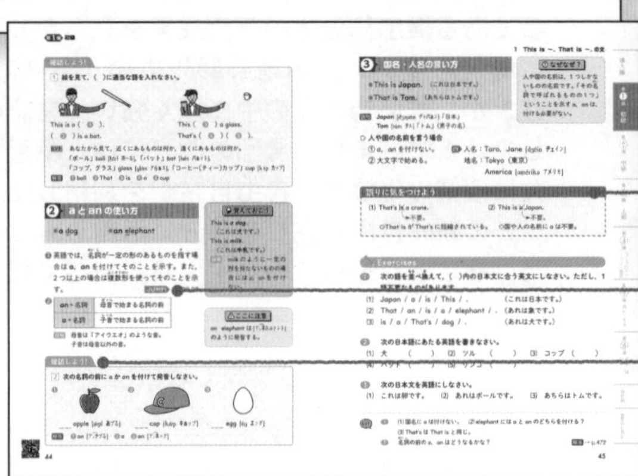

意味順Box

英文を意味のまとまりの順序に着目し，「だれが／する（です）／だれ・なに／どこ／いつ」という順序と対応させながら，英語をあてはめて，正しい英文をつくる方法です。これにより，英文の仕組み全体がつかめるようになります。第 2 編以降は『意味順 Box トレーニング』のページで確認することが可能です。

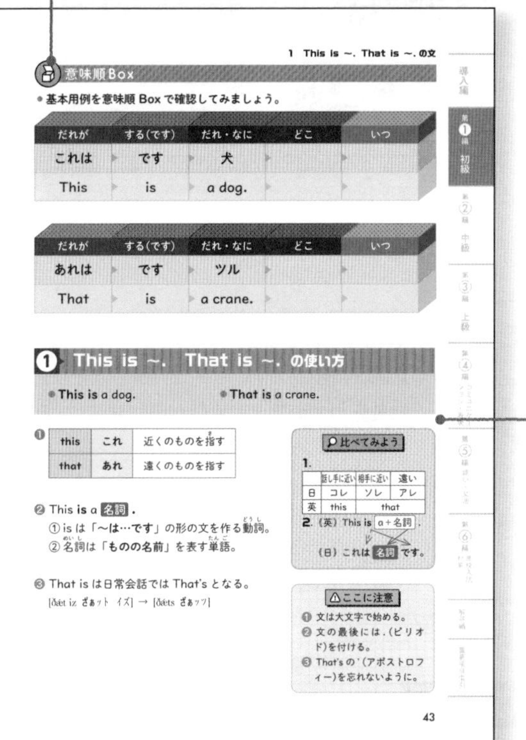

1 This is ~. That is ~. の文

意味順Box

● 基本用例を意味順 Box で確認してみましょう。

だれが	する(です)	だれ・なに	どこ	いつ
これは	です	犬		
This	is	a dog.		

だれが	する(です)	だれ・なに	どこ	いつ
あれは	です	ツル		
That	is	a crane.		

1 This is ~. That is ~. の使い方

● This is a dog. ● That is a crane.

❶

this	これ	近くのものを指す
that	あれ	遠くのものを指す

❷ This is a 名詞 .
① is は「～は…です」の形の文を作る動詞。
② 名詞は「ものの名前」を表す単語。

❸ That is は日常会話では That's となる。
[ðǽt iz ざあット イズ] → [ðǽts ざあッツ]

比べてみよう

1.

	話し手に近い	相手に近い	遠い
日	コレ	ソレ	アレ
英	this	that	

2. (英) This is a＋名詞 .
(日) これは 名詞 です。

ここに注意

❶ 文は大文字で始める。
❷ 文の最後には .（ピリオド）を付ける。
❸ That's の '（アポストロフィー）を忘れないように。

43

充実のサイドコーナー

比べてみよう

文法や単語の使い方において，紛らわしいものを解説しています。

ここに注意

該当の文法や単語を用いる際に気をつけたいことを示しました。

覚えておこう

例文に関連する文法や英単語をコンパクトにまとめてあります。知識・語い力を高めます。

なぜなぜ？

英語に関するちょっとした疑問に答える知識が詰まった興味深いコラムです。

誤りに気をつけよう

よく間違える英文の例を挙げ，それに関する正しい用法を解説しています。

JUMP!

関連した内容のページを示しています。繰り返し学習や横断的な学習が可能です。

確認しよう！

小単元ごとに学んだ内容をすぐに確認することができるチェック問題です。ヒントも活用しましょう。

発展

より発展的な内容です。高校で学習する内容も含まれています。

▶ 要点をつかむ

ここからスタート！ 導入編
英語の学習を始めるにあたって
START!
Is this a do or or a win dow?
これさ！
ないと思うよ！

ここからスタート！

各編への導入として，その編で学習する内容の要点をマンガで楽しく紹介しています。これを読むことで学習内容のポイントが分かります。

▶ 基礎を固める

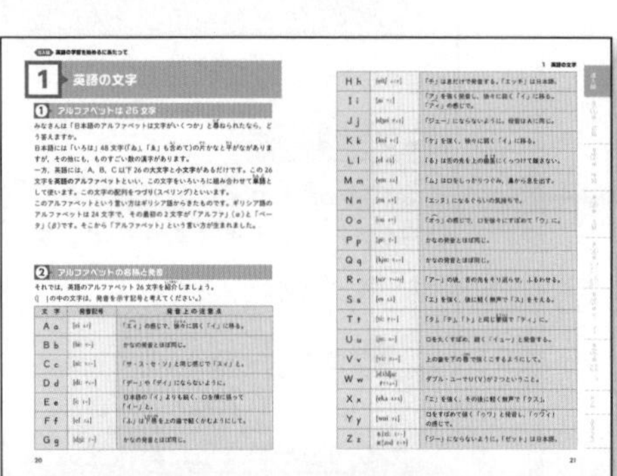

1 英語の文字

① アルファベットは26文字

② アルファベットの名称と発音

導入編

英語の文の書き方や意味順，発音，アクセントなど，英語を書いたり，話したりしていく上で欠かせない重要事項が分かりやすく，簡潔にまとめられています。

▶ コミュニケーション力を高める

コミュニケーション・表現

想定されるコミュニケーションの場面ごとに，使える英語表現をまとめました。入試に役立つ表現でもあると同時に，実際に「使える英語」としても身についていきます。

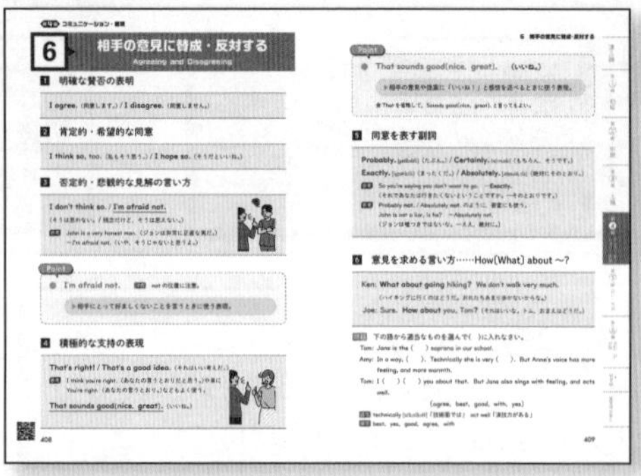

6 相手の意見に賛成・反対する

1 明確な賛否の表明

2 肯定的・希望的な同意

3 否定的・悲観的な見解の言い方

4 積極的な支持の表明

5 同意を表す副詞

6 意見を求める言い方……How(What) about ~?

▶ 語い・語法をマスターする

比較級・最上級の言い換え

be interested *in* ～ など

「行ったことがある」と「行ってしまって今はいない」

語い・語法

発音やアクセント，語い・語法について 35 のエッセンスに分けてまとめました。練習問題も用意しておりますので，問題を解きながら身につけていくことができます。

▶ 入試に向けて準備する

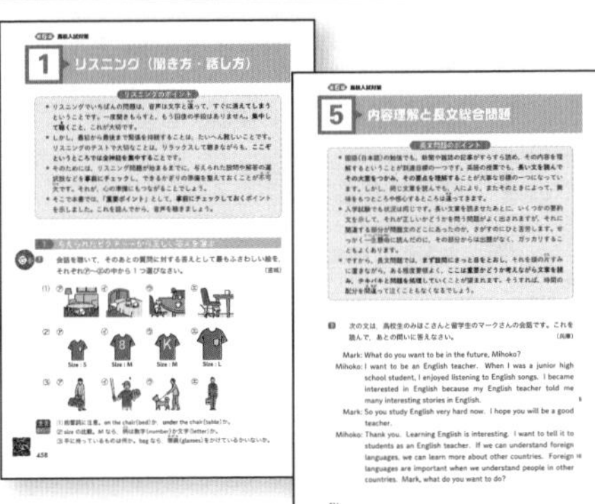
1 リスニング（聞き方・話し方）

5 内容理解と長文総合問題

入試対策

これまでに身につけてきた知識を応用し，リスニング，語い・文法，英作文，会話文，長文読解などの入試問題に取り組みます。

問題形式ごとに問題を解く上でのポイントをまとめましたので，取り組む際の姿勢や時間配分など，より実戦的に学ぶこともできます。

また，リスニングの音声は QR コードから聞くことができます。

▶ さくいん

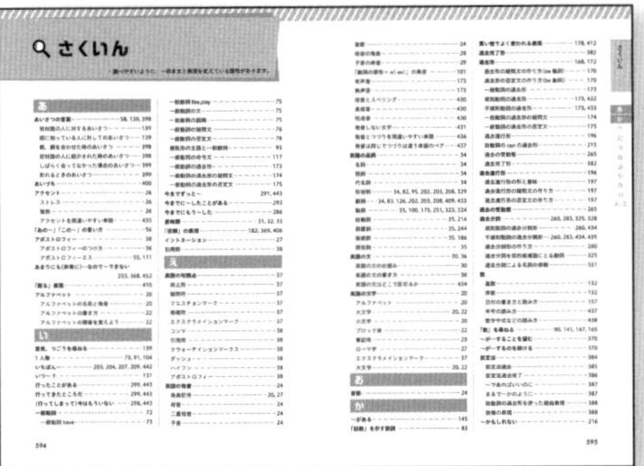
さくいん

さくいん

巻末のさくいんでは，自分が探している語法や文法事項が本書のどのページに掲載されているのかを検索することができます。辞書のように活用することが可能です。

もくじ

第６編 高校入試対策 455

本書に関する最新情報は，小社ホームページにある**本書の「サポート情報」**をご覧ください。（開設していない場合もございます。）
なお，この本の内容についての責任は小社にあり，内容に関するご質問は直接小社におよせください。

導入編

ここからスタート！ 導入編

英語の学習を始めるにあたって

START!

この編ではアルファベット，発音やアクセント，文の作り方など，これから英語の学習を進めていく上で知っておくべき基礎的な知識を学びます。特につまづきやすい日本語と英語における文の構造や語順の違いについては，意味順を活用しながら，理解を深めていきましょう。

あっ太い線の部分は，他よりも強く発音されているよ

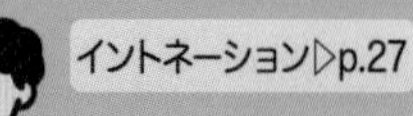

イントネーション▷p.27

Is this a door or a window?

声の調子を上げたり下げたりして，疑問の気持ちや文の終わりを表しているんだね

No more おぼっちゃん!
もしかして，ミュージカル俳優の気分で話せば自然と英語らしくなるんじゃないかな
そうかもね。

そういえば
英語は語順を考えるのも難しいよね…
混乱する
Do play? ? you? what I?

ぼくはこの中学自由自在で，すごくいいものを見つけたのさ
フフン
自由自在 英語
えっ!? なに!?

意味順BOX
だれが する(です) だれ・なに
これは です 犬
This is a dog.
これさ！

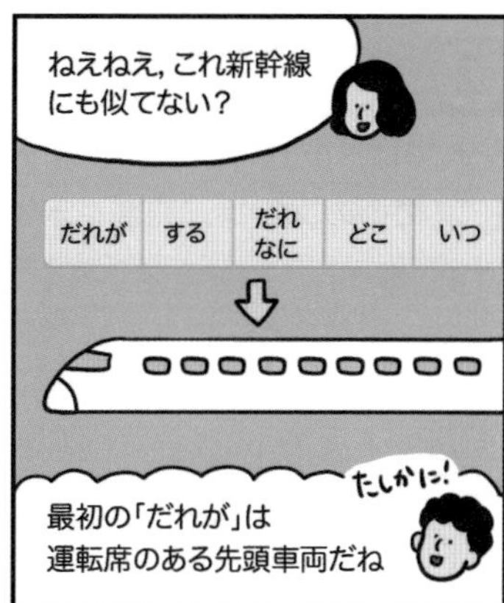

ねえねえ，これ新幹線にも似てない？
だれが する だれ なに どこ いつ
最初の「だれが」は運転席のある先頭車両だね
たしかに!

すごい!

「する」は二号車，「だれ・なに」は三号車…
疑問文のdoや接続詞が入る「たまてばこ」は「だれが」の前に来るから…
けん引車とかどう?

意味順っていうのは，英語の語句の順序を意味のまとまりで並べたものなんだ
これを使えば，かんたんに英語の文を作れるよ

アッ！食堂車はどれかな！？
ないと思うよ！

1 英語の文字

① アルファベットは 26 文字

みなさんは「日本語のアルファベットは文字がいくつか」と尋ねられたなら，どう答えますか。

日本語には「いろは」48 文字(「ゐ」,「ゑ」も含めて)の片かなと平がながありますが，その他にも，ものすごい数の漢字があります。

一方，英語には，A，B，C 以下 26 の**大文字**と**小文字**があるだけです。この 26 文字を**英語のアルファベット**といい，この文字をいろいろに組み合わせて**単語**として使います。この文字の配列を**つづり**(スペリング)といいます。

このアルファベットという言い方はギリシア語からきたものです。ギリシア語のアルファベットは 24 文字で，その最初の 2 文字が「アルファ」(α)と「ベータ」(β)です。そこから「アルファベット」という言い方が生まれました。

② アルファベットの名称と発音

それでは，英語のアルファベット 26 文字を紹介しましょう。

([　]の中の文字は，発音を示す記号と考えてください。)

文字	発音記号	発音上の注意点
A a	[ei エイ]	「エィ」の感じで，徐々に弱く「イ」に移る。
B b	[biː ビー]	かなの発音とほぼ同じ。
C c	[siː スィー]	「サ・ス・セ・ソ」と同じ感じで「スィ」と。
D d	[diː ディー]	「デー」や「デイ」にならないように。
E e	[iː イー]	日本語の「イ」よりも鋭く，口を横に張って「イー」と。
F f	[ef エふ]	「ふ」は下唇を上の歯で軽くかむようにして。
G g	[dʒiː ジー]	かなの発音とほぼ同じ。

H h	[eitʃ エイチ]	「チ」は息だけで発音する。「エッチ」は日本語。
I i	[ai アイ]	「ア」を強く発音し，徐々に弱く「イ」に移る。「アィ」の感じで。
J j	[dʒei ヂェイ]	「ジェー」にならないように。母音はAに同じ。
K k	[kei ケイ]	「ケ」を強く，徐々に弱く「イ」に移る。
L l	[el エる]	「る」は舌の先を上の歯茎(はぐき)にくっつけて離さない。
M m	[em エム]	「ム」は口をしっかりつぐみ，鼻から息を出す。
N n	[en エヌ]	「エンヌ」になるぐらいの気持ちで。
O o	[ou オウ]	「オゥ」の感じで，口を徐々にすぼめて「ウ」に。
P p	[piː ピー]	かなの発音とほぼ同じ。
Q q	[kjuː キュー]	かなの発音とほぼ同じ。
R r	[ɑːr アー(ル)]	「アー」の後，舌の先をそり返らせ，ふるわせる。
S s	[es エス]	「エ」を強く，後に軽く無声で「ス」をそえる。
T t	[tiː ティー]	「タ」，「テ」，「ト」と同じ要領(ようりょう)で「ティ」に。
U u	[juː ユー]	口を丸くすぼめ，鋭く「イュー」と発音する。
V v	[viː ヴィー]	上の歯を下の唇(くちびる)で強くこするようにして。
W w	[dʌ́bljuː ダブリュー]	ダブル・ユーでU(V)が2つということ。
X x	[eks エクス]	「エ」を強く，その後に軽く無声で「クス」。
Y y	[wai ワイ]	口をすぼめて強く「ウワ」と発音し，「ウワィ」の感じで。
Z z	米[ziː ズィー] 英[zed ゼッド]	「ジー」にならないように。「ゼット」は日本語。

③ アルファベットの書き方

大きく分けて英語のアルファベットには，印刷用の**活字体**と，それをそのまま写したような**ブロック体**と，日本語の草書(そうしょ)に似た優雅(ゆうが)な**筆記体**があります。大文字と小文字について，ブロック体と筆記体の手本を示しておきましょう。

1 ブロック体

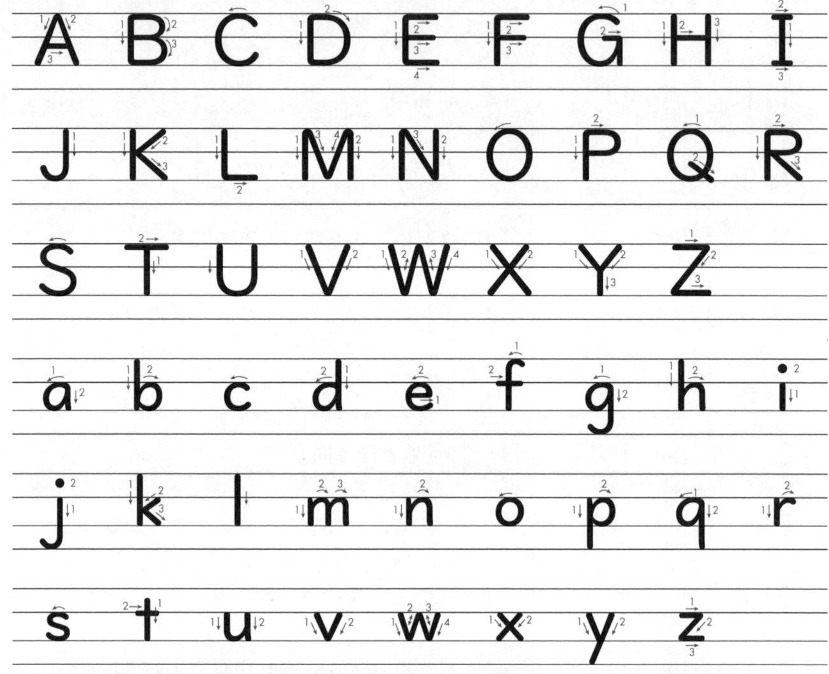

★ アルファベット 26 文字の順番を覚えましょう ★

日本語の場合も，「いろは」48 文字を

「色は匂(にほ)へど，散りぬるを，我(わ)が世誰(たれ)ぞ，常ならむ，
有為(うゐ)の奥山，今日(けふ)越(こ)えて，浅き夢見じ，酔(ゑ)ひもせず，ん」

と歌にして覚えました。英語のアルファベットも歌にして覚えておくと便利です。なぜこれが便利で大切かというと，名簿(めいぼ)にしろ事典にしろ，何もかもがアルファベット順なのです。なかでも大切なのは**辞書**です。単語(たんご)はアルファベット順に配列されています。

すばやく辞書が引けるようになるためには，このアルファベットの順番がしっかりと頭の中に入っていなくてはなりません。

2 筆記体

筆記体は続けて速く書くのに適していますが，ブロック体にも見やすく読みやすいという利点があります。２つの書体の中間のような**イタリック体**と呼ばれる書体を愛用する人や，それらを適当にミックスして使う人もいます。要(よう)は**正しく分かりやすい文字**を書くことです。アルファベットの練習帳などを使って，**基本をしっかりと身につけておきましょう。**

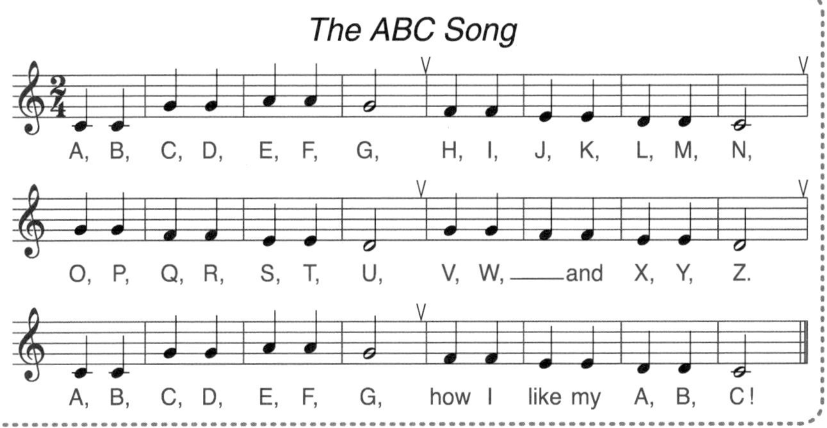
The ABC Song
A, B, C, D, E, F, G, H, I, J, K, L, M, N,
O, P, Q, R, S, T, U, V, W, ___ and X, Y, Z.
A, B, C, D, E, F, G, how I like my A, B, C!

2 英語の発音

1 音節のとり方 日本語との違い

日本語は，かな1文字で1つの決まった発音を表すことになっています。

ア	イ	ウ	エ	オ	カ	キ	ク	ケ	コ	ガ	ギ	グ	ゲ	ゴ
a	i	u	e	o	ka	ki	ku	ke	ko	ga	gi	gu	ge	go

しかしその発音は，ローマ字の書き方からも分かるように，例(たと)えばカ行やガ行の場合ですと，[k ク], [g グ] という発音とア行の発音というように，2つの音(おん)を組み合わせたものです。

[k], [g] のような音を子音(しいん)といい，ア行のような音を**母音**(ぼいん)というので，日本語の発音の基本単位は「子音+母音」だということになります。この子音の音がつかない場合がア行の音です。JUMP! p.25：ローマ字の表

英語の場合はどうでしょう。次の例を見てみましょう。

(1) **I** [ai アイ]「私」
(2) **pie** [pai パイ]「パイ」
(3) **ice** [ais アイス]「氷」

(1)の [ai] は，[アイ] のように，強く「ア」と発音してから徐々(じょじょ)に声を弱めながら「イ」に移っていく発音ですから，英語では**1つの母音**と考えます（**二重母音**(にじゅうぼいん)といいます）。その点，日本語の「アイ」（愛・藍）とは音の性格が違(ちが)うのです。日本語の「アイ」は「母音+母音」の形で，2つの母音の連なったものです。

さて，(2)の [pai パイ] は「子音+母音」の形で日本語と同じです。一方，(3)の [ais] は一応 [アイス] とかなで表記しましたが，最後の [s] は息だけの**無声の音**(むせい)で，[ai] の後ろに軽くそえるように発音されます。それで結局，[ais] で1つのまとまったものと考えます。（このような，1つの母音を中心とした発音のひとまとまりを**音節**(おんせつ)といいます。）それで上の(1)(2)(3)の単語はいずれも1音節ということになります。

これで分かるように，**英語は音節の構造**(こうぞう)**が日本語の場合よりも複雑**なのです。
次の例などは，その最(もっと)も極端(きょくたん)な場合です。

strikes [straiks ストライクス]（ストライクの複数形）
（子音＋子音＋子音＋母音＋子音＋子音）
s t r ai k s

前に３つ，後に２つ，合計５つもの子音が [ai] にくっついています。それでいて，なお１音節なのです。日本語流の発音ですと「ストライクス」と６文字，６音節になります。英語の歌をうたうときに舌がもつれて，どうしても歌詞がメロディーから遅れてしまうのはこのためです。

● ローマ字(ヘボン式)の表

※書き方が２種類あるものは[ ]で示しています。

ア a	イ i	ウ u	エ e	オ o			
カ ka	キ ki	ク ku	ケ ke	コ ko	キャ kya	キュ kyu	キョ kyo
サ sa	シ shi [si]	ス su	セ se	ソ so	シャ sya [sha]	シュ syu [shu]	ショ syo [sho]
タ ta	チ chi [ti]	ツ tsu [tu]	テ te	ト to	チャ cha [tya]	チュ chu [tyu]	チョ cho [tyo]
ナ na	ニ ni	ヌ nu	ネ ne	ノ no	ニャ nya	ニュ nyu	ニョ nyo
ハ ha	ヒ hi	フ fu [hu]	ヘ he	ホ ho	ヒャ hya	ヒュ hyu	ヒョ hyo
マ ma	ミ mi	ム mu	メ me	モ mo	ミャ mya	ミュ myu	ミョ myo
ヤ ya	―	ユ yu	―	ヨ yo			
ラ ra	リ ri	ル ru	レ re	ロ ro	リャ rya	リュ ryu	リョ ryo
ワ wa	―	―	―	―			
ン n							
ガ ga	ギ gi	グ gu	ゲ ge	ゴ go	ギャ gya	ギュ gyu	ギョ gyo
ザ za	ジ ji [zi]	ズ zu	ゼ ze	ゾ zo	ジャ ja [zya]	ジュ ju [zyu]	ジョ jo [zyo]
ダ da	ヂ ji [zi]	ヅ zu	デ de	ド do	ヂャ ja [zya]	ヂュ ju [zyu]	ヂョ jo [zyo]
バ ba	ビ bi	ブ bu	ベ be	ボ bo	ビャ bya	ビュ byu	ビョ byo
パ pa	ピ pi	プ pu	ペ pe	ポ po	ピャ pya	ピュ pyu	ピョ pyo

② 英語のアクセント

今までとりあげてきた単語(たんご)は，いずれも母音(ぼいん)が１つ，すなわち１音節(おんせつ)の単語ばかりでした。これが２音節以上の単語になると，そのうちのどれか１つの音節が，**他の音節よりも強く発音**されます。

例 **tomorrow** [təmɔ́(:)rou トゥモロウ]「あした，明日(あす)」

この単語は，to·**mór**·row と３つの音節から成り立っていて，２番目の音節が，その前後の音節よりも強く発音されます。
このように，他の音節よりも強く発音される音節のことを，「**アクセントのある音節**」とか，「**強勢(きょうせい)(ストレス)の置かれている音節**」といい，発音を示す記号に ´ 印をつけてそのことを示します。また，かなの場合は太文字を使って示しています。

例 **Yesterday** → **yes**·ter·day [jéstərdei イェスタデイ]「昨日」

Remember → re·**mem**·ber [rimémbər リメンバ]
「(…を)思い出す，覚えている」

American → A·**mer**·i·can [əmérikən アメリカン]
「アメリカ国籍の」

最後の American など，昔の人がこの単語を「メリケン」と聞いたのも無理のないことです。
日本語のアクセントが音(おん)の高低の変化によって示されるのに対して，英語のアクセントは**音の強弱**によって示されます。平板(へいばん)な発音にならないように，しっかりと強弱をつけて発音しましょう。英語は腹式呼吸(ふくしきこきゅう)で発音せよ，などといわれるのも，そのほうが強弱をつけやすいからでしょう。

③ 英語のイントネーション

単語にアクセントがあるように，文にも，その中で特に強く発音される単語があります。これを**文強勢**といいます。

また，これは日本語でも同じですが，**声の調子の上昇や下降**によって，疑問の気持ちを表したり，言い切る形を示したりします。

このような**文全体の音調の変化をイントネーション**といいます。それを示す工夫として，次の例のように，強く発音される単語を太い線で，調子の高低を線の上下で示す方法などが，よく用いられます。

A : Is this a door or a window?
[イズ ずィス ア ドー オア ラ ウィンドウ]
（これはドアですか，それとも窓ですか。）

B : It's a door. （ドアです。）
[イッツ ア ドー]

A : What's that? （あれは何ですか。）
[ワッツ ざぁット]

B : It's a tree. （木です。）
[イッツ ア トゥリー]

④ 英語ではなぜ発音記号がいるのか

日本語では発音記号ということがいわれないのに，英語ではなぜ**発音記号**ということがいわれるのでしょうか。

日本語では，表意文字の漢字に対して表音文字のかながあります。かなは日本語の発音をうつすために工夫されたもので，その読み方（発音）が１つに決まっています。（「は」と「へ」は例外で，２とおりの読み方があります。）日本語では，かなが発音を表す役割を果たしており，他に記号はいりません。

しかし，英語は違います。文字によってはいくとおりにも発音されるものがあり，単語のつづりを見ただけで，正しい発音が理解されるようにはなっていないのです。そこで発音を表す記号である発音記号が必要になるのです。

p.28 の「母音の発音」，p.29 の「子音の発音」で示した単語のつづりと発音記号に注意しながら音声を聴き，英語の発音を練習してみよう。

1 母音の発音

発音記号	かな表記	例
[iː]	[イー]	**eat** [iːt イート] **tea** [tiː ティー]
[i]	[イ]	**it** [it イット] **six** [siks スイックス]
[e]	[エ]	**egg** [eg エッグ] **bread** [bred ブレッド]
[æ]	[あ]	**apple** [ǽpl あプる] **cat** [kæt キぁット]
[əːr]	[ア~]	**early** [ə́ːrli ア~り] **girl** [gəːrl ガ~る]
[ə]	[ア]	**about** [əbáut アバウト] **sofa** [sóufə ソウふァ]
[ʌ]	[ア]	**up** [ʌp アップ] **mother** [mʌ́ðə マざ]
[ɑːr]	[アー]	**car** [kɑːr カー] **farther** [fɑ́ːrðər ふァーざ] **heart** [hɑːrt ハート]
[ɑ]	[ア]	**hot** [hɑt ハット] **box** [bɑks バックス]
[uː]	[ウー]	**food** [fuːd ふード] **do** [duː ドゥー]
[u]	[ウ]	**foot** [fut ふット] **wool** [wul ウる] **wood** [wud ウッド] **put** [put プット]

発音記号	かな表記	例
[ɔː]	[オー]	**all** [ɔːl オーる] **daughter** [dɔ́ːtər ドータ] **talk** [tɔːk トーク]
[ei]	[エイ]	**skate** [skeit スケイト] **great** [greit グレイト] **straight** [streit ストレイト]
[ai]	[アイ]	**kind** [kaind カインド] **write** [rait ライト] **eye** [ai アイ]
[ɔi]	[オイ]	**boy** [bɔi ボイ] **oil** [ɔil オイる]
[au]	[アウ]	**out** [aut アウト] **cow** [kau カウ]
[iər]	[イア]	**hear** [hiər ヒア]（聞く） **here** [hiər ヒア]（ここ）
[eər]	[エア]	**hair** [heər ヘア] **there** [ðeər ぜア] **care** [keər ケア] **bear** [beər ベア]
[uər]	[ウア]	**poor** [puər プア] **tour** [tuər トゥア]
[ou]	[オウ]	**old** [ould オウるド] **snow** [snou スノウ]
[auər]	[アウア]	**flower** [fláuər ふらウア]

2 子音の発音

発音記号	かな表記	例
[p]	[プ]	**play** [plei プれイ] **map** [mæp マぁップ]
[b]	[ブ]	**book** [buk ブック] **bus** [bʌs バス]
[t]	[トゥ]	**two** [tu: トゥー] **fruit** [fru:t ふルート]
[d]	[ドゥ]	**do** [du: ドゥー] **bed** [bed ベッド]
[k]	[ク]	**cook** [kuk クック] **school** [sku:l スクーる]
[g]	[グ]	**good** [gud グッド] **bag** [bæg バぁッグ]
[tʃ]	[チ]	**church** [tʃə:*r*tʃ チャ〜チ] **teacher** [tí:tʃə ティーチャ]
[dʒ]	[ヂ]	**judge** [dʒʌdʒ ヂャッヂ] **large** [lɑ:*r*dʒ らーヂ]
[f]	[ふ]	**five** [faiv ふァイブ] **laugh** [læf らぁふ]
[v]	[ヴ]	**voice** [vɔis ヴォイス] **love** [lʌv らヴ]
[θ]	[す]	**third** [θə:*r*d さ〜ド] **bath** [bæθ バぁす]
[ð]	[ず]	**that** [ðæt ざぁット] **with** [wið ウィず]
[s]	[ス]	**sea** [si: スィー] **sick** [sik スィック] **kiss** [kis キス]

発音記号	かな表記	例
[z]	[ズ]	**zoo** [zu: ズー] **close** [klouz クろウズ] **music** [mjú:zik ミューズィック]
[ʃ]	[シュ]	**shoe** [ʃu: シュー] **wash** [wɑʃ ワッシュ]
[ʒ]	[ジュ]	**vision** [víʒn ヴィジャン] **measure** [méʒə*r* メジャ]
[h]	[ホ] [ハ] [ヘ]	**home** [houm ホウム] **hand** [hænd ハぁンド] **head** [hed ヘッド]
[m]	[ム]	**moon** [mu:n ムーン] **room** [ru(:)m ル(ー)ム]
[n]	[ヌ]	**nice** [nais ナイス] **net** [net ネット] **pen** [pen ペン]
[ŋ]	[ング] [ン]	**king** [kiŋ キング] **monkey** [mʌ́ŋki マンキ]
[l]	[る]	**look** [luk るック] **bell** [bel べる]
[r]	[ル]	**root** [ru:t ルート] **right** [rait ライト]
[j]	[イ] [ヤ]	**yellow** [jélou イエろウ] **year** [jiə*r* イア] **young** [jʌŋ ヤング]
[w]	[ウ] [ワ]	**wood** [wud ウッド] **walk** [wɔ:k ウォーク] **work** [wə:*r*k ワ〜ク]

3 英語の文の仕組み

1 英語の特徴(日本語との比較)

1 英語では「語句の順序」が大切です。

英語には「語句の順序が変わると，意味が変わる」という特徴があります。例(たと)えば，次の(1)と(2)の日本語の文を見てみましょう。これらの2つの文においては，「少年」と「リンゴ」の順序を変えても，リンゴを食べたのはどちらも「少年」ですね。

(1) その少年がそのリンゴを食べた。
(2) そのリンゴをその少年が食べた。

ところが，英語では意味が変わるのです。

(3) The boy ate the apple. （その少年がそのリンゴを食べた。）
(4) The apple ate the boy. （そのリンゴがその少年を食べた。）（あれっ？）

英語の文(4)では，「そのリンゴがその少年を食べた」となり，おかしな意味になってしまいますね。このように，英語では語句の並(なら)び順(つまり，「意味のまとまりの順序」)がとても重要な働きをするのです。

2 英語では「だれが」(主語(しゅご))が必要です。

英語にはもうひとつ重要な特徴があります。それは，英語では主語(「だれが」)が必要であるということです。日本語では，例えば，「お元気ですか」や「元気です」などのように，「だれが」(主語)を省略するのが普通です。ところが，英語では(相手に命令する文を除いて)必ず「だれが」(主語)が必要です。

日本語 (1) お元気ですか。
(2) 元気です。

英 語 How are you? （あなたはお元気ですか。）
I am fine. （私は元気です。）

3 「だれが」(主語)の後の語句の順序は，「鏡に映った日本語」です。

基本的に英語と日本語には鏡像(きょうぞう)関係(「鏡に映った関係」)があります。英語の順序は鏡の中の日本語の順序になります。

	日本語				鏡	英 語			
(1)			サッカーを	する		する	サッカーを		
(2)		公園で	サッカーを	する		する	サッカーを	公園で	
(3)	毎日	公園で	サッカーを	する		する	サッカーを	公園で	毎日

例文(3)を使って「私たちは毎日公園でサッカーをする」を英語で表現すると次のようになります。

私たちは毎日公園でサッカーをする。➡ 私たちは＋[する / サッカーを / 公園で / 毎日]。
We play soccer in the park every day.
[だれが]＋[する / なに / どこ / いつ]

このように英語の語句の並び順を意味のまとまりで捉(とら)えた順序を「意味順」といいます。つまり，意味順とは，次の意味のまとまりの順序のことです。

「だれが」「する(です)」「だれ・なに」「どこ」「いつ」
(オプションとして，「どのよう(にして)」「なぜ」)

2 英語の文の仕組み(文構造)

英語の文は機能面からおおむね次の５つの文構造に分類できると言われています。(これを５文型(ぶんけい)と呼ぶことがあります。)

(1) 主語(しゅご)(S)＋動詞(どうし)(V)
(2) 主語(S)＋動詞(V)＋補語(ほご)(C)
(3) 主語(S)＋動詞(V)＋目的語(もくてきご)(O)
(4) 主語(S)＋動詞(V)＋目的語(O)＋目的語(O)
(5) 主語(S)＋動詞(V)＋目的語(O)＋補語(C)

一般にこれらの用語が表す意味は次のとおりです。
主語(S)：だれが，なにが　　動詞(V)：する，です
補語(C)：だれだ，なんだ，どんなだ　　目的語(O)：だれに，だれを，なにを，

3 英語の文の仕組み(文構造と意味順)

次の表１は，この５つの文構造と「意味順」との対応表です。このように，「意味順」なら１つのパターンで，すべての文構造に対応できます。

表１ 「意味順」と５つの文構造との対応表

5文型＼意味順	だれが	する(です)	だれ・なに	どこ	いつ
1 SV	She	smiled.			
2 SVC	She	is	a doctor.		
3 SVO	She	plays	soccer	(in the park)	(every day).
4 SVOO	She	taught	me English	(in London)	(20 years ago).
5 SVOC	She	calls	him Billy.		

※(　)内はオプションです。

このように，「意味順」では，「どこ」と「いつ」というコミュニケーションに重要な情報も含(ふく)まれています。(日本語では，「8時に」「駅で」のように「どこ」と「いつ」の順序が逆ですよね。)

4 意味順(タテ軸とヨコ軸)

「意味順」を使えば，普通の文(平叙文)はもちろんのこと，疑問文(質問の文)や複雑な文なども容易につくることができます。なお，疑問文の Do や，2 つ以上の文(節)をつなぐための and や if など(接続詞)は，「玉手箱」を使いましょう。

1 意味順(ヨコ軸)

(1) 私たちは放課後に公園でサッカーをします。

だれが	する(です)	だれ・なに	どこ	いつ
私たちは	する	サッカー	公園で	放課後
We	play	soccer	in the park	after school.

(2) (あなたは)学校で中国語を学びますか。

玉手箱	だれが	する(です)	だれ・なに	どこ	いつ
～か？	あなたは	学ぶ	中国語	学校で	
Do	you	study	Chinese	at school?	

(3) 私はテニスが好きですが，彼女はサッカーが好きです。

玉手箱	だれが	する(です)	だれ・なに	どこ	いつ
	私は	好きだ	テニス		
	I	like	tennis		
しかし	彼女は	好きだ	サッカー		
but	she	likes	soccer.		

(4) もし私が鳥だったら，(私は)空を飛べるのに。

玉手箱	だれが	する(です)	だれ・なに	どこ	いつ
もし～なら	私が	である	鳥		
If	I	were	a bird,		
	私は	飛べるのに		空を	
	I	could fly		in the sky.	

② 意味順(タテ軸)

だれが	する(です)	だれ・なに	どこ	いつ
They	play (する) ↓	tennis		every day. (毎日) ↓
	played (した)		←	yesterday. (昨日)
	will play (する予定だ)			tomorrow. (明日)
	are playing (しているところだ)			now. (今)
	were playing (しているところだった)		←	at that time. (あのとき)
	have been playing (ずっとしている)			since this morning. (今朝から)

5 英語の文の仕組み(全体像)

次の図は，英語の仕組みをヨコ軸(じく)とタテ軸を使って示した一例です。それぞれの文法項目がどのようにつながっているか，英語の全体像を理解することができるでしょう。

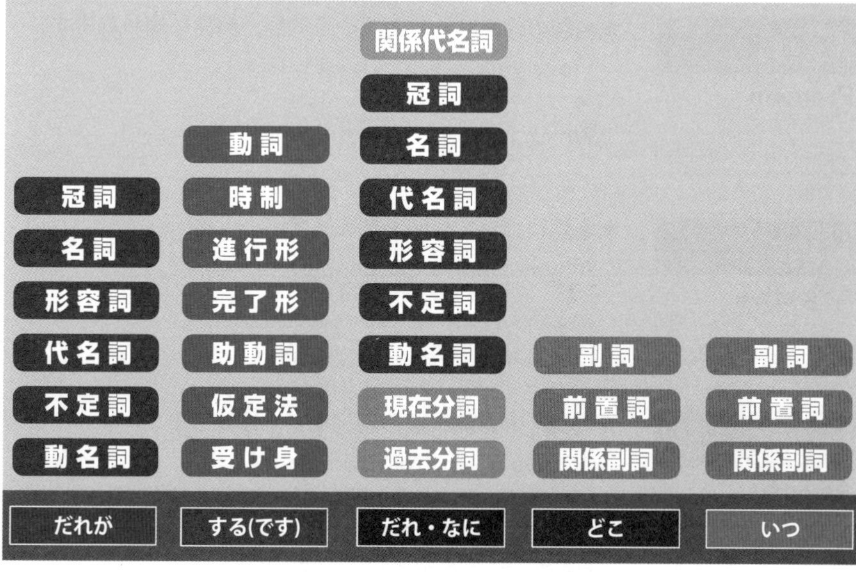

※複数の要素に関係している文法項目は代表的要素に関連づけています。

6 英語の品詞

英語を構成している主な要素が主語(S)，動詞(V)，目的語(O)，補語(C)，この4つだということが分かりました。そして，主語と目的語には名詞，代名詞，また補語には形容詞，名詞，代名詞が使われ，SVOC の文型では動詞の原形や分詞形も使われます。

英語ではこのように，文の中での働きや，表す意味や形によって，それぞれの単語を「品詞」に分類します。名前だけでも知っていると非常に役に立ちます。簡単に紹介しておきましょう。

★人や物の名前を表します。

★主語や目的語，補語に使われます。

Amy likes grapes.　(エイミーはブドウが好きです。)
(Amy＝主語，grapes＝目的語)

冠詞 Article
→ pp.44，81-82，441

★名詞の前に置く a，an，the のことです。

This is a dog.　(これは犬です。)

This is an elephant.　(これは象です。)

←a，an は「1つの」という意味

The sun is big.　(太陽は大きい。)

代名詞 Pronoun
→ pp.53，90-91，104-105

★名詞の代わりに，主語や目的語，補語に使われます。

I love you.　(私はあなたを愛しています。)
(I＝主語，you＝目的語)

Which is yours?　(どちらがあなたのものですか。)
(yours＝補語)

形容詞 Adjective
→ pp.82-83

★名詞について説明を加えます。

Amy is kind to old people.
(kind：補語として主語を説明　old：修飾語として people を説明)

(エイミーは年老いた人たちに親切です。)

副詞 Adverb
→ pp.83-84

★動詞・形容詞・他の副詞などを修飾します。

John is a very fast runner.
(very：形容詞 fast(速い)を修飾)

(ジョンはたいへん速い走者です。)

He didn't die happily.　(彼は幸せに死ななかった。)
(happily：動詞 die(死ぬ)を修飾)

動詞（どうし）
Verb

★述語動詞（じゅつごどうし）として，文の中心要素として使われます。
★動作や状態を表します。

Amy speaks English and French.
（エイミーは英語とフランス語を話します。）

注意 ★過去形（かこけい），-ing 形，過去分詞形（かこぶんしけい）があります。
★主語が3人称単数（にんしょうたんすう）のとき，現在形（げんざいけい）には -s を付けます。

助動詞（じょどうし）
Auxiliary verb
→ pp.122-127, 214-225

★動詞に気持ちや考えなどの意味を付け加えます。
★動詞の直前に付けます。

Tom can speak English and Japanese.
（トムは英語と日本語を話すことができます。）

前置詞（ぜんちし）
Preposition
→ pp.244-249

★名詞とともに用い，単独では使いません。

She was born on the fifth of March.
（彼女は生まれた　5日に　3月の）

説明 日本語の助詞（じょし）に似ていますが，日本語の助詞が名詞の後にくるのに対し，英語の前置詞（ぜんちし）は名詞の前に置きます。

接続詞（せつぞくし）
Conjunction
→ pp.186-192

★語句や文を結び付けます。

Amy and I are good friends.
（エイミーと私はよい友達です。）

Does Amy go to work by bus or by train ?
（エイミーはバスあるいは電車で仕事に行きますか。）

His name is Richard, but his friends call him Rick.
（彼の名前はリチャードですが，彼の友達は彼をリックと呼びます。）

★いろいろな意味関係で，文を文に結び付けます。

Everyone says that Amy is very kind.
（みんな，エイミーはたいへん親切だと言います。）

When Amy was young, she played tennis.
（エイミーが若いとき，彼女はテニスをしていました。）

間投詞（かんとうし）
Interjection

★自分の感情を表したり，人に呼びかけたりする言葉（ことば）です。

Wow!　It's great!　（わお！　それはすごい！）

Hello, this is Amy.　（こんにちは，こちらエイミーです。）

説明 「感嘆詞（かんたんし）」とも呼ばれます。

7 英語の文の書き方

1 英語の文は大文字で始まり，終止符(しゅうしふ)か，疑問符(ぎもんふ)，感嘆符(かんたんふ)で終わります。

This is an elephant.

How are you?

注意 コンマやコロンは文の途中で使われ，文の最後にはきません。

2 単語(たんご)と単語の間は１字分ほどあけて書きます。コンマの後も少しあけます。

Fine, thank you.

Nice to meet you.

注意 「サンキュウ」「ミーチュウ」の発音につられて，１字分あけるのを忘れないようにしましょう。

3 ２つの単語が短縮(たんしゅく)されて１語に扱(あつか)われているときは，アポストロフィーを省略された文字のところに付けます。１語扱いですから，前後はあけません。

It's ten o'clock now.

注意 it's(it is の短縮形)と its(it の所有格(しょゆうかく))，who's(who is の短縮形)と whose(who の所有格)の違(ちが)いに気をつけましょう。

4 次の行にも文が続くとき，単語と単語の間で行をかえます。１つの単語を勝手に途中で切ってはいけません。

　どうしても切りたいときは，辞書で調べて音節の切れるところで区切り，ハイフンをつけてそのことを示します。

注意 ハイフンは行の終わりに書きます。
次の行の最初に書いてはいけません。

Fresh air is **necessary** to good health.

「新鮮な空気が健康には必要です。」

necessary [nésəseri ネセセリ]「必要な」
health [helθ へるす]「健康」

5 人の名前や地名・国名など固有名詞(こゆうめいし)は，いつも大文字で書き始めます。頭文字を使った略語も大文字で書くのが習慣のようです。

Queen **E**lizabeth　**S**an **F**rancisco　**M**t **C**ook

CD(＝compact disc)　**TV**(＝television)

USA(＝the United States of America)

説明 OK は，'oll korrect'(＝all correct)の頭文字から作られた略語だろうといわれています。

8 英語の句読点

1 英語の句読点(Punctuation Marks パンクチュエイション マークス)には次のようなものがあります。

・**文と文の区切り**を示すもの
終止符［.］　疑問符［?］　感嘆符［!］

・文の中で**語句と語句の区切り**を示すもの
コンマ［,］　コロン［:］　セミコロン［;］　ダッシュ［—］
引用符［“ ”］［‘ ’］　かっこ（　），［　］　スラッシュ［/］

・1つの**単語の中での区切り**を示すもの
ハイフン［-］　アポストロフィー［’］

2 **主な句読点の名称と使い方**

.

終止符　Period（ピリオド）
文の最後に置き，文の終わりを示します。
Full Stop(フルストップ)，あるいは**Dot**(ドット)ともいいます。
This is an elephant.　（これは象です。）
また，短縮形の単語に用い，略語であることを示します。
Mr.　Dr.　U.S.A.

説明　略語であることを示すピリオドは，だんだんと省かれる傾向があります。

?

疑問符　Question Mark（クエスチョン マーク）
文の最後に置き，疑問の意味を表します。
Is Mike an American?　（マイクはアメリカ人ですか。）
Really?　（本当？）

注意　普通の文に疑問符をつけて，イントネーションだけで疑問文であることを示すこともあります。
You don’t mind?（↗）（かまわないでしょう？）

!

感嘆符　Exclamation Mark（エクスクラメイション マーク）
文の最後に置き，感嘆や驚きなどの強い感情を表します。
How nice!　（まあ，すばらしいこと！）
That’s terrible!　（それは，ひどいなあ。）

注意　呼びかけ，あいさつ，警告，命令などを表す場合にも使われます。
Wow! It’s big!　（わあー。でっかいなあ。）
John! Stop it!　（ジョン！　やめなさい！）

,　コンマ　Comma

呼びかけ，言い換え，語句の列挙や挿入などに，広く用います。

John, this is Kazu, my Japanese friend.
（ジョン，こちらカズ，僕の日本人の友達です。）

The four seasons of the year are spring, summer, fall and winter.（1年の4つの季節は春，夏，秋，冬です。）

“ ”　‘ ’　引用符　Quotation Marks
（クウォーテイション マークス）

文の中で，人の話した言葉をそのままの形で伝えるとき，その前後に用います。

Kazu said, “This is my brother Tomo.”
（「こちらが弟のトモです」とカズは言った。）

また語句の言い換えや強調などを示すために，語や句の前後に付けることもあります。

The ship’s name is *Kibo*, or “hope” in English.
（その船の名前は「希望」，すなわち英語の “hope” です。）

—　ダッシュ　Dash

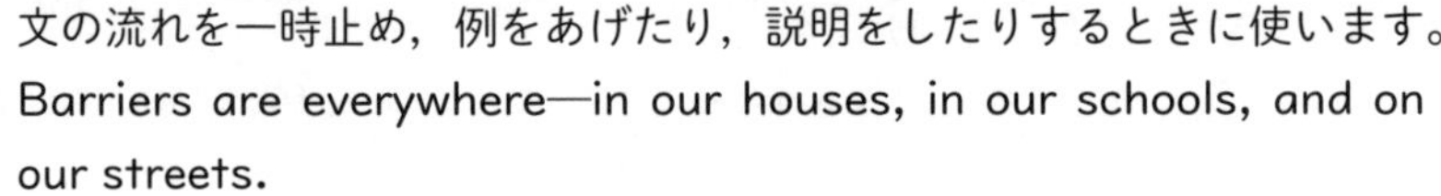

文の流れを一時止め，例をあげたり，説明をしたりするときに使います。

Barriers are everywhere—in our houses, in our schools, and on our streets.
（障害はいたるところにあります一私たちの家の中にも，学校の中にも，道路上にも。）

-　ハイフン　Hyphen

1つの単語が2語あるいは2つの要素から成り立っているとき，その区切りに使います。また，行の終わりで単語を2つに切らねばならないとき，まだ単語の続きがあることを示すために使います。

JUMP! p.36 参照

T-shirt（Tシャツ）　fifty-three（53）
Japanese-Brazilians（日系ブラジル人）

’　アポストロフィー　Apostrophe

所有格を表すときに使います。

Tom’s father（トムの父）　my parents’ car（私の両親の車）

短縮形で文字を省略したところを示すときに使います。

it’s(＝it is, it has)　they’re(＝they are)

1

第1編　初級

01

ここからスタート！ **第1編**

初級

START!

この編では基礎的な文法事項を学びます。ここで学ぶ文法事項は、中級以降で学習する内容の土台となります。小学校の英語学習で見たことのある表現も登場しますが，日本語と英語の違いに注目しつつ，英語特有の文構造の視点から理解を深め、自分が「使える」表現として定着を目指しましょう。

英語の猛勉強を始めた二人

英語の文は，意味順に語句をあてはめるだけで，簡単に作ることができるね！

だれが	する（です）	だれ・なに	どこ	いつ
彼女は	～です	ケイコ		
She	is	Keiko.		
彼らは	します	サッカーを	公園で	放課後に
They	play	soccer	in the park	after school.

be動詞は「…は～です」を表す。主語によって，is, am, areを使い分ける。

▷p.42, 52, 66

一般動詞「～する」を表す。主語「だれが」によって，形が変わる。

▷p. 72,98

だれが	する（です）	だれ・なに	どこ	いつ
彼女は	～ではありません	ケイコ		
She	is not	Keiko.		
彼らは	しません	サッカーを	公園で	放課後に
They	don't play	soccer	in the park	after school.

否定文にするときも，「する（です）」の部分に，notを入れればOK！

ただし，一般動詞のときは，主語にあわせた形のdoをnotの前に置くんだね

疑問文のときはどうするんだっけ…？

たしか，動詞によってやることが違ったような…

疑問文でも悩むことはナイ！！
じゃーん
玉手箱
先生！

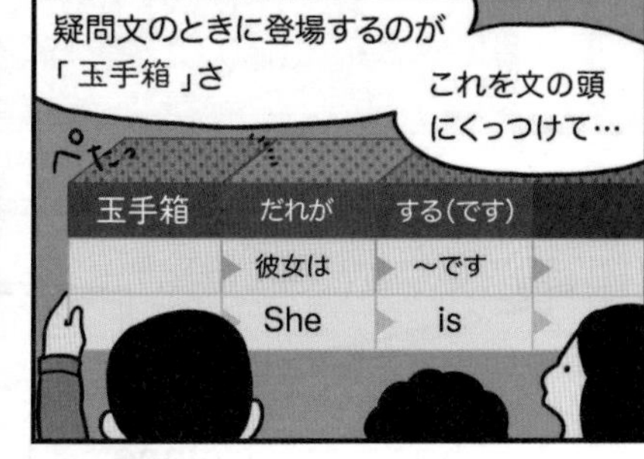
疑問文のときに登場するのが「玉手箱」さ
これを文の頭にくっつけて…
ぺたっ
玉手箱
だれが
する(です)
彼女は
～です
She
is

玉手箱
だれが
する(です)
だれ・なに
～ですか
彼女が
ケイコ
Is
she
Keiko?
be動詞のときは,「する(です)」からbe動詞を「玉手箱」の中に動かせば,疑問文が作れるよ！
する(です)は空っぽだね

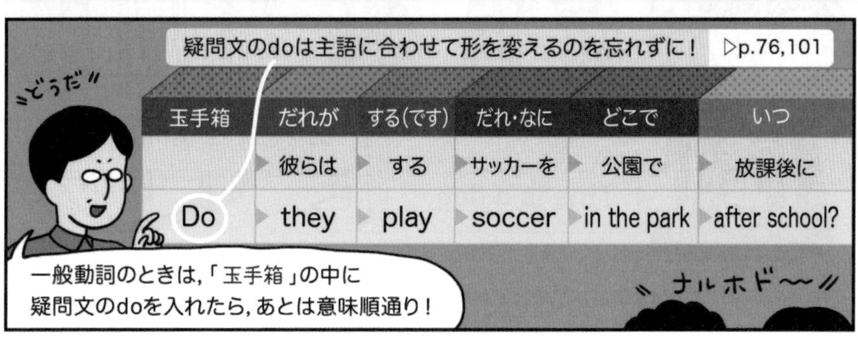
疑問文のdoは主語に合わせて形を変えるのを忘れずに！ ▷p.76,101
どうだ
玉手箱
だれが
する(です)
だれ・なに
どこで
いつ
彼らは
する
サッカーを
公園で
放課後に
Do
they
play
soccer
in the park
after school?
一般動詞のときは,「玉手箱」の中に疑問文のdoを入れたら,あとは意味順通り！
ナルホド～

be動詞のときはどうして「玉手箱」にdoが入らないのかな？
きっとお宝好きのbe動詞に追い出されちゃったんだよ！
これはぼくbe動詞のものだっ
あ～れ～
Do
be
玉手箱
だれが
する(です)
Is
she
すごい想像力
be動詞は「玉手箱」を見ると飛びつかずにはいられないんだ！

疑問文のときは,「玉手箱」の中身が何になるか,慎重に考えよう！
両方いれたら
おじいさんになっちゃった
be
モク
モク
玉手箱
Do
Is

1 This is ～. That is ～. の文

基本用例

1. That's an airplane.
2. That is a crane.
3. This is an elephant.
4. This is a dog.

語句 **dog** [dɔ́(:)g ドーグ]「犬」
crane [kréin クレイン]「ツル」
elephant [éləfənt エれふァント]「象」
That's [ðǽts ざぁッツ] = That is
airplane [éərplèin エアプれイン]「飛行機」

訳し方
1. あれは飛行機です。
2. あれはツルです。
3. これは象です。
4. これは犬です。

Points for Study

1 this と that の使い方

発音 this [ðís ずィス] is [íz イズ]
that [ðǽt ざぁット]

This is ～. （これは～です。）

That is ～. （あれは～です。）

2 a と an の使い方　a [ə ア] は子音(しいん)の前，an [ən アン] は母音(ぼいん)の前。

3 国名・人名の言い方　a，an を付けずに，大文字で始める。

意味順Box

● 基本用例を意味順 Box で確認してみましょう。

だれが	する（です）	だれ・なに	どこ	いつ
これは	です	犬		
This	is	a dog.		

だれが	する（です）	だれ・なに	どこ	いつ
あれは	です	ツル		
That	is	a crane.		

1 This is ～. That is ～. の使い方

● **This is** a dog.　● **That is** a crane.

❶

this	これ	近くのものを指す
that	あれ	遠くのものを指す

❷ This **is** a 名詞 .

①is は「**～は…です**」の形の文を作る動詞。

②名詞は「**ものの名前**」を表す単語。

❸ That is は日常会話では That's となる。

[ðǽt iz ざぁット イズ] → [ðǽts ざぁッツ]

比べてみよう

1.

	話し手に近い	相手に近い	遠い
日	コレ	ソレ	アレ
英	this	that	

2. 《英》 This is a＋名詞 .

《日》 これは 名詞 です。

ここに注意

❶ 文は大文字で始める。

❷ 文の最後には .（ピリオド）を付ける。

❸ That's の '（アポストロフィー）を忘れないように。

確認しよう!

1 絵を見て,( )に適当な語を入れなさい。

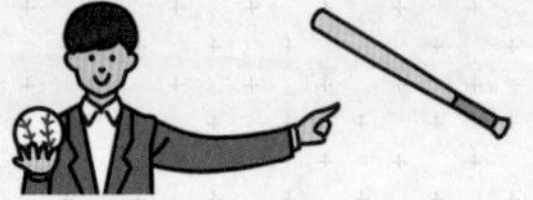

This is a (❶).
(❷) is a bat.

This (❸) a glass.
That's (❹)(❺).

ヒント あなたから見て,近くにあるものは何か,遠くにあるものは何か。
「ボール」ball [bɔ́:l ボーる],「バット」bat [bǽt バぁット],
「コップ,グラス」glass [glǽs グらぁス],「コーヒー〔ティー〕カップ」cup [kʌ́p カップ]

解答 ❶ ball ❷ That ❸ is ❹ a ❺ cup

2 a と an の使い方

● a dog ● an elephant

❶ 英語では,名詞(めいし)が一定の形のあるものを指(さ)す場合は a, an を付けてそのことを示す。また,2つ以上の場合は複数形(ふくすうけい)を使ってそのことを示す。 JUMP! p.87

❷

an＋名詞	母音(ぼいん)で始まる名詞の前
a＋名詞	子音(しいん)で始まる名詞の前

説明 母音は「アイウエオ」のような音。
子音は母音以外の音。

覚えておこう

This is *a dog*.
(これは犬です。)
This is *milk*.
(これは牛乳です。)

説明 milk のように一定の形を持たないものの場合には a, an を付けない。

ここに注意

an elephant は [アンネれふァント] のように発音する。

確認しよう!

2 次の名詞の前に a か an を付けて発音しなさい。

❶ 

❷ 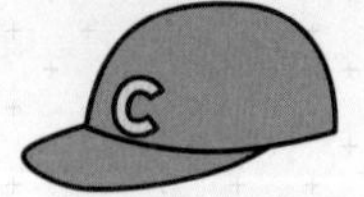

❸ 

____ apple [ǽpl あプる]
____ cap [kǽp キぁップ]
____ egg [ég エッグ]

解答 ❶ an [アンナプる] ❷ a ❸ an [アンネッグ]

③ 国名・人名の言い方

- This is **Japan.**　（これは日本です。）
- That is **Tom.**　（あちらはトムです。）

? なぜなぜ？

人や国の名前は，１つしかないものの名前です。「その名詞(めいし)で呼ばれるものの１つ」ということを示す a，an は，付ける必要がない。

語句 **Japan** [dʒəpǽn ヂャパぁン]「日本」
Tom [tám タム]「トム」（男子の名）

○ 人や国の名前を言う場合

① a，an を付けない。
② 大文字で始める。

例 人名：Taro，Jane [dʒéin ヂェイン]
地名：Tokyo（東京）
America [əmérikə アメリカ]

誤りに気をつけよう

(1) That's ~~is~~ a crane.
→不要。
○That is が That's に短縮されている。

(2) This is ~~a~~ Japan.
→不要。
○国や人の名前に a は不要。

Exercises

1 次の語を並(なら)べ換(か)えて，（　）内の日本文に合う英文にしなさい。ただし，1語不要なものがあります。

(1) Japan / a / is / This / .　（これは日本です。）
(2) That / an / is / a / elephant / .　（あれは象です。）
(3) is / a / That's / dog / .　（あれは犬です。）

2 次の日本語にあたる英語を書きなさい。

(1) 犬　（　　）　(2) ツル　（　　）　(3) コップ　（　　）
(4) バット　（　　）　(5) リンゴ　（　　）

3 次の日本文を英語にしなさい。

(1) これは卵です。　(2) あれはボールです。　(3) あちらはトムです。

ヒント
1 (1) 国名に a は付けない。　(2) elephant には a と an のどちらを付ける？
(3) That's は That is と同じ。
3 名詞(めいし)の前の a，an はどうなるかな？

解答 → p.530

2 Is this ～? Is this A or B? の文

基本用例

目や鼻などを英語では何というか，顔の部分の名前を覚えよう。

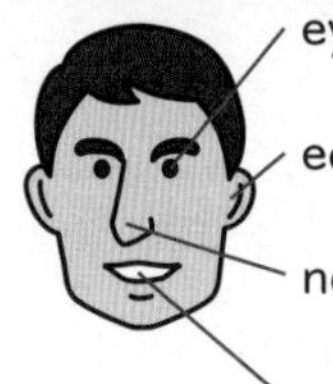

eye [ái アイ]「目」

ear [íər イア]「耳」

nose [nóuz ノウズ]「鼻」

mouth [máuθ マウす]「口」

face [féis ふェイス]「顔」

1. Is this an eye?
—Yes, it is.
It's an eye.

2. Is that an eye, too?
—No, it isn't.

3. Is this a mouth or a nose?
—It's a nose.

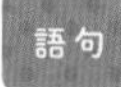

語句

yes [jés イェス]「はい」
it [ít イット]「それ」it's = it is
too [tú: トゥー]「～もまた」
no [nóu ノウ]「いいえ」
isn't [íznt イズント] = is not
or [ɔ́:r オー]「あるいは」

訳し方

1. これは目ですか。—はい，そうです。それは目です。
2. あれも目ですか。—いいえ，違います。
3. これは口ですか，それとも鼻ですか。—それは鼻です。

Points for Study

1 疑問文 Is this ～? の作り方と答え方

This is ～. の This(主語)と is(動詞)を入れ替える。
.(ピリオド)を？(疑問符)に換える。
「はい」の答え **Yes, it is.**　「いいえ」の答え **No, it isn't.**

2 Is this A or B? の疑問文と答え方

or を使って **「A ですか，あるいは B ですか」** と尋ねる。
答えの文では Yes, No を使わない。

3 否定文 This is not ～. の作り方

not を is の後に付ける。

意味順Box

● 基本用例を意味順 Box で確認してみましょう。

玉手箱	だれが	する(です)	だれ・なに	どこ	いつ
～ですか	これは		目		
Is	this		an eye?		

玉手箱	だれが	する(です)	だれ・なに	どこ	いつ
はい	それは	です			
Yes,	it	is.			
	それは	です	目		
	It	is	an eye.		

1 Is this ～? の作り方と答え方

● **Is this** a cat?

—**Yes,** it **is.** It's a cat.

● **Is that** a cat, too?

—**No,** it **isn't.** It's a lion.

語句 **cat** [kǽt キァット]「猫」, **lion** [láiən らイアン]「ライオン」

❶ 疑問文(尋ねる文)の作り方

This　is　a cat.　(これは猫です。)

└文頭に┘　　疑問符に換える

Is this　a cat**?**　(これは猫です**か**。)

That is ～. の文についても同じ。

> **⚠ここに注意**
>
> **疑問文**は，最後に？(疑問符)を付ける。
>
> **Yes** や **No** の後には，(コンマ)を付ける。
>
> **too** の前にも，(コンマ)を付けることが多い。

❷ too(～もまた)の用法

This is a cat, **too.**　(これ**も**猫です。)

Is that a cat, **too**?　(あれ**も**猫ですか。)

❸ 答え方

①「はい」の場合

Yes, it is. It's a cat.

（はい，そうです。それは猫です。）

②「いいえ」の場合

No, it **isn't.** It's a lion.

（いいえ，違（ちが）います。それはライオンです。）

説明　this や that は「(指で)指（さ）して示す」言い方で，**指示代名詞**（しじだいめいし）と呼ばれる。it は「名詞の代わり」をする言い方で，**人称代名詞**（にんしょうだいめいし）と呼ばれるが，ここでは，指示代名詞 this や that の代わりをしている。

> **⑦ なぜなぜ？**
>
> 答えの文では，**is** か **isn't** かが答えの中心。したがって，これを強く発音して強調する。**it** は this，that の代役。だから**軽く発音**する。
> is の後の**名詞**（めいし）は**省略**する。

確認しよう！

1 絵を見て，(　)に適当な語を入れなさい。

(❶) this a panda?

Is (❷) a koala?

(❸) (❹) a cow?

(❺) (❻) an elephant?

ヒント　panda [pǽndə パあンダ]「パンダ」，koala [kouáːlə コウアーら]「コアラ」，cow [káu カウ]「牛」

解答　❶ Is　❷ that　❸ Is　❹ this　❺ Is　❻ that

2 絵を見て，疑問文に答えなさい。

❶ 

Is this a cap?

—(　　　), it isn't. It's (　　　) (　　　).

❷ 

Is this a bird?

—Yes, (　　　) (　　　).

ヒント　答えの文は何で始めたか。

cap [kǽp キあップ]「(縁（ふち）のない)帽子（ぼうし）」，hat [hǽt ハあット]「(縁のある)帽子」，bird [bəːrd バ～ド]「鳥」

解答　❶ No, a, hat　❷ it, is

② Is this A or B? の疑問文と答え方

● Is this *a cat* **or** *a lion*? —**It is** a lion.

～ A or B?
「A か B か」と尋ねる文

❶「A か B か」と尋(たず)ねる文

Is this *a cat*?
Is this *a lion*?
↓ or で結ぶ
Is this *a cat* **or** *a lion*?
（これは猫(ねこ)ですか，**それとも**ライオンですか。）

覚えておこう

… a cat (↗) or a lion (↘)? のように，**or の前の単語(たんご)をしり上がりに発音し，**後の単語は普通の文のように下げて発音する。

❷ 答え方……Yes, No を使わない。

Is this *a cat* or *a lion*?
—**It is** a lion.

なぜなぜ？

A or B? の疑問文(ぎもんぶん)では，話し手は「はい」，「いいえ」の答えを求めていない。答えに Yes, No を使わないのはそのため。

確認しよう!

3 絵を見て，疑問文に答えなさい。

①  Is this a watch?

② 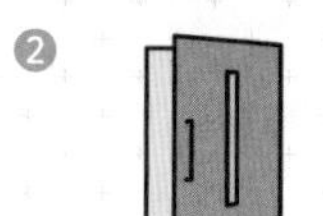 Is this a door or a window?

ヒント Yes, No を使って答えるのはどちら？
watch [wátʃ ワッチ]「腕時計」，door [dɔ́ːr ドーア]「ドア」，window [wíndou ウィンドウ]「窓」

解答 ① Yes, it is. ② It is〔It's〕a door.

4 次の（ ）に適当な語を入れなさい。

① （ ） this an apple （ ） an orange?
（これはリンゴですか，それともオレンジですか。）

② Is this a book （ ）（ ） album? —（ ）（ ） album.
（これは本ですか，それともアルバムですか。—それはアルバムです。）

ヒント ② It's (= It is) は 1 語扱(あつか)い。
orange [ɔ́(ː)rindʒ オ(ー)レンヂ]，book [búk ブック]，album [ǽlbəm あるバム]

解答 ① Is, or ② or, an, It's, an

❸ This is not ～.（否定文）の作り方

● This is **not** a watch. It is a clock.

（これは腕時計ではありません。それは置き時計です。）

語句 clock [klák クラック]「置き時計」

❶ 否定文(～でない)の作り方　This is **not** a watch.

not を is の後に付ける

❷ 否定文だけで終わらないで，さらに，説明の文を加えるとよい。

This is **not**〔is**n't**〕a book. **It is**〔**It's**〕an album.

確認しよう!

5 絵を見て，（　）に適当な語を入れなさい。

❶ 

This is (　　　) a cup.
It is a glass.

❷ 

This (　　　) a cap.
It's a hat.

❸ 

This isn't a desk.
(　　　) a table.

ヒント isn't，It's を使うと 1 語ですむ。
desk [désk デスク]「机」，table [téibl テイブる]「テーブル」

解答 ❶ not　❷ isn't　❸ It's

6 次の英文を否定文にしなさい。

❶ This is a rose.　❷ That is a lily.

ヒント rose [róuz ロウズ]「バラ」，lily [líli りり]「ユリ」

解答 ❶ This is not〔isn't〕a rose.　❷ That is not〔isn't〕a lily.

誤りに気をつけよう

(1) Is this a cat?

—No this is not.　it に換える。

,(コンマ)を入れる。

○Yes や No の後にコンマを忘れない。また，答えの文では this ではなく it を使う。

(2) Is that a cat (↗) or a lion (↘)?

—Yes, it is a lion.

不要。　大文字にする。

○ A or B? の答えには Yes，No は使わない。イントネーションにも気をつけよう。

Exercises

1 次の日本語にあたる英語を書きなさい。

(1) 目 (　　) (2) 鳥 (　　) (3) ユリ (　　)
(4) リンゴ (　　) (5) オレンジ(　　) (6) 本 (　　)
(7) ロ (　　) (8) アルバム(　　)

2 次の語を並べ換えて，(　)内の日本文に合う英文にしなさい。ただし，文頭にくる語も小文字で示してあります。(以後同じ。)

(1) that / a / is / table / ? (あれはテーブルですか。)
(2) or / an / an / apple / this / is / orange / ?
(これはリンゴですか，それともオレンジですか。)
(3) America / Japan / that / is / or / ?
(あれはアメリカですか，それとも日本ですか。)
(4) is / not / this / watch / a / . (これは腕時計ではありません。)

3 絵を見て，正しい答えを選びなさい。

(1) Is this a rose?
㋐ Yes, it is. ㋑ Yes, this is.
㋒ No, it isn't. ㋓ No, this is.
㋔ It is a lily.

(2) Is this a watch or a clock?
㋐ Yes, it is. ㋑ No, it isn't.
㋒ It's a watch. ㋓ It's a clock.
㋔ That's a watch.

4 絵を見て，(　)に適当な語を入れなさい。

(1) Is this a mouth or a nose?
—It's (　　) (　　).
(2) Is this an eye?
—No, (　　) (　　). It's (　　) (　　).

ヒント
2 (1) 疑問文は is をどこに置く？ (2) A or B? の文に。 (4) not の位置は？
3 (1) Yes, No で答える。 (2) Yes, No は使わない。

解答 → p.530

3 He is ～. She is ～. の文

基本用例

写真を見せて，学校の先生の説明をしています。

1. This is Ms. Yamada.
   She is my homeroom teacher.
2. Is she your English teacher?
   —Yes, she is.
3. This is Mr. Brown.
   He is my English teacher, too. He is Ms. Yamada's friend.

語句
Ms. [míz ミズ] 女性に付ける敬称(けいしょう)。
my [mái マイ]「私の」
homeroom [hóumru(:)m ホウムル(ー)ム]「学級」
teacher [tí:tʃə ティーチャ]「先生」
your [júər ユア]「あなたの」
English [íŋgliʃ イングリッシュ]「英語の」
Mr. [místər ミスタ] 男性に付ける敬称。
friend [frénd ふレンド]「友達」

訳し方
1. これは山田先生です。
   彼女は私の担任の先生です。
2. 彼女はあなたの英語の先生ですか。
   —はい，そうです。
3. これはブラウン先生です。
   彼も私の英語の先生です。彼は山田先生の友人です。

Points for Study

1 **He〔She〕 is ～. の文**……すでに話題にのぼった人についていうとき，
男性なら **he** [hí: ヒー]
女性なら **she** [ʃí: シー] を使う。
Mike is American.
↓
He is my friend.

2 **疑問文(ぎもんぶん)の作り方と答え方**……is と主語(しゅご)(he, she)を入(い)れ替(か)える。
He〔She〕 is American.
↓文頭に
Is he〔she〕 American**?**
答え方
Yes, he〔she〕 **is.**
No, he〔she〕 **isn't.**

3 **否定文(ひていぶん)の作り方**……is の後に not を付ける。He is **not** a teacher.

4 **「～の」の形の作り方と使い方**
①特別の単語(たんご)を使うもの ②–'s(アポストロフィー エス)を付けるもの

意味順Box

● 基本用例を意味順 Box で確認してみましょう。

だれが	する(です)	だれ・なに	どこ	いつ
彼女は	です	私の担任の先生		
She	is	my homeroom teacher.		

玉手箱	だれが	する(です)	だれ・なに	どこ	いつ
～ですか？	彼女は		あなたの英語の先生		
Is	she		your English teacher?		

1 He〔She〕 is ～. の文

● Mike is American.
He is my friend.

● Ayaka is Japanese.
She is my friend.

語句 **American** [əmérikən アメリカン]「アメリカ国籍の」
Japanese [dʒæpəníːz ヂャパニーズ]「日本国籍の」

❶ **すでに話題になった人や物の代わりに**
男性 Mike → **he** 女性 Ayaka → **she**
物 this book → **it**

❷ **He is〔He's〕～.** (彼は～です。)
She is〔She's〕～. (彼女は～です。)

覚えておこう
人を紹介する場合，**This is** Mike. **He** is ～.(こちらはマイクです。**彼は**～。)という。最初から He is ～. とはいわない。

確認しよう！

1 次の( )に適当な語を入れて，英語の加藤(かとう)先生を紹介しなさい。

This is (❶) (❷).
(❸) is my (❹) teacher.

ヒント ❶日本語の「～先生」は，男性は Mr.，女性は Ms. と，それぞれの敬称(けいしょう)で表す。

解答 ❶ Mr. ❷ Kato ❸ He ❹ English

導入編 第1編 初級 第2編 中級 第3編 上級 第4編 コミュニケーション・表現 第5編 語い・文法 第6編 高校入試対策 解答編 重要項目索引

② Is he〔she〕～? の形の疑問文

- Mike is my friend.
  Is he American? —**Yes,** he **is.**
- Karen is my friend.
  Is she American? —**No,** she **isn't.** She is Japanese.

Is this ～? と尋ねる文を思い出そう

○ 疑問文（ぎもんぶん）の作り方

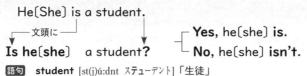

He〔She〕 is a student.
（is を文頭に）
Is he〔she〕 a student**?** ─ **Yes,** he〔she〕 **is.** / **No,** he〔she〕 **isn't.**

語句 **student** [st(j)úːdnt ステューデント]「生徒」

Mike〔Jane〕 is American.
（is を文頭に）
Is Mike〔Jane〕 American**?** ─ **Yes,** he〔she〕 **is.** / **No,** he〔she〕 **isn't.**

説明 普通の文では **Mike**, **He**, **She** など(主語（しゅご）)が文頭に来て，その後に **is**(動詞（どうし）)が来る。しかし，**疑問文ではこの語順が逆になる。**

Mike is American.
↓
Is Mike American?

確認しよう!

2 絵を見て，(　)に適当な語を入れなさい。

① 

Mike: This is Jane.
Ayaka: (　　　) she a teacher?
Mike: No, (　　　) isn't.

② 

Ayaka: This is Mr. Tanaka.
Mike: Is (　　　) a teacher?
Ayaka: Yes, he (　　　).

③ 

Jane: Is Ayaka a teacher?
Mike: No, she (　　　). (　　　) is a student.

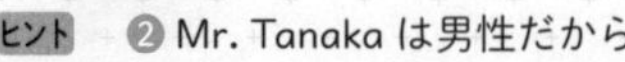
ヒント ② Mr. Tanaka は男性だから…。

解答 ① Is, she ② he, is ③ isn't, She

③ He〔She〕 is not ~. の形の否定文

● Jane is **not** a teacher.
She is a student.

● Mr. Kato is a teacher.
He is**n't** a student.

○ 否定文(ひていぶん)の作り方

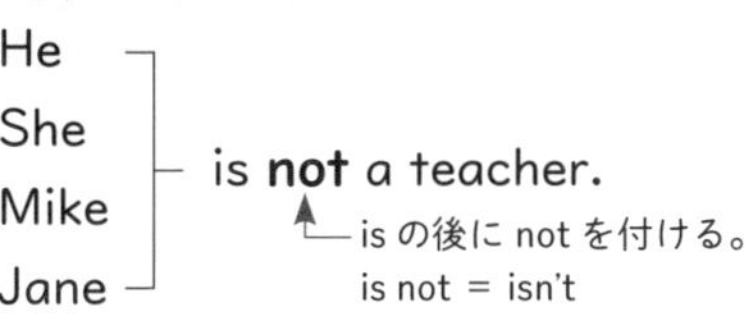

普通の文「~です」
This **is** a dog.
Mike **is** a teacher.
→**疑問文(ぎもんぶん)**「~ですか」
Is this a dog?
Is Mike a teacher?
→**否定文**「~ではありません」
This **isn't** a dog.
Mike **isn't** a teacher.

確認しよう!

3 **次の( )に適当な語を入れなさい。**

❶ (　　) is Ms. Yamada. (こちらは山田先生です。)
❷ (　　) is a teacher. (彼女は先生です。)
❸ (　　) (　　) a student. (彼女は生徒ではありません。)

ヒント 人を紹介するとき,最初から he, she は使わない。

解答 ❶ This ❷ She ❸ She, isn't〔She's, not〕

④ 「~の」の形の作り方と使い方

● Taro is **my** brother. (太郎は私の兄です。)
● This is **Ayaka's** book. (これは彩花の本です。)

「~の」の言い方には2とおりある

語句 **brother** [brʌ́ðə ブラざ]「兄〔弟〕」

❶

	彼	彼女	私	あなた
~は〔が〕(主格(しゅかく))	he	she	I [ái アイ]	you [júː ユー]
~の (所有格(しょゆうかく))	**his** [híz ヒズ]	**her** [hə́ːr ハ~]	**my**	**your** [júər ユア]

説明 日本語では「の」を付けるだけでよいが,英語では❶のように**特別の単語(たんご)**を使うものと,次の❷のように **-'s**(アポストロフィー エス)を付けるものとがある。

JUMP! pp.109-111

❷

日本語	彩花	の	兄
英　語	Ayaka	's [z ズ]	brother

❸「この～」「あの～」の言い方

日本語	この あの	花
英　語	**this** **that**	flower [fláuə ふらウァ]

比べてみよう

1. **This** is a rose.
（**これ**はバラです。）
This ***flower*** is a rose.
（**この花**はバラです。）

2. **a** book, **this** book, **my** book, **Tom's** book

○ this や my, Tom's のような単語を使うと，a や an は付かない。

確認しよう！

4 次の日本文に合うように，(　)に適当な語を入れなさい。

❶これはあなたのかばんですか。—いいえ，違（ちが）います。
Is this (　　　) bag?　—No, it (　　　).

❷あれは私のかばんではありません。ジェーンのかばんです。
That isn't (　　　) bag. (　　　) is (　　　) bag.

❸ジェーンはトムのお姉さんです。
Jane is (　　　) sister.

❹こちらは山田先生です。彼女はジェーンの英語の先生です。
This is Ms. Yamada. (　　　) is (　　　) English teacher.

ヒント　特別の単語を使って「～の」を示すのはどれか。-'s を付けるのは？
「姉〔妹〕」sister [sístə スィスタ]

解答　❶ your, isn't　❷ my, It, Jane's　❸ Tom's　❹ She, Jane's

誤りに気をつけよう

(1) Nancy, ~~he~~ is Mike.
→this

He is ~~a~~ my friend.
→不要。

○人を紹介するとき，いきなり he を使ってはいけない。

○a〔an〕と my などは，いっしょに使わない。

(2) Is Mike ~~your's~~ friend?
→your

—Yes, ~~Mike~~ is.
→he に換える。

○答えの文では人の名前を使わず，he〔she〕を使う。この he や she, it は人称代名詞（にんしょうだいめいし）と呼ばれる。

Exercises

1 次の日本語にあたる英語を書きなさい。

(1) 先生 (　　　)　(2) 友達 (　　　)　(3) 生徒 (　　　)

(4) 私の (　　　)　(5) あなたの (　　　)

2 次の英文を読んで，正しい答えを選びなさい。

This is Ms. Yamada.
She is my homeroom teacher.
She is my English teacher, too.

(1) Is Ms. Yamada your friend?

㋐ Yes, she is.　㋑ No, she isn't.　㋒ She is a teacher.

(2) Is she a teacher or a student?

㋐ Yes, she is.　㋑ No, she isn't.　㋒ She is a teacher.

(3) Is she an English teacher?

㋐ Yes, she is.　㋑ No, she isn't.　㋒ She is a teacher.

3 次の語を並べ換えて，(　)内の日本文に合う英文にしなさい。

(1) Jane / your / is / sister / ? (ジェーンはあなたのお姉さんですか。)

(2) she / not / teacher / a / is / . (彼女は先生ではありません。)

(3) is / Tom / Jane's / her / or / brother / friend / ?
(トムはジェーンの弟ですか，それとも友達ですか。)

4 あなたの担任の先生を，上の2の文をもとにして3文で紹介しなさい。

(1) This is ____________________.

(2) He〔She〕is ____________________________.

(3) He〔She〕is ____________________________.

2 Yes，No で答える疑問文はどれか。

3 (1) is の位置はどこか。　(2) not の位置はどこか。
(3)「～の」はどの位置になるか。

解答 → p.531

Let's Listen and Talk! ①

あいさつをする ／ 人を紹介する

This is ～ を使うのはどんなとき？

❶ 「こちらは○○さんです」と**人を紹介するとき。**
❷ 「こちら○○です」と**電話で言うとき。**
❸ 「ここが○○です」と**建物や場所を指して言うとき。**

1 音声を聴き，その後について言いましょう。

⑴ Kazu が Amy に，弟の Tomo を紹介しています。

① Hi, Amy.
やあ，エイミー。

② Hi, Kazu.
こんにちは，カズ。

③ Amy, this is my brother, Tomo.
Tomo, this is Amy.
She is my classmate.
エイミー，これは弟のトモです。
トモ，こちらはエイミーさん。
僕のクラスメイトだよ。

④ Hi, Tomo.
Nice to meet you.
こんにちは，トモ。
よろしく。〔あなたに会えてうれしいわ。〕

⑤ Nice to meet you too, Amy.
僕もお会いできてうれしいです，エイミーさん。

⑵ Kazu が Amy に電話をしました。

① Hello?
（電話を受けて）もしもし。

② Hello, Amy.
This is Kazu.
もしもし，エイミー。カズです。

③ Hi, Kazu. What's up?
こんにちは，カズ。どうしたの？

(3) Kazu が Amy を案内(あんない)して東京駅にやって来ました。

① Here we are.
This is Tokyo Station.
さあ，着いた。
ここが東京駅だよ。

② Wow! It's a very beautiful building.
まあ！ とてもきれいな建物ね。

③ Yes, and it is very old, too.
そうだね，それにずいぶん古いんだよ。

2 対話の練習をしましょう。

(1) 絵を見ながら，一人三役〔一人二役〕で対話の練習をしましょう。

①

②

① Mari: Hello, (㋐).
Mike: Hi, (㋑). How are (㋒)?
Mari: Very (㋓), (㋔) you. Mike, (㋕) is (㋖) sister (㋗). Sakura, (㋘) (㋙) my (㋚), Mike. (㋛) is (㋜).
Mike: Nice (㋝) meet (㋞), Sakura.
Sakura: (㋟) to (㋠) you (㋡), Mike.

② Mari: Hello, Mike.
Mike: Hello, Mari. Nice day, isn't it? (㋐) this (㋑) dog?
Mari: Yes. Her (㋒) (㋓) Aya. (㋔) (㋕) (㋖) dog, Mike?
Mike: Well, she (㋗) (㋘) my dog. Meg is (㋙) (㋚) dog.

(2) 音声を聴き，上の(1)であなたが言った対話文と比べましょう。また，音声を利用して，登場人物になって対話の練習をしましょう。

語句

nice [náis ナイス]「よい，すてきな」　**Nice day, isn't it?**「気持ちのよい日だね」
well [wél ウェる]「ええと」

解答 → p.532

4 What is ～? Who is ～? の文

基本用例

トムとマイクが，マイクのおばと会うために空港へやって来ました。

Tom: What is that?

Mike: It is a signboard.

Tom: What signboard is it?

Mike: It's information.

Tom: Who is that woman?

Mike: She is my aunt.

語句

what [hwát (ホ)ワット]「何」
signboard [sáinbɔ́:rd サインボード]「掲示板(けいじばん)」
information [ìnfəméiʃn インふォメイション]「案内」
who [hú: フー]「だれ」
woman [wúmən ウーマン]「婦人」
aunt [ǽnt あント]「おば」

訳し方

T：あれは何ですか。
M：それは掲示板です。
T：何の掲示板ですか。
M：案内です。
T：あの婦人はだれですか。
M：私のおばです。

Points for Study

1 What is ～? の形の疑問文(ぎもんぶん)……普通 It is ～. で答える。

英語	What	is	that	?
日本語	何	ですか	あれは	。

2 What＋名詞(めいし) is ～? の形の疑問文……普通 It is ～. で答える。

英語	What	flower	is	this	?
日本語	何の〔どんな〕	花	ですか	これは	。

3 Who is ～? の形の疑問文……He〔She〕 is ～. で答える。

英　語	Who	is	that boy	?
日本語	だれ	ですか	あの少年は	。

意味順Box

● 基本用例を意味順 Box で確認してみましょう。

玉手箱	だれが	する(です)	だれ・なに	どこ	いつ
何~ですか?	あれは				
What is	that?				

玉手箱	だれが	する(です)	だれ・なに	どこ	いつ
だれ~ですか?	あの婦人は				
Who is	that woman?				

1 What is ~? の形の疑問文

● **What** is this? (これは何ですか。)

—**It is** a camera. (それはカメラです。)

覚えておこう

what(何), **who**(だれ)のような **wh-** で始まる単語を**疑問詞**(ぎもんし)という。疑問詞は文の最初に置く。

❶

❷ **What is ~? の表す意味**

What is that building?

(あの建物は何ですか。)

—It is **a library.**

(図書館です。)

What is your name? (あなたの名前は何ですか。)

—My name is **Tom.** (私の名前はトムです。)

語句 **library** [láibreri らイブレリ]「図書館, 図書室」, **name** [néim ネイム]「名前」

確認しよう!

1 絵を見て，(　)に適当な語を入れなさい。

❶ 

(　　　) is this?

—(　　　) is a ball.

❷

(　　　) is that building?

—(　　　) is Tokyo Station.

解答　❶ What, It　❷ What, It

2 絵を見て，問いに答えなさい。

❶ 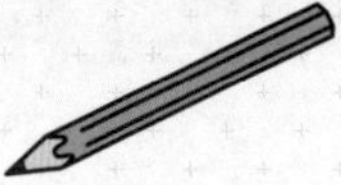

Is this a pen or a pencil?

❷ 

What is this?

解答　❶ It is〔It's〕a pencil.　❷ It is〔It's〕a bird.

2 「What＋名詞」の使い方

● **What *flower*** is this?

—**It is** a rose.

this flower という
言い方を思い出そう

○ **what の 2 とおりの使い方**

What is this flower?
（この花は**何**ですか。）

What *flower* is this?
（これは**何の花**ですか。）

—It is a rose.（それはバラです。）

what も this や that と同じように，名詞の前に置いて「**どんな～**」，「**何の～**」という意味の**形容詞**として使うことができる。

比べてみよう

これ(は)	この本
this (is)	this book
あれ(は)	**あの本**
that (is)	that book
何(が)	**何の本**
What (is)	What book

確認しよう!

3 例にならって，英文を書き換(か)えなさい。

例 What is this book? → What book is this?

❶ What is that flower?

❷ What is that tree?

❸ What is this animal?

❹ What's that bird?

ヒント animal [ǽnəml あニマる]「動物」

解答 ❶ What flower is that? ❷ What tree is that?
❸ What animal is this? ❹ What bird is that?

4 絵を見て，問いに答えなさい。

❶

What flower is this?

❷

What animal is this?

ヒント 「チューリップ」tulip [t(j)úːlip テューりップ]，「馬」horse [hɔ́ːrs ホース]

解答 ❶ It is〔It's〕a tulip. ❷ It is〔It's〕a horse.

3 Who is ～? の形の疑問文

● **Who** is that woman? （あの女性はだれですか。）

—She is **Mary.** She is **my aunt.**

（彼女はメアリーです。彼女は私のおばです。）

❶

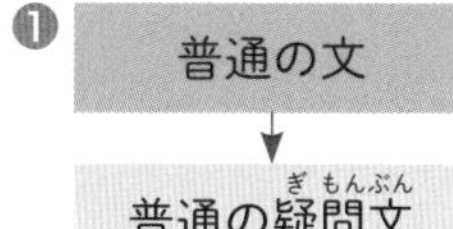

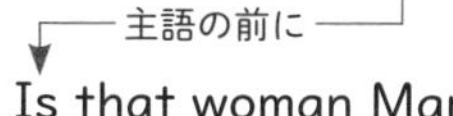

普通の文　That woman is Mary.

↓　主語の前に

普通の疑問文(ぎもんぶん)　Is that woman Mary?

↓　疑問詞は文頭に

疑問詞(ぎもんし)のある文　**Who** is that woman ?

注意 Who is は速く発音すると **Who's** [húːz フーズ] になる。

❷ **Who is ～? の表す意味……人の名前や家族・友人関係などを尋(たず)ねる。**

Who is that woman?

—She is **Mary.** She is **my aunt.**

覚えておこう

「父」 father [fɑ́:ðə ふァーざ]
「母」 mother [mʌ́ðə マざ]
「息子(むすこ)」 son [sʌ́n サン]
「娘(むすめ)」 daughter [dɔ́:tə ドータ]

確認しよう!

5 図の中の「I」になったつもりで，問いに答えなさい。

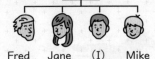

Mr. Smith　Mrs. Smith

Fred　Jane　(I)　Mike

❶ Who is Fred?
❷ What is your sister's name?
❸ Who is Mrs. Smith?
❹ Is Mike your little brother?
❺ Is Mr. Smith your father or your uncle?

ヒント　Mrs.「～夫人」「～さん」，little brother「弟」，uncle「おじ」

解答　❶ He is my brother.　❷ Her name is Jane.　❸ She is my mother.
❹ Yes, he is.　❺ He is my father.

誤りに気をつけよう

(1) What's ~~is~~ that?　→不要。

Who's ~~is~~ that?　→不要。

○is がダブっている。
what's＝what is，who's＝who is
is を消す代わりに，What's, Who's の -'s のほうを消してもよい。

(2) ~~What~~ is that woman?　—She is Mrs. Smith〔my mother〕.
→Who

JUMP! pp.162-167

Exercises

1 絵を見て，正しい答えを選びなさい。

(1) 

What is this?

㋐ Yes, it is. ㋑ No, it isn't.
㋒ It's a TV. ㋓ It is not a TV.
㋔ She is a TV.

(2) Who is this lady?

㋐ Yes, she is. ㋑ No, she isn't.
㋒ It's Mary. ㋓ She is Mary.
㋔ It is a Mary.

(3) What is that building?

㋐ Yes, it is. ㋑ No, it isn't.
㋒ It is a station. ㋓ It is not a post office.
㋔ It is a post office.

2 次の語を並(なら)べ換(か)えて，(　)内の日本文に合う英文にしなさい。

(1) is / your / what / name / ? （あなたの名前は何ですか。）
(2) that / what / is / book / ? （あれは何の本ですか。）
(3) that / who / man / is / ? （あの男の人はだれですか。）

3 次の(　)に適当な語を入れなさい。

(1) (　　　) is that woman? —She is Jane.
(2) (　　　) is his name? —His name is Tom.
(3) What (　　　) is that? —It is a rose.

4 次の場合，英語でどのように尋(たず)ねますか。

(1) 近くにある花の種類を尋ねるとき。
(2) 相手の名前を聞くとき。

ヒント

1 (1) this を受ける代名詞(だいめいし)は？　TV [tíːvíː ティーヴィー]「テレビ」
(3) post office [póust ɔ̀ːfis ポウスト オーふィス]「郵便局」

2 what，who はいつも文頭に。 (2)日本語に合わせて「what＋名詞(めいし)」を使う。

3 花の種類，名前を尋ねるから…。

解答 → p.532

5 I am ～. You are ～. の文

基本用例

“What am I ?”(「私は何でしょう」という guessing game(当てっこゲーム))をしましょう。

Tom: My nose is long. I **am** gray.
I **am** very big. What **am** I?

Amy: You **are** an elephant.

Tom: Yes. I**’m** an elephant.

語句 **long** [lɔ́ːŋ ろーング]「長い」
gray [gréi グレイ]「灰色の」
I’m [áim アイム] I am の短縮形。

訳し方 T：私の鼻は長いです。私は灰色です。私はたいへん大きいです。私は何でしょう。
A：あなたは象です。
T：はい。私は象です。

Points for Study

1 am, are の使い方

主語	動詞(～です)	補語
I	**am**	a student.
You	**are**	a teacher.

説明 会話体の英語では，次の短縮形がよく用いられる。
I am=I’m, you are=you’re

2 疑問文の作り方と答え方

You are a teacher.
(文頭へ)
Are you a teacher**?**

「はい」の答え **Yes,** I **am.**
「いいえ」の答え **No,** I **am not.**

3 否定文の作り方

I am a student.
I am **not** a student.

4 be 動詞(am, are, is)のまとめ

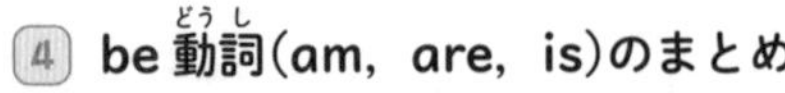

意味順Box

● 基本用例を意味順 Box で確認してみましょう。

だれが	する(です)	だれ・なに	どこ	いつ
私は	です	灰色		
I	am	gray.		

だれが	する(です)	だれ・なに	どこ	いつ
あなたは	です	象		
You	are	an elephant.		

1 am, are の使い方

● I **am** a student. （私は生徒です。）

● You **are** a teacher. （あなたは先生です。）

is を使う文は本書の最初のところで学習した

❶ I am ～. You are ～. の文

主語(しゅご)	動詞(どうし)	補語(ほご)
I	**am**	a student.
You	**are**	a teacher.
He	**is**	American.

説明 ① am, are, is をまとめて **be** [bíː ビー] **動詞**という。
② be 動詞の後には**名詞**(めいし)や**形容詞**(けいようし)などが来る。
③ be 動詞の後の名詞や形容詞は，be 動詞を補って文を完全にする働きをするので，**補語**と呼ばれる。

❷ I am → **I'm** [áim アイム], you are → **you're** [júər ユア] に短縮(たんしゅく)される。

確認しよう！

1 次の( )に am, are, is のうちから適当なものを入れなさい。

❶ Tom ( ) a student.　❷ I ( ) Amy.
❸ You ( ) a good friend.　❹ She ( ) pretty.
❺ You ( ) American.　❻ I ( ) Japanese.

解答 ❶ is ❷ am ❸ are ❹ is ❺ are ❻ am

② 疑問文の作り方と答え方

- **Are you** a pianist?　—**Yes, I am.**

　（あなたはピアニストですか。—はい，そうです。）

- **Who** are you?　—I am **Tom.**

　（あなたはだれですか。—私はトムです。）

語句　**pianist** [piǽnist ピあニスト]「ピアニスト」

○ You are ～. の疑問文と答え方

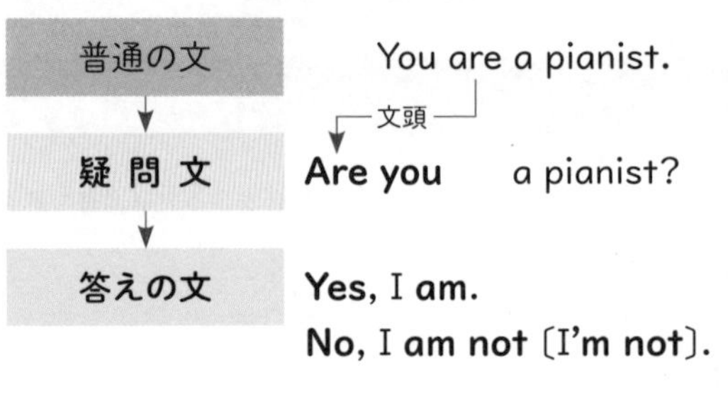

普通の文
You are a pianist.
文頭
疑 問 文
Are you　a pianist?
答えの文
Yes, I am.
No, I am not〔I'm not〕.

比べてみよう

目的語と補語

主語	動詞	名詞
① I	am	**a student.**
② I	want	**an apple.**

①では I＝a student
②では I≠an apple
a student を**補語**といい，
an apple を**目的語**という。

確認しよう！

2　次の(　)に適当な語を入れなさい。

❶ (　　　) you Tom's brother?　—Yes, (　　　) am.

❷ Are (　　　) happy?　—No, (　　　) (　　　).

❸ (　　　) are you?　—I am Amy.

❹ (　　　) you a student (　　　) a teacher?

　—(　　　) (　　　) a student.

ヒント　❷ I am を 1 語に短縮すると…。happy [hǽpi ハぁピ]「幸福な」

解答　❶ Are, I　❷ you, I'm, not　❸ Who　❹ Are, or, I, am

③ 否定文の作り方

- I am **not** a student.
- You are **not** a student, either.

否定文のときは not を使う

語句 **either** [íːðər イーざー, áiðə アイざ]（否定文で）「～もまた（…でない）」

❶ **否定文の作り方**……**am**, **are** の後に **not** を付ける。is の場合と同じ。

I am **not** a good student.
（私は良い生徒ではありません。）

You are **not** happy.
（あなたは幸せではありません。）

覚えておこう

短縮形（～n't）
is not → is**n't**
are not → are**n't**
am not →（なし）
I'm not, You're not のような形も用いられますので，注意しておきましょう。

❷ **either と too の使い方**

肯定文 You are a good student, **too.** （あなたも良い生徒です。）
疑問文 Are you a good student, **too**? （あなたも良い生徒ですか。）
否定文 I am not happy. You are not happy, **either.**
（私は幸せではありません。あなたも幸せではありません。）

説明 「～もまた」を示す場合，**肯定文・疑問文**では **too**，**否定文**では **either** を使う。

確認しよう！

3 **次の英文を否定文にしなさい。**

❶ I am a teacher.
❷ My dog is big.
❸ You are a good pianist.
❹ Your mother is happy.
❺ I am happy.

解答 ❶ I am not〔I'm not〕a teacher. ❷ My dog is not big.
❸ You are not a good pianist. ❹ Your mother is not happy.
❺ I am not happy.

4 **次の（ ）に too か either を入れなさい。**

❶ He is happy. She is happy, (　　　).
❷ I'm American. Are you American, (　　　)?
❸ This isn't my book. That isn't my book, (　　　).

解答 ❶ too ❷ too ❸ either

4 be動詞(am, are, is)のまとめ

- **I am** a student.
- You **are not** a teacher.
- **Is Tom** a tennis player?

be動詞の使い方を確かめよう

❶ 肯定文

主語	be動詞		
I	**am**	a student / happy	.
You	**are**		
He, She, Tom	**is**		

❷ 否定文

主語	be動詞			
I	am	**not**	a student / happy	.
You	are			
He, She, Tom	is			

❸ 疑問文

be動詞	主語		
Am	I	a student / happy	?
Are	You		
Is	he, she, Tom		

疑問詞	be動詞	主語	
Who / What	am	I	?
	are	You	
	is	he, she, it	

確認しよう!

5 次の(　)に適当な語を入れなさい。

❶ Are (　　) a good pianist?
—No, I'm (　　). I (　　) (　　) a good pianist.

❷ Who (　　) this girl? —(　　) (　　) Jane.

❸ What (　　) she? (　　) she your teacher?
—No. (　　) (　　) my friend.

❹ I am red. I am a fruit. I'm (　　) an apple.
What (　　) I?
—You (　　) a strawberry.

ヒント　fruit [frúːt ふルート]「果物(くだもの)」, strawberry [strɔ́ːbèri ストローベリ]「イチゴ」

解答　❶ you, not, am, not　❷ is, She, is　❸ is, Is, She, is
❹ not, am, are

誤りに気をつけよう

(1) I'm ~~are~~ student.
→a に換える。

○I'm = I am
are は you に対する be 動詞。

(2) I am not happy, ~~too~~.
either に換える。

○否定文「～もまた(…でない)」のときは either を使う。too は肯定文と疑問文に用いる。

Exercises

1 次の(　)に is, am, are のうち適当なものを入れなさい。

(1) It (　　　) a new racket.
(2) Mike (　　　) a student.
(3) (　　　) that your brother?
(4) You (　　　) my friend.
(5) I (　　　) an English teacher.
(6) Who (　　　) you?
(7) (　　　) you a good pianist?
(8) What (　　　) I?

2 次の(　)に適当な語を入れて，対話文を完成させなさい。

A : (㋐) am a high school student.
B : (㋑) grade are you in?
A : (㋒) in the 1st grade.
B : (㋓) you a good student?
A : Yes, (㋔) am.

3 次の日本文を英語にしなさい。

(1) 私は医者ではありません。
(2) 彼も医者ではありません。
(3) あなたは先生ですか，それとも生徒ですか。

3 (2) 「～もまた」の否定は too だったか。

解答 p.533

6 have, 一般動詞(like など)の文

基本用例

トムとエイミーが学校でのことを話しているよ。

Tom: **What do you do after school?**

Amy: **I play tennis after school.**

I have a new racket.

Do you like tennis?

Tom: **No, I don't. I like baseball.**

語句 **do** [dú: ドゥー]「する」普通の動詞(どうし)としては「する」という意味。What do you do ～? では後の do がそれにあたる。

after school [ǽftə sku:l あふタ スクーる]「放課後」

tennis [ténis テニス]「テニス」

new racket [n(j)u: rǽkit ニュー ラぁケット]「新しいラケット」

don't [dóunt ドウント] do not の短縮形(たんしゅくけい)。

baseball [béisbɔ̀:l ベイスボーる]「野球」

訳し方 T：放課後は何をしますか。

A：私は放課後テニスをします。私は新しいラケットを持っています。テニスは好きですか。

T：いいえ。私は野球が好きです。

Points for Study

1 **have の文**

I〔You〕	**have**	a flower.
私〔あなた〕は	**持っている**	花を

2 **一般動詞(いっぱんどうし)の文**

I〔You〕	**like**	baseball.
私〔あなた〕は	**好きです**	野球を

3 **疑問文(ぎもんぶん)の作り方と答え方……do を主語(しゅご)の前に置く。**

Do you **have** a book?
- 「はい」の答え **Yes, I do.**
- 「いいえ」の答え **No, I don't.**

4 **否定文(ひていぶん)の作り方……動詞(どうし)の前に do not を置く。**

I **do not** have a book.

意味順Box

● 基本用例を意味順 Box で確認してみましょう。

玉手箱	だれが	する(です)	だれ・なに	どこ	いつ
何を～か？	あなたは	する			放課後に
What do	you	do			after school?

玉手箱	だれが	する(です)	だれ・なに	どこ	いつ
	私は	します	テニスを		放課後に
	I	play	tennis		after school.

玉手箱	だれが	する(です)	だれ・なに	どこ	いつ
～か？	あなたは	好き	テニスを		
Do	you	like	tennis?		

玉手箱	だれが	する(です)	だれ・なに	どこ	いつ
いいえ	私は	好きでは ありません			
No,	I	don't.			

1 have(持っている)の文

● I **have** a brother.

● You **have** a brother, too.

語句 **have** [hǽv ハぁヴ]「持っている」

覚えておこう

人称(にんしょう)

1 人称(自分)……I

2 人称(相手)……you

3 人称(それ以外)

……he, she, it, Tom など

❶ **I(私は)と you(あなたは)**……日本語の「は」の働きも含(ふく)む。

	日本語	英語
話し手	「私は」，「僕(ぼく)は」，「おれは」	**I** (いつも大文字で書く。)
聞き手	「あなたは」，「君は」，「お前は」	**you**

❷ I have ～. You have ～. の語順……日本語と英語の違いに注意。

I	**have**	a book.
私は	**持っている**	本を

You	**have**	a flower.
あなたは	**持っている**	花を

覚えておこう

I **have** a pen.
（私はペンを持っている。）
I **have** a dog.
（私は犬を飼っている。）
have は **「手に持っている」** だけでなく，広く **「所有している」** ことを表す。

❸ have の色々な意味……日本語の「持つ」よりも意味が広い。

I **have** two sisters.　（私には 2 人の姉妹〔姉，妹〕がいます。）
I **have** breakfast at seven.　（私は 7 時に朝食をとります。）
This house **has** a good garden.　（この家にはいい庭があります。）

確認しよう!

1　絵を見て，(　)に適当な語を入れなさい。

I　　You

❶ I (　　　) a bicycle.
❷ You (　　　) a dog.
❸ I have (　　　) (　　　).
❹ (　　　) have a book.

ヒント　❶, ❷「持っている」は have を使う。 ❸名詞の前には a, an が必要。
解答　❶ have　❷ have　❸ a, bat　❹ You

2　次の語を並べ換えて，(　)内の日本文に合う英文にしなさい。

❶ bat / have / a / I / .（私はバットを持っている。）
❷ a / I / new / have / friend / .（私には新しい友達がいる。）
❸ you / an / camera / old / have / .
（あなたは古いカメラを持っている。）

ヒント　❷, ❸「a〔an〕+形容詞+名詞」の語順になる。 ❸ camera に付く冠詞は，old [óuld オウルド]「古い」を前に置くときは a, an のどちら？
解答　❶ I have a bat.　❷ I have a new friend.　❸ You have an old camera.

② 一般動詞(like, play)の文

- I **like** tennis. (私はテニスが好きです。)
- I **play** tennis. (私はテニスをします。)

一般動詞のつづりと意味を正しく覚えよう

語句 **like** [láik ライク]「好む」, **play** [pléi プれイ]「(競技を)する」

❶ 一般動詞(いっぱんどうし)

like, play は have とよく似ている。

I	**have**	a flower.
I	**like**	this flower.

❷ 一般動詞の語順

I (主語)	**play** (動詞)	tennis. (目的語)
私は	**する**	テニスを

覚えておこう

よく使われる一般動詞

study [stʌ́di スタディ]「勉強する」

need [ní:d ニード]「必要とする」

know [nóu ノウ]「知っている」

want [wánt ワント]「欲しい，望む」

確認しよう!

3 次の(　)内の日本語を英語にしなさい。

❶ I (する) baseball.　❷ I (好きだ) my mother.

❸ I (勉強する) English.　❹ You (知っている) my father.

❺ You (必要とする) my help.

解答 ❶ play ❷ like ❸ study ❹ know ❺ need〔want〕

4 次の語を並べ換えて，(　)内の日本文に合う英文にしなさい。

❶ tennis / I / like / . (私はテニスが好きです。)

❷ this / I / flower / like / . (私はこの花が好きです。)

❸ study / you / Japanese / . (君は日本語を勉強する。)

ヒント 語順は「主語＋動詞＋目的語」。

解答 ❶ I like tennis. ❷ I like this flower. ❸ You study Japanese.

3 疑問文の作り方と答え方

- **Do** you **have** a sister?　—**Yes,** I **do.**
- **Do** you **like** baseball?　—**No,** I **don't.**
- **What** do you study?　—I study **English.**
- **What** do you do after school?　—I **play tennis.**

❶ 疑問文の作り方

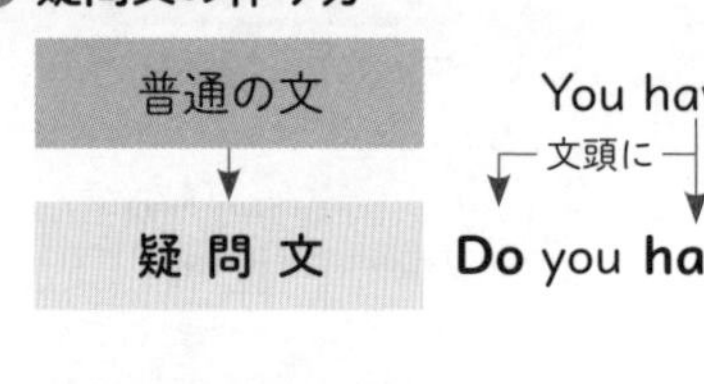
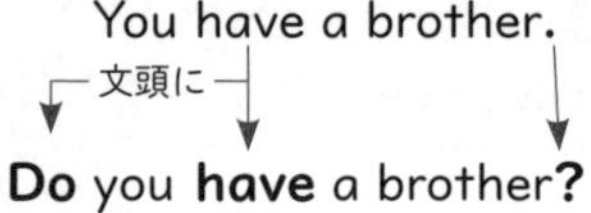

普通の文	You have a brother.
↓	文頭に
疑問文	**Do** you **have** a brother**?**

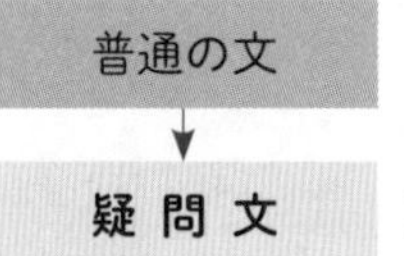
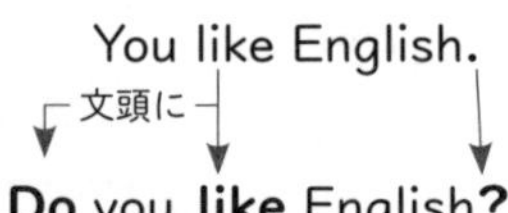

普通の文	You like English.
↓	文頭に
疑問文	**Do** you **like** English**?**

比べてみよう

be 動詞の疑問文

This is a flower.

Is this a flower?

be 動詞が疑問文の文頭に来る。**一般動詞**(have を含む)の文では，**Do** を文頭に置く。

❷ 答え方

Do you like tennis?

①「はい」の場合　**Yes,** I **do.**

②「いいえ」の場合　**No,** I **don't.**

説明　「あなた(you)は**好み**(like)は**する**(do)か」と尋ねているのだから，答えは「**する**(do)」か「**しない**(don't)」になる。

ここに注意

Do you 〜?(あなたは〜ですか)と聞かれたら，答えは当然 **I**(私は)で答える。

❸ What(何を)を用いた疑問文と答え方

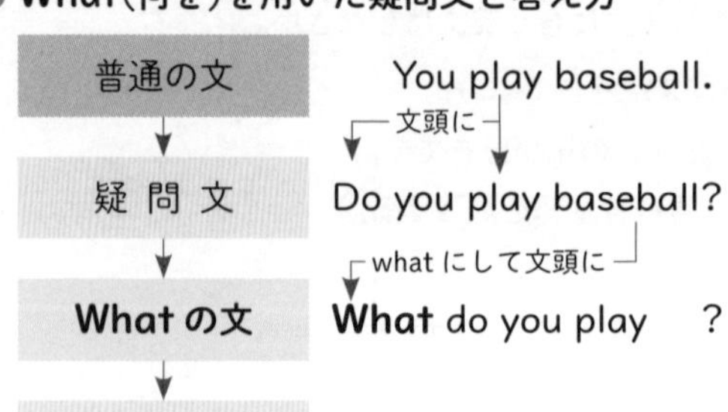

普通の文	You play baseball.
↓	文頭に
疑問文	Do you play baseball?
↓	what にして文頭に
What の文	**What** do you play ?
↓	
答えの文	I play **baseball.**　〔baseball を強く発音する。〕

ここに注意

What で始まる疑問文には，Yes, No で答えずに，**What**(何を)**にあたる内容**で答える。

❹「what＋名詞(めいし)」で始まる疑問文と答え方

答えは「**what＋名詞**」の内容に合う形で答える。

What *sport* do you like?　—I like **baseball.**

（あなたは何のスポーツが好きですか。—私は野球が好きです。）

What *subject* do you like?　—I like **English.**

（あなたはどの科目が好きですか。—私は英語が好きです。）

語句　**subject** [sʌ́bdʒikt サブヂェクト]「科目」

確認しよう！

5　絵を見て，(　)に適当な語を入れなさい。

❶ (　　　) you like tennis?
　—(　　　), I don't.

❷ Do you (　　　) English?
　—Yes, (　　　) (　　　).

❸ (　　　) sport do you like?
　—I like (　　　).

ヒント　❶一般動詞の疑問文では，主語(しゅご)の前に何が来るか。　❷Yes で答える言い方は？
❸Yes，No で答える疑問文ではない。

解答　❶Do，No　❷like，I，do　❸What，baseball

6　次の語句を並(なら)べ換(か)えて，(　)内の日本文に合う英文にしなさい。

❶ study / you / science / do / day / every / ?
　（理科を毎日勉強していますか。）

❷ you / have / a dog / do / a cat / and / ?
　（犬と猫(ねこ)を飼っていますか。）

❸ need / what / you / do / ?　（何を必要としていますか。）

❹ book / you / want / do / what / ?　（何の本が欲(ほ)しいのですか。）

❺ or / have / you / a brother / do / a sister / ?
　（あなたには兄さんか姉さんがいますか。）

ヒント　❺A or B? の言い方にする。　science [sáiəns サイエンス]「理科」

解答　❶Do you study science every day?
❷Do you have a dog and a cat?
❸What do you need?
❹What book do you want?
❺Do you have a brother or a sister?

4 否定文の作り方

- I **don't** have a sister.
- I **don't** like tennis.

○ **have** も一般動詞も，否定文には **do not**〔**don't**〕を使う。

普通の文	I have a sister.
否定文	I **do not** have a sister.

比べてみよう

be 動詞の文

This is a rose.

This is **not** a rose.

have や一般動詞の文

I like tennis.

I **don't** like tennis.

○ 一般動詞の否定文には **do** の助けが必要。

確認しよう!

7 **次の英文を否定文にしなさい。**

❶ I play baseball.
❷ That man is Mr. Kato.
❸ You have a new bicycle.
❹ I need a pencil and a notebook.
❺ Jane is his sister.

ヒント do の助けが必要なのはどの動詞？ notebook [nóutbùk ノウトブック]「ノート」

解答 ❶ I don't play baseball. ❷ That man isn't Mr. Kato. ❸ You don't have a new bicycle. ❹ I don't need a pencil and a notebook. ❺ Jane isn't his sister.

誤りに気をつけよう

(1) ~~Are you have~~ a brother?
→Do you have にする。

I not have a brother.
↑do を入れる。

○have も一般動詞と同じように，疑問文・否定文には do の助けが必要。ただし，英国では Have you ～? や I have not ～. の言い方もある。

(2)「あなたは何が好きですか。」

What you like?
↑do を入れる。

○疑問代名詞の what が文頭に来ても，やはり do を主語の前に入れて，what の後は他の疑問文と同じ語順にする。

Exercises

1　次の（　）に適当な語を入れなさい。

(1) I (　　　) a new racket.　（私は新しいラケットを持っています。）

(2) I (　　　) English.　（私は英語が好きです。）

(3) I (　　　) a dictionary.　（私は辞書が必要です。）

2　次の英文を（　）内の指示に従って書き換えなさい。

(1) You play tennis.　（疑問文に）

(2) You have a bicycle.　（否定文に）

(3) I like English.　（下線部を問う疑問文に）

3　次の英文を読んで，正しい答えを選びなさい。

I like tennis.

I have a new ball.

I have an old racket.

(1) What sport do you like?

㋐ You like tennis.　㋑ You don't like tennis.

㋒ I like tennis.　㋓ I like baseball.

(2) Do you have a new racket?

㋐ Yes, you do.　㋑ No, you don't.

㋒ Yes, I do.　㋓ No, I don't.

4　次の日本文を英語にしなさい。

(1) あなたは英語が好きですか。

(2) 私は車を持っていません。

(3) あなたは何が好きですか。

(4) あなたはどんなスポーツをしますか。

(5) あなたは英語が好きですか，それとも理科が好きですか。

ヒント

2　(1), (2)一般動詞の疑問文・否定文には何を使うか。　(3) what を使う。

3　代名詞に気をつける。

4　(4)スポーツを「する」には play を用いる。　(5) A or B? の形を使う。

解答 → p.534

7 形容詞，副詞の使い方

基本用例

トムとエイミーは何が好きなのだろう。

Tom: I like music.

Amy: Do you play the guitar?

Tom: Yes, I do. But I don't play **very well**.

Do you like music, too?

Amy: Yes. I like Japanese music. It is **beautiful**. I **sometimes** sing my **favorite** Japanese song.

語句 **music** [mjúːzik ミューズィック]「音楽」
guitar [gitáːr ギター]「ギター」
well [wél ウェる]「上手に」
beautiful [bjúːtəfl ビューティふる]「美しい」
sometimes [sʌ́mtaimz サムタイムズ]「ときどき」
sing [síŋ スィング]「歌う」
favorite [féivərit ふェイヴァリット]「お気に入りの，大好きな」
song [sɔ́(ː)ŋ ソ(ー)ング]「歌」

訳し方 T：私は音楽が好きです。
A：ギターを弾きますか。
T：はい，弾きます。しかしあまり上手ではありません。あなたも音楽は好きですか。
A：はい。日本の音楽が好きです。日本の音楽は美しいです。ときどき，お気に入りの日本の歌をうたいます。

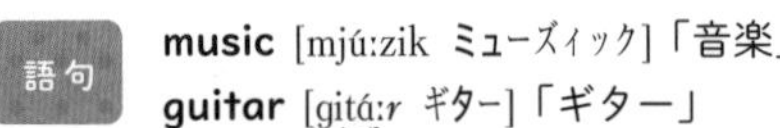

Points for Study

1 **the の使い方**……名詞の前に置き，**特定のもの**を指していることを示す。

(1) 2度目に話題にのぼる名詞に。　I have *a cat*. **The** cat is pretty.

(2) 世の中に1つしかないものに。　**the** sun（太陽）

(3)「(特定の種類の)楽器を弾く」などの言い方で。　I play **the** guitar.

2 **形容詞の2つの働き**

(1) 名詞の修飾　I have a **red** *hat*.（私は**赤い**帽子を持っている。）

(2) 主語の性質・状態の説明　*That cat* is **big**.（あの猫は**大きい**。）

3 **副詞の働き**……動詞・形容詞・他の副詞の修飾。

I *play* the piano **very well**.（私はピアノを**たいへん** **上手**に弾く。）

意味順Box

● 基本用例を意味順 Box で確認してみましょう。

だれが	する（です）	だれ・なに	どこ	いつ
それは	です	美しい		
It	is	beautiful.		

だれが	する（です）	だれ・なに	どこ	いつ
私は	ときどき歌う	お気に入りの日本の歌を		
I	sometimes sing	my favorite Japanese song.		

1 the [ðə ざ, ði ずィ] の使い方

● I have *a dog*. **The** dog is a collie.

● **The** sun is big.

● I play **the** violin.

theの使い方を考えて文を読もう

語句　**collie** [káli カリ]「コリー」

❶ すでに述べたものを示す名詞（めいし）とともに。

I have　a　dog.

同じ犬

The dog is a collie.

❷ 世の中に1つしかないものに。

the sun [sʌ́n サン]「太陽」

the moon [múːn ムーン]「月」

the world [wə́ːrld ワ～るド]「世界」

❸ 決まった言い方の中で。

「（ある特定の種類の）楽器を演奏（えんそう）する」

play＋**the**＋楽器

JUMP! p.441【エッセンス―16】

⚠ここに注意

the の発音には2とおりある。

- **the** [ði ずィ]
  発音が母音（ぼいん）で始まる単語の前
- **the** [ðə ざ]
  発音が子音（しいん）で始まる単語の前

? なぜなぜ？

なぜ the を付ける？

「聞き手も知っている**その**」という特定のものを指示する信号なのだが，日本語にはこのような言い方はない。

確認しよう!

1 次の the の発音が [ðə ざ] なら○，[ði ずィ] なら△を付けなさい。

❶ the book　❷ the orange　❸ the apple
❹ the dog　❺ the pen

ヒント [ðə], [ði] の違い(ちが)はどこで比べる？　解答 ❶○ ❷△ ❸△ ❹○ ❺○

2 次の(　)に a か the を入れなさい。

❶ I have (　　) cat and (　　) dog. (　　) cat's name is Tama and (　　) dog's name is Pochi.
❷ (　　) moon is white.　❸ I play (　　) violin.

ヒント ❶ cat's は所有格(しょゆうかく)で，特定の cat の名前。dog's も同じ。
解答 ❶ a, a, The, the ❷ The ❸ the

2 形容詞の２つの用法

- I have a **white** *cat*.
- *My cat* is **white**.

比べてみよう

・I *have* **a book.**　(目的語(もくてきご))
・You *are* **a student.**
　She *is* **pretty.**　(補語)
一般動詞(いっぱんどうし)の後の名詞は**目的語**，be 動詞の後の名詞・形容詞は**補語**と呼ばれる。

❶ **形容詞(けいようし)**……「**性質・状態**」を表す語。次の２つの用法がある。

① 「**形容詞＋名詞(めいし)**」……名詞の性質を限定(げんてい)する。**修飾語(しゅうしょくご)**という。

an **easy** *song*　(易(やさ)しい歌)　説明 形容詞が母音(ぼいん)で始まっているので **an**。
that **pretty** *girl*　(あのかわいい女の子)

語句 **easy** [í:zi イーズィ]「易しい」，**pretty** [príti プリティ]「かわいい」

② 「主語(しゅご)＋be 動詞(どうし)＋形容詞」……主語の名詞について叙述(じょじゅつ)する。**補語(ほご)**という。

My cat is **white.**　(私の猫(ねこ)は白い。)
That girl is **pretty.**　(あの女の子はかわいい。)

説明 この言い方の形容詞は単独で用いる。後に名詞をとらず a なども付けない。

❷ 形容詞を強調するときは **very** [véri ヴェリ] を前に付ける。

This is a **very** *big* apple.　(これはたいへん大きなリンゴだ。)
This apple is **very** *big*.　(このリンゴはたいへん大きい。)

確認しよう！

3 次の語を並べ換えて，(　)内の日本文に合う英文にしなさい。

❶ like / that / flower / I / red / .（私はあの赤い花が好きです。）
❷ cap / red / my / is / .（私の帽子は赤色です。）
❸ you / pretty / a / do / have / bird / ?（かわいい鳥を飼っていますか。）
❹ is / a / tennis / Jane / player / good / ?
（ジェーンはテニスが上手ですか。）
❺ your / or / black / dog / is / white / ?
（あなたの犬は白いですか黒いですか。）

ヒント ❶，❸，❹は「形容詞＋名詞」。 ❹「上手なテニスのプレイヤーですか」にする。
red [réd レッド]「赤い」，good [gúd グッド]「上手な」

解答 ❶ I like that red flower. ❷ My cap is red.
❸ Do you have a pretty bird? ❹ Is Jane a good tennis player?
❺ Is your dog white or black?

3 副詞の用法

- I play the piano **very well.**
- I **sometimes** read a book.

❶ 動作・状態の程度や様子，回数などを示す副詞

① **程度や様子を示す副詞……文の最後**に置く。

I play the piano **well.**
（私は上手にピアノを弾く。）

You speak **slowly.**
（あなたはゆっくりしゃべる。）

語句 **slowly** [slóuli スろウり]「ゆっくりと」

② **回数を示す副詞**

・一般動詞の場合……**動詞の前**に置く。

I **sometimes** *read* a book. （私はときどき本を読みます。）

・be 動詞の場合……**be 動詞の後**に置く。

He *is* **sometimes** busy. （彼はときどき忙しい。）

語句 **busy** [bízi ビズィ]「忙しい」

覚えておこう

程度を示す副詞
well [wél ウェる]「上手に」
much [mʌ́tʃ マッチ]「たいへん」
hard [hɑ́ːrd ハード]「一生懸命に」

回数を示す副詞
sometimes [sʌ́mtaimz サムタイムズ]「ときどき」
always [ɔ́ːlweiz オーるウェイズ]「常に」
often [ɔ́ːfn オーふン]「しばしば」

JUMP! p.126

❷ 他の副詞を強調する very

I play the piano **very** *well*. （私はとても上手にピアノを弾きます。）

確認しよう!

4 （　）内の副詞が入る適当な位置を答えなさい。

❶ I ㋐ know ㋑ Jane ㋒. (very well)

❷ I ㋐ study ㋑ English ㋒. (always)

❸ I ㋐ study ㋑ science ㋒. (very hard)

❹ Jane ㋐ is ㋑ busy ㋒ in ㋓ the ㋔ morning. (often)

解答 ❶㋒ ❷㋐ ❸㋒ ❹㋑

5 次の英文を日本語にしなさい。

❶ I sometimes need a hat.

❷ Tom is always free.

ヒント free [fríː ふりー]「暇(ひま)な」

解答 ❶ 私はときどき帽子(ぼうし)を必要とします。

❷ トムはいつも暇です。

誤りに気をつけよう

(1) I have a dog.

~~A~~ dog is old collie.

→The に換える。　an を入れる。

○前文の a dog を指(さ)す「特定の犬」だから The になる。

○ collie は数えられる名詞(めいし)。a, an は形容詞(けいようし)の前に。

(2) I have new a camera.

ここに移す。

○ a, an, the は形容詞の前に。

(3) (Very well) I know Jane.

文の最後へ。

○程度の副詞(ふくし)は「動詞(どうし)＋目的語(もくてきご)」の後に。

(4) Jane (sometimes) is busy.

be 動詞の後へ。

○回数の副詞は，一般動詞(いっぱんどうし)と be 動詞で位置が違(ちが)う。

Exercises

1 次の(　)にa，an，theのうちから適当なものを入れなさい。不要なら×を書きなさい。

(1) He is (　　　) American boy.
(2) My sister is (　　　) pretty.
(3) Do you play (　　　) piano?
(4) This is (　　　) very big apple.
(5) I like (　　　) baseball.

2 各組の英文がほぼ同じ意味になるように，(　)に適当な語を入れなさい。

(1) This is a white cap. ＝This cap (　　　) (　　　).
(2) That's an old racket. ＝That racket (　　　) (　　　).
(3) This cat is pretty. ＝This is (　　　) (　　　) (　　　).

3 次の語を並(なら)べ換(か)えて，(　)内の日本文に合う英文にしなさい。

(1) is / elephant / this / big / very / .　(この象はとても大きい。)
(2) sometimes / I / the / play / piano / .
(私はときどきピアノを弾(ひ)きます。)
(3) always / is / she / busy / .　(彼女はいつも忙(いそが)しい。)

4 次の日本文を英語にしなさい。

(1) 私は音楽がとても好きです。
(2) 私は白い犬を飼っている。
(3) 私の妹はたいへんかわいい。
(4) あなたはときどきピアノを弾きますか。
(5) 私は一生懸命(いっしょうけんめい)英語を勉強します。
(6) 私はジェーンの弟をよく知っている。

ヒント

1 (2) prettyの後ろに名詞(めいし)が来ていないから…。 (3)「ピアノを弾く」ときの「ピアノ」(＝楽器名)の前に必要なものは？ (5) baseballは数えられない名詞。

2 形容詞(けいようし)の2つの働きを思い出そう。

3 sometimes，alwaysの位置は，一般動詞(いっぱんどうし)とbe動詞では異なる。

4 (5)「一生懸命に」hard

解答 → p.535

8 複数形

基本用例

トムが兄弟のことを話しているよ。

Amy: How many brothers do you have?

Tom: I have two, Paul and Jack.

They are high school students.

I like my brothers.

Amy: Do you have any sisters?

Tom: No, I don't.

語句 **how many** [hau méni ハウ メニ] 「いくつの」数を尋(たず)ねる言い方。how「どれぐらい」と many「多くの」を組み合わせる。

they [ðéi ゼイ]「彼らは，彼女たちは」

訳し方 A：兄弟は何人いますか。

T：2人います。ポールとジャックです。彼らは高校生です。私は兄たちが好きです。

A：姉妹はいますか。

T：いいえ，いません。

Points for Study

1 名詞(めいし)の複数形(ふくすうけい)の作り方と読み方

作り方……語尾に **-s** または **-es** を付ける。

発　音……[s ス]，　[z ズ]，　[iz イズ] の 3 とおりがある。

2 some と any の使い方

肯定文(こうていぶん)……**some** [sʌ́m サム] を使う。

疑問文(ぎもんぶん)と否定文(ひていぶん)……**any** [éni エニ] を使う。

3 How many ～? の文

How many＋複数形の名詞 ～? の形で，**ものや人の数**を尋ねる。

4 複数形の文

I	am	a student.
We	**are**	students.

(1) I(私)→ we(私たち)

(2) you は単複同形(たんぷくどうけい)。

(3) 主語(しゅご)が**複数**のとき，be 動詞(どうし)は **are**。

意味順Box

● 基本用例を意味順 Box で確認してみましょう。

玉手箱	だれが	する(です)	だれ・なに	どこ	いつ
何人の兄弟を～か？	あなたは	(もって)いる			
How many brothers do	you	have?			

だれが	する(です)	だれ・なに	どこ	いつ
彼らは	です	高校生		
They	are	high school students.		

1 名詞の複数形の作り方と読み方

one apple　two bananas　three potatoes

four oranges

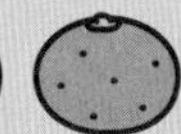

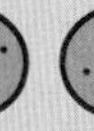

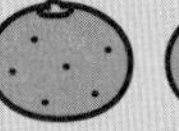

five carrots

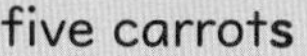

語句 **banana(s)** [bənǽnəz(z) バナぁナ(ズ)]「バナナ」, **potato(es)** [pətéitou(z) ポテイトウ(ズ)]「ジャガイモ」, **carrot(s)** [kǽrət(s) キぁロット, キぁロッツ]「ニンジン」

❶ 名詞の複数形

単数形……「1 つ」を表す名詞の形。　*an* apple, *a* potato, *a* lily

複数形……「2 つ以上」を表す名詞の形。　apple**s**, potato**es**, lil**ies**

説明　複数形の名詞には a, an は付かない。

❷ **複数形の発音**……[s ス], [iz イズ], [z ズ] の音を名詞の後ろに付ける。

①[s ス]……語尾の発音が [p], [t], [k] のとき。

caps [kǽps キぁップス], **cats** [kǽts キぁッツ], **books** [búks ブックス]

②[iz イズ]……語尾の発音が [s], [z], [ʃ], [tʃ チ], [dʒ ヂ] のとき。

glasses [glǽsiz グらぁスィズ], **dishes** [díʃiz ディッシュイズ]

③[z ズ]……上の①, ②以外の発音で終わる名詞。

dogs [dɔ́(:)gz ド(ー)グズ], **potatoes** [pətéitouz ポテイトウズ]

❸ **複数形のつづり**

① 普通は単数形に **-s** を付ける。

pen—pen**s**, boy—boy**s**

② 語尾が **-s**, **-sh**, **-ch**, **-x** のときは **-es** を付け, [iz] の発音にする。

glass—glass**es**, dish—dish**es**（皿）,

watch—watch**es**, box—box**es**（箱）

③ 語尾が「子音字＋**-y**」のときは **-y を -i に換えて -es** にする。

lily—lil**ies**, dictionary—dictionar**ies**

④ 語尾が **-f**, **-fe** なら **-ves** [vz ヴズ] にする。

leaf—lea**ves**（葉）, knife—kni**ves**（ナイフ）

⑤ 語尾が **-o** の場合は単語によって **-s** か **-es** を付ける。

piano—piano**s**, potato—potato**es**

覚えておこう

不規則変化の複数形

-s, -es を付けずに複数を示す。

❶ **母音**が変わる。

man [mǽn マぁン]「男」

→ **men** [mén メン]

❷ 語尾に -en が付く。

child [tʃáild チャイるド]「子ども」

→ **children** [tʃíldren チるドレン]

❸ 単数と同じ形

sheep [ʃí:p シープ]「羊」

確認しよう！

1 **次の名詞の複数形を書きなさい。また，複数形の語尾を [s] と発音するものには○, [z] と発音するものには△, [iz] と発音するものには×を付けなさい。**

❶ window (　　　)(　)　❷ girl (　　　)(　)

❸ bus (　　　)(　)　❹ cat (　　　)(　)

❺ sandwich (　　　)(　)　❻ orange (　　　)(　)

❼ dictionary (　　　)(　)

ヒント bus [bʌ́s バス]「バス」, sandwich [sǽndwitʃ サぁンドウィッチ]「サンドイッチ」

解答 ❶ windows（△） ❷ girls（△） ❸ buses（×） ❹ cats（○）
❺ sandwiches（×） ❻ oranges（×） ❼ dictionaries（△）

JUMP! p.432【エッセンス―4】

② some と any の使い方

- I have **some** comics.
- Do you have **any** comics?
- I don't have **any** comics.
- I have **no** comics.

some と any の使い方に注意

語句 **comic(s)** [kámik カミック(ス)]「マンガ本」

❶ some, any の意味

「1 つ」,「2 つ」と,はっきり数を示す場合……one, two, three など。

多くはないが,数をはっきりとは示さない場合……some, any

数が多い場合……many

❷ some と any の区別

肯定文(こうていぶん) I have **some** books.　(私は本を(**何冊か**)持っています。)

疑問文(ぎもんぶん) Do you have **any** books?(あなたは本を(**何冊か**)持っていますか。)

否定文(ひていぶん) I don't have **any** books.(私は **1 冊も**本を持って**いません**。)

注意 some は一部について,any は全体について述べる。

I don't have any books.

not ～ any で「**1 つも～ない**」という強い否定の意味になる。

I like **any** music.「私はどんな音楽も好きだ」のように肯定文でも any を使う場合があり,その場合は「どんな～でも」の意味になる。

確認しよう!

2 **次の( )に some か any を入れなさい。**

❶ Do you have (　) brothers?

—No. I don't have (　) brothers.

❷ Do you have (　) books?

—Yes. I have (　) books.

❸ I have (　) dogs.

I don't have (　) cats.

ヒント 肯定文には some,疑問文・否定文には any を使うことが多い。

解答 ❶ any, any ❷ any, some ❸ some, any

3 How many ～? の文

- **How many** *brothers* do you have?
  —I have **two** (*brothers*).

数を尋ねる言い方

○ How many ～? の疑問文とその答え方

JUMP! p.147

How many＋複数名詞＋do you have? ←相手に「**数**」を尋ねる場合に使う。
（あなたは**いくつの**(＝どれぐらい多くの)～を持っていますか。）

説明　How(どれぐらい)も，What や Who と同じように**疑問詞**と呼ばれる。

答え方……I have＋数詞(＋複数名詞).

説明　後の複数名詞は繰り返しになるので言わなくてもよい。

確認しよう!

3 次の(　)に適当な語を入れて，対話文を完成させなさい。

❶ How (　　) bicycles do you have?　—I (　　) one.
❷ (　　) many sisters do you have?
　—I don't have (　　) sisters.
❸ (　　) many (　　) do you have?　—I have five apples.

ヒント　「How many＋複数名詞」の形にする。

解答　❶ many, have　❷ How, any　❸ How, apples

4 代名詞の複数形

- *This is* an apple. → **These are** apples.
- *I am* a student. → **We are** students.
- *Mike is* Jane's friend.
  → **Mike and John are** Jane's friends.

代名詞にも複数形がある

❶ 代名詞の複数形

単数形	複　数　形
this	**these** [ðíːz ずィーズ]「これら」
that	**those** [ðóuz ぞウズ]「あれら」

単数形	複数形
I	**we**「私たち」
you	**you**「あなた方」
he	**they**「彼ら」
she	**they**「彼女ら」
it	**they**「それら」

? なぜなぜ？

「私」の複数形？
I の複数形とは，「私」がたくさんいるというのではなく，**「私を含めた数人」**という意味である。you も**「あなたを含めた数人」**ということである。

説明 ① **this**，**that** などは，ものを指す言い方なので，**指示代名詞**と呼ばれる。
② **I**，**we**，**you** などは，**人称代名詞**と呼ばれる。
I，we は**話し手**を表す **1 人称**，you は**聞き手**を表す **2 人称**，
he，she，it，they は**その他のもの**を表す **3 人称**の人称代名詞。

❷ 複数形の主語と be 動詞の補語

主　語（複数名詞）	be 動詞（are）	補　語（複数名詞，形容詞）
These	are	books.
We	are	happy.

説明 形容詞には，単数・複数の区別はない。

比べてみよう

This **is** *a* book.
↓ ↓
These are books.（名詞）
I **am** happy.
↓ ↓ ↓
We are happy.（形容詞）

❸ A and B（A と B）の形

Tom is a student. *Jane* is a student.

↓

Tom and Jane are students.
They

説明 ① and は**前のものと後のものをつなぐ役目**をする。
② A and B は**複数**として扱う。

確認しよう！

4 次の英文を複数形の文に書き換えなさい。

❶ This is an egg.
❷ That is your book.
❸ I am a student.
❹ You are Amy's classmate.
❺ He is happy.

ヒント classmate [klǽsmèit クらぁスメイト]「級友」

解答 ❶ These are eggs. ❷ Those are your books.
❸ We are students. ❹ You are Amy's classmates.
❺ They are happy.

5 複数形の文の疑問文と否定文

- **Are these** your books?
- These are **not** my books.

単数形の文とどこが違うのか考えよう

❶ Are these ～? の文と答え方

Are these your books?

—**Yes,** *they* **are.** / **No,** *they* **aren't.**

説明 答えの文には人称代名詞の they を使う。they は 3 人称複数の人称代名詞で，ここでは指示代名詞 these を受けている。

❷ Are you ～? の文と答え方

Are you American?

—**Yes,** *we* **are.** / **No,** *we* **aren't.**

説明 問いの文の 2 人称代名詞(you)が，答えの文では 1 人称代名詞(we)になっている。

❸ Who，What を使った文

Who are these boys?

—They are **my brothers.**

What are those?

—They are **flowers.**

❹ 複数形の文の否定形……are の後に **not** を付ける。

These	are **not**	flowers.
We	〔**aren't**〕	happy.

説明 会話では，are not の短縮形 **aren't** がよく用いられる。

比べてみよう

問いの文	答えの代名詞
Is *this* ～?	→ **it**
Are *these* ～?	→ **they**
Are *you* ～?（単数）	→ **I**
Are *you* ～?（複数）	→ **we**
Is *he* ～?	→ **he**
Are *they* ～?	→ **they**

ここに注意

A and B が主語である疑問文の場合，**答えの文の代名詞**に注意する。

Are **you and Tom** friends?

—Yes, we are.

Are **Tom and Jane** friends?

—Yes, they are.

覚えておこう

be 動詞の疑問文と否定文

疑問文……be 動詞と主語の語順を入れ替える。

否定文……be 動詞の後に **not** を置く。

JUMP! pp.46-51

確認しよう!

5 2つの英文を，and を使って1つの文にしなさい。

❶ Tom is happy.
I am happy.

❷ Is Amy American?
Is Tom American?

解答 ❶ Tom and I are happy. ❷ Are Amy and Tom American?

6 次の(　)に適当な語を入れなさい。

❶ (　　) are those girls?
—(　　) are Rio's sisters.

❷ (　　) you and Jane students?
—Yes, (　　) are.

ヒント ❶ those girls は何にかわる？ ❷ you and Jane が主語。

解答 ❶ Who, They ❷ Are, we

6 複数形の主語と一般動詞

- *Tom and I* **don't play** tennis. *We* **play** baseball.
- *Tom and Jane* **don't need** laptops. *They* **need** tablets.

❶ 肯定文

主語	動詞	目的語
(単数) I You	play	tennis.
(複数) *We* *You* *They* *Tom and Jane*		

❷ 否定文……動詞の前に don't〔do not〕。

主語	don't＋動詞	目的語
(単数) I You	don't play	tennis.
(複数) *We* *You* *They* *Tom and Jane*		

❸ 疑問文と答えの文……疑問文は主語の前に **Do** を置く。

答えの文は do, don't を用いて答える。

Do	(単数) I you	**play**	tennis	?
	(複数) *we* *you* *they* *Tom and Jane*			

Yes, 〔No,〕	you I	**do.** **〔don't.〕**
	you *we* *they* *they*	

説明　**do** の助けを借りて，疑問文・否定文を作る。1，2 人称単数(I, you)が主語の場合と同じである。

JUMP! pp.76-77

確認しよう!

7　**次の(　)に適当な語を入れなさい。**

❶ (　　　) Tom and Jane like cats?
—Yes, (　　　) do.

❷ (　　　) you have many friends?
—Yes, we (　　　).

❸ (　　　) sports (　　　) they play?
—(　　　) play baseball.

解答　❶ Do, they　❷ Do, do　❸ What, do, They

誤りに気をつけよう

(1) Do you have ~~some lilyes~~?
→any lilies

○疑問文には普通 any を使う。

(2) How many ~~sister~~ do you have?
→sisters

○「How many＋複数名詞 ～?」

(3) We are ~~a friend~~.
→friends

○主語に合わせて複数形に。

(4) Tom and I ~~am~~ happy.
→are

○A and B は複数扱い。

(5) Are these good books?　—Yes, ~~these~~ are.
→they に換える。

○答えは人称代名詞の they で。Yés, they áre. と前後が強調される。

⑦ 数えられない名詞

- ***Water*** is important for life.
- We always love ***peace***.

❶ **物質名詞**……固体，液体，気体のいずれかの状態にあり，個別に数えられない物質を表す名詞。物質名詞は常に単数扱いで，不定冠詞も付かないし複数形にもしない。

Water is important in our everyday life.
（水は日常生活において大切です。）

We need fresh ***air*** for a change.
（気分転換には新鮮な空気が必要です。）

❷ **抽象名詞**……特質，感情，考えなどを示し，具体的な形がなく個別に数えられないものを表す名詞。常に単数扱いで，通例，不定冠詞も付かないし複数形にもしない。

We always love **peace.**　（私たちは常に平和を愛する。）

Young people need **freedom** of action.（若者には行動の自由が必要です。）

❸ **数量を表す形容詞の区別**

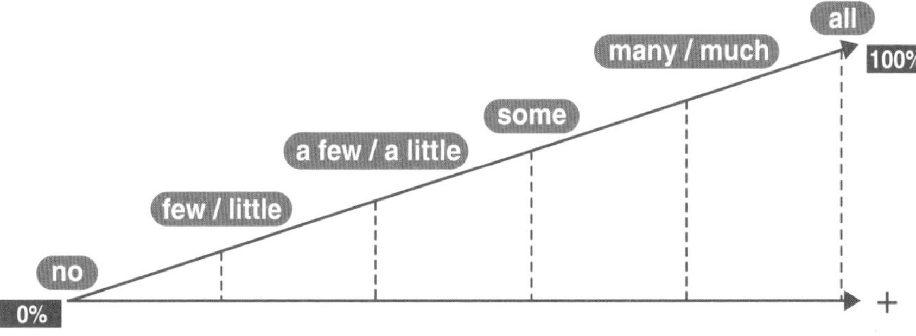

数の大小を表す形容詞：no ＜ few ＜ a few ＜ some ＜ many ＜ all

I know (　　) books on Japan.　▶(　)に形容詞を入れて意味の違いを確認しよう！
（日本に関する本を，まったく知らない / ほとんど知らない / 少し / 何冊か / たくさん / すべて知っている。）

量の大小を表す形容詞：no ＜ little ＜ a little ＜ some ＜ much ＜ all

I have (　　) knowledge of English. ▶(　)に形容詞を入れて意味の違いを確認しよう！
（英語の知識が，まったくない / ほとんどない / 少し / いくらか / たくさん / すべてある。）

Exercises

1 次の名詞の複数形を書きなさい。

(1) boy (2) watch (3) potato (4) lily (5) man (6) knife

2 次の英文を( )内の指示に従って書き換えなさい。

(1) This cat is very cute. (cats に換えて)

(2) I have some apples. (否定文に)

(3) I am a junior high school student. (I を We に換えて)

3 次の( )に適当な語を入れて，対話文を完成させなさい。

A：(㋐)(㋑) brothers do you have?

B：I have two, Paul and Jack.

A：(㋒)(㋓) students ?

B：Yes, they are. Do you have (㋔) brothers, too?

A：No, I don't. I don't have (㋕) brothers.

4 次の語を並べ換えて，( )内の日本文に合う英文にしなさい。

(1) like / tennis / baseball / I / and / .
(私はテニスと野球が好きです。)

(2) and / good / Jane / Amy / are / friends / .
(ジェーンとエイミーは仲の良い友達です。)

(3) are / what / flowers / those / ?
(あれらの花は何ですか。)

(4) many / have / you / how / do / birds / ?
(あなたは鳥を何羽飼っていますか。)

(5) do / they / what / like / sports / ?
(彼らはどんなスポーツが好きですか。)

ヒント

1 (1) boy の y は i に換える？ (5) man は複数形が不規則な変化をする語。

2 (2)否定文に some は使うかな？

3 ㋐，㋑は数を尋ねる表現。㋔，㋕は同じ単語。

解答 p.536

Let's Read and Sing! ①

Twinkle, Twinkle, Little Star

◆ 次の歌は童謡「きらきら星」です。まず歌詞を読んで意味を確かめ，音声を聴きましょう。

Twinkle, twinkle, little star,	きら，きら，お星さま，
How I wonder what you are.	あなたはほんとにだれかしら。
Up above the world so high,	はるか遠く，空高く，
Like a diamond in the sky.	お空にきらめくダイヤのよう。
Twinkle, twinkle, little star,	きら，きら，お星さま，
How I wonder what you are.	あなたはほんとにだれかしら。

語句 **twinkle** [twíŋkl トゥウィンクる]「きらきら光る」
wonder [wʌ́ndə ワンダ]「不思議に思う」　**above** [əbʌ́v アバヴ]「～の上に」
like [láik らイク]「～のように」　**in** [ín イン]「～の中に」

研究 これは詩(poem [póuəm ポウエム])です。この詩のリズムと響きは次のとおりです。

Twín-kle, Twín-kle, lít-tle, stár —,
Hów I wón-der whát you áre —.
Úp a-bóve the wórld so hígh —,
Líke a día-mond ín the ský —.

① どの行も**「強―弱」のリズムが4回繰り返され，最後の一拍は休止。**
what you [ウァッチュー], Up a [アッパ], Like a [ライカ] のように続けて発音し，worl*d*，diamon*d* の最後の [d] にはこだわらないほうが，強弱のリズムがとりやすい。

② 各行の最後が，star [stá:r スター] と are [á:r アー]，high [hái ハイ] と sky [skái スカイ] のように，**同じ母音の発音**で終わっています。このような詩の作り方を「**押韻**」あるいは「**韻を踏む**」と言います。

(1) ちょっと誇張した朗読ですが，音声を何度も聴いて強弱のリズムを確かめましょう。

(2) そして徐々に声の強弱に高低を加えて歌に近づけ，音声といっしょに歌いましょう。

9 has, likes(3単現)の文

基本用例

アヤカが友達について話しているよ。

Ayaka: I have a friend in America.

Tom: Oh, really? What's her name?

Ayaka: Her name is Amy. *She* plays the violin very well. *She* likes Japan. I like *her* very much.

Tom: Does *she* have any Japanese friends?

Ayaka: Yes, *she* has some friends in Japan.

語句 **in** [ín イン]「～に，～の中に」普通，名詞(めいし)の前に置いて使われ，前置詞(ぜんちし)という。
violin [vaiəlín ヴァイオリン]「バイオリン」
her [hə́ːr ハ～]「彼女を」
much [mʌ́tʃ マッチ]「たいへん」
does [dʌ́z ダズ] = do + -es

訳し方 A：私にはアメリカに友人がいます。
T：へえ，本当？　どんなお名前ですか。
A：エイミーです。バイオリンをとても上手(じょうず)に弾(ひ)きます。彼女は日本が好きです。私は彼女がとても好きです。
T：彼女は日本の友人はいますか。
A：はい，日本に何人か友人がいます。

Points for Study

1 hasの使い方

Tom **has** a dog.　（トムは犬を飼っています。）

説明 I, you, we, they などが主語(しゅご)のときは have を使う。
Tom, he, she などが主語のときは **has** を使う。

2 「動詞(どうし)の原形(げんけい)＋-s〔-es〕」の使い方

Tom **likes** music.　（トムは音楽が好きです。）

3 疑問文(ぎもんぶん)の作り方と答え方……「Does＋主語＋動詞の原形 ～?」

Does *she* **like** music?　　答え方 ─ **Yes,** she **does.** / **No,** she **doesn't.**

④ 否定文の作り方……「does not＋動詞の原形」

He **does not** *play* baseball. (彼は野球をしません。)

⑤ 人称代名詞の目的格

私を	me	私たちを	us
あなたを	you	あなたたちを	you
彼を	him	彼らを 彼女らを それらを	them
彼女を	her		
それを	it		

意味順Box

● 基本用例を意味順 Box で確認してみましょう。

玉手箱	だれが	する(です)	だれ・なに	どこ	いつ
～か？	彼女は	いる	日本の友人が		
Does	she	have	any Japanese friends?		

玉手箱	だれが	する(です)	だれ・なに	どこ	いつ
はい	彼女は	いる	何人かの友人が	日本に	
Yes,	she	has	some friends	in Japan.	

1 has [hæz ハあズ] の文

● Tom **has** two brothers. (トムには兄弟が２人います。)

● He **has** a sister, too. (彼には姉〔妹〕も１人います。)

○ have と has の使い方

主語	動詞	目的語
I	have	a dog.
He	**has**	a dog.

説明 have と has のどちらを使うかは，**主語**によって決まる。

have……主語が **I，we，you**(1，2人称)および**複数の名詞や代名詞**(3人称複数)のとき。

has……主語が **he，she，it** および**単数の名詞**(3人称単数)のとき。

確認しよう！

1 次の( )に have か has を入れなさい。

❶ Tom ( ) a dog.

❷ I ( ) two cameras.

❸ He ( ) a guitar.

❹ Tom and I ( ) bicycles.

❺ We ( ) many classmates.

ヒント 主語が1人称複数のときには have, has のどちらを使う？

解答 ❶ has ❷ have ❸ has ❹ have ❺ have

❷ 「動詞の原形＋-s〔-es〕」の使い方

● Amy **plays** the piano. （エイミーはピアノを弾きます。）

● She **likes** music. （彼女は音楽が好きです。）

❶「動詞の原形＋-s〔-es〕」の使い方

主語	動詞	目的語
I	like	music.
She	**likes**	music.

説明 主語が he, she, it および単数の名詞(3人称単数)のとき，動詞は「**動詞の原形＋-s〔-es〕**」の形にする。語尾に付ける -s〔-es〕を「**3単現の -s**」という。

❷「動詞の原形＋-s〔-es〕」の作り方

① 普通は **-s** を付ける。

play—plays, like—lik**es**

② 語尾が **-s**, **-sh**, **-ch**, **-x**, **-o** のときは **-es** を付ける。

teach [tíːtʃ ティーチ]（教える）

—teach**es** [tíːtʃiz ティーチズ]

③ 語尾が「**子音字＋-y**」のときは **-y** を **-i** に換えて **-es** を付ける。 stud**y**—stud**ies**

比べてみよう

名詞の複数形と動詞の3単現の -s〔-es〕は，作り方は同じだが使い方に注意。

複数形……**名詞**について，**2つ以上**あることを示す。

3単現……**動詞**について，**3人称単数**の主語に対応していることを示す。

JUMP! p.432【エッセンス―4】

❸「動詞の原形＋-s〔-es〕」の発音

① 動詞の語尾の発音が [p], [k], [t] のときは [s ス]

work [wə́ːrk ワ～ク] (働く)—works [wə́ːrks ワ～クス]

speak [spíːk スピーク] (話す)—speaks [spíːks スピークス]

② 動詞の語尾の発音が [s], [z], [ʃ], [tʃ], [dʒ] のときは [iz イズ]

wash [wáʃ ワッシュ] (洗う)—washes [wáʃiz ワッシュイズ]

watch [wátʃ ワッチ] (見守る)—watches [wátʃiz ワッチズ]

③ 動詞の語尾が上記以外の発音のときは [z ズ]

play [pléi プれイ] (遊ぶ)—plays [pléiz プれイズ]

know [nóu ノウ] (知っている)—knows [nóuz ノウズ]

確認しよう!

2 次の( )内から適当なものを選び，全文を日本語にしなさい。

❶ I (like, likes) social studies.

❷ Tom and I (study, studies) mathematics every day.

❸ My father (teach, teaches) Japanese.

ヒント 主語が3人称単数の文はどれか。
social studies [sóuʃl stʌ́diz ソウシャる スタディズ]「社会科」,
mathematics [mæθəmǽtiks マぁせマぁティックス]「数学」

解答 ❶ like 私は社会科が好きです。
❷ study トムと私は毎日数学を勉強します。
❸ teaches 私の父は日本語を教えています。

❸ 疑問文の作り方と答え方

● **Does** Tom **like** English?
—**No,** he **doesn't.**

● **What** does he play?
—He **plays baseball.**

疑問文・否定文では動詞は原形になる

❶ **疑問文の作り方**……主語の前に **does** を置き，動詞の3単現の形を原形に戻す。

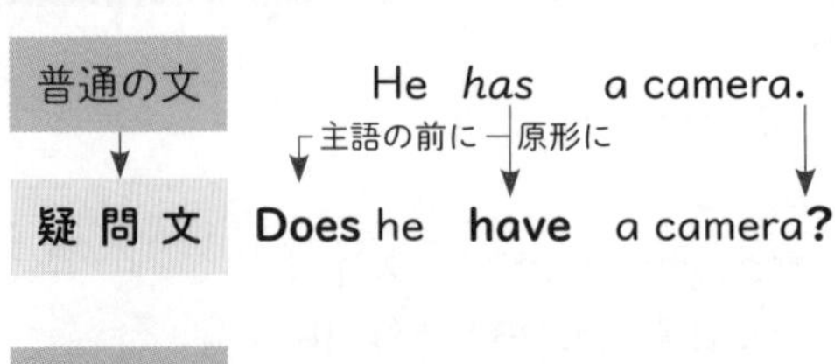
普通の文
He has a camera.
主語の前に
原形に
疑問文
Does he have a camera?

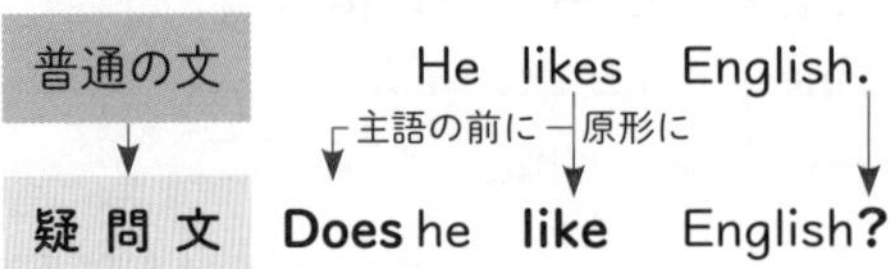
普通の文
He likes English.
主語の前に
原形に
疑問文
Does he like English?

覚えておこう

does は -s の拡大形だ！
3人称単数の語が主語のとき動詞に -s〔-es〕を付けるが，疑問文では **Does** の形にして文頭に移すため，後に残った動詞には -s〔-es〕を付ける必要はない。

❷ 答え方

Does Tom **like** English**?**

①「はい」の場合　**Yes,** he **does.**

②「いいえ」の場合　**No,** he **doesn't.**

❸ What を用いた疑問文と答え方

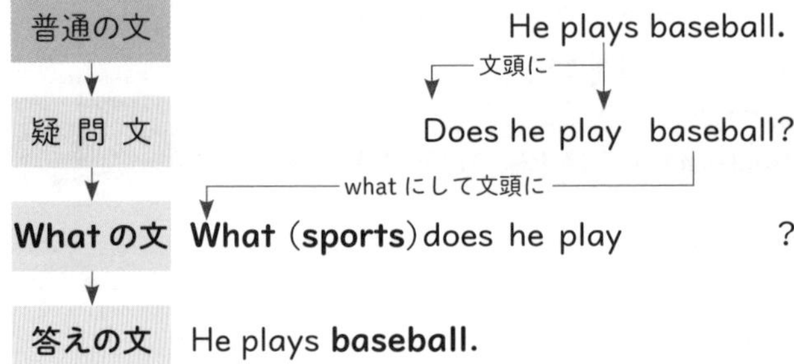
普通の文
He plays baseball.
文頭に
疑問文
Does he play baseball?
what にして文頭に
What の文
What (sports) does he play ?
答えの文
He plays baseball.

確認しよう！

3 **次の英文を疑問文にしなさい。**

❶ Tom speaks English.

❷ You need a bicycle.

❸ Amy studies mathematics every day.

❹ Bob has some birds.

❺ Tom and Amy play tennis.

ヒント　主語が3人称単数のときの一般動詞の疑問文は？

解答　❶ Does Tom speak English?　❷ Do you need a bicycle?
❸ Does Amy study mathematics every day?　❹ Does Bob have any birds?
❺ Do Tom and Amy play tennis?

4 絵を見て，(　)に適当な語を入れなさい。

Tom

❶ (　　) Tom like tennis?
—(　　), he doesn't.
❷ Does he (　　) chess?
—Yes, (　　) (　　).
❸ (　　) fruit does he like?
—He (　　) (　　).

ヒント chess [tʃés チェス]「チェス」

解答 ❶ Does, No ❷ like, he, does ❸ What, likes, apples

4 否定文の作り方

● Tom **does not** have a sister.
(トムには姉妹がいません。)

● Tom **doesn't** speak English.
(トムは英語を話しません。)

○ 否定文(ひていぶん)の作り方……「動詞(どうし)の原形(げんけい)+-s〔-es〕」を「**does not〔doesn't〕+動詞の原形**」にする。

普通の文	He speaks English.
↓	↓前で否定 ↓原形を後に
否定文	He **does not** speak English.

比べてみよう

なぜ「do(es)+原形」か？
《英》 **do not + go**〔原形〕
《日》 シナイ+行キ(ハ)
(→行キハシナイ)
《英》 **do? + go**〔原形〕
《日》 スルカ+行キ(ハ)
(→行キハスルカ)
○ 否定文・疑問文(ぎもんぶん)の do も，**最初は do(する)を使った強調表現**だったのです。

確認しよう!

5 次の英文を否定文にしなさい。

❶ Jane speaks Japanese.
❷ My father has some books.
❸ Jane and Amy play tennis.
❹ Bob works very hard.

解答 ❶ Jane doesn't speak Japanese. ❷ My father doesn't have any books.
❸ Jane and Amy don't play tennis. ❹ Bob doesn't work very hard.

5 人称代名詞の目的格

● I know Tom. Amy doesn't know **him**.

❶ 代名詞の主格と目的格

	単数		複数	
	主格	目的格	主格	目的格
1人称	I	**me** [míː]「私を」	we	**us** [ʌ́s アス]「私たちを」
2人称	you	**you**「あなたを」	you	**you**「あなたたちを」
3人称	he	**him** [hím]「彼を」	they	**them** [ðém ゼム]「彼ら〔彼女ら，それら〕を」
	she	**her** [həːr]「彼女を」		
	it	**it**「それを」		

説明 英語では，「主語＋動詞」のすぐ後に，主語の動作を受ける**人や事物を表す語句**が来ることがある。これらの語句は**目的語**と呼ばれ，人称代名詞の場合はその**目的格**を用いる。

❷ 目的格の働き

主語	動詞	目的語
I	like	**Tom.**
Tom	likes	**me.**
Mark	likes	**Amy.**
Amy	doesn't like	**Mark.**

説明 **主語**になる代名詞は「**主格**」，**目的語**になる代名詞は「**目的格**」で使う。一方，名詞の場合はそのままの形で用い，置く位置によって，主語であるか目的語であるかが示される。

比べてみよう

日本語	彼は	彼の	彼を
英語	**he**	**his**	**him**

説明 日本語では「は，の，を」などを付けるだけだが，英語では働きごとに単語を使い分ける。

確認しよう！

6 次の( )内の語を適当な形にしなさい。

❶ Tom likes (I).
❷ Tom likes (she).
❸ We like (they).
❹ My father knows (I) friend.
❺ Amy likes (Tom).

ヒント 代名詞の格変化を思い出すこと。変化させる必要のないのは？

解答 ❶ me ❷ her ❸ them ❹ my ❺ Tom

誤りに気をつけよう

(1) Tom like Japan.
→likes

○-s の付け忘れ。主語が 3 人称単数の場合，3 単現の -s を付ける。

(2) Does she plays tennis？
→play

○-s の取り忘れ。疑問文・否定文の場合，3 単現は does で表し，動詞は原形を用いる。

(3) I know she.
→目的格の her に換える。

○代名詞は働きによって形が変わる。

Exercises

1 次の英文を（ ）内の指示に従って書き換えなさい。

(1) He studies English. （疑問文に）

(2) Amy has some brothers. （否定文に）

(3) You like English and music. （You を Bob に）

2 絵を見て，正しい答えを選びなさい。

(1) 

Does the boy have a bicycle?

㋐ Yes, he does. ㋑ Yes, he do.

㋒ No, he does. ㋓ No, he doesn't.

㋔ No, he don't.

(2) 

What does the boy have?

㋐ He have a bat. ㋑ He has a bat.

㋒ The boy have a bat.

㋓ Yes, he does. ㋔ No, he doesn't.

3 次の日本文を英語にしなさい。

(1) 私の父は彼女をたいへんよく知っている。

(2) マークは英語が好きではありません。

(3) トムとエイミーは英語が好きですか。

ヒント

1 do と does の使い方に注意。

3 (3) Tom and Amy が主語。単数？ それとも複数？

解答 → p.537

Let's Listen and Talk! ②

日課を人に話す ／ 日課を尋ねる

◆ Amy が自分の日課について話しています。絵を見ながら繰り返し音声を聴いて，要点を聴き取りましょう。

[bréd ブレッド] bread「パン」　[láibreri らイブレリ] library「図書館」
[ǽftə sku:l あふタ スクーる] after school「放課後」
[jú:ʒuəli ユージュアり] usually「普通は，たいてい」

⑴ 次のことを Amy は何と言っていますか。聴き取って書きなさい。

①	起きる	②	朝食に〔朝食として〕
③	歩いて学校に行く	④	午前中に / 午後に
⑤	家に帰る〔着く〕	⑥	夕食後に
⑦	テレビを見る	⑧	寝る〔床につく〕

⑵ 次の(　)内に，Amy の言っている単語を入れなさい。

① I have (　　　) and (　　　) for breakfast.

② I have (　　　) (　　　) in the morning.

③ I often (　　　) books in the (　　　) after school.

④ I usually get home (　　　) (　　　).

⑶ Amy についての次の質問に英語で答えなさい。

① Does she go to school by bus?

② How does she go to school?

③ Does she usually get home at four?

④ What time does she go to bed?

⑷ 次の文の下線部が答えの中心となるような疑問文を作りなさい。

① I get up at six fifteen.

② I go to school by bicycle.

③ I have two lessons in the afternoon.

④ I watch TV and study after dinner.

あなたの一日は
どんな一日ですか。
音声の英文を
参考にして，自分の
日課を英語で
話してみましょう。

解答 → p.537

10 my, mine, Whose ～? の文

基本用例

トムの犬が迷子(まいご)になった。特徴を見て犬をさがそう。

My lost dog
My dog is big.
My dog has spots.
My dog doesn't have a collar.
Tom
Whose dog is this?
—It's not Tom's (dog).
Whose is that dog?
—It's Tom's.

語句
lost dog [lɔ́(:)st dɔ́(:)g ろ(ー)スト ド(ー)グ]「迷子の犬」
spot [spát スパット]「はん点」
collar [kálə カら]「首輪」
whose [hú:z フーズ]「だれの，だれのもの」

訳し方
私の迷子犬
私の犬は大きい。
私の犬ははん点がある。
私の犬は首輪をしていない。
トム

これはだれの犬ですか。
―それはトムの(犬)ではない。
あの犬はだれのですか。
―それはトムのです。

Points for Study

1 「～の」,「～のもの」の形

(1) 代名詞(だいめいし)……「～の」my, your, his, her, our, your, their
「～のもの」mine, yours, his, hers, ours, yours, theirs

(2) 名(めい)　詞(し)……名詞に **-'s**(アポストロフィー エス)を付ける。

2 Whose(だれの，だれのもの)

Whose dog is this?　(これはだれの犬ですか。)
Whose is this dog?　(この犬はだれのものですか。)

意味順Box

● 基本用例を意味順 Box で確認してみましょう。

玉手箱	だれが	する(です)	だれ・なに	どこ	いつ
だれの犬～ですか？	これは				
Whose dog is	this?				

だれが	する(です)	だれ・なに	どこ	いつ
それは	ではない	トムの犬		
It	is not	Tom's dog.		

1 「～の」,「～のもの」の形(代名詞の場合)

● Is this **your** *dog*?
—No, it isn't. It's **hers.**

「～の」「～のもの」を区別して覚えよう

❶「～の」,「～のもの」の形(代名詞(だいめいし)の場合)

①単数(たんすう)

私の	my	私のもの	mine
あなたの	your	あなたのもの	yours
彼の	his	彼のもの	his
彼女の	her	彼女のもの	hers
それの	its	(それのもの)	(its)

⚠ここに注意

「**彼の**」と「**彼のもの**」は同じ形。また it(それ)の「～のもの」にあたる形 its は，ほとんど用いられない。

②複数

私たちの	our	私たちのもの	ours
あなた方の	your	あなた方のもの	yours
彼らの	their	彼らのもの	theirs
彼女らの		彼女らのもの	
それらの		それらのもの	

❷ **「～の」の形**……後ろに**名詞**を伴って使う。代名詞の場合は上の表のように形が決まっている。

Is this **his** *camera*?
（これは彼のカメラですか。）
―No, it isn't. It is **her** *camera*.
（いいえ，違います。それは彼女のカメラです。）

説明 これらの形は「所有」の意味を表すことが多いので，**所有格**と呼ばれる。

⚠ここに注意

「～の」を表す代名詞の発音
発音が難しいのは your, her, our, their である。
your [júər / jɔ́ː ユア]
her [（強く言うとき）hə́ːr ハ～,（弱く言うとき）hə ハ]
our [áuər, ɑː アゥア]
their [ðéər ゼア]

❸ **「～のもの」の形**……後ろに名詞を伴わずに単独で使う。代名詞の場合は上の表のように形が決まっている。

Is this *your* book?
（これはあなたの本ですか。）
―No, it isn't. It's **his** (=*his* book).
（いいえ，違います。それは彼のものです。）

説明 mine, yours など「所有」の意味を含む代名詞は**所有代名詞**と呼ばれる。

? なぜなぜ？

A：「彼の」も「彼のもの」も **his** だけれど，どのようにして区別するの？
B：**後ろに名詞があるかどうかで区別するんだよ。**

確認しよう！

1 **例にならって，英文を書き換えなさい。**

例 This is my watch. → This is mine.

❶ This is your bicycle.　❷ That's her violin.
❸ This is his bat.　❹ Those are their books.

解答 ❶ This is yours.　❷ That's hers.　❸ This is his.
❹ Those are theirs.

❷ 「～の」,「～のもの」の形(名詞の場合)

● Is this **Tom's** *dog*?
（これはトムの犬ですか。）
―No, it isn't. It's **Bill's.**
（いいえ，違[ちが]います。それはビルのです。）

形は同じ
使い方の違いに注意

○ 名詞[めいし]の場合，「**～の**」も「**～のもの**」も両方，語尾に **-'s**(アポストロフィーエス)を付けて表す。「～の」と「～のもの」の区別は，後に**名詞**があるかどうかによる。

JUMP! pp.55-56

「**トムの本**」　**Tom's** *book*
「**トムのもの**」**Tom's**

Is that **Bill's** *umbrella*?
（あれはビルのかさですか。）
―No, it isn't. It's **Jack's.**
（いいえ，違います。それはジャックのです。）

覚えておこう

-'s を付けて「～の」,「～のもの」にするのは，**人や動物**の場合が大部分である。

確認しよう!

2 次の(　)に適当な語を入れて，対話文を完成させなさい。

❶ Is this textbook (　　　)?
（この教科書はジェーンのものですか。）
―No. It isn't (　　　). It's her (　　　).
（いいえ。彼女のものではありません。それは彼女の妹のものです。）

❷ Is that bag (　　　)?
（あのカバンはトムのですか。）
―No, it isn't. It's his (　　　) (　　　).
（いいえ，違います。それは彼のお父さんのカバンです。）

解答　❶ Jane's, hers, sister's　❷ Tom's, father's, bag

③ Whose(だれの，だれのもの)

- **Whose** *dog* is this?　—It's Tom's (*dog*).
- **Whose** is that dog?　—It's Tom's.

❶ **Whose＋名詞 ～?**……この場合の whose は「**だれの**」という意味で，後ろに**名詞**を従える。

Whose *bicycle* is this?
（これはだれの自転車ですか。）
—It's *my bicycle*〔*mine*〕.
（私の自転車〔私の〕です。）

説明　whose は **who の所有格**の形である。

❷ **Whose is ～?**……この場合の whose は「**だれのもの**」という意味で，後ろに名詞を従えない。

Whose is this car?
（この自動車はだれのものですか。）
—It's *Tom's*.（トムのものです。）

覚えておこう

2種類の whose
後に名詞が来るかどうかで whose の意味が変わるのは，他の代名詞と同様である。

～の本	～のもの
my book(s)	**mine**
his book(s)	**his**
our book(s)	**ours**
whose book(s)	**whose**

確認しよう!

3 **次の語を並べ換えて2とおりの英文を作り，それぞれ全文を日本語にしなさい。**

❶ cap / is / this / whose / ?
❷ this / violin / whose / is / ?
❸ is / house / whose / that / ?

解答　❶ Whose cap is this?（これはだれの帽子ですか。）
Whose is this cap?（この帽子はだれの(もの)ですか。）
❷ Whose violin is this?（これはだれのバイオリンですか。）
Whose is this violin?（このバイオリンはだれの(もの)ですか。）
❸ Whose house is that?（あれはだれの家ですか。）
Whose is that house?（あの家はだれの(もの)ですか。）

誤りに気をつけよう

(1)「それらは彼らの本ですか。」

Are those ~~thier~~ books?
→their

○their のスペリングに注意しよう。

(2)「それの名前は何ですか。」

What's ~~it's~~ name?
→its

○発音は同じでも，it's は it is の短縮形(たんしゅくけい)である。

(3)「これはだれの鉛筆ですか。」

~~Whoes~~ pencil is this ?
→Whose

○ whose のスペリングも誤りが多い。

(4)「この鉛筆はだれのですか。」

~~Who's~~ is this pencil?
→Whose

○発音は同じでも，who's は who is の短縮形である。

Exercises

1 次の語を，「～の」を表す形にしなさい。

(1) Fred (　　　)　(2) I (　　　)

(3) brother (　　　)　(4) Mary (　　　)

(5) she (　　　)　(6) who (　　　)

(7) teacher (　　　)　(8) they (　　　)

(9) uncle (　　　)　(10) he (　　　)

2 次の(　)に適当な語を入れて，対話文を完成させなさい。

(1) What's her brother's name?
—(　　　) name is John.

(2) Is he your teacher?
—No. (　　　) is not (　　　) teacher.

(3) Whose is this pencil case?
—It's (　　　). (彼のものです。)

(4) Whose is this book?
—It's (　　　) (　　　). (私の弟のものです。)

(5) What's that lady's name?
—(　　　) name is Ms. Brown.

3 次の英文を日本語にしなさい。

(1) Whose desk is this?
—It's my brother's.

(2) Whose is that dictionary?
—It's Mr. Yamada's.

(3) Is his father a doctor?
—No, he isn't.

(4) Is this notebook Jack's?
—Yes, it is.

(5) Whose recorder is this?
—It's mine.

(6) Is that white car Tom's?
—No. It's John's.

4 次の英文の誤りを直しなさい。

(1) What's you name?

(2) This is my sister bag.

(3) Whose is this bag?
—It's my father.

(4) Who pencil is this?
—It's mine.

(5) Is this hat your father's?
—Yes. It's yours.

(6) Is this pen your or your father's?
—It's my father's.

(7) Who is that's gentleman?
—He's Mr. Smith.

(8) Whose computer is this?
—It's my mother.

5 **次の(　)に適当な語を入れなさい。**

(1) (　　　)(　　　) car　(あなたのお兄さんの車)

(2) (　　　)(　　　) bed　(私の妹のベッド)

(3) (　　　)(　　　) desk　(彼女の先生の机)

(4) (　　　)(　　　) notebook　(山口先生(男性)のノート)

(5) Is this watch (　　　)?　(この時計はあなたのですか。)
—No. It isn't (　　　). It's my (　　　).
(いいえ。私のではありません。私の妹のものです。)

(6) Is that bicycle (　　　)?
(あの自転車はトムのものですか。)
—No, it isn't. It's (　　　).
(いいえ，違(ちが)います。ビルのものです。)

(7) That car is not my (　　　).
(あの車は私の父のではありません。)
This is my (　　　)(　　　).
(これが私の父の車です。)

(8) (　　　)(　　　) is this?
(これはだれの辞書ですか。)
—It's (　　　)(　　　).
(私の兄のです。)

6 **次の日本文を英語にしなさい。**

(1) 彼女のお母さんの名前は何ですか。—節子(せつこ)です。

(2) 彼のお姉さんは医者です。

(3) 彼女はトムのお母さんです。

(4) これはだれの猫(ねこ)ですか。—ベン(Ben)のです。

(5) あの大きな机はあなたのものですか。
—いいえ，違います。私のおばあさんのものです。

ヒント

2 (1) her brother's を代名詞(だいめいし)で表すと？
(5) that lady's を代名詞で表すと？

5 (8) dictionary [díkʃənèri / díkʃənəri ディクショネリ]「辞書」

6 (2)「医者」doctor [dάktə / dɔ́ktə ダクタ]
(5)「おばあさん」grandmother [grǽn(d)mʌ̀ðə グラぁン(ド)マざ]

解答 p.538

11 命令文とLet's ～. の文

基本用例

おいしい紅茶をいれましょう。

Let's make tea.

1. Boil the water.
2. Warm the teapot.
3. Put some tea into the teapot.
4. Fill the teapot with the boiling water.
5. Leave it for a few minutes.
6. Pour the tea into the cups.

語句 **make tea** [méik tíː メイク ティー]「紅茶をいれる」
boil [bɔ́il ボイる]「沸かす」
warm [wɔ́ːrm ウォーム]「温める」
put [pút プット] **A into B**「AをBに入れる」
fill [fíl ふイる] **A with B**「AをBで満たす」
boiling water「熱湯」
leave [líːv りーヴ]「置いておく」
minute [mínit ミニット]「～分」
pour [pɔ́ːr ポーア] **A into B**「AをBにそそぐ，入れる」

訳し方 紅茶をいれましょう。
1. 湯を沸かしなさい。
2. ティーポットを温めなさい。
3. 紅茶をティーポットに入れなさい。
4. ティーポットを熱湯で満たしなさい。
5. 数分間，置いておきなさい。
6. 紅茶をティーカップに入れなさい。

Points for Study

1 命令文

(1)「～しなさい」……**動詞の原形**が文頭に来る。

Open the window.　（窓を開けなさい。）

(2)「～してはいけません」……**Don't＋動詞の原形**

Don't open the window.　（窓を開けるな。）

2 「～しましょう」……Let's＋動詞の原形（人を誘う表現。）

Let's have lunch.
（昼食にしましょう。）

答え方
- 肯定：**Yes, let's. / All right.**
- 否定：**No, let's not.**

意味順Box

● 基本用例を意味順 Box で確認してみましょう。

玉手箱	だれが	する(です)	だれ・なに	どこ	いつ
～しましょう		いれる	紅茶を		
Let's		make	tea.		

だれが	する(です)	だれ・なに	どこ	いつ
	沸かしなさい	湯を		
	Boil	the water.		

だれが	する(です)	だれ・なに	どこ	いつ
	入れなさい	紅茶を	ティーカップに	
	Pour	the tea	into the cups.	

1 一般動詞の命令文

● **Put** some tea into the teapot.　　命令文には主語がない

❶「～しなさい」,「～せよ」

命令文(めいれいぶん) ―→ **動詞の原形**(どうしのげんけい)が文頭に来る。

Come here.　(こっちへ来なさい。)

Read this book.　(この本を読みなさい。)

❷「～してはいけません」,「～するな」

文頭に **don't** を置く。

否定の命令文(ひていのめいれいぶん) ―→ **Don't** ＋ **動詞の原形** .

Don't open the door.　(ドアを開(あ)けるな。)

Don't sit on this chair.

(このいすに座(すわ)ってはいけません。)

覚えておこう

命令文と呼びかけ

何かを命令するとき，名前を呼んで命令することも多い。

John, sit down.

Sit down, **John**.

(ジョン，座りなさい。)

呼びかけは，**文頭・文末**のどちらでもよい。

❸「どうぞ～してください」
相手に対して，丁寧(ていねい)に命令をする場合は，文頭か文末に **please** を置く。
Please come in.　(＝Come in, **please.**)
　(どうぞ，お入りください。)

確認しよう!

1 **次の英文を日本語にしなさい。**

❶ Close your book.
❷ Come to my desk, Jim.
❸ Stand up, please.

ヒント　close [klóuz クろウズ]「閉(と)じる」
解答　❶本を閉じなさい。　❷ジム，私の机のところへ来なさい。
❸(どうぞ)お立ちください。

2 **次の英文を，禁止を表す文に書(か)き換(か)えなさい。**

❶ Look at your book.
❷ Go to the lake.
❸ Listen to the radio.

ヒント　lake [léik れイク]「湖」，listen to [lísn tə りスン タ]「～を聴(き)く」
解答　❶ Don't look at your book.　❷ Don't go to the lake.
❸ Don't listen to the radio.

2 be 動詞の命令文

● **Be** a good boy.　**Don't be** noisy.
(いい子でいなさい。うるさくしてはいけません。)

❶ **be 動詞(どうし)の命令文(めいれいぶん)……be** で始める。
You are a kind boy.
命令文 → **Be** a kind boy.　(優(やさ)しい少年になりなさい。)
Be quiet.　(静かにしなさい。)
説明　**am, are, is の原形(げんけい)は be** である。現在形(げんざいけい)と原形がこのようにまったく違(ちが)うのは be 動詞だけである。

❷ be 動詞の否定の命令文

命令文の場合は，be の前に **don't** を付けて否定文にする。

Don't be silly.
（ばかなことを言うな〔するな〕。）

Don't be lazy.　（怠けるな。）

語句　**silly** [síli スィり]「ばかな」

比べてみよう

× They *don't be* silly.
○ They **are not** silly.
○ **Don't be** silly.
× *Be not* silly.

確認しよう!

3　**次の英文を日本語にしなさい。**

❶ Be careful, Jane.
❷ Boys, be ambitious.
❸ Don't be a bad boy.

ヒント　careful [kéərfl ケアふる]「注意深い」
ambitious [æmbíʃəs あンビシャス]「大志を抱いた」

解答　❶ジェーン，注意して〔気をつけて〕。
❷少年よ，大志を抱け。（ことわざ）
❸悪い少年になるな。〔言うことをよくききなさい。〕

❸ Let's ～で始まる文

● **Let's** make tea.　（紅茶をいれましょう。）　相手を誘う言い方

○ 人に「**～しましょう**」と誘うときに使う。

Let's ＋ **動詞の原形** .　（～しましょう）

Let's go to the zoo.
（動物園へ行きましょう。）

Let's look at the blackboard.
（黒板を見ましょう。）

覚えておこう

Let's ～. に対する答え方

A：Let's go.
B：**Yes, let's.**〔All right.〕
（そうしよう。〔わかりました。〕）
A：Let's watch TV.
B：**No, let's not.**
（いや，やめておこう。）

確認しよう!

4 次の英文を Let's で始まる文に書き換えて，全文を日本語にしなさい。

❶ We swim in the pool.

❷ We play baseball after school.

❸ We listen to the music with my smartphone.

ヒント after school「放課後」

解答 ❶ Let's swim in the pool. (そのプールで泳ぎましょう。)

❷ Let's play baseball after school. (放課後，野球をしましょう。)

❸ Let's listen to the music with my smartphone.
(私のスマートフォンでその音楽を聴きましょう。)

誤りに気をつけよう

(1)「ばかなまねはやめなさい。」

~~Be not~~ silly.
→Don't be

○be 動詞の文でも，命令文の場合は Don't を用いる。

(2)「ベン，立ちなさい。」

Ben, stand~~s~~ up.
→不要。

○命令文の動詞は原形を使う。

Exercises

1 次の英文の後に続く呼びかけとして，適当なものを㋐～㋔から選びなさい。

(1) These shirts are very dirty.
(2) They can speak English well.
(3) These oranges are good.
(4) It's very fine today.
(5) They are very busy.

㋐ Let's go on a picnic.
㋑ Let's help them.
㋒ Let's speak to them.
㋓ Let's wash them.
㋔ Let's eat them.

2 次の英文を Please で始まる命令文にしなさい。

(1) You come here at six.
(2) You open the window.
(3) You are a good boy.
(4) You listen to the music.
(5) You sit down on the chair.

3 次の日本文に合うように，(　)に適当な語を入れなさい。

(1) あなたの本の 10 ページを開きなさい。
(　　)(　　)(　　) to page (　　).

(2) どうぞ座（すわ）ってください。
(　　)(　　) down.

(3) 放課後，野球をしましょう。
(　　)(　　)(　　) after school.

(4) 窓のところへ行ってはいけません。
(　　)(　　) to the window.

(5) どうぞ私たちを助けてください。
(　　) us, (　　).

4 次の語を並（なら）べ換（か）えて，意味のとおる英文にしなさい。

(1) the / come / blackboard / to / up / .
(2) go / let's / out / .
(3) your / back / don't / seat / to / go / .
(4) door / don't / the / open / .
(5) read / books / let's / our / .

5 次の日本文を英語にしなさい。

(1) 部屋（へや）を掃除（そうじ）しなさい。
(2) 外に出てテニスをしましょう。
(3) あなたの本を見てはいけません。
(4) 川へ行きましょう。
(5) ここで歌をうたってはいけません。

ヒント
1 (1) shirt [ʃə́:rt シャ～ト]「ワイシャツ」，dirty [də́:rti ダ～ティ]「汚（きたな）い」
㋐ go on a picnic「ピクニックに行く」
4 普通の命令文，否定（ひてい）の命令文，そして Let's で始まる文に分けて考える。
5 (1)「掃除する」clean [klí:n クリーン]

解答 p.539

12 canを使う文

基本用例

おや，トムがおかしな格好(かっこう)をしているよ。

Amy: **What are you, Tom?**

Tom: **I am a bird. I have two wings.**

Amy: **Can you fly?**

Tom: **No, I can't. I can't fly.**

Amy: **What can you do?**

Tom: **I can run very fast.**

語句

wing [wíŋ ウィング]「翼(つばさ)」

can [kǽn キャン]「～することができる」動詞(どうし)の原形(げんけい)が後に来る。

fly [flái ふらイ]「飛ぶ」

can't [kǽnt キャント]＝cannot

イギリス英語では [ká:nt カーント] と発音される。また cannot は2語に切らず，1語に書く。

訳し方

A：トム，あなたは何なの。

T：鳥です。2枚の翼を持っています。

A：飛ぶことができるのですか。

T：いいえ，できません。私は飛ぶことができません。

A：何ができるのですか。

T：たいへん速く走ることができます。

Points for Study

1 canの使い方……「主語(しゅご)＋can＋動詞の原形」

can は主語によって形が変わることはない。

I **can** play the piano. Tom **can** play the piano, too.

（私はピアノを弾(ひ)くことができます。トムもピアノを弾くことができます。）

2 疑問文(ぎもんぶん)の作り方……can を主語の前に出す。

3 否定文(ひていぶん)の作り方……「主語＋cannot〔can't〕＋動詞の原形」

She **cannot〔can't〕** play the piano.

（彼女はピアノを弾くことができません。）

4 程度を示す副詞(ふくし)

I can play the piano **a little.** （私は少しピアノを弾くことができる。）

意味順Box

● 基本用例を意味順 Box で確認してみましょう。

玉手箱	だれが	する(です)	だれ・なに	どこ	いつ
～(することが)できますか？	あなたは	飛ぶ			
Can	you	fly?			
	私は	飛ぶことができません			
	I	can't fly.			

1 can の使い方

● I **can** play the piano.

● Tom **can** play the piano, too.

can は助動詞
動詞を助ける働きをする

❶ 私は＋ ピアノを弾(ひ)く ＋ ことができる 。

動詞の前に

I **can** play the piano.

❷「**can＋動詞(どうし)の原形(げんけい)**」

I
Tom
Tom and Amy
— **can** play the piano.

説明　主語(しゅご)の人称(にんしょう)・数(すう)に関係なく，**can の形は変わらない**。
主語が 3 人称単数(にんしょうたんすう)でも，動詞の語尾に **-s は付けない**。

比べてみよう

Tom　　runs fast.
Tom **can** run fast.
○ 主語に関係なく **can** の後は**動詞の原形**。

確認しよう!

1　次の(　)内から適当なものを選びなさい。

❶ Mark can (speak,　speaks) German and French.

❷ Your sister (swim,　swims) very fast.

❸ Your brother can (ride,　rides) a bicycle.

ヒント　主語が 3 人称単数でも can が来ると…。
German [dʒə́ːrmən ヂャ～マン]「ドイツ語」，French [fréntʃ ふレンチ]「フランス語」

解答　❶ speak　❷ swims　❸ ride

② can の疑問文

- **Can** you play the piano?
- Who **can** play the piano?

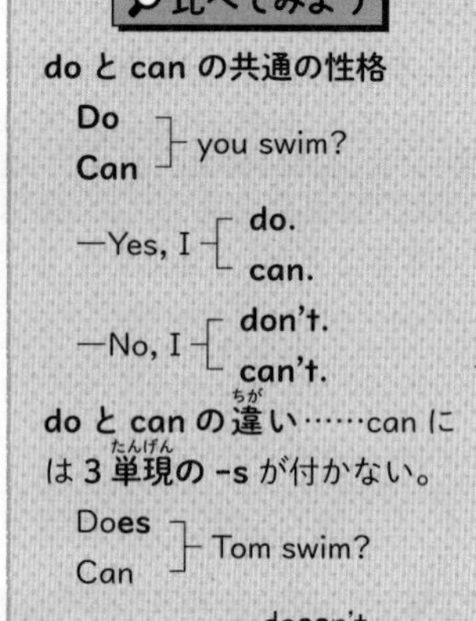

❶ Yes, No で答える疑問文の場合

Tom can speak English.

（主語の前へ）

Can Tom speak English**?**

—**Yes,** he **can.** 〔**No,** he **can't.**〕

❷ 疑問詞を含む疑問文の場合

What languages can Tom speak**?** （トムは何語を話せますか。）

（文頭へ）

Tom can speak English and French.

（トムは英語とフランス語を話せます。）

Who can speak English**?** （だれが英語を話せますか。）

疑問詞を含む疑問文の答え方は次のようになる。

What languages can Tom speak?

—He can speak **English and French.**

Who can speak English? —**Tom** can.

語句 **language** [lǽŋgwidʒ らぁングウィッヂ]「言語」

確認しよう!

2 次の英文を疑問文にしなさい。

❶ You can speak Japanese.

❷ Tom can write a letter in English.

❸ Tom and Jane can speak English.

ヒント in English「英語で」

解答 ❶ Can you speak Japanese?

❷ Can Tom write a letter in English?

❸ Can Tom and Jane speak English?

3 次の語を並べ換えて，意味のとおる英文にしなさい。

❶ can / play / sports / what / you / ?

❷ can / languages / she / speak / what / ?

❸ can / swim / very / well / who / ?

解答 ❶ What sports can you play?
❷ What languages can she speak?
❸ Who can swim very well?

❸ can の否定文

● Tom **cannot** speak Japanese.　can't は cannot の短縮形

（トムは日本語を話すことができません。）

● Tom **can't** speak Japanese.

（トムは日本語を話すことができません。）

○ **can の否定文……cannot〔can't〕**を用いる。

Tom **can** speak Japanese.
↓cannot〔can't〕にする。
Tom **cannot〔can't〕** speak Japanese.

確認しよう!

4 次の英文を否定文にしなさい。

❶ You can speak French.

❷ Your brother can play baseball.

❸ They can jump over the box.

❹ Mary can cook very well.

ヒント French [fréntʃ ふレンチ]「フランス語，フランス人」，jump over [dʒʌmp óuvə ヂャンプ オウヴァ]「跳び越える」，cook [kúk クック]「料理する」

解答 ❶ You can't speak French. ❷ Your brother can't play baseball.
❸ They can't jump over the box. ❹ Mary can't cook very well.

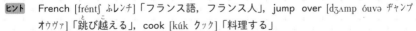

4 程度を示す副詞

- I can play the piano **very well.**
- I can play the piano **a little.**
- I can**not** play the piano **very well.**

程度の違いに注意しよう

語句 **a little** [ə lítl アりトる]「少し」

JUMP! pp.83-84

❶ a little(少し，少しの)

I can play the piano **a little.**
(私は少しピアノを弾くことができる。)

説明 動詞を修飾する単語を**副詞**という。動詞を修飾する副詞は，動詞の後ろ(目的語があるときは目的語の後ろ)に置くのが普通。

I can speak **a little** English.
(私は少し(の)英語を話せます。)

説明 ここでは名詞の前に置いて，「少しの」という量を表す形容詞に使われている。

❷ not ～ very ...(あまり…でない)

I can play the violin **very** well.
(私はバイオリンは**非常に**上手に弾ける。)

But I can**not** play the piano **very** well.
(しかしピアノは**あまり**上手に弾け**ない**。)

比べてみよう

《形容詞》→名詞を修飾
He has **a little** dog.
(彼は小さな犬を飼っています。)

《副詞》→動詞を修飾
He can swim **a little.**
(彼は少し泳げます。)

《形容詞》→名詞を修飾
He has **a little** money.
(彼はお金を少し持っています。)

確認しよう!

5 次の英文を下線部に注意して日本語にしなさい。

❶ I have a little money.
❷ My father has a little car.
❸ Tom is a fast runner.
❹ Tom cannot run very fast.

解答 ❶ 私は少しお金を持っています。 ❷ 私の父は小さな車を持っています。 ❸ トムは速い走者です。 ❹ トムはあまり速く走れません。

誤りに気をつけよう

(1) Tom can ~~speaks~~ English. → speak

Tom ~~cans~~ speak English. → can

○ can の後ろは動詞の原形。どんな主語でも，can の形は変わらない。

(2) ~~Does~~ Tom ~~can~~ swim? → Can / 不要。

Tom ~~doesn't can~~ swim. → cannot〔can't〕

○ can があるときは do，does を使う必要はない。

Exercises

1　次の(　)に適当な語を入れて，対話文を完成させなさい。

(1) Can Jane play tennis?　—Yes, (　　　) (　　　).

(2) (　　　) your father drive a car?　—No, (　　　) can't.

(3) (　　　) (　　　) can Tom speak?
—He can speak English and German.

(4) (　　　) Tom speak English or French?
—(　　　) can speak English.

(5) (　　　) can speak French?　—Jane can.

2　次の語を並べ換えて，(　)内の日本文に合う英文にしなさい。

(1) can / who / sing / well / ?　(だれが上手に歌えますか。)

(2) can't / French / well / Mark / speak / very / .
(マークはあまり上手にフランス語を話せません。)

(3) play / what / can / sports / you / ?
(どんなスポーツができますか。)

3　次の日本文を英語にしなさい。

(1) 私は自動車を運転することはできません。

(2) トムはフランス語を少し話せます。

(3) ジェーンはテニスができますか。—いいえ，できません。

ヒント

1 (2) 答えの文が Yes や No で始まるとき，その疑問文はどんな形だったか。
(3)，(5) は疑問詞で始まる疑問文であるが，その疑問詞は？

2 (2) 動詞を修飾する副詞の位置は文末に。

3 (1)「自動車を運転する」drive a car

解答 → p.540

13 時を表す表現

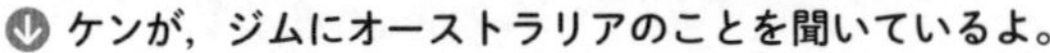

基本用例

ケンが，ジムにオーストラリアのことを聞いているよ。

Ken: It is three o'clock now.
What time is it in Sydney?

Jim: It is four o'clock. My Australian friends are on the beach now.

Ken: Isn't it winter there?

Jim: No, it isn't. December, January and February are summer months there.

語句
o'clock [əklɑ́k オクらック]「～時」
Sydney [sídni スィドニ]「シドニー」
beach [bíːtʃ ビーチ]「浜辺」
there [ðéər ゼア]「そこで」
winter [wíntə ウィンタ]「冬」
summer [sʌ́mə サマ]「夏」
month [mʌ́nθ マンす]「月」

訳し方
K：今3時です。シドニーでは何時ですか。
J：4時です。私のオーストラリア人の友達は今，浜辺にいます。
K：そこは冬ではないのですか。
J：ええ。そこでは12月，1月，2月は夏の月なのです。

Points for Study

1 時刻の表現

It is three (o'clock). (3時です。)
It's half **past** three. (3時半です。)
It is 3:20〔three twenty〕. (3時20分です。)

2 What time ～? When ～? の文

(1) **時刻を**尋(たず)**ねる。** **What time** is it now**?**
(2)「**何時に〔いつ〕～するか**」を尋ねる。
What time〔**When**〕do you get up**?**

3 曜日・月日の表現

(1) **曜日**を尋ねる。 **What day** (**of the week**) is it**?**
(2) **月日**を尋ねる。 **What is the date?**

意味順Box

● 基本用例を意味順 Box で確認してみましょう。

玉手箱	だれが	する(です)	だれ・なに	どこ	いつ
何時～ですか？	それは				シドニーでは
What time is	it				in Sydney?

だれが	する(です)	だれ・なに	どこ	いつ
それは	です			4時
It	is			four o'clock.

1 時刻の表現

● **It is** three o'clock now.　(今3時です。)

> **覚えておこう**
>
> **時を表す語句**
>
> 「午前に」in the morning
>
> 「午後に」in the afternoon
>
> 「正午に」at noon
>
> 「時間」hour [áuər アウア]
>
> 「分」minute [mínit ミニット]
>
> 「秒」second [sékənd セカンド]

❶ **「～時です」**……**It is** の後に数を表す言葉(ことば)を置く。

It's seven (o'clock).　(7時です。)

It's just seven.　(**ちょうど** 7時です。)

It's about seven.　(7時**ごろ**です。)

説明　このように英語では，**主語**(しゅご)に **it** を用いて**時間や天候・距離**(きょり)などを表す文にすることが多い。

Is **it** cold in Sydney now?　(シドニーでは今寒いですか。)

—No, **it** is not. **It** is warm there in winter.

(いいえ，寒くありません。そこでは冬が暖かいのです。)

❷ **「～時…分です」**

① **「時」+「分」の順に数字で表す場合**

It's ＋ 「**～時**」を表す数字 ＋ 「**…分**」を表す数字

It's eight twenty.　(8時20分です。)

It's eleven twenty-six.　(11 時 26 分です。)

It's five forty-nine.　(5 時 49 分です。)

説明　数字を使って略記するときは，コロンを使って 11：26 のように表す。

② **past，to などの前置詞(ぜんちし)を使って**

(a) quarter(4 分の 1)，half(2 分の 1)などといっしょによく使う。

It's **a quarter past** ten.　(10 時 **15 分過ぎ**です。)

It's **half past** nine.　(9 時**半**です。)

It's twenty (minutes) **past**〔**after**〕eight.　(8 時 20 分**過ぎ**です。)

It's five (minutes) **to**〔**of**〕six.　(6 時 5 分**前**(＝5 時 55 分)です。)

説明　これは主にイギリスの言い方で，アメリカでは次のように言う。
It's twenty (minutes) **after** eight.
It's five (minutes) **of**〔**before，till**〕six.

確認しよう!

1　**絵を見て，時刻を英語で書きなさい。**

❶ 　❷ 　❸ 

解答　❶ It's three (o'clock).　❷ It's two thirty.〔It's half past two.〕
❸ It's nine thirty-five.

2 What time ～?　When ～? の文

- **What time** is it in Sydney?　―It's **four o'clock.**
- **When** do you play baseball?　―**After school.**

❶ **What time ～?**……**時刻**を尋(たず)ねるときに使う。

What time do you get up?　(あなたは何時に起きますか。)

―I get up **at six twenty.**　(私は 6 時 20 分に起きます。)

└→時刻の前には前置詞 at を付ける

What time do you go to bed?
（あなたは何時に寝ますか。）
—I usually go to bed **at eleven.**
（普通，11 時に寝ます。）

❷ **When ～?**……「**いつ～**」の意味で**時刻**や**時期**，**時間帯**などを尋ねるときに使う。
When do you get to school?
（あなたはいつ学校に着きますか。）
—I get to school **at eight.**
（8 時に学校に着きます。）
When does he come here?
（いつ彼はここに来ますか。）
—He comes here **in the morning.** （午前中に来ます。）

覚えておこう

頻度を表す副詞
always「いつも」
[ɔ́:lweiz オーるウェイズ]
usually「普通は」
[jú:ʒuəli ユージュアり]
often「しばしば」
[ɔ́:fn オーふン]
sometimes「ときどき」
[sʌ́mtaimz サムタイムズ]
これらの副詞の位置は，**一般動詞**の文ではその**前**。
be 動詞のある文ではその**後**。

確認しよう!

2 **次の英文を日本語にしなさい。**
❶ What time does the sun rise?
—It rises at seven ten.
❷ When do you watch TV?
—I usually watch TV after dinner.

ヒント rise [ráiz ライズ]「昇る」，watch [wátʃ ワッチ]「～を（じっと）見る」
解答 ❶太陽は何時に昇りますか。—7 時 10 分に昇ります。
❷あなたはテレビをいつ見ますか。—普通，夕食後に見ます。

3 曜日・月日の表現

- **What day (of the week)** is it today?
- **What is the date** today?

曜日などの言い方とつづりを練習しよう

❶ **曜日の聞き方，答え方**
What day of the week is it today? （今日は何曜日ですか。）
—It's **Sunday.** （日曜日です。）

❷ 曜日の名称……大文字で始める。

Sunday [sʌ́ndèi サンデイ]「日曜日」
Monday [mʌ́ndèi マンデイ]「月曜日」
Tuesday [t(j)ú:zdèi テューズデイ]「火曜日」
Wednesday [wénzdèi ウェンズデイ]「水曜日」
Thursday [θə́:zdèi さ～ズデイ]「木曜日」
Friday [fráidèi ふライデイ]「金曜日」
Saturday [sǽtədèi サぁタデイ]「土曜日」

❸ 月日の聞き方，答え方

What's the date today?
〔**What day of the month** is it today?〕
（今日は何日ですか。）
―It's **the first of May.**
―It's **May 1.** （May the first と読む。）
付けない場合もある。 序数で。
（5月1日です。）

日を書くときは数字で書く。5月1日ならば May 1 または May 1st で書く。May first とは書かない。

❹ 月の名称……大文字で始める。

January [dʒǽnjuèri ヂぁニュエリ]「1月」
February [fébruèri ふェブルエリ]「2月」
March [má:rtʃ マーチ]「3月」
April [éipril エイプリる]「4月」
May [méi メイ]「5月」
June [dʒú:n ヂューン]「6月」
July [dʒulái ヂュらイ]「7月」
August [ɔ́:gəst オーガスト]「8月」
September [septémbər セプテンバ]「9月」
October [ɑktóubər アクトウバ]「10月」
November [nouvémbər ノウヴェンバ]「11月」
December [disémbər ディセンバ]「12月」

覚えておこう

時刻，曜日，月，季節の前に付く前置詞

I get up **at** seven.
（私は7時に起きます。）
Let's meet **on** Sunday.
（日曜日に会いましょう。）
It's still cold **in** May.
（5月はまだ寒い。）
School starts **on** April 7.
（学校は4月7日から始まる。）：日が入ると on になる。
Roses bloom **in** spring.
（バラは春に咲く。）

比べてみよう

基数(one など)と序数(first など)

one / first (1st)
two / second (2nd)
three / third (3rd)
four / fourth (4th)
five / fifth (5th)
six / sixth (6th)
seven / seventh (7th)
eight / eighth (8th)
nine / ninth (9th)
ten / tenth (10th)
eleventh (11th)
twelfth (12th)
thirteenth (13th)
⋮
twentieth (20th)
twenty-first (21st)
twenty-second (22nd)
⋮

○ 序数は the と用いることが多い。
○ 11th と 12th は 11st, 12nd ではないので注意。

確認しよう!

3 次の月の名前と曜日の名前を英語で書きなさい。

❶ 2月　❷ 5月　❸ 8月　❹ 11月
❺ 日曜日　❻ 水曜日　❼ 金曜日　❽ 土曜日

解答 ❶ February ❷ May ❸ August ❹ November ❺ Sunday ❻ Wednesday ❼ Friday ❽ Saturday

4 次の(　)に適当な前置詞を入れ，全文を日本語にしなさい。

❶ They go to church (　　　) Sundays.
❷ The birds come (　　　) spring.
❸ He will come here (　　　) June.
❹ We eat lunch (　　　) twelve thirty.

解答 ❶ on　彼らは日曜日に教会へ行きます。
❷ in　その鳥(たち)は春にやって来ます。
❸ in　彼は6月にここにやって来る予定です。
❹ at　私たちは12時30分に昼食をとります。

誤りに気をつけよう

(1)「私は普通7時ごろに起きます。」

I get up usually about seven.
前へ移す。

○頻度(ひんど)の副詞(ふくし)は一般動詞(いっぱんどうし)の前。
○at about seven でも可。ただし，普通 at は省略する。

(2)「1学期は4月8日に始まります。」

The first term starts ~~in~~ April 8.
on に換える。

○日付の前は on。「4月に」なら in April となる。

JUMP! p.437【エッセンス―10】

Exercises

1 次の(　)に適当な語を入れて，対話文を完成させなさい。

(1) (　　　) day of the (　　　) is it?
—(　　　) is Saturday.

(2) (　　　) do you go to church?
—We go there (　　　) Sundays.

(3) (　　) time is it now?
—(　　) is three ten (　　) my watch.

(4) (　　) time do you have lunch?
—We have lunch just (　　) noon.

(5) What is the second day (　　) the week?
—It is (　　).

2 次の下線部に，(　)内の日本語を表す語句を入れなさい。

(1) John gets up ________________. (日曜日は7時に)

(2) He studies his textbook ________________. (午前中に)

(3) He plays tennis ________________. (土曜日の午後に)

(4) She usually comes ________________. (5時前に)

(5) The first train starts ________________. (5時に)

3 次の英文を日本語にしなさい。

(1) What time is it now by your watch?
—It is ten forty-five.

(2) What time do you have breakfast?
—I have breakfast at seven.

(3) What day of the month is it today?
—It's July 10.

(4) We have a long vacation in summer.

(5) It's very hot in July and August.

4 次の問いに英語で答えなさい。

(1) What is the fourth month of the year?

(2) How many months are there in a year?
What are they?

(3) Sunday is the first day of the week.
What is the sixth day?

(4) How many seasons are there in a year?
What are they?
(5) Is Thursday the fifth day of the week?

5 次の日本文に合うように，( )内の語を並べ換えなさい。

(1) あなたは何時に学校に行きますか。
(time / go / what / do / school / to / you)?
(2) 私は8時10分に学校に行きます。
(go / school / at / I / eight / to / ten).
(3) 今日は10月20日です。
(October / twentieth / it / today / the / is).
(4) 私は7時ごろ朝食をとります。
(have / seven / I / about / breakfast).
(5) あなたはいつ野球をしますか。
(you / when / baseball / play / do)?

6 次の日本文を英語にしなさい。

(1) 彼は朝食前に散歩に行きます。
(2) 私の父は6時50分に起きます。
(3) 1月は1年の最初の月です。
(4) 私の娘の誕生日は9月30日です。
(5) 私は毎朝6時50分に家を出ます。

ヒント

1 (3)「私の時計では」のときの前置詞は？ (4) noon「正午」
2 (1) 曜日の前に付ける前置詞は on。
(3) 特定の曜日や日の，午前・午後をいう場合，前置詞は on。
3 (4) long vacation「長い休み」
4 (4) 季節の名前は小文字で始める。
6 (1)「散歩に行く」go (out) for a walk，「朝食前に」before breakfast
(4)「誕生日」birthday，「娘の」は所有格で。
(5)「家を出る」leave home

解答 p.541

Let's Try and Check! 1

時間 45分　合格点 80点　得点　　点

1 Kazuはお母さんと道を歩いていて英語のBaker先生に会いました。Kazuが2人を紹介します。音声を聴いて，下線部の英語の語句を聴き取って書きなさい。(21点)

Kazu: Good morning, Ms. Baker.

Ms. Baker: Good morning, Kazu. How are you?

Kazu: Very fine, thank you. Ms. Baker, ①__________ my mother. Mother, ②__________ Ms. Baker. She's ③____________________.

Ms. Baker: Nice ④__________, Mrs. Miura.

Mrs. Miura: Nice ⑤__________, Ms. Baker. I'm ⑥__________ to ⑦__________.

2 メキシコ料理店に予約の電話がかかってきました。

⑴ 音声を聴いて(　)内に次の語群から適当なものを選んで入れなさい。(12点)
〔seeing, help, course, much, speaking, problem〕

⑵ 下線部㋐～㋒を日本語に直しなさい。(15点)

Mario: Hello, Paco's Mexican Restaurant. Paco (①). Can I (②) you?

Customer: Hello, ㋐I'd like to make a reservation for tomorrow for 6 people.

Mario: Of (③). Can I have your name, please?

Customer: Yes, it's Miller. MILLER.

Mario: Miller, okay. ㋑And what time would you like to come?

Customer: 7:30. ㋒Can we have a table by the window?

Mario: No (④). So, that's Miller for 6 at 7:30. We look forward to (⑤) you. Thank you very (⑥).

Customer: Thanks, goodbye.

3 Mikeがクリスマスパーティーを計画しています。これについて，後の問いに答えなさい。

(1) MikeがTomに，パーティーへの招待のメールを送りました。①～③の(　)内の単語を並べ換え，全体を意味のとおる英文にしなさい。(15点)

Hi, Tom.
Do you ①(for / any / have / plans) Saturday afternoon? We have a Christmas party in my house that afternoon. We ②(games / sing / play / and) songs. ③(us / and / join / come). The party starts at two.
Mike

(2) これはTomからの返事です。(　)内に適当な1語を補い，全体が
① 弟のジョージもいっしょに連れて行ってもいいか
② 彼はパーティーが大好きだ
という意味を表すようにしなさい。(16点)

Hi, Mike.
Thank you for your e-mail. I'm free Saturday afternoon.
①(　　　)(　　　)(　　　) my brother George (　　　)(　　　)?
He is a nice boy and, you know, very delightful. And ②he (　　　)(　　　) very much.
Tom

(3) MikeはJaneにも同じメールを送りました。これは彼女からの返事です。①～⑦の(　)内に次の語群から適当なものを選んで入れなさい。(21点)

〔join, can't, sorry, great, wishes, sounds, have〕

Dear Mike,
Thank you for your e-mail invitation. That (①)(②), but I'm very (③). I (④)(⑤) the party. I'm on the basketball team, and we (⑥) a very important game that day.
Best (⑦),
Jane

復習しよう すべての問題の解答と採点が終わってから再度音声を聴き，もう一度全体を復習しましょう。

解答 p.542

14 How, Which の文

基本用例

トムがエイミーに，学校へ行く様子(ようす)を聞いているよ。

Tom: What time do you leave home?

Amy: At seven o'clock.

Tom: How do you go to school?

Amy: By bus.

Tom: Which bus do you take?

Amy: I take the bus for the zoo.

語句

leave [líːv リーヴ]「去る」
home [hóum ホウム]「家」
go [góu ゴウ]「行く」
by bus [bái bʌ́s バイ バス]「バスで」
take [téik テイク]「乗る」
for the zoo [fər ðə zúː ふォ ざ ズー]「動物園行きの」

訳し方

T：何時に家を出ますか。
A：7時です。
T：どのようにして学校へ行きますか。
A：バスで行きます。
T：どのバスに乗りますか。
A：動物園行きのバスに乗ります。

Points for Study

1 **How ～?**……方法や手段を尋(たず)ねる。**「どのようにして」**

How do you go to church every Sunday?
（毎週日曜日，どのようにして教会に行きますか。）

2 **How＋形容詞(けいようし)〔副詞(ふくし)〕～?**……**程度**を尋ねる。**「どのくらい」**

How old are you?　（何歳ですか。）

How far is it from here to the station?
（ここから駅までどれぐらい距離(きょり)がありますか。）

3 **Which ～?**……限られた範囲内から答えを求める。**「どちら，どれ」**

Which is your pencil?
（あなたの鉛筆はどっちですか。）

JUMP! pp.162-167

意味順Box

● 基本用例を意味順 Box で確認してみましょう。

玉手箱	だれが	する(です)	どこ	いつ
どのようにして〜か？	あなたは	行く	学校に	
How do	you	go	to school?	
どのバスに〜か？	あなたは	乗る		
Which bus do	you	take?		

1 How ～?

● **How** do you go to school?
—By bus.

学校へ行く手段を英語で言ってみよう

❶ 手段を尋ねるときに使う How ～?

How do you usually go to Tokyo?
（普通，どのようにして東京へ行きますか。）
—By airplane.
（飛行機で行きます。）

❷ 様子や状態を尋ねるときに使う How ～?

How is the weather today?
（今日の天気はどうですか。）
—It's nice.
（いい天気です。）

❸ 意見，つごうなどを聞く How about ～?

How about this car?
（この自動車はいかがですか。）
How about some more milk? （もう少しミルクはどうですか。）

JUMP! p.274

覚えておこう

How ～? で始まるあいさつ

❶ **初対面の人に対して**

A：**How do you do?**
（初めまして。）
B：How do you do?

○ これは古い英語で今は使われない。Nice to meet you. を用いるのが一般的である。

❷ **すでに知っている人に対して**

A：**How are you?**
（お元気ですか。）
B：I'm good, thank you. 《米》
〔Very well, thank you. 《英》〕

確認しよう!

1 次の英文を日本語にしなさい。

❶ How do you like Japan?

❷ How are you?

—I'm pretty well, thank you.

解答 ❶ 日本(の印象)はいかがですか。

❷ お元気ですか。—元気です，ありがとう。

❷ How＋形容詞〔副詞〕～?

● **How *tall* is Tom?**

（トムはどのくらい背が高いですか。）

—He is five feet tall.

（5 フィートです。）

How ～?
覚えれば役に立つ

❶ **How＋形容詞（けいようし） ～?**……「**どれぐらい～**」と尋（たず）ねる表現。

How high is that mountain?

（あの山はどれぐらい高いですか。）

—It's 3,776 meters high.

（3,776 メートルです。）

How tall is that man?

（あの男性の背の高さはどれぐらいですか。）

—He is five feet (tall).

（5 フィートです。）

説明 身長については必ず tall を使う。

> **覚えておこう**
>
> その他の「**How＋形容詞〔副詞（ふくし）〕～?**」の表現
>
> **How high ～?**
> 建物などの高さを尋ねる。
>
> **How wide ～?**
> 幅の広さを尋ねる(面積の広さを尋ねるときは How large〔big〕～?)
>
> **How deep ～?**
> 深さを尋ねる。

❷ **How long does it take ～?**……**所要時間**を尋ねる表現。

How long does it take from here to the station?

（ここから駅まで，どれぐらい時間がかかりますか。）

—It takes about ten minutes. （約 10 分です。）

❸ **How far ～?**……**距離**(きょり)を尋ねる表現。

How far is it from here to the station?

（ここから駅まで，どれぐらい距離がありますか。）

—It is about a mile.（約1マイルです。）

説明 このように，**距離**や**天候・時間**を表す文では**主語**(しゅご)に **it** を用いることが多い。

❹ **How many＋複数名詞**(ふくすうめいし) **～?**……**数**を尋ねる表現。

How many *uncles* do you have?

（あなたには何人のおじさんがいますか。）

—I have four.（4人います。）

❺ **How much＋数えられない名詞 ～?**……**量**を尋ねる表現。

How much *water* is in the glass?

（そのコップにはどれぐらい水が入っていますか。）

❻ **How much ～?**……**金額**を尋ねる表現。

How much is this car?

（この自動車はいくらですか。）

—It's about one million yen.

（およそ100万円です。）

JUMP! pp.165-166

確認しよう！

2 **次の(　)に適当な語を入れて，対話文を完成させなさい。**

❶ How (　　　) is it to your school?

—It's about five hundred meters.

❷ How (　　　) brothers do you have?

—I have two brothers.

❸ How (　　　) is your grandfather?

—He is seventy.

ヒント meter [míːtər ミータ]「メートル」

grandfather [grǽn(d)fàːðə グラぁン(ド)ふァーざ]「おじいさん」

解答 ❶ far ❷ many ❸ old

導入編 / 第1編 初級 / 第2編 中級 / 第3編 上級 / 第4編 コミュニケーション・表現 / 第5編 語い・文法 / 第6編 高校入試対策 / 解答編 / 重要項目索引

③ Which(＋名詞)～?

● **Which** *bus* do you take?
—I take the bus for the zoo.

What や Whose と区別しよう

❶ Which ～?

ある定数の人や物のうちから「**どれか**」,「**どちらか**」と尋(たず)ねる表現。

Which is your car? （あなたの車はどっちですか。）
—This is mine. （こちらが私のです。）

❷ Which＋名詞(めいし) ～?（どちらの…，どの…）

Which *months* do you like?
（あなたはどの月が好きですか。）
—I like April, August, and December.
（4 月，8 月，12 月が好きです。）

確認しよう!

3 **次の問いに英語で答えなさい。**

❶ Which are the summer months in Japan?
❷ Which season comes after summer?
❸ Which month comes first?

ヒント　いずれの文も「which(＋名詞)」が主語(しゅご)。❷，❸で does を使っていないことに注意。months [mʌ́nts マンツ]「月」(複数(ふくすう))

解答　❶ They are June, July(,) and August.　❷ Fall〔Autumn〕does.
❸ January does.

誤りに気をつけよう

(1)「あの建物の高さはどれぐらい？」
「30 メートルです。」
How high is that building?
—It's thirty meters.
↑—high
○high を忘れるな！

(2)「筆箱の中に何本の鉛筆が入っていますか。」
How many pencil do you have
↑—-s を付ける。
in your pencil case?
○how many の後ろは複数名詞(ふくすうめいし)。

Exercises

1 次の( )に適当な語を入れて，対話文を完成させなさい。

(1) (　　　) are you?　—I'm fine, thank you.

(2) (　　　) are the winter months in Japan?
—They are (　　　), (　　　), and February.

(3) How (　　　) is your English teacher?
—He is thirty-six years (　　　).

(4) (　　　) (　　　) children do you have?
—I have two.

(5) (　　　) does your aunt usually come to Osaka?
—By train.

2 次の語句を並(なら)べ換(か)えて，( )内の日本文に合う英文にしなさい。

(1) do / how / you / do / ? (初めまして。)

(2) this / which / is / classroom / your / in / seat / ?
(この教室で，あなたの席はどれですか。)

(3) do / Kyoto / how / like / you / ? (京都はいかがですか。)

(4) long / is / how / train / the / ?
(その列車の長さはどれぐらいありますか。)

(5) about / it's / meters / one hundred and forty / long / .
(それは長さが約 140 メートルあります。)

3 次の日本文を英語にしなさい。

(1) あの丘はどれぐらいの高さですか。—約 50 メートルです。

(2) あなたのお父さんは英語の辞書を何冊持っていますか。—5 冊です。

(3) 東京はいかがですか。

(4) どちらの時計があなたのですか。

(5) あなたの音楽の先生は何歳ですか。—50 歳です。

ヒント

1 (1) 人と出会ったときのあいさつ。
(4) children [tʃíldrən チるドレン]「子どもたち」(child [tʃáild チャイるド] の複数形(ふくすうけい)。)

3 (1)「丘」hill [híl ヒる]　(2)「英語の辞書」English dictionary
(3)「〜はいかがですか」と考える。動詞(どうし)は like を使う。

解答 p.543

15 There is ～. There are ～. の文

基本用例

サーカスを見に行ったよ。

There are *many animals* in the circus.

How many monkeys are there on the rope?

—There are *two*.

Is there *a dog* on the ball?

—Yes, there is.

Where is the bear?

—It's on a chair.

語句 **circus** [sə́ːkəs サ～カス]「サーカス」
monkey [mʌ́ŋki マンキ]「猿(さる)」
rope [róup ロウプ]「ロープ」
where [*h*wéər (ホ)ウェア]「どこに」
bear [béər ベア]「クマ」

訳し方 サーカスには多くの動物がいます。
ロープの上に何匹の猿がいますか。
—2 匹います。
ボールの上に犬がいますか。
—はい，います。
クマはどこにいますか。
—いすの上にいます。

Points for Study

1 **There is**＋**単数名詞(たんすうめいし)**＋場所を表す語句.
　ありますa　～が　…に

There are＋**複数名詞(ふくすうめいし)**＋場所を表す語句.

2 **疑問文(ぎもんぶん)**　**Is〔Are〕** there ～?
否定文(ひていぶん)　There is〔are〕**not** ～.

3 **数を尋(たず)ねる場合**
How many＋複数名詞＋are there ～?

意味順Box

● 基本用例を意味順 Box で確認してみましょう。

だれが	する(です)	だれ・なに	どこ	いつ
存在を表す There	います	多くの動物	サーカスには	
There	are	many animals	in the circus.	

玉手箱	だれが	する(です)	だれ・なに	どこ	いつ
～がいますか？	犬			ボールの上に	
Is there	a dog			on the ball?	

1 There is〔are〕～.

● **There is** *a dog* on the ball.

● **There are** *many animals* in the circus.

「～があります」の言い方

○ **There is〔are〕～.** の形で「**～がある**」の意味を表す。

① **There is＋単数名詞 ～.**

There is *a book* on the desk.
（机の上に本が１冊あります。）

There's *no milk* in the glass.
（コップには牛乳がありません。）

説明 **There's** [ðéərz ゼアズ] は There is の**短縮形**。

② **There are＋複数名詞 ～.**

There are *three books* on the desk.
（机の上に本が３冊あります。）

There're *some problems* with my computer.
（私のコンピューターにはいくつか問題があります。）

説明 **There're** は There are の**短縮形**。

比べてみよう

There is *a book* on the desk.
There are *some books* on the desk.
There are *three books* on the desk.
主語が不特定な名詞のときは，There is〔are〕～.
The book **is** on the desk.
My book **is** on the desk.
主語が特定化された名詞のときは，～ is〔am, are〕。

確認しよう!

1 **次の( )に適当な語を入れなさい。**

❶ (　　　)(　　　) some notebooks.
(ノートが何冊かあります。)

❷ There (　　　) some (　　　)(　　　) the garden.
(庭に花がいくらかあります。)

❸ There (　　　)(　　　)(　　　) in the room.
(部屋にいすが１つあります。)

❹ (　　　)(　　　) a pen.　(ペンがあります。)

❺ There (　　　) many (　　　)(　　　) the classroom.
(教室にたくさんの少年がいます。)

解答 ❶ There, are ❷ are, flowers, in ❸ is, a, chair
❹ There, is ❺ are, boys, in

② Is〔Are〕 there ～?　There is〔are〕 not ～.

● **Is there** a dog on the ball?　―Yes, there is.
(ボールの上に犬がいますか。―はい，います。)

● There is **not** a monkey on the ball.
(ボールの上に猿はいません。)

❶ **疑問文とその答え方**……be 動詞(is, are)と there を入れ替える。

Are there flowers in the garden?　(庭に花がありますか。)
―Yes, there are. / No, there aren't.
(はい，あります。/ いいえ，ありません。)

説明 意味のうえでは flowers が主語であるが，文の作り方では Are there ～? と，there が主語のように扱われている。

❷ **否定文**……be 動詞(is, are)の後ろに **not** を入れる。

There is **not** a clock in the room.
(その部屋に時計はありません。)

There are **not** *any*〔**no**〕books on the desk.
(机の上に１冊も本はありません。)

確認しよう!

2 次の英文を疑問文と否定文にしなさい。

❶ There are some desks in the room.

❷ There's an orange in my bag.

❸ There're six benches in the park.

ヒント ❶ someはそのままでよかったか。 bench [béntʃ ベンチ]「長いす」

解答 ❶ (疑問文) Are there any desks in the room?
(否定文) There aren't any desks in the room.
❷ (疑問文) Is there an orange in my bag?
(否定文) There isn't an orange in my bag.
❸ (疑問文) Are there six benches in the park?
(否定文) There aren't six benches in the park.

3 数を尋ねる場合

● **How many** *monkeys* **are there** on the rope?
—There are two (monkeys on it).

○ 数を尋(たず)ねる場合

How many + **複数名詞**(ふくすうめいし) + **are there** ～?

(複数名詞 → are: 複数だから／are there: 疑問文だから)

How many *months* **are there** in a year?
(1年には何か月ありますか。)
—There are twelve. (12か月あります。)

How many *girls* **are there** in this class?
(この組には女子が何人いますか。)
—There are thirty-four. (34人います。)

How many *oranges* **are there** in the box?
(その箱にはいくつオレンジがありますか。)
—There are *no oranges* in this box.
(オレンジは1つもこの箱にはありませんよ。)

覚えておこう

How many ～? で尋ねられても，聞かれたものの数が1つのときはThere is ～. で答える。

How many books are there in your bag?
(あなたのかばんには何冊の本が入っていますか。)
—**There is** *only one*.
(1冊だけです。)

確認しよう!

3 次の(　)に適当な語を入れなさい。

❶ How many (　　) (　　) (　　) in this box?
(この箱にいくつのボールが入っていますか。)
—There (　　) (　　).
(5つです。)

❷ How many (　　) (　　) (　　) in that basket?
(あのかごにいくつのリンゴが入っていますか。)
—There's (　　) (　　).
(1つだけです。)

解答 ❶ balls, are, there, are, five
❷ apples, are, there, only, one

誤りに気をつけよう

(1)「あなたのノートは机の上にあります。」

~~There is your notebook~~ on the desk.
→ Your notebook is

○主語が特定されている名詞のときは，there is〔are〕～は使わない。

(2)「あなたのかばんには何冊の本が入っていますか。」

How many book are there in your bag?
↑—-s を付ける。

○「How many＋複数名詞」であることを忘れないように。

Exercises

1 次の(　)に a, the, some, any, no のうちから適当なものを入れなさい。

(1) You can't skate. There's (　　) ice on (　　) lake.

(2) Are there (　　) tomatoes on the table?
—No, there aren't (　　) tomatoes on the table.

(3) Is there a house by the lake?
—No. There is (　　) house by the lake.

(4) A : There's (　　　) zoo near my house.
B : Are there (　　　) penguins in (　　　) zoo?
A : No, there aren't. But there are (　　　) elephants.

2 次の英文の誤りを直しなさい。

(1) There are my pencils on the desk.
(2) Are there some books in the bag?
(3) There's many apples in the box.
(4) How many pictures are there in this room?
—No, there is no picture.
(5) How many student are there in this class?

3 絵を見て，問いに答えなさい。

(1) Are there any flowers in the vase?
(2) Is there a cat on the table?
(3) Where is the cat?
(4) How many flowers are there in the vase?
(5) How many chairs are there?

4 次の日本文を英語にしなさい。

(1) 公園にはたくさんのベンチがあります。
(2) その動物園にライオンはいますか。—はい，数頭います。
(3) その部屋(へや)にはいすがいくつありますか。—5 つあります。
(4) その部屋にピアノはありますか。—いいえ，ありません。
(5) この箱には鉛筆が 3 本とペンが 5 本あります。

ヒント

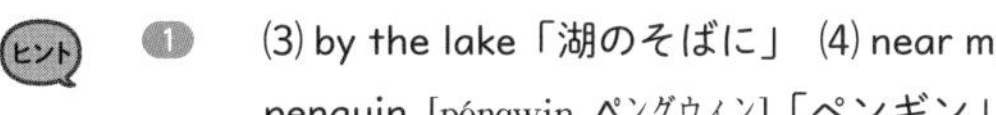

1 (3) by the lake「湖のそばに」 (4) near my house「私の家の近くに」，
penguin [péŋgwin ペングウィン]「ペンギン」

2 単数(たんすう)，複数(ふくすう)に注意する。

3 (3)「～の下に」は under。

 解答 p.544

16 現在進行形

基本用例

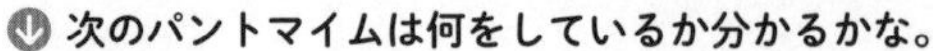

次のパントマイムは何をしているか分かるかな。

This man **is brushing** his teeth.

What **is** this woman **doing**?
—She **is playing** the piano.

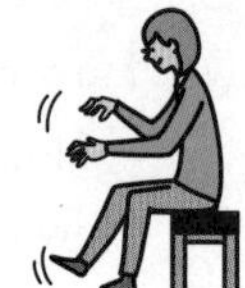

What **is** this man **doing**?
—He **is going** upstairs.

語句 **brush** [brʌ́ʃ ブラッシ]「〜をみがく」
teeth [tíːθ ティーす] tooth(歯)の複数形。
woman [wúmən ウーマン]「女性」
upstairs [ʌ́pstéərz アプステアズ]「階上へ」

訳し方 この男性は歯をみがいています。
この女性は何をしていますか。
—彼女はピアノを弾いています。
この男の人は何をしていますか。
—彼は階段を上っています。

Points for Study

1 現在進行形の意味と形

現在進行形……**今，行われていること**を表す表現。

「**be 動詞＋-ing**」be 動詞は主語によって，am，are，is に変化する。

Tom **is playing** tennis.
（トムはテニスをしています。）

2 現在進行形の疑問文，否定文

疑問文 **be 動詞**＋主語＋**-ing** 〜?
Is Tom **playing** tennis?

否定文 主語＋be 動詞＋**not**＋-ing 〜.
Tom is **not** playing tennis.

意味順Box

● 基本用例を意味順 Box で確認してみましょう。

玉手箱	だれが	する(です)	だれ・なに	どこ	いつ
何を～か？	この女性は	している			
What is	this woman	doing?			

玉手箱	だれが	する(です)	だれ・なに	どこ	いつ
	彼女は	弾いている	ピアノを		
	She	is playing	the piano.		

1 現在進行形の意味と形

● This man **is brushing** his teeth.

「今，何をしているところか」を表す

❶ 意味と形

① 意味……ある動作が「**すでに始まり，まだ終わっていない，その途中である**」ことを表す。

② 形……「**be 動詞(am, are, is)＋動詞の -ing 形**」

I **am reading** a book now.
（私は今，本を読んでいます。）

My mother **is riding** a bicycle.
（私の母は自転車に乗っています。）

We **are having** lunch.
（私たちは昼食を食べています。）

説明　このような「**動詞の -ing 形**」を，その動詞の「**現在分詞形**」という。

比べてみよう

現在形……**習慣的なこと**を表す。

I **walk** to school.
（私は歩いて学校へ行っている。）

What **do** you **do**?
（お仕事は何をなさっていますか。）

現在進行形……**今，進行中のこと**を表す。

Mary **is walking** to school now.
（メアリーは今，学校に向かって歩いています。）

What **are** you **doing**?
（今，何をしているところですか。）

❷ 動作を表す動詞と状態を表す動詞

① **動作を表す動詞……進行形にできる。**

work [wə́ːrk ワ～ク]（働く），　**read** [ríːd リード]（読む），

wash [wɑ́ʃ ワッシュ]（洗う），　**speak** [spíːk スピーク]（話す）など。

Tom **is speaking** to his English teacher.

（トムは英語の先生に話をしています。）

② **状態を表す動詞**……普通は進行形にしない。

like [láik らイク]（好きである），　**live** [lív りヴ]（住んでいる），

know [nóu ノウ]（知っている），　**see** [síː スィー]（見える）など。

❸ 動詞に -ing を付けるときの注意

① **語尾が e のときは，e を取って -ing** を付ける。

writ**e**—writ**ing**，hav**e**—hav**ing**，com**e**—com**ing**

②「**短母音＋子音**」で終わる語は，**子音字を重ねて -ing** を付ける。

ただし，visit [vízit ヴィズィット]（訪問する）などの，アクセントが前の音節にある語は，そのまま -ing を付ける。

r**un**—run**ning**，sw**im**—swim**ming**，st**op**—stop**ping**

短母音◀┘└▶子音　短母音◀┘└▶子音　短母音◀┘└▶子音

③ **その他**のものは，**そのまま -ing** を付ける。

wash—wash**ing**，speak—speak**ing**，study—study**ing**

確認しよう！

1 次の動詞に -ing を付けなさい。

❶ sing　❷ fly　❸ come　❹ run

❺ make　❻ begin　❼ listen　❽ swim

ヒント　fly [flái ふらイ]「飛ぶ」，listen [lísn りスン]「聴（き）く」

解答　❶ singing　❷ flying　❸ coming　❹ running　❺ making　❻ beginning　❼ listening　❽ swimming

2 次の英文を現在進行形の文にしなさい。

❶ Jane makes a box.　❷ You teach English.

❸ Tom and I play tennis.　❹ Mark runs very fast.

解答　❶ Jane is making a box.　❷ You are teaching English.　❸ Tom and I are playing tennis.　❹ Mark is running very fast.

② 現在進行形の疑問文と否定文

● **Is** that woman **playing** the guitar?
（あの女性はギターを弾いているところですか。）
—No, she **isn't**. She **isn't playing** the guitar.
（いいえ，違います。彼女はギターを弾いているところではありません。）

❶ 疑問文……be 動詞(am, are, is)を主語の前に置く。

普通の文	Mary is making a box.（メアリーは箱を作っています。）
疑問文	**Is** Mary **making** a box?（メアリーは箱を作っていますか。）
答えの文	—**Yes**, she **is**. —**No**, she **isn't**.

覚えておこう
疑問詞がある場合，語順は次のようになる。
What are you **doing?**
疑問詞＋be 動詞＋主語＋-ing
（何をしているのですか。）

❷ 否定文……be 動詞の後に not を置く。

He's **not** studying English now.
（彼は今，英語を勉強していません。）
Is Bob playing the piano?（ボブはピアノを弾いているのですか。）
—**No**, he **isn't**. Bob isn't playing the piano.
（いいえ。ボブはピアノを弾いていません。）

確認しよう！

3 次の英文を疑問文にしなさい。

❶ Lucy is driving a car.
❷ Tom is standing in front of the gate.
❸ Mary is walking along the road.

ヒント in front of ～「～の前に」
along the road「その道を」(along the river「川に沿って」)

解答 ❶ Is Lucy driving a car?
❷ Is Tom standing in front of the gate?
❸ Is Mary walking along the road?

4 次の英文を否定文にしなさい。

❶ Father is working in the factory.

❷ We are having lunch.

❸ John is reading the newspaper.

ヒント factory [fǽktri ふぁクトリ]「工場」

解答 ❶ Father isn't working in the factory. ❷ We aren't having lunch.
❸ John isn't reading the newspaper.

誤りに気をつけよう

(1)「私はあの女の人を知っています。」

I am knowing that woman.
→know

○know(知っている)は状態を表す動詞なので，進行形にはしない。

(2)「私は英語を勉強しています。」

I am studiing English.
→studying

○スペリングに注意。3単現の -s を付けるときは studies だが，-ing を付けるときは studying。

Exercises

1 次の英文の誤りを直しなさい。

(1) Jack and Betty is runing very fast.
(2) Is the boys playing in the room?
(3) What are the teacher writeing on his notebook?
(4) I am liking him very much.
(5) Does your brother swiming now?

2 次の英文を日本語にしなさい。

(1) What is your father doing?
—He is listening to the radio.
(2) What is your mother reading now?
—She is reading a history book.
(3) We play baseball in the playground on Saturday afternoon.
(4) I get up at seven every morning.
(5) Roy and Helen usually play tennis after school.

3 **次の語を並べ換えて，(　)内の日本文に合う英文にしなさい。**

(1) very / is / the / running / fast / train / .
(その列車はたいへん速く走っています。)

(2) now / am / letter / writing / a / I / .
(私は今，手紙を書いています。)

(3) uncle / going / your / now / where / is / ?
(あなたのおじさんは今どこへ行かれるところですか。)

(4) baby / is / the / sleeping / ?
(赤ん坊は眠っていますか。)

(5) the / three / reading / in / are / room / girls / those / books / .
(その3人の女の子は，部屋で本を読んでいます。)

(6) English / is / teacher / reading / our / book / an / .
(私たちの先生は，英語の本を読んでいます。)

(7) your / what / doing / father / is / ?
(あなたのお父さんは何をしているところですか。)

4 **次の日本文を英語にしなさい。**

(1) 彼女はピアノを弾いています。

(2) 彼らは海で泳いでいます。

(3) あなたのお父さんは今，何を読んでいるのですか。
―新聞を読んでいます。

(4) トムは今，友達とテニスをしているのですか。

(5) お母さんは今，何をしていますか。
―台所で料理をしています。

ヒント
1 誤りの部分は1か所とは限らない。
2 (2) history [hístri ヒストリ]「歴史」 (5) usually [jú:ʒuəli ユージュアリ]「普通」
4 (2)「海で」in the sea (4)「～と」with ～
(5)「台所」kitchen [kítʃən キチン],「料理する」cook [kúk クック]

解答 p.545

Let's Write in English! ①

手紙を書く ／ 返事を書く

1 イタリアにホームステイしている Mari が，Amy に手紙を書いています。

(1) 下の日本文の意味になるように，下線部①～⑦に適当な語句を入れなさい。

July 21

Dear Amy,

I'm ①__________ now. There are ②__________ __________ and cathedrals in Rome. It has ③__________ __________, too. The Colosseum is just ④__________.

But this Eternal City is also ⑤__________ __________. It is really ⑥__________ __________. I'm ⑦__________ time.

Love,

Mari

親愛なるエイミーへ,

私は今ローマにいます。ローマにはたくさんの古い教会や大聖堂があります。多くの巨大な遺跡(いせき)もあります。コロセウムもまさにその１つです。

しかしこの「永遠の都」は，またバイクと自動車と観光客でもあふれています。本当に活発で刺激(しげき)的な町です。とても楽しい時を過ごしています。

愛をこめて，マリ

(2) Mari の手紙の朗読を聴(き)き，あなたが書いたものと比べましょう。

ヒント

「ローマ」Rome [róum ロウム]（Roma はイタリア語）　「大聖堂」cathedral [kəθíːdrəl カスィードラる]

「巨大な遺跡」huge ruins [hjuːdʒ rú(ː)inz ヒューヂ ル(ー)インズ]

「コロセウム（円形闘技場）」Colosseum [kɑ̀ləsíːəm カらスィーアム]

「永遠の」eternal [itə́ːrnl イタ～ナる]　「バイク」motorcycle [móutəsàikl モウタサイクる]

「観光客」tourist [tú(ə)rist トゥーリスト]　「～であふれている」*be* full of ～

「活発な」active [ǽktiv あクティヴ]　「刺激的な」exciting [iksáitiŋ イクサイティンッ]

「とても楽しい時を過ごす」have a great〔very good〕time

2 これは Amy から Mari への返事です。

(1) ①〜⑦の日本語の部分を英語に直しなさい。

July 28

Dear Mari,

Thank you very much ①お便りとすばらしい写真を of Rome. History is ②私のいちばん好きな学科, and I'm interested in ③古代ローマの歴史. How I ④あなたがうらやましいわ！

Now can I ask you a question? ⑤ローマにはいくつ丘がありますか？ ⑥あなたの答えは何ですか？ Yes. The City of Seven Hills is ⑦ローマのもうひとつの名前. Enjoy your stay in Italy.

Your friend,

Amy

(2) Amy の返事の朗読を聴き，あなたが書いたものと比べましょう。

ヒント

「**すばらしい**」nice　「**いちばん好きな**」favorite [féivərit ふェイヴァリット]
「**〜に興味がある**」*be* interested in 〜　「**古代の**」ancient [éinʃənt エインシェント]
「**〜がうらやましい(＝〜をうらやむ)**」envy [énvi エンヴィ]　「**丘**」hill [híl ヒる]
「**もうひとつの**」another [ənʌ́ðər アナざ]

解答 p.545

英語の手紙の書き方

① **日　付**……手紙には必ず日付を書く。July 21 はアメリカ式。イギリスでは 21 July が普通。21 は 21st(twenty-fir**st**)とも書く。28 なら 28th(twenty-eigh**th**)。

② **書き出し**……Dear Amy のように，**呼びかけの言葉**(ことば)で始める。個人名を書かない場合や，面識のない人あての手紙では Dear Sir とか Dear Sir/Madam などとも書く。日本の「拝啓(はいけい)」「前略(ぜんりゃく)」などにあたる。

③ **結びの言葉〔結辞〕と署名**……Love, Yours, Sincerely〔Truly〕 yours, などと書いて，その後に署名する。日本の「敬具(けいぐ)」「草々(そうそう)」「かしこ」などにあたる。署名は必ず**手書き**にする。

Let's Write in English! ②

手紙を書く ／ 返事を書く

1　手紙の書き方

November 24

日付（Date）

Dear Jane-sensei,

敬辞（Opening line）

How are you? We are all fine.

Today, I want to tell you about some things I made with my friends. They're called "Our Umbrellas."

One day in June, it started to rain after school. When I was going to go home without an umbrella, you said, "Can you borrow an umbrella from the school?" I said, "No. The school doesn't have any." Then, you gave me one of your umbrellas and I returned it the next day. Do you remember that? That kind thing you did make me happy and gave me an idea.

About a month before the school festival, I said to some of my friends, "Shall we make umbrellas for the students in our school?" They said, "That's a good idea. Let's make them." We sold old books and CDs at the festival to buy many white umbrellas. Then, with other stundents, we painted our favorite pictures on them. We put the umbrellas in a large box. On the box, we wrote, "These are Our Umbrellas. They're for all of us. Please return them after using."

Now, many students use them and return them to the box. The umbrellas help the students when they go home on a rainy day. It's important for us to work together to make life better.

Please send a letter to me.

Yours,

結辞（Closing line）

Yumi

書き出しの言葉（Greeting）

返事の手紙の書き出しには，
Thank you for your letter.
のように書く。

締めくくりの言葉（Closing message）

ほかにも，
I'll be waiting for your letter.
（お便りをお待ちしています。）
などがある。

名前（Name）

必ず自筆で署名(Signature)をする。親しい相手なら，First nameだけでよい。

参考　上の例ではAddress(宛先と自分の住所)が省略されているが，封筒はすぐに処分されることが多く，正式な文書では住所(Inside Address)を，差出人のものは右上の日付の上に，宛先のものは敬辞の上に書くのが一般的。しかし自分の住所・所属を自分の名前の下に，すべて左に寄せて書く人もいる。

参考　結辞にはYours faithfully〔sincerely〕のように非常に改まったものから，Sincerely, Truly，さらに親しい人にはBest wishes，Kind regardsなどもある。

参考　住所は2-18-8 Kushirodai, Suita-shi, Osaka, JAPAN 565-1234のように，
日本とは逆の順序になる。封筒の上書きや葉書では中央に，名前を上に，住所をその下に書く。自分のものは左上。

2　E-mailの書き方……基本は「手紙」と同じである。

To（宛先）：	▶ 相手のe-mail addressを記入する。
CC（carbon copyの略）：	▶ 同じ内容のメールを複数宛に同時に送ることが可能。
Subject（件名）：	▶ 返信を行うと自動的に件名の先頭にRe：と付加される。
本文：このあと用件を簡潔(かんけつ)に伝え，あいさつの言葉などは書かなくてもよい。	

2

第2編　中級

02

ここからスタート！ 第2編

中級

START!

初級では「現在」の時制のみでしたが，この編では「過去」「未来」の時制が登場します。基本的な英語の文構造を理解した前提で，それをさらに発展させていく内容が続きますので，初級の内容に不安がある人は復習しておきましょう。また，不定詞や受け身などの複雑な文法事項も登場します。

思い思いの夏休みを過ごし，登校初日
焼けたな~
沖縄の太陽は
まぶしかったわ
こんがり~
ありがと~っ
これ
おみやげ
めんそーれ

沖縄で何を
やったんだ？
まず初日は，
I eat Taco rice.
2日目と3日目は，
I swim in the ocean.
ちょっと
待ったー！

過去について話すなら
過去形を使おう！
played
had
went
ate
liked
SAM
ALBUM
先生！
焼けてる~!!

一般動詞の過去形は，
動詞の語尾に(e)dを
つけるのが基本なんだ
be動詞のときは，isの代わりに
wasを，amやareの代わりに
wereを使うよ！
I played soccer.
私はサッカーをしました。
I was in America.
私はアメリカにいました。
結構です
自転車で
四国一周したの
写真見る？

ただし，一般動詞の中には特殊な変化をするものがあるから，注意しよう！

例 go→went
do→did
have→had
make→made など

I ate Taco rice.
eatの過去形
（私はタコライスを食べました。）

I swam in the ocean.
swimの過去形
（私は海で泳ぎました）

なるほど

eatもswimも特殊な変化をするね！

導入編

第1編 初級

第2編 中級

第3編 上級

第4編 コミュニケーション・表現

第5編 語い・文法

第6編 高校入試対策

解答編

重要項目索引

君はどんな夏休みを
過ごしたんだい？
ぼくはひと夏の
恋を経験しました
ホロリ
いとこのお姉ちゃんにあこがれてるみたい…
そう…
ALBUM

ぼくはまた京都を訪れます。
I visit Kyoto again.
ぼくは京都が大好きです。
I like Kyoto.
ぼくはいとこに会えます。
I can see my cousin.
……オッ!
おしいけど，すごくいい感じだ！

I will / am going to visit Kyoto again.
未来を表す表現
原形
私はまた，京都を訪れます
canと同じで動詞は
原形ですね！
未来のことを話すときは，willや
be going to ＋動詞の原形 で表すよ
この2文はほぼ同じ意味なんだ!
SAM

I like Kyoto
I can see my cousin.
先生!
「～だから」みたいな表現で，
この2つの文章を繋げられ
ませんか

Of course
you can!
接続詞becauseを使えば，
理由を表す文を続けられるよ
接続詞
I like Kyoto because I can see my cousin.
私は京都が好きです なぜなら いとこに会えるから
すごい!
電車の連結みたいだ！

夏休みもおわったし！
オー!!
今日からはもっと
英語で表現できることを
広げていくぞ！

1 疑問詞で始まる疑問文

基本用例

Tom: I hear you have a Japanese friend.
What part of Japan does he live in?
Mark: He lives in Osaka.
Tom: Does he? One of my friends lives in Osaka, too.
Mark: Let's go and visit our friends in Osaka someday.

I hear ～「～だそうです」
what part of Japan「日本のどの地域」

T：君には日本人の友人がいるそうだね。彼は日本のどの地域に住んでいるの？
M：大阪に住んでいるよ。
T：そうなの？ぼくの友だちのひとりも大阪に住んでいるんだ。
M：いつか大阪にいるぼくたちの友人に会いに行こうよ。

Points for Study

1 疑問詞(ぎもんし)

疑問詞には what(何)，who(だれ)，which(どちら)，where(どこで)，why(なぜ)，when(いつ)，how(どのように)がある。

疑問詞の位置 → 疑問文(ぎもんぶん)の文頭

2 Who，What，Which……疑問文で主語(しゅご)や目的語(もくてきご)になる。

Who(主語) cooks(動詞) dinner every day? What(目的語) do you(主語) eat(動詞) for breakfast?

(だれが毎日夕食を作りますか。あなたは朝食に何を食べますか。)

3 When，Where，Why，How……疑問文で副詞(ふくし)の働きをする。

Where(副詞) does your brother live(動詞)? (あなたのお兄さんはどこに住んでいますか。)
副詞 ──→ 動詞

—He lives(動詞) in Kobe(副詞句). (彼は神戸に住んでいます。)
動詞 ←─ 副詞句

JUMP! pp.60-65，pp.138-143

1 Who, What, Which

● **Who** cooks dinner?　（だれが夕食を作るのですか。）

いろいろな疑問詞がある

❶ Who

Who gets up early in your family?
主語　動詞

（あなたの家族で早く起きるのはだれですか。）

Who(m) do you like?
目的語　主語　動詞

（あなたはだれが好きなのですか。）

覚えておこう

who は人称代名詞と同じように**格変化**する。
who（主格，「だれが」）
whose（所有格，「だれの～」）
who(m)
（目的格，「だれに〔を〕」）
○ whom は，今では普通使わない。

❷ What

What is in the box?
主語　動詞

（その箱の中には何が入っているのですか。）

What do you have in your bag?
目的語　主語　動詞

（あなたはかばんの中に何を持っているのですか。）

❸ What〔Which〕＋名詞……疑問詞が**形容詞の働き**をする場合。

What *time* do you get up every morning?
（毎朝，何時に起きますか。）

Which *subject* do you like, math or science?
（数学と理科とでは，どちらの教科が好きですか。）

確認しよう!

1　**次の日本文を英語にしなさい。**

❶ 毎週末，あなたは何をしていますか。
❷ あなたのクラスで速く泳ぐことができるのはだれですか。
❸ あなたは毎週日曜日，誰を訪れますか。

ヒント　❷ break の過去形は broke。

解答　❶ What do you do every weekend?　❷ Who can swim fast in your class?
❸ Who(m) do you visit every Sunday?

2 次の(　)に適当な語を入れて，対話文を完成させなさい。

❶ *A*：(　　　) season do you like?
　B：I like summer.

❷ *A*：(　　　) sport do you like?
　B：I like baseball.

ヒント ❶ season [síːzn]「季節」　解答 ❶ Which ❷ What

② When, Where

● **When** do you practice the piano?

❶ **When**……時を尋ねる。

When does the concert begin?
（そのコンサートはいつ始まりますか。）

❷ **Where**……場所を尋ねる。

Where do you live?
（あなたはどこに住んでいますか。）

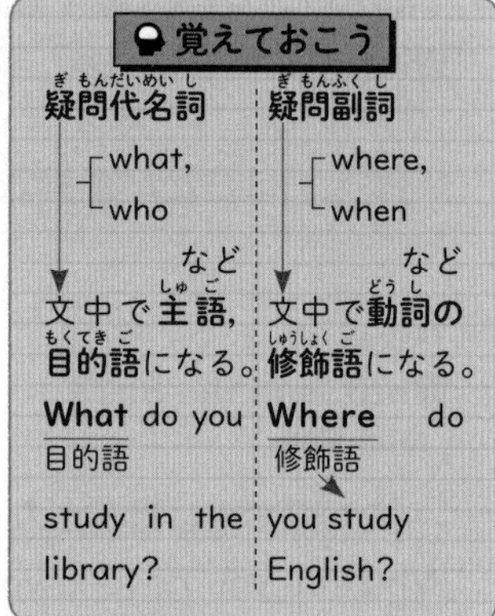

覚えておこう
疑問代名詞
what,
who
など
文中で主語，目的語になる。
What do you study in the library?
目的語
疑問副詞
where,
when
など
文中で動詞の修飾語になる。
Where do you study English?
修飾語

確認しよう!

3 次の語を並べ換えて，意味のとおる英文にしなさい。

❶ the / does / start / when / concert / ?

❷ does / your / live / where / mother / ?

解答 ❶ When does the concert start? ❷ Where does your mother live?

③ Why

● **Why** do you think so?　（なぜあなたはそう思うの。）

❶ **Why**……理由を尋ねる。

Why do you get up early?　（あなたはなぜ早く起きるのですか。）
—To take a walk before breakfast.　（朝食前に散歩をするためです。）

説明 「**to＋動詞の原形**」で「**～するために**」の意味を表す。

JUMP! p.228

Why do you like her?
（なぜあなたは彼女が好きなのですか。）
—Because she is very kind.
（彼女がとても親切だからです。）

> **⚠ここに注意**
> why で始まる疑問文には,
> ❶ **to＋動詞の原形**
> ❷ **because＋主語＋動詞**
> のどちらかで答える。

❷ Whyを伴った慣用表現

Why don't you join us now?
（なぜ私たちに加わらないのか→参加しませんか。）

説明　**Why don't you ～?** は「～したらどうですか」と相手に提案する言い方，**Why don't we ～?**「(いっしょに)～しようよ」は相手を誘う言い方としてよく使われる。この場合は理由を尋ねているのではない。

JUMP! pp.402-403【コミュニケーション―3】

確認しよう!

4　**次の語を並べ換えて，意味のとおる英文にしなさい。**

❶ day / home / you / why / do / at / stay / every / ?
❷ are / you / why / angry / ?

解答　❶ Why do you stay at home every day?　❷ Why are you angry?

4 How

● **How** *long* is that bridge?　（あの橋はどれぐらいの長さですか。）

❶ 方法を尋ねる

How do you use this?
（あなたはどうやってこれを使うのですか。）
How can I get there?
（どのようにしたらそこへ行けますか。）

説明　移動手段・方法を尋ねている。

❷ ものの程度を尋ねる言い方……How＋形容詞〔副詞〕～?

① 数を尋ねる：How **many** ～?
How *many* books are there on your desk?
（あなたの机の上に何冊の本がありますか。）

② 量や金額を尋ねる：How **much** ～?
③ 年齢(ねんれい)を尋ねる：How **old** ～?
④ 背丈(せたけ)を尋ねる：How **tall** ～?
⑤ 高さを尋ねる：How **high** ～?
⑥ 長さを尋ねる：How **long** ～?
⑦ 速度を尋ねる：How **fast** ～?
⑧ 距離(きょり)を尋ねる：How **far** ～?

⚠ここに注意

通例 tall は「(細長いものが)高い」，high は「(幅の広いものが)高い」「(位置が)高い」を表す。

❸ How を用いた慣用(かんよう)表現

How are you?（ごきげんいかがですか。）
How about some coffee?（コーヒーはいかがですか。）
How do you like Japan?
（(印象などを尋ねて)日本はいかがですか。）

確認しよう!

5 **次の(　)に適当な語を入れて，対話文を完成させなさい。**

❶ *A*：How (　　) are you?
　B：I am thirteen years (　　).
❷ *A*：How (　　) is your brother?
　B：He's five feet and two inches (　　).
❸ *A*：How (　　) (　　) are there in this classroom?
　B：There are forty students.
❹ *A*：How (　　) (　　) do you have now?
　B：I have five hundred yen.

解答　❶ old，old　❷ tall，tall　❸ many，students　❹ much，money

誤りに気をつけよう

(1)「1ヶ月に何冊本を読みますか。」
How many ~~book~~ do you read in a month? →books
○How many＋複数名詞(ふくすうめいし) ～?

(2)「赤ちゃんはどれぐらいミルクを飲みますか。」
How ~~many~~ milk does the baby drink? →much に換える。
○How much＋数えられない名詞 ～?

Exercises

1 **次の( )に適当な疑問詞を入れなさい。**

(1) (　　　) does he do? —He is a teacher.

(2) (　　　) is your sister?
—She is in the house.

(3) (　　　) is the weather?
—It's fine.

(4) (　　　) is your birthday?
—It is January 28.

(5) (　　　) far is it from here to your school?
—It's about a mile.

(6) (　　　) do you go to your grandmother's house every day?
—To help her.

2 **次の英文の下線部を尋ねる疑問文を作りなさい。**

(1) I'm from Tokyo.

(2) They have three aunts.

(3) The tower is thirty meters tall.

(4) There are seven days in a week.

(5) They live in London.

(6) I am fourteen years old.

3 **次の日本文を英語にしなさい。**

(1) 新しい先生はどうですか。

(2) トムには姉妹が何人いますか。—2人います。

(3) これはだれのアルバムですか。—メアリーのです。

(4) どの机があなたのですか。—すみにある机が私のです。

(5) エイミーはどれぐらい速く走ることができますか。

ヒント

1 (3) weather [wéðər]「天候」
(5) 距離を尋ねる表現はどのようにするか。

2 (1) 出身地を答えているので，どんな質問の文？

3 (4)「すみにある」in the corner　これを名詞の後ろに置いて，「すみにある～」の意味を表す。

解答 p.546

2 be 動詞の過去形

基本用例

Jane: Were you at your grandmother's house last week?

Amy: Yes, I was.

Jane: You were very happy, weren't you?

Amy: Yes, of course. My grandmother was very good to me.

語句 **grandmother** [grǽn(d)mʌ̀ðə]「おばあさん，祖母」
last week「先週」
of course「もちろん」
JUMP! p.452【エッセンス -32】

訳し方 J：先週，おばあさまの家にいたの？
A：そうよ。
J：とても楽しかったでしょう？
A：ええ，もちろんよ。祖母は私にとても優(やさ)しかったわ。

Points for Study

1 be 動詞(どうし)の過去形(かこけい)(～でした)

be 動詞の過去形には **was**，**were** の 2 種類がある。英語では，現在形(げんざいけい)とは別の形で過去のことを表す。

is, am ―過去形に→ **was**　　　are ―過去形に→ **were**

2 疑問文(ぎもんぶん)・否定文(ひていぶん)の作り方

疑問文・否定文の作り方は，**現在形の場合とまったく同じ**である。

(1) **疑問文**

主語(しゅご) ＋ was, were ～. ―疑問文に→ **Was, Were** ＋ 主語 ～?

(2) **否定文**……wasn't は was not の，weren't は were not の**短縮形(たんしゅくけい)**。

主語 ＋ was, were ～. ―否定文に→ 主語 ＋ **wasn't, weren't** ～.

1 be 動詞の過去形

●I **was** at my grandmother's house with my mother.

(私は母といっしょに祖母の家にいました。)

単数				複数			
人称	主語(…は)	現在(…です)	過去(…でした)	人称	主語(…は)	現在(…です)	過去(…でした)
1	I	am	**was**	1	We	are	**were**
2	You	are	**were**	2	You		
3	He〔She, It〕	is	**was**	3	They		

説明 「〜でした」と過去のことをいうときは，be 動詞の過去形を用いる。be 動詞の過去形は，主語によって **was** か **were** が使われる。

I **was** a junior high school student ten years ago.

(私は 10 年前は中学生でした。)

They **were** in Hiroshima last year.

(彼らは昨年，広島にいました。)

⚠ここに注意

過去形は，yesterday, last year など，**特定の過去の時を表す副詞(句)**といっしょによく使われる。

last night (昨夜)

an hour ago (1 時間前に)

確認しよう!

1 **次の( )に適当な be 動詞を入れなさい。**

❶ We ( ) in Himeji two hours ago.

❷ Yesterday ( ) Tuesday.

❸ There ( ) three books on the desk this morning.

❹ Nancy and Mike ( ) college students then.

❺ You ( ) in the seventh grade last year.

❻ I ( ) a high school student fifteen years ago.

ヒント ❸ There is〔are〕〜構文だから，この場合の主語は three books。

❹ Nancy and Mike は 3 人称の複数にあたる。college student「大学生」

❺ seventh grade「7 年生」は日本でいう「中学 1 年生」。

解答 ❶ were ❷ was ❸ were ❹ were ❺ were ❻ was

② 疑問文と否定文の作り方

● **Were** you at your grandmother's house last week?
—Yes, I was.

❶ **be 動詞の過去形の疑問文の作り方**……be 動詞 (was, were)を**主語の前**に置く。

He was in Tokyo yesterday.
疑問文 ⟶ **Was** he in Tokyo yesterday?
(彼は昨日東京にいましたか。)

❷ **be 動詞の過去形の否定文の作り方**……be 動詞 (was, were)の後に **not** を入れる。

Mike was busy yesterday.
否定文 ⟶ Mike **was not** busy yesterday. (マイクは昨日, 忙しくなかった。)

比べてみよう

be 動詞の 2 つの意味
❶「～でした」
I **was** a student.
❷「～にいました」
I **was** in Osaka.

確認しよう!

2 次の文のうち, ❶と❷を疑問文に, ❸と❹を否定文にしなさい。

❶ You were a good teacher.
❷ The story was interesting.
❸ There were some benches in the garden.
❹ George was absent yesterday.

ヒント ❸ some も変えよう。 ❹ be absent [ǽbsənt]「欠席する」

解答 ❶ Were you a good teacher? ❷ Was the story interesting?
❸ There were not any benches in the garden.
❹ George was not absent yesterday.

誤りに気をつけよう

(1)「トムとメアリーは昨年, 生徒でした。」
Tom and Mary ~~was~~ students last year. ⟶ were
○Tom and Mary で複数になるので were。

(2)「びんの中に水がたくさんありました。」
There ~~were~~ a lot of water in the bottle. ⟶ was
○water は数えられない名詞だから単数扱い。

Exercises

1 **次の( )に適当な be 動詞を入れて，対話文を完成させなさい。**

A：Tom (　　　) in Australia two months ago. But he (　　　) not there now. Where (　　　) he now?

B：He (　　　) in Canada.

2 **次の日本文に合うように，( )に適当な語を入れなさい。**

(1) 私の妹は昨年 5 歳でした。
My sister (　　　) (　　　) years old (　　　) year.

(2) 彼女の庭にはたくさんの花がありましたか。
(　　　) (　　　) a lot of flowers in her (　　　)?

(3) トムとジョンは仲の良い兄弟でした。
Tom and John (　　　) good brothers.

(4) あなたは，どのくらい大阪にいましたか。
How long (　　　) you in Osaka?

(5) あなたは昨夜どこにいましたか。
Where (　　　) you last night?

3 **次の日本文を英語にしなさい。**

(1) 私の母は昨日病気でした。

(2) 昨日は月曜日でした。

(3) 彼は先週学校を休みました。

(4) トムは 5 年前ニューヨークにいました。

(5) そのとき，その部屋にたくさんの少年がいました。

ヒント

1 Australia [ɔ(:)stréiljə]「オーストラリア」 Canada [kǽnədə]「カナダ」
どちらもアクセントの位置に注意。

2 (1) my sister は 3 人称単数。 (2) There で始まる文の疑問文。
(3) Tom and John で複数。

3 (1)「病気である」be ill〔sick〕 (3)「～を休む」be absent from ～

解答 p.547

3 一般動詞の過去形

基本用例

Tom: Jane **played** tennis with her friends last Sunday, but I **didn't play** with them.

Mark: What **did** you **do** last Sunday, then?

Tom: I **went** to Kobe with my mother.

語句 **with ～**「～といっしょに」
last Sunday「この前の日曜日」
「先週の日曜日」の意味を明確にするには，on Sunday last week.

訳し方 T：この前の日曜日，ジェーンは友人たちとテニスをしましたが，私はしませんでした。
M：それでは，この前の日曜日にあなたは何をしましたか。
T：お母さんといっしょに神戸に行きました。

Points for Study

1 一般動詞の過去形

(1) 規則動詞……語尾に -ed を付ける。例 look → looked

(2) 不規則動詞……独自の語形を持っている。例 go → went

(3) 主語が3人称単数でも，過去形は同じ形。

例 He *lives* in Osaka now. → He lived in Tokyo then.

2 疑問文の作り方

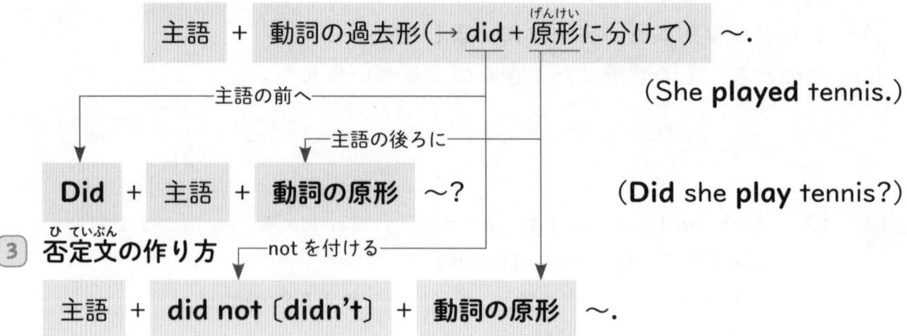

3 否定文の作り方

(She **didn't play** tennis.)

JUMP! pp.72-79

① 一般動詞の過去形

- I **go** to Kobe every Sunday.
- I **went** to Kobe last Sunday.

動詞はいろいろ変化する

❶ **規則動詞**……原形 ＋ **-(e)d** ([-t], [-d], [-id] のいずれかで発音)

→ これが**過去**を表す音だ！

① **-ed の発音**

語尾の条件	-ed の発音例
[-t] 以外の無声音	**-ed [-t]**：looked [lúkt], liked [láikt], hoped [hóupt]
[-d] 以外の有声音	**-ed [-d]**：played [pléid], stayed [stéid], lived [lívd]
[-t] [-d] のとき	**-ed [-id]**：wanted [wántid], waited [wéitid], needed [ní:did]

覚えておこう

無声音

[p] [t] [k] [h] [f] [θ] [s] [ʃ] [tʃ]

有声音

❶ 母音
❷ [m] [n] [ŋ]
❸ [l] [r] [w] [j]
❹ [b] [d] [g] [z] など

② **-ed の付け方**

語尾の条件	-ed の付け方	例
-e で終わるもの	-d だけを付ける	live → live**d**
[短母音＋子音]	最後の子音字を重ねて -ed	stop → sto**pped**
子音字＋ -y	-y を -i に換えて -ed	stud**y** → stud**ied**
その他	そのまま -ed	stay → stay**ed**

ただし，visit など[短母音＋子音]で終わっていてもアクセントがこの短母音にない語は，そのまま -ed を付ける。

❷ **不規則動詞**……動詞ごとに独自の活用形を持っている。

○ **主な不規則動詞** JUMP! pp.433-434【エッセンス -6】

① do—did ② begin—began ③ meet—met

have〔has〕—had run—ran take—took

make—made sit—sat stand—stood

④ speak—spoke
write—wrote
⑤ come—came
give—gave
⑥ buy—bought [bɔ́:t]
teach—taught [tɔ́:t]
⑦ let—let
put—put

ここに注意
say [séi]—said [séd]
read [rí:d]—read [réd]
hear [híər]—heard [hə́:rd]

確認しよう!

1 **次の動詞の過去形を書きなさい。**

❶ look ＿＿＿＿ ❷ speak ＿＿＿＿ ❸ stay ＿＿＿＿
❹ teach ＿＿＿＿ ❺ sit ＿＿＿＿ ❻ write ＿＿＿＿

ヒント 規則動詞は，どれだったかな。

解答 ❶ looked ❷ spoke ❸ stayed ❹ taught ❺ sat ❻ wrote

2 **次の -ed の発音を，㋐ [d]，㋑ [t]，㋒ [id] から選び，記号で答えなさい。**

❶ lived ❷ watched ❸ stopped ❹ wanted
❺ walked ❻ studied ❼ opened ❽ asked

ヒント この中で，原形の発音が無声音で終わっているのは？ 無声音といえば [p] [t] [k] [tʃ] などだが，[t] のときはどうしたか。

解答 ❶㋐ ❷㋑ ❸㋑ ❹㋒ ❺㋑ ❻㋐ ❼㋐ ❽㋑

2 疑問文の作り方

● **Did** you **have** a good time?
—Yes, I **did.** I **had** a good time.

語句 **have a good time**「楽しい時を過ごす」

❶ 一般動詞の過去形の疑問文

Tom studied English.
Did Tom **study** English?
What did Tom study ?

説明 studied を did と原形に分け，did を主語の前へ。
説明 疑問詞は文頭へ。

❷ 疑問詞が主語のとき

Did Tom study English?
Who did study
↓
Who **studied** English?

説明 did と原形には分けず，元の過去形に。

❸ 疑問文に対する答え方

Did Tom study English yesterday?
—**Yes,** he **did.**　（否定：**No,** he **didn't.**）
What did he study this afternoon?
—He studied **English.**
Who studied English this afternoon?
—**Tom** did.

覚えておこう

一般動詞の疑問文
現在形　do〔does〕を使う。
Do you like it?
Does Tom like it?
過去形　did を使う。
Did you like it?
Did Tom like it?

確認しよう！

3　次の英文を疑問文にしなさい。

❶ They played baseball.　❷ She liked music.
❸ She studied English this morning.

解答　❶ Did they play baseball?　❷ Did she like music?
❸ Did she study English this morning?

4　下線部を適当な疑問詞に変えて，疑問詞で始まる疑問文にしなさい。

❶ He came back <u>at three</u>.　❷ She bought these books <u>at that store</u>.
❸ <u>Tom</u> played tennis with Jane last Sunday.

解答　❶ When〔What time〕did he come back?　❷ Where did she buy these books?
❸ Who played tennis with Jane last Sunday?

3 否定文の作り方

● Tom **went** to Kobe last Sunday.
● Jack **didn't go** to Kobe last Sunday.

現在形の否定文との違いに注意

○ 一般動詞の過去形の否定文

Tom **did** it.　（トムはそれをした。）

Tom **didn't do** it.　（トムはしなかった。）

説明　do（する）の過去形 did を，did＋do（原形）にし，その did に not を付ける。

覚えておこう

一般動詞の否定文
do〔does，did〕not＋原形
I **don't** like it.
Tom **doesn't** like it.
I〔Tom〕**didn't** like it.

確認しよう!

5 次の英文を否定文にしなさい。

❶ I had breakfast at six today.

❷ He spoke to me in English.

❸ I met Taro at the station.

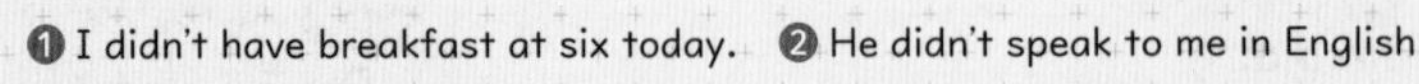

解答 ❶ I didn't have breakfast at six today. ❷ He didn't speak to me in English.
❸ I didn't meet Taro at the station.

誤りに気をつけよう

(1)「彼女はいつ宿題をしましたか。」

When did she her homework?
↑do を入れる。

「彼女は宿題をしなかった。」

She didn't her homework.
↑do を入れる。

○疑問・否定の助動詞 did の後に，本動詞 do(する)の原形が必要。

(2)「彼女は昨晩何を食べましたか。」

What did she ~~ate~~ last night?
→eat

What did she eat~~s~~ last night?
→-s を付けない。

○一般動詞の疑問文は「did＋主語＋動詞の原形」。過去形がダブッたり，3単現の -s を付けてはダメ。

Exercises

1 次の不規則動詞の過去形を調べなさい。

(1) build (2) drink (3) get (4) give
(5) keep (6) lend (7) make (8) put
(9) say (10) see (11) teach (12) think

2 次の(　)に適当な語を入れて，対話文を完成させなさい。

(1) Did Tom go to the library yesterday?
—Yes, (　　　) (　　　).

(2) (　　　) his father buy a book for him yesterday?
—No, he (　　　).

(3) (　　　) did his father buy for him?
—He (　　　) a camera for him.

(4)　(　　　) did he (　　　) it?
　　—He bought it last month.
(5)　Where (　　　) he put the camera yesterday?
　　—He (　　　) it on Tom's desk.

3　**次の英文を，(　)内の語句を使って過去の文にしなさい。**

(1)　Mary gets up at six thirty.　(yesterday)
(2)　He reads the newspaper.　(this morning)
(3)　She goes to the museum with her mother.　(yesterday)
(4)　Tom and Mark live in London.　(last year)
(5)　Tom drinks two glasses of milk.　(an hour ago)

4　**次の英文を，(　)内の指示に従って書き換えなさい。**

(1)　He came back at three.　(否定文に)
(2)　You bought a storybook.　(疑問文に)
(3)　Jane had a good time yesterday.　(疑問文に)
(4)　There was an honest man in the village.　(疑問文に)
(5)　Jack ran to school.　(否定文に)

5　**次の日本文を英語にしなさい。**

(1)　あなたは昨日公園へ行きましたか。—いいえ，行きませんでした。
(2)　メアリーは彼女のお父さんに昨日手紙を書きました。
(3)　私の父は先週大阪に行きました。
(4)　彼はリンゴがとても好きでした。
(5)　私は昨日私の友達と野球をしました。

ヒント
2　(1)，(2) 答えの文が Yes，No で始まっているときの疑問文は，どんな形になるか。
(3)，(4) 疑問詞で始まる疑問文。
(3) buy の過去形は？
3　過去形は，主語の人称や数にかかわらず，形は 1 つ。
4　(3)「ジェーンは昨日，楽しい時間を過ごした」の意。
5　(2)「～に手紙を書く」write to ～。write の過去形は？

解答 p.548

Let's Listen and Talk! ③

買い物をする ／ 応対をする

1 マイクが時計店でショーケースを見ています。店員さん(Clerk)との対話を音声で聴(き)きましょう。

Clerk: May I help you?

Mike: Yes. ①I'd like to see that watch.

Clerk: Sure. ②This one? OK. ③Here you are. ④It's a very nice watch, isn't it?

Mike: Yes. ⑤How much is it?

Clerk: It's ninety-nine dollars.

Mike: Oh! ⑥That's too expensive. ⑦Do you have a cheaper one?

Clerk: Certainly. ⑧How about this? ⑨This is only thirty-five dollars.

Mike: Very good. ⑩I'll take it.

Clerk: Thank you very much.

⑴ 文中の下線部①～⑩がどんな意味か考えましょう。

⑵ 上の①～⑩の意味は次のとおりです。日本語を見ながら，元の英語を声に出して言いましょう。

① あの時計を見たいのですが。
② これですか。
③ はい，どうぞ。
④ なかなかいい時計でしょう。
⑤ いくらですか。
⑥ 高すぎるな。
⑦ もっと安いのはありますか。
⑧ これはいかがですか。
⑨ これはたったの 35 ドルです。
⑩ それをいただきましょう。

⑶ 音声を利用して，登場人物のつもりで対話の練習をしましょう。

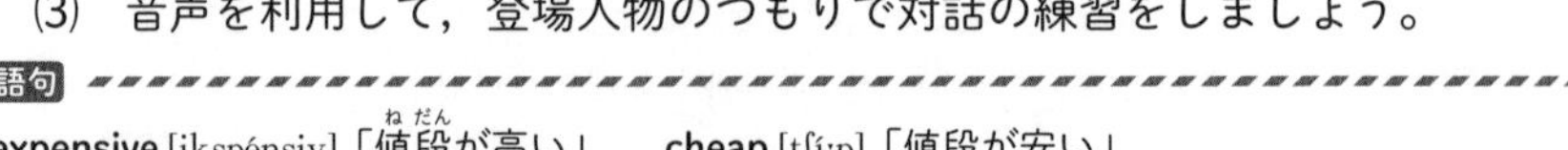

語句

expensive [ikspénsiv]「値段(ねだん)が高い」　**cheap** [tʃíːp]「値段が安い」

2 Bakerさんがセーターを買おうとしています。店員さんとの対話を音声で聴きましょう。

Clerk: May I help you?

Ms. Baker: Yes. I like this sweater. ①The pattern is very nice. I like the color, too. ㋐でも私にはちょっと小さすぎます。

Clerk: Do you want a larger one?

Ms. Baker: Yes. ㋑同じ柄(がら)で同じ色の，もっと大きいのがありますか。

Clerk: Yes, we do ....
㋒はい，どうぞ。これがいちばん大きいサイズです。
②Would you like to try it on? ③The fitting room is over there.

Ms. Baker: Yes, I would. Excuse me ....
㋓これは私にちょうどピッタリです。おいくらですか。

Clerk: It's forty-five dollars. It's very reasonable. ④It's a very good bargain, I think.

Ms. Baker: Great. I'll take it.

Clerk: Thank you very much. ㋔お支払いはどうなさいますか。現金で，それともクレジットで？

Ms. Baker: By credit, please. ⑤Do you accept the VISA card?

Clerk: No problem.

(1) 下線部①〜⑤を日本語に直しなさい。

(2) 下線部㋐〜㋔を英語ではどう言っていますか。聴き取って書きなさい。

(3) 音声を利用して，登場人物のつもりで対話を練習しましょう。

語句

try it on「それを着てみる」(put it on は「それを着る」)　**the fitting room**「試着室」
fit「(…が〜に)ピッタリと合う」　**bargain** [báːgin]「お買い得品」
in cash「キャッシュ(現金)で」　**accept** [əksépt]「受け入れる」

解答 → p.548

4 未来表現

基本用例

Tom: What are you going to do this afternoon, Mark? I'm going to the new swimming pool. Shall we go together?

Mark: Sure. But I'm going out for dinner with my family this evening. So I can't stay long.

Tom: O.K. We will be back before five.

語句 go out for dinner「夕食に出かける」
this evening「今晩」
stay [stéi]「(ある場所に)とどまる」
long [lɔ́(ː)ŋ]「長い間，長く」
be back「戻る」

訳し方 T：マーク，今日の午後は何をするつもりだい。僕は新しくできたプールに行くつもりだよ。いっしょに行こうか。
M：いいとも。だけど，今晩は家族と夕食に出かける予定なんだ。だから，長くはいられない。
T：分かった。5時前には帰って来よう。

Points for Study

1 be going to＋動詞の原形

be動詞 ＋ **going to** ＋ 動詞の原形 （～しようとしている）

It's **going to** rain. （雨が降りそうだ。）

2 will＋動詞の原形

will ＋ 動詞の原形 （～するだろう）

I **will** be fourteen years old next month. （私は来月14歳になります。）

3 進行形で未来を表す言い方

be動詞 ＋ -ing （～するだろう）

I'm **leaving** school in a few minutes. （私は数分で学校を出ます。）

1 be going to＋動詞の原形

●I **am going to** read a book this weekend.
（私は今週末に本を読むつもりです。）

❶ **be going to ～の用法**……これから起ころうとしている**未来の事柄**を表す。

The party **is going to** start at five.
（パーティーは5時に始まります。）

Is the party **going to** start at five?

説明 **疑問文**は主語と be 動詞を入れ替える。

The party **is not going to** start at five.

説明 **否定文**は be 動詞の後ろに not を入れる。

❷ 意志の意味が加わる

What **are** you **going to** do with that cake?
（そのケーキをどうしようというんだい。）

—Of course, I'**m going to** eat it!
（もちろん，食べようとしているんだよ！）

⚠ここに注意

未来の意味を表す現在進行形

I'm going to go to my grandmother's tomorrow.（明日おばあちゃんの家に行くのよ。）は go to が繰り返されるので，I'm going to my grandmother's tomorrow. と言うことが多い。

覚えておこう

未来を表す語句を覚えよう。

tomorrow（明日）
next week（来週）
next month（来月）
soon（もうすぐ，まもなく）
the day after tomorrow（あさって）

確認しよう!

1 **例にならい，on Sundays を next Sunday に変えて，be going to の形を使った未来を表す文にしなさい。**

例 I visit my grandmother on Sundays.
→ I am going to visit my grandmother next Sunday.

❶ We play basketball on Sundays.
❷ Does Mike go swimming on Sundays?
❸ What do you do on Sundays?
❹ Ben does not study on Sundays.

解答 ❶ We are going to play basketball next Sunday.
❷ Is Mike going to go swimming next Sunday?
❸ What are you going to do next Sunday?
❹ Ben is not going to study next Sunday.

② will＋動詞の原形

● We **will** be back before five.
（私たちは5時前に戻(もど)るでしょう。）

❶ 未来のことを推量(すいりょう)するようにして言う

You **will** be late for school.
（学校に遅(おく)れるよ。）
Tom **will** be fourteen next month.
（トムは来月14歳になるでしょう。）

❷ 自分の行為(こうい)について**意志**を表す

Let's have dinner together tonight.
（今晩，いっしょに夕食を食べようよ。）
—OK. **I'll** be back before six.
（分かった。6時前に戻るよ。）

説明 will は can などと同じ**助動詞(じょどうし)**である。

❸ will と be going to の違(ちが)い

Mom, there is no milk in the fridge.
（お母さん，冷蔵庫に牛乳がないよ。）
—OK. **I'll** buy some today.
→その場で判断して
（じゃあ，今日(きょう)買ってくるわ。）
—I know. **I'm going to** buy some today.
→あらかじめ分かっていて
（そうなの，今日買うつもりよ。）

覚えておこう

・Shall I ～?（「～しましょうか」と申し出る）
Shall I open the window?
—Yes, please. /
No, thank you.
・Shall we ～?（「～しましょうか」と誘(さそ)う）
Shall we dance?
—Yes, let's. /
No, let's not.
・Will you (please) ～?（「～してくださいませんか」と頼(たの)む）
Will you open the window?
—All right. /
I'm sorry, I can't.

覚えておこう

口語(こうご)では，**短縮形(たんしゅくけい)**がよく使われる。
I will → **I'll**
He will → **He'll**
will not → **won't**

確認しよう!

[2] 次の英文を，(　)内の指示に従って書き換えなさい。

❶ He will be late for the train.（疑問文に）

❷ She will write a letter to us.（否定文に）

❸ You will go home now.（疑問文に）

❹ You will catch a cold.（否定文に）

ヒント　❹ catch a cold「風邪をひく」

解答　❶ Will he be late for the train?

❷ She will not〔won't〕 write a letter to us.

❸ Will you go home now?

❹ You will not〔won't〕 catch a cold.

[3] 次の英文を日本語にしなさい。

❶ I'll go out soon after lunch.

❷ Your shoes will be dirty.

❸ I will do my best.

ヒント　❷ dirty「汚い」　❸ do one's best「全力を尽くす」

解答　❶ 私は昼食後，すぐに外出します。

❷ あなたの靴は汚くなるでしょう。

❸ 私は全力を尽くします〔尽くすつもりです〕。

③ 未来を表す現在進行形

● **I'm going** out for dinner with my family this evening.

（私は今晩，家族と夕食に出かけるつもりです。）

❶ あらかじめ計画され，その準備が進んでいる未来の予定や行為

The train is leaving at 8:20.

（電車は 8 時 20 分に出発します。）

What time is the party starting?

（パーティーは何時に始まりますか。）

❷ 意志の意味が加わる

I'm having dinner with my parents tonight.

（私は今夜，両親と夕食をとるつもりです。）

We're not playing tennis in the park tomorrow.

（私たちは明日(あした)，公園でテニスをするつもりではありません。）

説明 go，come，leave，arrive など**往来発着**(おうらいはっちゃく)を表す動詞を中心に，現在進行形(げんざいしんこうけい)で確定的な未来の意味を表すことが多い。

確認しよう！

4 **次の英文を日本語にしなさい。**

❶ What are you doing this weekend?

❷ The flight is arriving in twenty minutes.

❸ We aren't moving this year.

ヒント ❷ flight「(飛行機の)便，フライト」

❸ move「引っ越す」

解答 ❶ あなたは今週末何をしますか。

❷ その便はあと 20 分で到着します。

❸ 私たちは今年は引っ越すつもりはありません。

誤りに気をつけよう

A：I can't go shopping with you. （私はあなたと買い物に行けません。）

B：Then, I ~~am going to~~ ask Ben. （じゃあ，ベンに聞いてみるわ。）
→will

○そのとき決めた意志を表すには will を使う。

Exercises

❶ **次の(　)に適当な語を入れなさい。**

(1) What (　　　) you (　　　) to make, Mother?

(お母さん，これから何を作るつもりなの。)

(2) I'm (　　　) (　　　) make a birthday cake for you.

(あなたのためにバースデーケーキを作るのよ。)

(3) (　　) we go out for a walk? (散歩に行きませんか。)
(4) Everything (　　) be ready (　　) our journey in a few days.
(旅行の準備は 2，3 日ですべて整うでしょう。)
(5) A typhoon is coming. So we (　　) have no lessons tomorrow.
(台風が来ています。だから明日は授業がないでしょう。)

2 **次の日本文に合うように，( )内の語句を並べ換えなさい。**

(1) あなたはいつロンドンへ出発なさいますか。
(to / you / leave / when / London / going / are / for)?
(2) 駅へ行く道を教えてくださいませんか。
(show / will / me / you / to the station / please / the way)?
(3) 窓を開けましょうか。
(open / I / window / shall / the)?
(4) あなたは今年いくつになりますか。
(be / old / going / how / are / to / you / this year)?
(5) 今度の日曜日に遊びにいらっしゃいませんか。
(won't / and / me / Sunday / come / see / you / next)?

3 **次の日本文を英語にしなさい。**

(1) 私は明朝 5 時に起きるつもりです。
(2) あなたは今日の午後は勉強しますか。
(3) 私たちはどこで会いましょうか。
(4) 私のために行ってくれませんか。
(5) 私のためにこの手紙を出してくれませんか。

ヒント
1 (4)「～の準備ができている」be ready for ～
2 (5)「遊びに来る」come and see
3 (3)「会う」meet　(4)「～のために」for　(5)「(手紙)を出す」mail〔post〕

解答 → p.549

5 接続詞

基本用例

Mark: Did you play tennis yesterday?

Tom: Yes, I did. I played tennis with Bill, Mary, **and** Susan.

Mark: Did your mother play, too?

Tom: No, she didn't. **When** she was young, she often played tennis. **But** I don't think **that** she plays much now.

語句

with [wíð]「～といっしょに」

when [*h*wén]「～のとき」
後に「主語(しゅご)＋動詞(どうし) ～」が来る。

young [jʌ́ŋ]「若い」

often [ɔ́:fn]「しばしば」
[ɔ́ftən] と発音する人もいる。

but [bʌ́t]「しかし」

訳し方

M：昨日(きのう)，テニスをしましたか。

T：はい。ビル，メアリー，そしてスーザンとテニスをしました。

M：あなたのお母さんも，テニスをなさいましたか。

T：いいえ。若いとき彼女はよくテニスをしました。しかし，今はあまりしないと思います。

Points for Study

1 and, but, or, so

対等の関係で，語と語，句と句，節と節を結び付ける。

Both he **and** I are junior high school students.
（彼も私も，両方とも中学生です。）

2 when, if, because, though

節と節を結び付け，**時間・条件・理由**などを示す。

When I was ten, I lived in Himeji.
（こちらの文の意味を → こちらの文につなぐ）
（10歳だった**とき**，→私は姫路に住んでいた。）

I didn't go, **because** I was ill.
（こちらの文につなぐ ← こちらの文の意味を）
（病気だった**ので**，→私は行かなかった。）

③ **that**

think, know などの動詞(どうし)は文を目的語(もくてきご)にとり，**文が目的語であること**を示すために that を使う。

I know **that** he is a new teacher.
（私は彼が新任の先生だということを知っています。）

④ **接続詞(せつぞくし)を含む重要構文**

1 and, but, or, so

● I played tennis with Bill, Mary, **and** Susan.

❶ and, but, or の用法……語・句・節を対等に並(なら)べる。

① **語と語を並べる場合**

John **and** *Tim* are my friends. （ジョンとティムは私の友人です。）

② **句と句を並べる場合**

Is he *in the house* **or** *in the garden*?
（彼は家にいますか，それとも庭にいますか。）

③ **節と節を並べる場合**

I went out, **but** *he stayed at home*.
（私は外出した，しかし彼は家にいました。）

説明　これらの接続詞(せつぞくし)を**等位接続詞(とういせつぞくし)**という。

❷ so……節と節を並べて，理由を述べる。

I was sick, **so** I had to stay home.
（私は病気だったので，家にいなければなりませんでした。）

I have a lot of homework. **So** I can't go swimming.
（私は宿題がたくさんあります。だから，泳ぎに行けません。）

❸ 命令文(めいれいぶん)とともに用いる and と or

① **命令文＋, and ～**　（…しなさい，そうすれば～）

Work hard, **and** you will succeed.
（熱心に働きなさい，そうすれば成功するでしょう。）

② **命令文＋, or ～**　（…しなさい，そうしないと～）

Get ready quickly, **or** you will miss the train.
（急いで用意をしなさい，さもないと電車に乗り遅(おく)れますよ。）

確認しよう!

1 次の(　)に適当な語を入れなさい。

❶ My brother and sister went out, (　　　) I didn't.

❷ Hurry up, (　　　) you will be late.

❸ Start at once, (　　　) you will be in time.

❹ Which do you like better, English (　　　) French?

❺ My brother (　　　) I are teachers.

ヒント ❷ hurry up「急ぐ」 ❸ at once「今すぐに」 be in time「間に合う」

解答 ❶ but ❷ or ❸ and ❹ or ❺ and

2 when, if, because, though

● **When** she was young, she often played tennis.

❶ **when**(〜が…する〔した〕とき)……「**時**」を表す節〔かたまり〕を作る。

〈After dinner〉, I watch TV. (私は夕食後にテレビを見ます。)

〈**When** I am free〉, I *watch TV*. (私は暇(ひま)なとき, テレビを見ます。)
従属節(じゅうぞくせつ)　主節(しゅせつ)

説明 I watch TV 〈after dinner〉. と時を表す語句を文末に示してもいいように, I watch TV 〈when I am free〉. としてもよい。従属節を導く接続詞(せつぞくし)を**従属接続詞**(じゅうぞくせつぞくし)という。

❷ **その他の主な節〔かたまり〕を作る接続詞**

① **if**(もし〜ならば)……「**条件**」を表す。

You may come 〈**if** you have time〉.

=〈**If** you have time〉, you may come.

(もし時間があれば, 来てもよろしい。)

② **because** [bikɔ́(:)z](〜だから)

「**原因, 理由**」を表す。

I cannot go swimming 〈**because** I have a lot of homework〉.

=〈**Because** I have a lot of homework〉, I cannot go swimming. (宿題がたくさんあるので, 私は水泳に行けません。)

覚えておこう

「前置詞(ぜんちし)+名詞(めいし)」

Wait **until** *tomorrow*.
(明日(あす)まで待て。)

I got up **before** *sunrise*.
(日の出**前に**起きました。)

「従属接続詞+文(主語(しゅご)+動詞(どうし))」

Wait **until** *she comes*.
(彼女が来る**まで**待て。)

I got up **before** *the sun rose*.
(太陽が昇(のぼ)る**前に**起きた。)

説明 等位接続詞(とういせつぞくし)を使って, I have a lot of homework, **so** I cannot go swimming. と言うこともできる。

❸ **though** [ðóu]（〜だけれども）

「**譲歩**」を表す。

〈**Though** we started early〉, we arrived late.

＝We arrived late〈**though** we started early〉.

（私たちは早く出発したけれども，遅(おく)れて到着しました。）

説明 等位接続詞を使って，We started early, **but** we arrived late. と言うこともできる。

確認しよう!

2 **次の（ ）に when, until, before, if のうちから適当なものを入れなさい。**

❶（　　）Jane came home, I was doing my homework.

❷ Wash your hands（　　）you eat.

❸（　　）it is fine tomorrow, we will go on a picnic.

❹ I'll wait here（　　）you come back.

ヒント 文の内容から判断する。 ❷は命令文(めいれいぶん)。 ❸❹時・条件を表すかたまりの中は未来を表す場合でも現在形(げんざいけい)を用いる。 ❸ go on a picnic「ピクニックに行く」

解答 ❶ When ❷ before ❸ If ❹ until

❸ that

- I think **that** he is a new teacher.
- I know **that** you're not telling a lie.

that は省略されることが多い

❶ know, hope, think, hear, believe [bilíːv]（信じる）などの動詞(どうし)は，**目的語(もくてきご)に文をとる**ことが多い。

文が目的語であることを示すために（すなわち，全体で名詞(めいし)の働きをしていることを示すために），**接続詞(せつぞくし)の that**（〜ということ）をその文の前に置く。この that は，**軽く** [ðət] と発音され，**省略**されることが多い。

注意 「あれ，あの」の that は [ðæt] と強く発音される。

I think (**that**) he is a new teacher.
S＋ V ＋ O〔(that) S＋V＋C〕

（彼が新しい先生であると思います。）

I know (**that**) you're not telling a lie.
S＋ V ＋ O〔(that) S＋V＋O〕

（あなたがうそを言っているのではないことは，分かっています。）

I hope (**that**) we can enjoy our trip.
(旅行を楽しめたらいいなと思います。)

I hear (**that**) Mary is sick.
(メアリーは病気にかかっているそうですね。)

❷ **「be＋形容詞(けいようし)」の後**でも，**「(that)＋S＋V＋～」**がよく用いられる。

I'm sure (that) **he is a new teacher.**
(確かに彼は新任の先生だと思います。)

I'm afraid (that) **Amy will not get well.**
(エイミーは元気にならないのではないかと心配です。)

確認しよう!

3 次の英文を日本語にしなさい。

❶ Did you know that Tom is a good singer?

❷ I hear that his father is a doctor.

❸ I'm sure that we will see each other again.

解答 ❶ トムが歌が上手だと知っていましたか。 ❷ 彼のお父さんは医者だそうです。
❸ 私たちはきっとまた会えると思います。

4 接続詞を含む重要構文

● He is **not only** wise **but** (**also**) very kind.
(彼は賢いだけでなく，とても優(やさ)しいです。)

❶ **not A but B** (A ではなく B)

Amy is **not** a teacher **but** a nurse. (エイミーは先生ではなく看護師です。)

❷ **not only A but (also) B** (A だけでなく B も)

Mary can speak **not only** Spanish **but also** French.
(メアリーはスペイン語だけでなくフランス語も話すことができます。)

❸ **both A and B** (A も B も両方とも)

Both Ken **and** Tom are going to Tokyo tonight.
(ケンもトムも 2 人とも今夜，東京に行きます。)

Both A and B が主語(しゅご)のとき──►主語は複数(ふくすう)。

❹ either A or B（A か B のいずれか）

They are **either** in the classroom **or** in the library.

（彼らは教室か図書館のどちらかにいます。）

発音　either [íːðər/áiðə]

Either A or B が主語のとき──►動詞は B の数・人称に合わせる。

Either Mike **or** I *am* going to stay home.

（マイクか私のどちらかが，家にいる予定です。）

説明　either A or B の否定は **neither A nor B**「A も B もない」である。

John **neither** sings **nor** dances.

（ジョンは歌もダンスもやらない。）

＝John doesn't sing **or** dance.

否定文でつなぐときは，and ではなく or を使う。

❺ so ～ that ...（たいへん～で…だ）

Mary worked **so** hard **that** she passed all her exams.

（メアリーはとても一生懸命勉強したので，すべての試験に合格した。）

確認しよう!

4　次の(　)に適当な語を入れなさい。

❶ She speaks not (　　　) English (　　　) also French.

❷ She can both read (　　　) write English quite well.

❸ I was (　　　) sleepy (　　　) I missed my train stop.

解答　❶ only, but　❷ and　❸ so, that

誤りに気をつけよう

(1)「彼も私も彼女の名前を知りません。」

Neither he nor I knows her name.

-s は不要。

○主語が neither A nor B のとき，動詞は B の数・人称に合わせる。

(2)「明日天気なら，ドライブに行きます。」

We'll go for a drive if it will be fine tomorrow.

is にする。

○条件や時を表す if や when の後では，未来のことも現在形で。

Exercises

1 次の(　)に適当な接続詞を入れなさい。

(1) Turn left, (　　　) you'll find your hotel on the right.

(2) I was absent from school (　　　) I was ill.

(3) I think (　　　) we will finish soon.

(4) He is neither a doctor (　　　) a teacher.

(5) You must stay here (　　　) I come back.

(6) Both Tom (　　　) Mary speak French.

2 次の日本文に合うように，(　)に適当な語を入れなさい。

(1) 私の兄は歌も歌わないし，ダンスもしない。
My brother (　　　) sing (　　　) dance.

(2) あの婦人は看護師か医者かどちらかです。
That woman is (　　　) a nurse (　　　) a doctor.

(3) 英語と数学は両方とも私にとって難しい教科です。
(　　　) English (　　　) math (　　　) difficult subjects for me.

(4) とても寒かったので，私は出かけられなかった。
It was (　　　)(　　　) that I couldn't go out.

(5) ジョンは若いけれども分別があります。
John is wise (　　　) he (　　　)(　　　).

(6) 雨が降っていたので，私は一日中家にいました。
I stayed home all day (　　　)(　　　) was (　　　).

3 次の日本文を英語にしなさい。

(1) 急ぎなさい，そうしないとあなたはバスに乗り遅れるでしょう。

(2) 私が忙しいときにあなたは私を手伝ってくれますか。

(3) 彼は英語だけでなく，フランス語も話すことができます。

(4) 英語と理科とではどちらが好きですか。

(5) 彼も彼の弟も，昨日私の家に来ました。

(6) 私は彼女があなたのお姉さんであることを知っています。

ヒント

1 (1)「～しなさい，そうすれば」となる接続詞。 (6) speak に -s がないことに注意。主語は複数。

2 (4)「とても～ので…」は，どのように表現するか。

解答 → p.550

意味順 Box トレーニング 1

第2編 1 - 5

◆各単元で学んだ英文を，それぞれの日本語に合うように，意味順 Box に英語を入れて完成させましょう。

1 (例) 彼はこちらへ，いつ来たのですか。

玉手箱	だれが	する(です)	だれ・なに	どこ	いつ
いつ 〜(した)か？	彼は	来る		こちらへ	
When did	he	come		here?	

・彼は日本のどの地域の出身ですか。

玉手箱	だれが	する(です)	だれ・なに	どこ	いつ
日本のどの地域 〜ですか？	彼は			〜の出身	

2 (1) 先週，おばあさんの家にいましたか？

玉手箱	だれが	する(です)	だれ・なに	どこ	いつ
〜いましたか？	あなたは			おばあさんの 家に	先週

(2) おばあさんは私にとても優しかったです。

だれが	する(です)	だれ・なに	どこ	いつ
おばあさんは	だった	とても優しい	私に(対して)	

3 (例) この前の日曜日，ジェーンは友人たちとテニスをしました。

玉手箱	だれが	する(です)	だれ・なに	どこ	いつ
	ジェーン	しました	テニスを		
	Jane	played	tennis		
友達と一緒に					この前の日曜
with her friends					last Sunday.

(1) 私は彼らと一緒にテニスをしませんでした。

玉手箱	だれが	する(です)	だれ・なに	どこ	いつ
	私は	しません でした	テニスを		
彼らと一緒に					

(2) 私はお母さんと一緒に神戸に行きました。

玉手箱	だれが	する(です)	だれ・なに	どこ	いつ
	私は	行きました		神戸に	
お母さんと一緒に					

4 (例) あなたは今日の午後何をするつもりですか。

玉手箱	だれが	する(です)	だれ・なに	どこ	いつ
何を ～か？	あなたは	するつもり			今日の午後
What are	you	going to do			this afternoon?

・私たちは5時前には帰ってくるつもりです。

だれが	する(です)	だれ・なに	どこ	いつ
私たちは	つもり	帰ってくる		5時前には

5 (例) 私はビル，メアリー，そしてスーザンとテニスをしました。

玉手箱	だれが	する(です)	だれ・なに	どこ	いつ
	私は	しました	テニスを		
	I	played	tennis		
ビル，メアリー，そして スーザンと一緒に					
with Bill, Mary, and Susan.					

・彼女が若いとき，彼女はよくテニスをしました。

玉手箱	だれが	する(です)	だれ・なに	どこ	いつ
～したとき	彼女は	でした	若い		
	彼女は	よくしました	テニスを		

過去進行形

基本用例

Jane: Were you **sleeping** when I **called** you **yesterday**?

Amy: No, I wasn't.

Jane: Oh, you weren't? **Then** what **were** you **doing**?

Amy: I **was watching** a **movie** with my **sister**.

Jane: That **explains** it.

語句 **sleep** [slíːp]「眠る」
call [kɔ́ːl]「～に電話する」
then [ðén]「それでは，それから」
movie [múːvi]「映画」
explain [iksplέin]「～を説明する」
That explains it.「(なるほど)それでわかった。」

訳し方 J：昨日私が電話したとき眠っていたの？
A：いいえ，眠ってはいなかったわ。
J：あら，そう(眠っていなかったの？)。それじゃ，何をしていたの？
A：姉と映画を見ていたわ。
J：そういうことだったのね。

Points for Study

1 過去進行形の形と意味

意味 → **過去のあるときに行われていた動作を表す。「～していた」**

形 → **be 動詞の過去形(was, were)** ＋ **-ing**

疑問文の作り方……was, were を**主語の前**に移す。

疑問文 → **Was, Were** ＋ 主語 ＋ **-ing** …?

否定文の作り方……be 動詞の後ろに **not** を入れる。

否定文 → 主語 ＋ **was, were** ＋ **not** ＋ **-ing** ….

2 過去進行形＋when＋主語＋過去形

1 過去進行形の形と意味

●I **was studying** science at about eight.

現在進行形を復習しよう

❶ 形と意味

形……**be 動詞の過去形(was, were)＋-ing**

意味…**過去のあるときに行われていた動作**を表す。

I **was playing** tennis at that time.
（私はそのときテニスをしていました。）

They **were listening** to the radio then.
（彼らはそのときラジオを聴いていた。）

比べてみよう

-ing 形と形容詞には文構造の観点で似たところがある。

- Jane was **busy.**
- Jane was **studying.**

- Was Jane **busy**?
- Was Jane **studying**?

- Jane was not **busy.**
- Jane was not **studying.**

❷ 過去進行形の疑問文の作り方……主語と be 動詞を入れ替えて作る。

Was Tom **sleeping** then?
（そのときトムは眠っていましたか。）
—Yes, he was. / No, he wasn't.

What **were** you **doing** at that time?
（そのときあなたは何をしていましたか。）
—I was watching TV.
（テレビを見ていました。）

比べてみよう

現在進行形および過去進行形が言い表すところを図に示してみよう。

❸ 過去進行形の否定文の作り方……be 動詞の後に not を置く。

Jim **was not〔wasn't〕 writing** a letter then.
（ジムはそのとき手紙を書いていませんでした。）

確認しよう!

1 **次の文の now を at that time に変えて過去進行形の文にし，さらにその文を㋐疑問文と㋑否定文にしなさい。**

❶ It is raining now.

❷ She is walking in the rain now.

❸ Jack and Tom are playing tennis now.

ヒント　❶この rain は「雨が降る」という動詞で，いつも it を主語にする。

解答 ❶ It was raining at that time.
㋐ Was it raining at that time?
㋑ It wasn't raining at that time.
❷ She was walking in the rain at that time.
㋐ Was she walking in the rain at that time?
㋑ She wasn't walking in the rain at that time.
❸ Jack and Tom were playing tennis at that time.
㋐ Were Jack and Tom playing tennis at that time?
㋑ Jack and Tom weren't playing tennis at that time.

❷ 過去進行形＋when＋主語＋過去形

● **Were** you **sleeping when** I called you?
（電話したとき，眠っていたの？）

○ 過去進行形(かこしんこうけい)は，when 節〔かたまり〕といっしょによく使われる。

Our teacher came into the room. *Then*, we **were talking.**
（私たちの先生が部屋(へや)に入ってきた。そのとき，私たちは話をしていました。）

We **were talking when** *our teacher came* into the room.
（私たちの先生が部屋に入ってきたとき，私たちは話をしていました。）

What **were** you **doing when** *your father came* home?
（お父さんが帰ってきたとき，何をしていたの？）

Where **were** you **going when** *I saw* you at the station?
（私が駅で見かけたとき，あなたはどこへ行くところだったの？）

確認しよう！

2 2つの英文を，when を使って1つの文にしなさい。

❶ I left home. Then, it was raining.
❷ His friend visited him. Then, he was playing the piano.
❸ Her phone rang. Then, she was on the train.

解答 ❶ When I left home, it was raining.
❷ When his friend visited him, he was playing the piano.
❸ When her phone rang, she was on the train.

誤りに気をつけよう

(1)「私たちはその話をよく知っていました。」

We ~~were knowing~~ that story well.
→knew

(2)「私は彼女をたいへん愛していました。」

I ~~was loving~~ her very much.
→loved

○know, love, そして「持っている」という意味の have など，状態・感情・知覚を表す動詞は進行形にしない。

Exercises

1　次の(　)内の動詞を使って，進行形の文にしなさい。

(1) I ＿＿＿＿＿＿ to music now.　(listen)
(2) You ＿＿＿＿＿＿ letters last night, right?　(write)
(3) Tom and Ted ＿＿＿＿＿＿ Japanese then.　(study)
(4) Look!　A big dog ＿＿＿＿＿＿ toward us.　(come)
(5) My mother ＿＿＿＿＿＿ in the kitchen when I came home.　(cook)

2　次の日本文に合うように，(　)に適当な語を入れなさい。

(1) 昨夜７時に何をしていましたか。—夕食を食べていました。

What (　　　) you (　　　) at seven last night?
—I (　　　) (　　　) dinner then.

(2) ベンはそのとき私のためにコーヒーを作っていました。

Ben (　　　) (　　　) coffee for me then.

3　次の日本文を英語にしなさい。

(1) 私の母は，そのとき雑誌を読んでいました。
(2) 私がその学校を訪れたとき，たくさんの子どもが校庭で遊んでいました。
(3) 昨日の朝，雨が降っていました。

ヒント

1　now や then などの副詞に注意して，現在進行形か過去進行形かを決める。
(3) Tom and Ted は複数。　(4) toward [tɔ́ːrd]「〜のほうに向かって」

3　(1)「雑誌」magazine [mæ̀gəzíːn]　(3)「昨日の朝」yesterday morning
「雨が降る」rain の主語は何か。

解答 → p.551

7 比較表現 (1)

基本用例

Tom: Are you **taller than** your father?

Mark: Yes, I am.

Tom: Are you **the tallest** in your family?

Mark: No, I am not. I am **not as tall as** my brother Sam.

語句 **tall** [tɔ́:l]「背が高い」
family [fǽməli]「家族」
than [ðǽn] 比較級(ひかくきゅう)の後に用いて「～よりも」。

訳し方 T：君はお父さんより背が高いの？
M：うん，そうだよ。
T：君は家族でいちばん背が高いの？
M：ううん，ちがうよ。僕(ぼく)は兄のサムほどは背が高くないよ。

Points for Study

1 as＋形容詞(けいようし)〔副詞(ふくし)〕＋as

2つのものや人を比較して，**両者の程度が同じくらいであること**を表す。

A is **as tall as** B.（AはBと同じくらいの背が高い。）

2 比較級(ひかくきゅう)（形容詞〔副詞〕-er）＋than

2つのものや人を比較して，**一方が他方よりもその程度が勝(まさ)っていること**を表す。

A is **taller than** B.（AはBよりも背が高い。）

3 最上級(さいじょうきゅう)（形容詞〔副詞〕-est）

3つまたは3人以上のものを比べて，**いちばん程度が勝っていること**を表す。

A is **the tallest** *in*〔*of*〕～.（Aは～の中でいちばん背が高い。）

4 more，most を使った比較表現

more ＋ beautiful（形）＋ **than ～**　（～よりも美しい）

the ＋ **most** ＋ beautiful（形）＋ *of*〔*in*〕～　（～の中で最(もっと)も美しい）

1 as＋形容詞〔副詞〕＋as

● I am **as tall as** my brother.

as と as の間は形容詞〔副詞〕のもとの形

❶ 肯定文(こうていぶん)……A と B が**同じ程度**であることを表す場合，**A is as ～ as B.** を使う。

Tom is **as old as** my brother.
（トムは私の兄〔弟〕と同じ年齢(ねんれい)です。）

I can run **as fast as** my brother.
（私は私の兄〔弟〕と同じくらい速く走れる。）

❷ 否定文(ひていぶん)……A は B ほどではないことを表す場合，**A is not as ～ as B.** を使う。

Tom is as old as my brother.

否定文 ⟶ But Mark is **not as old as** my brother.
（しかしマークは，私の兄〔弟〕ほどの年齢ではない。）

Roy ca**n't** speak Japanese **as well as** Mike.
（ロイはマイク（と同じ）ほど上手(じょうず)には日本語を話せません。）

❸ **as ～ as ... can**（できるだけ～）

Write to your parents **as often as** you **can**.
＝**as** often **as possible**
（できるだけ頻繁(ひんぱん)に両親に手紙を書きなさい。）

ここに注意

Ben is one hundred. He's very **old**.
（ベンは 100 歳です。とても年をとっています。）
Nancy is three years old.
Lucy is as **old** as Nancy.
（ナンシーは 3 歳です。ルーシーはナンシーと同い年です。）
比較表現では，「old＝年老いた」という絶対的な意味ではなくなり，相対的に年齢を比べることになる。

確認しよう！

1 次の英文を否定文に書き換(か)えて，全文を日本語にしなさい。

❶ My brother is as tall as my father. ❷ Tom is as old as Mary.
❸ I get up as early as my mother. ❹ Nancy can swim as fast as my sister.

ヒント ❸ get up early「早く起きる」 ❹ swim fast「速く泳ぐ」

解答 ❶ My brother is not as tall as my father. （私の兄〔弟〕は父ほど背が高くない。）
❷ Tom is not as old as Mary.
（トムはメアリーほどの年齢ではない。）〔メアリーより年下〕
❸ I don't get up as early as my mother. （私は母ほど早く起きない。）
❹ Nancy cannot swim as fast as my sister.
（ナンシーは私の姉〔妹〕ほど速く泳げない。）

② 比較級(形容詞〔副詞〕-er)＋than

● Are you **taller than** your sister?

(あなたは姉〔妹〕より背が高いですか。)

—No, I am not. I'm **shorter than** my sister.

(いいえ，高くありません。私は姉〔妹〕より背が低いです。)

-er，-est の付け方を確認しよう

❶ **比較級の作り方**……形容詞・副詞のもとの形に **-er** [-ər] を付ける。

long [lɔ́(:)ŋ]—longer [lɔ́:ŋgər]

large [lá:rdʒ]—larger [lá:rdʒər]

big [bíg]—bigger [bígər]

early [ə́:rli]—earlier [ə́:rliər]

❷ **「比較級＋than」の表現**……2 つのものを比較して，**一方が他のものより程度が勝っているとき**に使う。

Mt. Everest is **higher than** Mt. Fuji.

(エベレスト山は富士山よりも高い。)

Tom runs **faster than** Ken.

(トムはケンよりも速く走る。)

I am **taller than** him

he (is).

(私は彼よりも背が高い。)

覚えておこう

-er，**-est** を付ける場合，次のときは注意しよう。

❶ もとの形が **-e** で終わるとき→ **-r**，**-st** だけ。

fine—finer—finest

nice，late も同じ。

❷ 発音が「短母音＋子音」で終わるとき→**最後の子音字を重ねて -er**，**-est**。

hot—hotter—hottest

❸ 語尾が「子音字＋-y」のとき→ **-y を -i にかえて -er**，**-est**。

easy—easier—easiest

busy，pretty も同じ。

確認しよう!

2 **次の(　)内から適当なものを選び，全文を日本語にしなさい。**

❶ You are (young，younger) than my sister.

❷ Jack is as old (as，than) Tom.

❸ Tokyo is (big，biger，bigger) than Osaka.

解答　❶ younger (あなたは私の姉〔妹〕より若いです。)

❷ as (ジャックはトムと同い年です。)

❸ bigger (東京は大阪より大きいです。)

③ 最上級(形容詞〔副詞〕-est)

● My father is **the tallest** in my family.

（私の父は家族でいちばん背が高いです。）

❶ **最上級の作り方**……形容詞・副詞のもとの形に **-est** を付ける。

long—longest [lɔ́:ŋgist]　large—largest [lá:rdʒist]

big—biggest [bígist]　early—earliest [ə:rliist]

❷ **形容詞の最上級を含む表現**

3 つまたは 3 人以上のものを比べて，「**いちばん～**」というときに使う。

Tokyo is **the biggest** city in Japan.

（東京は日本でいちばん大きな都市です。）

❸ **副詞の最上級を含む表現**

Mike can swim (**the**) **fastest** in his class.

（マイクは彼のクラスでいちばん速く泳ぐことができる。）

説明　副詞の**最上級**も **the** を用いることがある。

比べてみよう

「いくつかのもののうちで」
→ **of**＋**複数名詞**

He is the tallest **of** the three.（3 人のうちで）

「ある集団の中で」
→ **in**＋**単数名詞**

He is the tallest **in** the class.（クラスで）

ここに注意

the＋形容詞の最上級
→ **the を忘れるな！**

確認しよう！

3　**次の(　)内から適当なものを選びなさい。**

❶ This cat is (smaller, smallest, the smallest) of the three.

❷ Tom is the fastest runner (of, in) the four.

❸ Mark can run (fast, faster, the fastest) (in, of) my class.

ヒント　比較級を使うものがあるかな？　最上級といっしょに使われる前置詞に注意！

解答　❶ the smallest　❷ of　❸ the fastest, in

4 more, most を使った比較表現

● I hear baseball is **the most popular** sport in Japan.

❶ **more, most を使った比較級・最上級**……more, most を使って比較級・最上級を作る形容詞・副詞は，**比較的発音の長い語**であるのが目安となるが，個々に覚えていくようにする。

slowly（ゆっくりと）—more slowly—most slowly

interesting（興味のある）—more interesting—most interesting

beautiful（美しい）—more beautiful—most beautiful

useful（役に立つ），important（重要な），carefully（注意深く）も同じ。

❷ **more＋形容詞〔副詞〕＋than ～，the most＋形容詞〔副詞〕～**

This picture is **more beautiful than** that one.

（この絵はあの絵よりも美しい。）

Mary is **the most beautiful** girl in our class.

（メアリーは私たちのクラスでいちばん美しい女の子です。）

確認しよう!

4 **次の(　)内の語を後の指示に従って書き換えなさい。**

❶ This story is (interesting) than that one.　(「よりおもしろい」の意味に)

❷ Do your homework (carefully).　(「もっと注意して」の意味に)

❸ Mary is (beautiful) of my sisters.　(「最も美しい」の意味に)

解答　❶ more interesting　❷ more carefully　❸ the most beautiful

誤りに気をつけよう

(1)「トムは彼のクラスでいちばん背が高い。」

Tom is tallest in his class.

→the を入れる。

○ 形容詞の最上級の前には必ず the を付ける。

(2)「ベンは，ルーシーより年上です。」

Ben is old than Lucy.

→older

○ than の前は比較級。-er を落としてはいけない。

Exercises

1　次の日本文に合うように，(　)内の語を並べ換えなさい。

(1) 京都は東京ほど大きくありません。
(is / Kyoto / not / large / as / Tokyo / as).

(2) 彼は私たちの組でいちばん背が高い。
(tallest / he / our / in / the / is / class).

(3) 私は，ジョンよりも速く走ることができます。
(can / faster / I / than / run / John).

(4) すべての少年の中で，彼がいちばん幸福です。
(he / the / happiest / is / the / of / all / boys).

2　次の(　)に適当な語を入れなさい。

(1) The Shinano is (　　　) (　　　) river in Japan.
(信濃川は日本でいちばん長い川です。)

(2) My mother gets up (　　　) than my father.
She gets up the (　　　) (　　　) my family.
(私の母は父よりも早く起きます。彼女は家族の中でいちばん早く起きます。)

(3) January is (　　　) (　　　) November in Japan.
(日本では，1月は11月より寒い。)

(4) The museum is (　　　) finest building (　　　) our city.
(その博物館は私たちの市で最も立派な建物です。)

3　次の日本文を英語にしなさい。

(1) 彼は東京出身です。東京は，日本で最も重要な都市です。

(2) 東京は日本でいちばん大きな都市です。

(3) ビルはトムほど背が高くありません。

ヒント
2 (1)「長い」long—longer—longest
3 (3)「…ほど～でない」not as ～ as ...

解答 → p.551

8 比較表現 (2)

基本用例

Tom: Which do you like better, baseball or soccer, Ken?

Ken: I like soccer better.

Tom: I do, too. Soccer is the most popular sport in the world.

Ken: Yes. A lot of students play soccer after school. Soccer is more popular than any other sport in the world.

語句 **popular** [pápjələr]「人気のある」比較級(ひかくきゅう)，最上級(さいじょうきゅう)にするときは more，most を前に付ける。
after school「放課後」

訳し方 T：健，野球とサッカーとではどちらが好きだい？
K：サッカーのほうが好きだよ。
T：僕(ぼく)もだ。サッカーは世界でいちばん人気のあるスポーツだね。
K：そうだね。たくさんの生徒が放課後にサッカーをしているよ。サッカーは世界で，他のどのスポーツよりも人気があるね。

Points for Study

1 疑問詞(ぎもんし)で始まる比較表現

Which is smaller, A or B?

(A と B では，どちらが小さいですか。)

2 不規則な変化をする形容詞(けいようし)・副詞(ふくし)

Which do you like **better**, A or B?

(A と B では，どちらが好きですか。)

3 比較級(ひかくきゅう)，最上級(さいじょうきゅう)を用いた重要表現

1 疑問詞で始まる比較表現

● **Which** is **larger**, Osaka or Nagoya?
（大阪と名古屋では，どちらが広いですか。）

❶ Which で始まる表現

Which is **hotter**, June or July in Japan?
（日本では6月と7月では，どちらが暑いですか。—7月です。）
—July is.（7月です。）
Which is **the hottest** month in Japan, June, July, or August?
（日本では6月，7月，8月の中でどれがいちばん暑いですか。）
—August is.（8月です。）

❷ Who で始まる表現

Who is **taller**, Tom or Mike?
（トムとマイクでは，どちらが背が高いですか。）
—Mike is.（マイクです。）

説明　人の場合，Which よりも **Who** を使うことが多い。
Who studies (**the**) **hardest** in your class?
（だれが君のクラスでいちばんよく勉強しますか。）
—Betty does.（ベティです。）

確認しよう！

1　次の（　）に適当な語を入れて，対話文を完成させなさい。

❶ Who is taller, you or your father?
—I (　　). I'm (　　) (　　) my father.
❷ Who swims the fastest (　　) your class?
—John (　　). John swims the fastest (　　) (　　) class.
❸ Which is higher, Mt. Fuji or Mt. Everest?
—Mt. Everest (　　). Mt. Everest (　　) (　　) (　　) Mt. Fuji.
❹ Which is the biggest city in Japan?
—Tokyo (　　). Tokyo is (　　) (　　) (　　) in Japan.

ヒント　ひとまずだれ〔なに〕であるか答えてから，もう一度完全な文で言い直している。
解答　❶ am, taller, than　❷ in, does, in, my〔our〕　❸ is, is, higher, than
❹ is, the, biggest, city

② 不規則な変化をする形容詞・副詞

● **Which** do you like **better,** baseball or soccer?
—I like soccer **better.**

❶ 不規則な変化をする形容詞，副詞

原級	比較級	最上級
good（よい） well（健康な，上手に）	**better**	**best**
many（多数の） much（多量の）	**more**	**most**
bad（悪い） badly（ひどく）	**worse**	**worst**
little（少量の）	**less**	**least**

❷ better，best を使った表現

Which do you like **better,** art or music?
（美術と音楽とでは，どちらが好きですか。）
—I like art **better.** （美術のほうが好きです。）
I like English (**the**) **best** of all subjects.
（私はすべての教科の中で，英語がいちばん好きです。）
This dictionary is **better** than that one. （この辞書はあの辞書よりもよい。）
This is **the best** medicine for your cold.
（これがあなたのかぜに最もよい薬です。）

確認しよう！

2 **次の英文の誤りを直しなさい。**

❶ Who sings better, Sally, Jane or Kate?
❷ Which do you like best, apples or oranges?
❸ Tom has many books than my brother.

ヒント　2つか3つか，比較するものの数に注意する。
解答　❶ better → (the) best　❷ best → better　❸ many → more

❸ 比較級，最上級を用いた重要表現

● Soccer is **more popular than any other sport** in the world.
（サッカーは世界中のどのスポーツよりも人気があります。）

❶ **one of the＋最上級＋複数名詞**（最も～な…のひとつ）
This is **one of the highest buildings** in our city.
（これは，私たちの市で最も高い建物のひとつです。）

❷ **比較級＋and＋比較級**（ますます～）
It's getting **colder and colder.**
（ますます寒くなってきている。）

❸ **最上級の意味を表すさまざまな表現**
Mt. Fuji is *the highest mountain* in Japan.
（富士山は日本で最も高い山です。）
≒Mt. Fuji is **higher than any other mountain** in Japan.
（富士山は日本の他のどの山よりも高い。）
≒**No other mountain** in Japan is **as high as** Mt. Fuji.
（日本には富士山ほど高い山は他にありません。）

⚠ここに注意

比較級を強調するときは，much を比較級の前に置く。very は使わない。
Mike is very tall.
（マイクはとても背が高い。）
Mike is **much** taller than Dave.
（マイクはデイブよりずっと背が高い。）

誤りに気をつけよう

(1)「これは世界で最も大きい船のうちのひとつです。」
This is one of the biggest ~~ship~~ in the world.
→ ships

(2)「だれが３人の中でいちばんたくさんお金を持っていますか。」
Who has ~~much~~ money of the three?
→ the most
○much—more—most を忘れないように。

Exercises

1 **次の語句を並べ換えて，(　)内の日本文に合う英文にしなさい。**

(1) writers / in / one / is / America / best / she / of / the / .
(彼女はアメリカで最も優れた作家のひとりです。)

(2) darker / sky / and / the / darker / became / .
(空はますます暗くなりました。)

(3) person / for / who / the / important / is / you / most / ?
(あなたにとっていちばん大切な人はだれですか。)

(4) novels / than / reads / more / Tom / comic books / .
(トムは小説よりもマンガ本をたくさん読みます。)

(5) any / better / subject / like / than / I / other / English / .
(私は他のどの教科よりも英語が好きです。)

2 **次の(　)に適当な語を入れなさい。**

(1) (　　　) is larger, the sun or the moon?

(2) (　　　) is the (　　　) interesting for you, English, math, or science?

(3) Who can run the fastest (　　　) your school?

(4) (　　　) is older, Tom (　　　) Jack?

(5) Which do you like (　　　), spring or fall?

(6) An elephant is much (　　　) (　　　) a mouse.

3 **次の日本文を英語にしなさい。**

(1) 8月は2月より長い。

(2) 彼女はコーヒーよりもジュースのほうがずっと好きです。

(3) 野球は，アメリカで最も人気のあるスポーツのひとつです。

(4) 琵琶湖と十和田湖では，どちらが大きいですか。

(5) ますます暖かくなってきています。

ヒント **3** (2)「ジュース」juice (3)最上級を one of ～ といっしょに使うときに注意しないといけないことは？ (4)「琵琶湖」Lake Biwa

解答 → p.552

意味順 Box トレーニング 2

第2編 6 － 8

◆各単元で学んだ英文を，それぞれの日本語に合うように，意味順 Box に英語を入れて完成させましょう。

6・私は姉と一緒に映画を見ていました。

玉手箱	だれが	する（です）	だれ・なに	どこ	いつ
	私は	見ていました	映画を		
姉と一緒に					

7・あなたはお父さんより背が高いですか。

玉手箱	だれが	する（です）	だれ・なに	どこ	いつ
～か？	あなたは		より背が高い		
…よりも	お父さん				

8・サッカーは世界でいちばん人気のあるスポーツです。

だれが	する（です）	だれ・なに	どこ	いつ
サッカーは	です	いちばん人気のあるスポーツ	世界で	

Let's Read and Sing! ②

The Rose / WILD CHILD

1 The Rose は映画『ローズ』の主演を務めた Bette Midler が歌った同作の主題歌です。日本では「愛は花，君はその種子」として知られています。押韻(おういん)やタイトルである「The Rose」がどんな意味を持っているのかに注目しながら歌詞を読み，音声を聴(き)きましょう。

Some say love, it is a river
That drowns the tender reed.
Some say love, it is a razor
That leaves your soul to bleed.
Some say love, it is a hunger,
An endless aching need.
I say love, it is a flower,
And you its only seed.

It's the heart afraid of breaking
That never learns to dance.
It's the dream afraid of waking
That never takes the chance.

It's the one who won't be taken,
Who cannot seem to give,
And the soul afraid of dying
That never learns to live.

When the night has been too lonely
And the road has been too (①),
And you think that love is only
For the lucky and the (②),
Just remember in the winter
Far beneath the bitter snows
Lies the seed that with the sun's love
In the spring becomes the rose.

(1) この歌詞の作者自身は「愛」とは何だと言っていますか。次の**ア**～**エ**より1つ選んで記号で答えなさい。

ア a river　**イ** a razor　**ウ** a hunger　**エ** a flower

(2) 歌詞中の（ ① ）と（ ② ）には，それぞれ韻(いん)を踏(ふ)んだ関係になっている語が入ります。音声を聞いて，その単語を答えなさい。

(3) 次の（ ）内に，歌詞を見ずに，あてはまる歌詞を書いてみましょう。

Some say love, it is a (③ 　　　) That drowns the tender (④ 　　　).
Some say love, it is a razor That leaves your (⑤ 　　　) to bleed.
Some say love, it is a hunger, An (⑥ 　　　) aching need.
I say love, it is a (⑦ 　　　), And you its only (⑧ 　　　).

2 次の “WILD CHILD” は，歌手 Enya によって歌われた，ケルト音楽に着想を得た楽曲です。歌詞の意味も考えながら，音声を聴いてみましょう。

Ever close your eyes
Ever stop and listen
Ever feel alive
And you've nothing missing
You don't need a reason
*Let the day *go on and on

Let the rain fall down
Everywhere (①) you
Give into it now
Let the day (②) you
You don't need a reason
Let the rain go on and on

※What a day
*What a day to take to
What a way
What a way to make it through
What a day
What a day to take to
A wild child

Only take the time
From the *helter skelter
Every day you find.

Everything's in kilter
You don't need a reason
Let the day go on and on

Every summer sun
Every winter (　　　　)
Every spring (　　　　)
Every autumn (　　　　)
You don't need a reason
Let it all go on and on

(※Repeat x 2)

What a day
What a day to take to
What a way
What a way to make it through
What a day
What a day to take to
Da-da-da
Da-da-da-da-da-da
What a way
What a way to make it through
Da-da-da
Da-da-da-da-da-da

Da-da-da
Da-da-da-da-da-da
What a way
What a way to make it through
What a day
What a day to take to
A wild child

What a day
What a day to take to
A wild child

語句

let 〜 do「〜を…するままにしておく」
go on「どんどん進む」「ずっと続く」
a day は「時間」，**take** は「(時間)がかかる」の意であり，「〜に至るまでなんと時間がかかるのだろう」という意味。
helter skelter「慌ただしい様」

(1) 歌詞中の(①)と(②)には，それぞれ韻を踏んだ関係になっている語が入ります。音声を聞いて，その単語を答えなさい。

(2) 歌詞全体を読んで，タイトルにもなっている WILD CHILD の意味に最も近いものを次の**ア**〜**エ**より選びなさい。

ア　野生の子ども　　**イ**　無気力な人間　　**ウ**　人間本来の姿
エ　原始時代の人間

(3) 次の[ ]内のヒントをもとに，( )内に当てはまる歌詞を書いてみましょう。

Every winter (　　　　)　[巡(めぐ)りくる冬の夜]
Every spring (　　　　)　[春が訪れて]
Every autumn (　　　　)　[秋が去ってゆく]

9 助 動 詞

基本用例

Jane: **May** I go to your house tonight, Amy?

Amy: I'm sorry, but I **will** be very busy tonight.

Jane: Oh, OK. Don't worry about it.

Amy: I'm really sorry. I **should** do my homework. I **must** finish my paper on history tonight.

語句 **tonight** [tənáit]「今夜(は)」
I'm sorry「すみません」
worry about「～について心配する」
busy [bízi]「忙(いそが)しい」
paper on ～「～のレポート」
history [hístri]「歴史」

訳し方 J：エイミー，今夜あなたの家に行ってもよいかしら。
A：ごめんなさい，今夜はとても忙しいの。
J：あら，わかったわ。気にしないでね。
A：本当にごめんなさい。でも宿題をしなければならないの。歴史のレポートを今夜仕上げないといけないの。

Points for Study

助動詞(じょどうし)を含(ふく)む疑問文(ぎもんぶん)…… **助動詞** + 主語(しゅご) + **動詞(どうし)の原形(げんけい)** ～?

助動詞を含む否定文(ひていぶん)…… 主語 + **助動詞** + **not** + **動詞の原形** ～.

1 **can**（～できる）

Can you swim? —No, I **can't**.（泳げますか。—いいえ，泳げません。）

2 **may**（～してもよい） JUMP! pp.122-127

May I come in? —No, you **may not**.〔No, you **must not.**〕

（入ってもよいですか。—いいえ，いけません。）

3 **must**（～しなければならない，～に違(ちが)いない）

You **must** get up earlier.（もっと早く起きなければいけません。）

It **must** be true.（それは本当に違いない。）

④ **should**（～するべきだ，～したほうがよい，～するはずだ）

You **should** study English harder.

（君はもっと一生懸命英語を勉強したほうがいいよ〔するべきだ〕。）

Dinner **should** be ready when we get home.

（家に着いたら，夕食ができているはずだ。）

1 助動詞 can と be able to

● Mary **can** swim very well.

（メアリーはとても上手に泳ぐことができます。）

「～できる」の使い方を復習しておこう

❶ **can**……「**～できる**」の他に次のような意味がある。

①「**～だろうか**」（疑問文で）

Can it really be true?　（それは本当に真実なのだろうか。）

②「**～はずがない**」（否定文で）

You **cannot**〔**can't**〕 mistake it.

（あなたがそれを間違えるはずがありません。）

❷ **be 動詞＋able to ～**……can(～できる)の代わりに使うことができる。

Jane **was able to** run very fast when she was young.

（子どものころ，ジェーンはとても速く走ることができました。）

① **疑問文**

Was Jane **able to** run very fast when she was young?

—Yes, she was. / No, she wasn't.

② **否定文**

Jane **wasn't able to** run very fast when she was young.

❸ **助動詞 can の過去形**

can —過去形→ **could** [kud]

I tried to open the door, but I **couldn't**.

（私はドアを開けようとしたが，できなかった。）

覚えておこう

I studied hard, but I **couldn't** pass the test.

（私は一生懸命勉強したが，試験に合格できなかった。）

I studied hard, so I **was able to** pass the test.

（私は一生懸命勉強したので，試験に合格できた。）

実際に何かを成し遂げたときは could を避けて was〔were〕 able to を使う。could は「能力があった」という意味。

確認しよう!

1 **次の日本文を英語にしなさい。**

❶ 彼女は上手に料理することができます。

❷ トムは5歳のとき，泳ぐことができなかった。

❸ 彼女たちは英語の歌をうたえます。

❹ メアリーは踊ることができます。

❺ エイミーは10歳のとき，日本語を話すことができた。

解答 ❶ She can〔is able to〕cook well.

❷ Tom couldn't〔wasn't able to〕swim when he was five.

❸ They can〔are able to〕sing English songs.

❹ Mary can〔is able to〕dance.

❺ Amy could〔was able to〕speak Japanese when she was ten.

2 助動詞 may

● **May** I go to your house tonight, Amy?

（私は今夜，あなたの家に行ってもいいですか，エイミー。）

❶ **may**（～してもよい）……may は「**許可**」，may not は「**不許可**」を表す。

May I come in?

（入ってもよろしいでしょうか。）

—Yes, you **may**.（はい，よろしい。）

—No, you **may not**.

（いいえ，いけません。）

説明 強く**禁止**する場合は，

No, you **mustn't**〔**must not**〕.

としてもよい。

must not の短縮形 mustn't の発音は [mʌ́snt]。

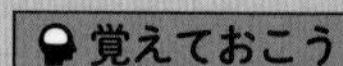

May I ～? と Can I ～?

May I take your photo?

〔相手の人に丁寧に許可を求める。〕

Can I take photos here?

〔周囲の**客観的**な**状況**からの**判断**を尋ねる。〕

❷ **may**（～かもしれない）……「**推量**」の意味を表す場合にも使われる。

It **may** rain tomorrow.

（明日は雨が降るかもしれません。）

確認しよう!

2 次の日本文を英語にしなさい。

❶ 質問をしてもよいですか。—はい，よろしい。

❷ さあ，公園へ行って遊んでもよろしいよ。

❸ 外出してもよいですか。—いいえ，いけません。

❹ 彼は今日（きょう），学校に来ないかもしれません。

ヒント ❷「～へ行って遊ぶ」go and play in ～

解答 ❶ May I ask a question? —Yes, of course.

❷ Now you may go and play in the park.

❸ May I go out? —No, you may not〔can't〕.

❹ He may not come to school today.

3 助動詞 must

● I **must** do my homework.

（私は宿題をしなければなりません。）

must はいろいろな意味を表す

❶ must の意味

①「**～しなければならない**」という**義務・必然（ひつぜん）**を表す。

この意味の must は **have〔has〕to** を使っても言い表すことができる。

We **must**〔**have to**〕work hard.

（私たちは一生懸命（いっしょうけんめい）働かねばならない。）

Must I come by eight?

（8 時までに来なければなりませんか。）

—Yes, you **must**.

（はい，来なければなりません。）

—No, you don't have to.

（いいえ，来る必要はありません。）

覚えておこう

must	—**must not**
義務・必然	禁止
「ねばならない」	「いけない」
	—**don't have to**
	不必要
	「必要ない」
must	—**cannot**
肯定的推量（こうていてきすいりょう）	否定（ひてい）的推量
「違（ちが）いない」	「はずがない」
may	—**may not**
許可	不許可
「よろしい」	「いけない」

②「**〜に違いない**」という**肯定的推量**を表す。

「**〜のはずがない**」という**否定的推量**を表すには **cannot** を用いる。

Tom **must** be an honest boy. （トムは正直な少年に違いない。）

否定文 → Tom **cannot** be an honest boy.

（トムが正直な少年であるはずがない。）

説明 **Can** it be true? （本当でありうるだろうか。いったい本当だろうか。）
It **cannot** be true. （本当ではありえない。本当のはずがない。）

❷ **must not の意味**……「**〜してはいけない**」という**禁止**を表す。

You **must not** play golf here.

（ここでゴルフをしてはいけない。）

確認しよう!

3 **次の英文を日本語にしなさい。**

❶ You must get up earlier, Mary.

❷ We must not be late for school.

❸ That mountain must be Mt. Fuji.

解答 ❶メアリー，あなたはもっと早く起きなければなりません。
❷私たちは学校に遅(おく)れてはいけません。
❸あの山は富士山に違いありません。

4 助動詞 should

● I **should** do my homework.

（私は宿題をするべきだ。）

❶「**〜するべきだ，〜したほうがよい**」という**義務・助言**を表す。

You **should** eat a lot of vegetables.

（野菜をたくさん食べたほうがいいよ。）

Should I buy this book?

（この本を買うべきでしょうか。）

—Yes, you **should**.

—No, you **shouldn't**.

❷「～するはずだ」

The weather **should** be nice tomorrow.
(明日は天気がいいはずだ。)

確認しよう!

4 次の英文を日本語にしなさい。

❶ You shouldn't be late for school.

❷ You should take your cell phone with you.

❸ The test shouldn't be difficult.

ヒント ❷ cell phone「携帯電話」

解答 ❶あなたは学校に遅れるべきではありません。
❷あなたは携帯電話を持っていったほうがいいですよ。
❸テストは難しいはずがない。

誤りに気をつけよう

(1)「この本はあなたにとっておもしろいかもしれません。」

This book may ~~is~~ interesting to you.
→be に換える。

○be 動詞の原形は be。よって助動詞の後は常に be。

(2)「トムはこの本を読まなければならない。」

Tom must ~~reads~~ this book.
→-s は不要。

○助動詞の後には動詞の原形が来るのだから，-s は不要。

Exercises

❶ 次の問いに対する答えとして適当なものを選びなさい。

(1) May I use your pencil?
㋐ Yes, you must. ㋑ No, you don't.
㋒ Yes, you can.

(2) Are you able to answer the question?
㋐ Yes, I am. ㋑ Yes, I can.
㋒ No, I cannot.

(3) Must I read the book slowly?
㋐ No, you must not. ㋑ Yes, you may.
㋒ No, you don't have to.

(4) Should I tell the truth?

㋐ No, he shouldn't. ㋑ Yes, you can.

㋒ Yes, you should.

2 次の英文を日本語にしなさい。

(1) It may be sunny tomorrow.

(2) He must be very tired with his hard work.

(3) You must always remember your father's words.

(4) She was not able to find the key yesterday.

(5) Mary cannot play the violin very well.

3 次の問いに対する答えとして適当なものを，下の㋐～㋗から選びなさい。

(1) Was she able to pass the exam?

(2) May I go into your room?

(3) Can you play the piano?

(4) Must I leave here now?

(5) Can I help you?

(6) Should we be back by eight?

㋐ Yes, I can.	㋑ No, she wasn't.
㋒ No, I'm OK. Thanks.	㋓ No, you can't.
㋔ No, I may not.	㋕ No, you don't have to.
㋖ Yes, he can.	㋗ Yes, you should.

4 次の各組の英文がほぼ同じ意味になるように，(　)に適当な語を入れなさい。

(1) Don't run in the room.

=You (　　　) run in the room.

(2) He could swim when he was three.

=He (　　　) (　　　) (　　　) swim when he was three.

(3) She must write a letter in English.

=She (　　　) (　　　) write a letter in English.

(4) Were you able to answer the question?
=( ) you answer the question?

5 **次の日本文を英語にしなさい。**

(1) もう８時です。私たちは出かけなければなりません。
(2) 私の姉は自動車を運転することができます。

6 **次の英文の意味を最(もっと)もよく表しているものを，㋐～㋒から選びなさい。**

(1) You mustn't go with him.
㋐ あなたは彼といっしょに行かなければなりません。
㋑ あなたは彼といっしょに行く必要はありません。
㋒ あなたは彼といっしょに行ってはいけません。

(2) His story must be true.
㋐ 彼の話は本当に違(ちが)いない。
㋑ 彼の話は本当でなければなりません。
㋒ 彼の話は本当かもしれません。

(3) You should do your homework today.
㋐ あなたは今日(きょう)宿題をするべきです。
㋑ あなたは今日宿題をしたはずです。
㋒ あなたは今日宿題をしなくてもいい。

(4) Can I eat this apple?
㋐ このリンゴを食べましょうか。
㋑ このリンゴを食べてもいいですか。
㋒ このリンゴを食べてくれませんか。

ヒント
2 (2) be tired with「～で疲れている」
3 (4)「必要」の must に対して，「不必要」を表す助動詞(じょどうし)は？
5 (1)「もう」already [ɔːlrédi]

解答 p.553

10 have to ～, had better ～

基本用例

Jane: I **have to** take a test in mathematics tomorrow.

Mother: I see. Did you study for it very hard?

Jane: Yes, I did. So, I should do well.

Mother: Well, you **had better** go to bed now. It's late.

語句 **take a test in** ～「～のテストを受ける」
mathematics [mæθəmǽtiks]「数学」
hard [hɑ́ːrd]「熱心に」
go to bed「寝る」
Well「さて，それでは」

訳し方 J：明日，数学の試験を受けなきゃならないの。
母：そう。一生懸命その勉強をしたの？
J：うん。だからよくできるはずよ。
母：それじゃ，そろそろ寝なさい。もう遅いわよ。

Points for Study

1 have to＋動詞の原形

have to ＋ 動詞の原形 （～しなければならない）＝ **must**

We **had to** go to school last Sunday.
（私たちは先週の日曜日に学校へ行かなければならなかった。）

We will **have to** go to school next Sunday, too.
（私たちは来週の日曜日も学校へ行かなければならないだろう。）

don't〔doesn't〕 ＋ **have to ～** （～する必要がない）

You **don't have to** work so hard.
（そんなに一生懸命働く必要はありません。）

2 had better＋動詞の原形

had better ＋ **動詞の原形** （～するべきだ，～するのがよい）

We **had better** go now. （もう行くべきだ。）

① have to ～

● I **have to** take a test in mathematics tomorrow.

❶ have to ～「～しなければならない」

過去形は had to ～「～しなければならなかった」。

We **have to** [hǽftə] study English very hard.
（私たちは英語を一生懸命勉強しなければならない。）

I **had to** [hǽtə] go to Tokyo alone.
（私は一人で東京へ行かなければならなかった。）

> **? なぜなぜ？**
> must には過去形がないので，過去の義務には had to ～ を使う。

比較　We **must** go. の「**行かなければならない**」は，重要〔必要〕だからなど**話し手の主観的判断**を表すのに対して，We **have to** go. の「**行かなければならない**」は**客観的状況**からの判断を表す。

❷ have to の疑問文・否定文

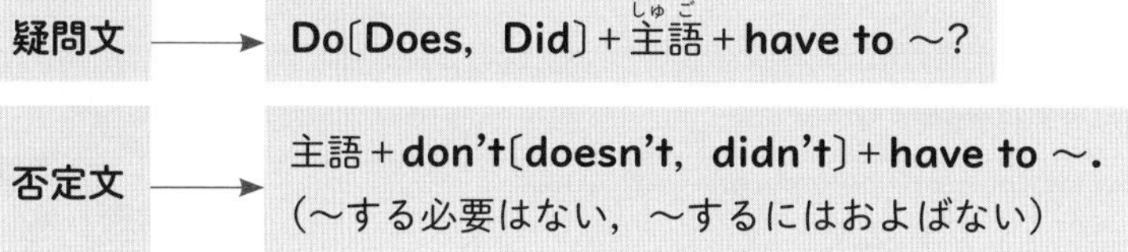

Did you **have to** go to Yokohama last Saturday?
（先週〔この前〕の土曜日，横浜に行かなければなりませんでしたか。）
—No, I didn't. I **didn't have to** go there.
（いいえ。そこに行く必要はありませんでした。）

確認しよう！

1　次の（　）に適当な語を入れなさい。

❶ Must I do my homework now?　—Yes, you (　　).

❷ Did he have to write a lot of letters?
—Yes. He (　　) (　　) write ten letters.

❸ Do I have to take off my shoes in the school?
—No, you don't (　　) (　　).

解答　❶ must　❷ had, to　❸ have, to

② had better ＋動詞の原形

● Well, you **had better** go to bed now.
（それじゃ，あなたはそろそろ寝たほうがいい。）

動詞の原形を使うことに注意

❶ **had better 〜の表す意味**……「**〜するべきだ，〜するのがよい**」の意味で，**強い助言を表す**ので，目上の人には should など別の表現を用いる。

You **had better** take a taxi.
（タクシーに乗ったほうがいいよ。）

⚠ここに注意
had better 〜の短縮形は **'d better** 〜となる。
We**'d better** leave now.
（もう出発するべきだよ。）

❷ **had better の否定形**

had better＋not＋動詞の原形……動詞の原形の前に **not** を付ける。
「**〜すべきではない**」の意味。

You **had better not buy** that book. （あの本は買うべきではないな。）

確認しよう!

2 **次の英文を日本語にしなさい。**

❶ You had better carry an umbrella with you.
❷ You had better not see her now.
❸ You had better stay home.

解答 ❶ かさを持っていったほうがよい。 ❷ 今，彼女に会わないほうがよい。
❸ お前は家にいたほうがよい。

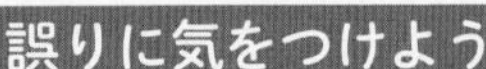

誤りに気をつけよう

(1) 「あなたはこの本を読んだほうがよい。」
You ~~have~~ better read this book.
→had に換える。
○「had better＋動詞の原形」と過去形になっているが，過去のことをいっているのではない。1つの熟語として覚える。

(2) 「メアリーは明日，京都に行かなければならないでしょう。」
Mary will ~~has~~ to go to Kyoto tomorrow.
→have に換える。
○助動詞の後は原形が来る。したがって has to はダメ。

Exercises

1 次の( )に適当な語を入れなさい。

(1) We had ( ) go home now.
(私たちはもう家に帰ったほうがいい。)

(2) I ( ) ( ) do a lot of things yesterday.
(私は昨日(きのう)たくさんのことをしなければならなかった。)

(3) You ( ) ( ) ( ) go to Tokyo next month.
(あなたは来月東京へ行く必要はありません。)

(4) You ( ) ( ) ( ) do that again.
(そのようなことを二度としないほうがいいよ。)

2 次の日本文を英語にしなさい。

(1) あなたは，もっと大きな声で読まなければなりません。

(2) 私は毎日ここに来なければなりませんか。
―いいえ，毎日来る必要はありません。

(3) 君はもっと早く学校へ来たほうがいいよ。

(4) 私たちはもっと英語を勉強しないといけない。

(5) 私はすぐにここを立ち去らなければなりませんか。
―いいえ，それにはおよびません。

2 (1)「もっと大きな声で」louder (3)「もっと早く」earlier
(5)「すぐに」at once〔immediately [imíːdiitli]〕「立ち去る」leave

解答 → p.553

11 不定詞(1)

基本用例

Amy: I went to see Tom, but he wasn't at home.
Where was he?
Mark: He went to the park to play baseball.
Amy: Did he? It's fun to play baseball on such a fine day.

語句 **play baseball**「野球をする」
Did he?「そうだったのですね。」
It's fun to play ～「～するのは楽しい」
such [sʌ́tʃ]「このような」

訳し方 A：トムに会いに行ったけれど，家にいなかったわ。どこにいたのかしら。
M：野球をしに公園に行ったよ。
A：そうだったのね。こんな良い天気の日に野球するのは楽しいことだわ。

Points for Study

不定詞(ふていし)の形と用法

不定詞 ← **to** ＋ **動詞(どうし)の原形(げんけい)**

副詞(ふくし)，名詞(めいし)，形容詞(けいようし)などの働きをする。

1 名詞的用法(めいしてきようほう)の不定詞

名詞は，主語(しゅご)・補語(ほご)・目的語(もくてきご)になる。不定詞はその名詞の働きをすることができる。

(1) 主語として
仮(かり)の主語 It とともに用いられることが多い。

(2) 目的語として
不定詞が，動詞の目的語として**名詞の働き**をしている。

2 副詞的用法の不定詞

副詞は，動詞・形容詞・他の副詞などを修飾(しゅうしょく)する。不定詞はその副詞の働きをすることができる。

1 名詞的用法の不定詞

- I want **to play** baseball.
- It's fun **to play** baseball.

「to＋動詞の原形」
これが不定詞の形

「〜する**こと**を」,「〜する**こと**は」のように,動詞を名詞の働きに用いたいときに「**to＋動詞の原形**」の不定詞を使う。

覚えておこう

目的語に不定詞をとる動詞
begin to swim（泳ぎ始める）
start to talk（話し始める）
want to go（行きたい）
try to smile
（ほほ笑もうとする，笑おうと努力する）

❶ 目的語として

I like **to swim** in the sea.
S V O
（主語）（動詞）（目的語）

（私は海で泳ぐことが好きです。）

❷ 主語として

To master English is very difficult.
S V C（補語）

＝**It** is very difficult **to master** English.
（英語を習得することはとても難しい。）

説明　不定詞が主語のとき，まず**仮の主語 It** を文頭に置き，**to 以下は後に置く**ことが多い。

❸ 補語として

My dream is **to be** a doctor.
S V C（補語）

(my dream＝to be a doctor)
（私の夢は医者になることです。）

確認しよう！

1 次の英文を日本語にしなさい。

❶ We decided to stay there for a week.
❷ The best way is to ask your teacher.
❸ To get up early is good for your health.

ヒント　❶ decide [disáid]「決心する，決定する」　❸ health [hélθ]「健康」

解答　❶ 私たちは1週間そこに滞在しようと決めた。
❷ いちばん良い方法は，先生に尋ねることです。
❸ 早く起きることは健康に良い。

② 副詞的用法の不定詞

● He went to the park **to play** baseball.
（彼は野球をするために公園に行きました。）

❶ 目的を表す

I went to the store **to buy** milk.

述語動詞 ← 動詞を修飾する ― 不定詞

（私は牛乳を買うためにその店に行った。）

この**不定詞**は「**～するために**」と「**目的**」の意味を表す。動詞を修飾している。

> **覚えておこう**
>
> **in order** を不定詞の前に付けて，「**目的**」の意味を明確にすることができる。
>
> We eat **in order to live.**
> （私たちは生きるために食べるのである。）

❷ 感情の原因を表す

I am glad **to see** you.

（私はあなたに会えてうれしいです。）

この不定詞は「**～して**」と「**感情の原因**」を表し，形容詞を修飾している。

確認しよう！

2 **次の(　)も㋐～㋓の語句を入れて，意味のとおる文にしなさい。**

❶ Tom went to the shop (　　　).

❷ You must go to the station (　　　).

❸ I will come back (　　　).

❹ My parents will be sad (　　　).

㋐ to have lunch　　㋑ to hear the news

㋒ to buy some food　　㋓ to meet your uncle

解答　❶㋒　❷㋓　❸㋐　❹㋑

誤りに気をつけよう

「私は英語を勉強するために図書館に行きました。」

I went to the library to ~~studied~~ English.
→study

○不定詞は必ず「to＋動詞の原形」。

Exercises

1 ( )内の日本文に合うように次の語句を並(なら)べ換(か)えて，記号で答えなさい。

(1) ㋐ went　㋑ to the river　㋒ I　㋓ to swim
(私は川へ泳ぎに行きました。)

(2) ㋐ to visit　㋑ went out　㋒ his family　㋓ Mr. Smith
(彼の家族は，スミス氏を訪問するために出かけました。)

(3) ㋐ a walk　㋑ to keep　㋒ I　㋓ my health
㋔ every morning　㋕ take
(私は健康を保つために毎朝散歩しています。)

2 次の英文を日本語にしなさい。

(1) The best way is to start at once.
(2) What do you want to tell me?
(3) He works hard every day to pass the examination.
(4) It's nice to be with you.
(5) They were making a fire to boil the water.

3 次の日本文を英語にしなさい。

(1) 彼は昨日(きのう)私に会いに来ました。
(2) 私はパンダを見に上野動物園へ行きました。
(3) 私はこれらの人形を彼女のために買いたい。
(4) 私は昨日，野球をするために公園へ行きました。
(5) この川で泳ぐのは危険です。

4 次の各組の英文がほぼ同じ意味になるように，( )に適当な語を入れなさい。

(1)
To learn English is hard.
(　　)(　　) hard to learn English.

(2)
Please come and see me tomorrow.
Please come (　　)(　　) me tomorrow.

ヒント

2 (5) make a fire「火をおこす」，boil「沸(わ)かす」

4 (1) 仮主語(かりしゅご)の it を使って書き始める。
(2)「目的」(〜するために)を表す不定詞(ふていし)を使う。

解答 → p.554

12 不定詞（2）

基本用例

Tom: I have nothing to do today. I would like to swim.

Mark: Is it warm **enough to go** swimming?

Tom: Yes, but I don't know **where to go** swimming.

Mark: How about Long Beach? It has a lot of exciting **places to see.**

語句 **would like to**「～したい」
enough [inʌ́f]「十分に」
exciting [iksáitiŋ]「（人を）わくわくさせる（ような）」

訳し方 T：今日（きょう）はすることが何もないな。泳ぎたいよ。
M：泳ぎに行けるほど暖かいかな？
T：うん。でもどこへ泳ぎに行けばいいか分からないよ。
M：ロングビーチはどうだい？　見るべきわくわくさせるような場所がたくさんあるよ。

Points for Study

1 形容詞的用法（けいようしてきようほう）の不定詞（ふていし）

I have some books **to read.**
（修飾）（私は読むべき本が何冊かある。）

不定詞が，名詞（めいし）の修飾語（しゅうしょくご）として**形容詞の働き**をしている。

2 疑問詞（ぎもんし）＋to do……名詞句になり，主に動詞（どうし）の目的語（もくてきご）になる。

I know **how to swim.**
（私は泳ぎ方を知っています。）

3 不定詞を含（ふく）む重要構文

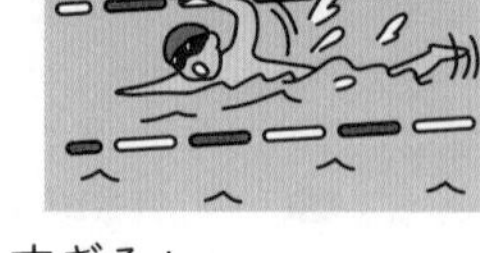

形容詞〔副詞（ふくし）〕＋enough to ～「～するのに十分…」
Tom was **kind enough to help** me.
（トムは私を手伝ってくれるほど親切でした。）

too＋形容詞〔副詞〕＋to ～「～するにはあまりにも…すぎる」
I'm **too busy to go** there.（そこへ行くには忙（いそが）しすぎます。）

1 形容詞的用法の不定詞

● The beach has a lot of places **to see.**

(その浜辺には見る(べき)場所がたくさんあります。)

○「**〜する(べき)…**」のように，動詞(どうし)で名詞(めいし)を修飾(しゅうしょく)するときにも不定詞(ふていし)の形がよく使われる。

I have some books **to read.**

名詞を修飾(形容詞の働き)　不定詞

(読む(ための)本を数冊持っている。)

John was the first boy **to come.**

(ジョンが，やって来た最初の男の子だった。)

Tom has some homework **to do.**

(トムにはやるべき宿題があります。)

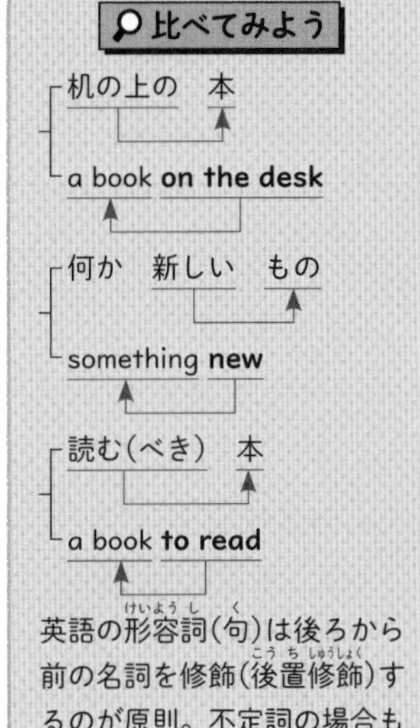

比べてみよう
机の上の　本
a book on the desk
何か　新しい　もの
something new
読む(べき)　本
a book to read

英語の形容詞(けいようし)(句(く))は後ろから前の名詞を修飾(後置修飾(こうちしゅうしょく))するのが原則。不定詞の場合も同じ。

確認しよう!

1 次の英文を日本語にしなさい。

❶ Please bring something to read.

❷ I have many things to buy.

❸ He was the first man to climb Mt. Fuji in winter.

❹ We have no house to live in.

❺ There is no knife to cut it with.

ヒント　❹，❺ no house to live *in*，no knife to cut it *with* など，前置詞(ぜんちし)が最後に残っていることに注意。

解答　❶ 何か読む物を持ってきてください。　❷ 私は買うべきものがたくさんあります。　❸ 彼は冬に富士山に登った最初の人でした。　❹ 私たちは住む家がありません。　❺ それを切るナイフがありません。

② 疑問詞＋to do

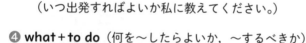

● I know **how to swim.** （私は泳ぎ方を知っています。）

❶ **how＋to do**（どのように～したらよいか，～するべきか，～のしかた）

I know **how to drive.**

（私は車の運転のしかたを知っています。）

❷ **where＋to do**（どこへ〔で〕～したらよいか，～するべきか）

She doesn't know **where to go.**

（彼女はどこへ行ったらよいか分かりません。）

❸ **when＋to do**（いつ～したらよいか，～するべきか）

Please tell me **when to start.**

（いつ出発すればよいか私に教えてください。）

❹ **what＋to do**（何を～したらよいか，～するべきか）

I know **what to do.**

（私は何をすればよいか分かっています。）

説明　what は to do の目的語になっている。what to do 全体は know の目的語。

❺ **who＋to do**（だれに〔を〕～したらよいか，～するべきか）

I don't know **who to ask.**

（私はだれに尋ねたらいいのか分かりません。）

確認しよう！

2　**次の英文を日本語にしなさい。**

❶ He doesn't know how to write a letter in English.

❷ No one knows when to start.

❸ I didn't know which way to take.

ヒント　❸ which way「どちらの道」

解答　❶ 彼は英語の手紙の書き方を知らない。

❷ だれもいつ出発すればよいか知りません。

❸ 私はどちらの道を行けばよいか分からなかった。

③ 不定詞を含む重要構文

● Tom is old **enough to** go to school.
（トムは学校に行くのに十分な年齢です。）

書き換えの文にも注意

❶ 形容詞〔副詞〕＋enough＋to ～
（～するのに十分に…→十分…なので～できる）
He is rich **enough to** buy the house.
（彼はその家を買えるほど十分に裕福だ。
→彼は十分裕福なのでその家を買える。）
書き換え → He is **so** rich **that** he can buy the house.

❷ too＋形容詞〔副詞〕＋to ～
（～するにはあまりにも…すぎる
→あまりに…なので～できない）
She was **too** tired **to** study last night.
（彼女はとても疲れていたので，昨夜は勉強できなかった。）
書き換え → She was **so** tired **that** she could not study last night.

覚えておこう

❶ 不定詞の意味上の主語は不定詞の直前に〈for＋名詞〉で表す。
The milk was too hot for me to drink.
（そのミルクは私が飲むには熱すぎた。→そのミルクは熱すぎて私は飲むことができなかった。）

❷ 不定詞の目的語が文の主語と一致するときは，不定詞の目的語は示さない。
This bag is too heavy for me to carry.
（このかばんは私が運ぶには重すぎる。→このかばんは重すぎて私には運べない。）
○ This bag is so heavy that I can't carry **it**.
←so that に書き換えたときは it が必要。

確認しよう！

3 次の英文を日本語にしなさい。

❶ The soup is cool enough to eat.
❷ This book was too difficult for me to read.

解答 ❶ スープは，飲めるほど十分に冷めている。
〔十分に冷めているのでスープを飲めます。〕
❷ この本は，私が読むには難しすぎた。

誤りに気をつけよう

(1)「昨日(きのう)は私たちにとって働くには暑すぎた。」

It was too hot for us to work yesterday.

書き換え → It was so hot that we ~~cannot~~ work.
→ could not

○述語動詞(じゅつごどうし)が過去(かこ)のときは，can も過去形の could にする。

(2)「私はいっしょに遊ぶ友達がたくさんいます。」

I have a lot of friends to play.
↑ with を忘れないこと。

○ a lot of friends to play with は to play with a lot of friends から作られているので，with が必要となる。

同じような例：a chair to sit *on*（座(すわ)るいす〔←いすに座る〕）

someone to talk *to*（話しかける人〔←人に話しかける〕）

Exercises

1　次の英文の下線部と同じ使い方の不定詞(ふていし)を含(ふく)む文を㋐〜㋓から選んで，その記号を答えなさい。

(1) I like to play baseball.　(　　)

(2) I have nothing to eat.　(　　)

(3) I went to London to study English.　(　　)

(4) It was difficult to sell my car.　(　　)

㋐ John took me to the park to play catch.

㋑ I wanted to buy some milk.

㋒ It is easy to make mistakes.

㋓ He has a lot of friends to visit.

2　次の英文を日本語にしなさい。

(1) I was too busy to go to the festival.

(2) Jane went to the park to play tennis.

(3) This ship is large enough to cross the ocean.

(4) I could not find a way to do this myself.

(5) Ms. White is rich enough to travel all over the world.

3　(　)内の日本文に合うように次の語句を並べ換えて，記号で答えなさい。

(1) ㋐ no trees　㋑ the birds　㋒ could find　㋓ on　㋔ to sit
(鳥たちは止まる木が見つかりませんでした。)

(2) ㋐ his children　㋑ didn't know　㋒ he　㋓ to say　㋔ what
㋕ to
(彼は子どもたちに何と言ってよいか分かりませんでした。)

(3) ㋐ no friend　㋑ has　㋒ Tom　㋓ with　㋔ to play
(トムには遊ぶ友達がいません。)

(4) ㋐ how　㋑ the guitar　㋒ doesn't know　㋓ Bill　㋔ to play
(ビルはギターの弾き方を知りません。)

4　次の各組の英文がほぼ同じ意味になるように，(　)に適当な語を入れなさい。

(1) The question is so difficult that I couldn't answer it.
The question is (　　) difficult for me (　　) answer.

(2) It was so hot that we could swim in the river.
It was hot (　　) (　　) swim in the river.

5　次の日本文を英語にしなさい。

(1) このコーヒーは熱すぎて飲めません。
(2) メアリーは，どのようにして駅へ行けばよいか知りません。
(3) 私はどこにその本があるのか分かりませんでした。
(4) 君にあげるものは何もありません。
(5) 私にはあなたと遊ぶ時間がありません。

ヒント
2　(4) myself「自分で，独力で」
5　(3)「どこに～があるのか」where to find ～　(5)「～と」with ～

解答 → p.554

意味順 Box トレーニング 3

第2編 9 ― 12

◆各単元で学んだ英文を，それぞれの日本語に合うように，意味順 Box に英語を入れて完成させましょう。

9 (1) 今夜あなたの家に行ってもいいですか。

玉手箱	だれが	する（です）	だれ・なに	どこ	いつ
～しても いいですか？	私は	行く		あなたの家に	今夜

(2) 私は今夜歴史のレポートを仕上げないといけないのです。

だれが	する（です）	だれ・なに	どこ	いつ
私は	仕上げないと いけない	歴史のレポートを		今夜

10 (1) 私は明日数学の試験を受けないといけません。

だれが	する（です）	だれ・なに	どこ	いつ
私は	受けないといけません	数学の試験を		明日

(2) あなたはもう寝たほうがいいです。

だれが	する（です）	だれ・なに	どこ	いつ
あなたは	寝たほうがいい			もう

11 (1) 私はトムに会いに行きました。

だれが	する(です)	だれ・なに	どこ	いつ
私は	会いに行きました	トムに		

(2) 彼は野球をするために公園へ行きました。

だれが	する(です)	だれ・なに	どこ	いつ
彼は	行きました		公園へ	
	～をするために	野球を		

(3) こんな良い天気の日に野球をするのは楽しいです。

だれが	する(です)	だれ・なに	どこ	いつ
～することは	です	楽しい		
It (=2 段目の内容)				
	～すること	野球を		こんな良い 天気の日に

12 ・私は今日することがありません。

だれが	する(です)	だれ・なに	どこ	いつ
私は	あります	することがない		今日

Let's Listen and Talk! ④

道を尋ねる ／ 道を教える

1 観光客が学生に地下鉄のラッセル・スクウェア駅への道を尋(たず)ねています。地図を見ながら音声を聴(き)きましょう。

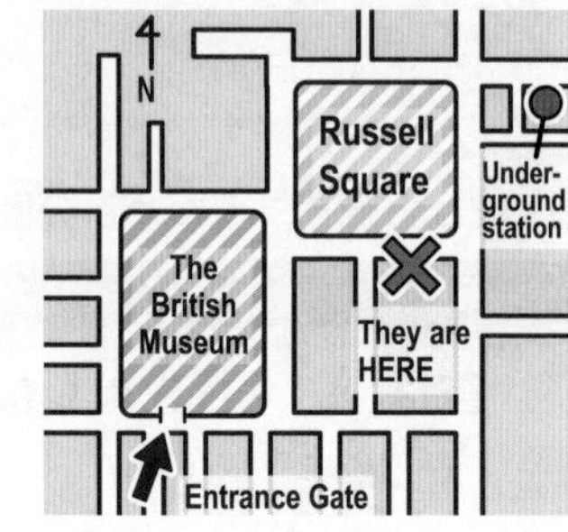

(1) もう一度音声を聴き，次の対話文の中の下線部①～④の英語を聴き取って書きなさい。

Tourist: Excuse me, can you tell me the way to the Underground station of Russell Square?

Student: Sure. Go ① ____________________ to the other side, and turn left. Go straight along the street ② ____________________ and turn right ③ ____________________. Then in a minute or so you'll ④ ____________________ on the right.

Tourist: Thank you very much.

Student: No problem. Bye.

(2) 下線部①～④の英語は次のとおりです。正しく聴き取れていたか確認し，もう一度音声を聴きましょう。

① across that street over there

② for four or five minutes

③ at the first corner

④ find the entrance

(3) この対話文全体を日本語に直しなさい。

語句

the Underground [ʌ́ndərgràund]「(ロンドンの)地下鉄」(the Tube ともいう。)

across [əkrɔ́(:)s]「～を横切って」　**the other side**「向こう側」

in a minute or so「1，2分で」　**entrance** [éntrəns]「入り口」

2 左ページと同じ場所で，今度は老婦人が大英博物館への道を尋ねています。若い男性が何と答えているか，同じ地図を見ながら音声を聴きましょう。

(1) もう一度音声を聴き，次の対話文の中の下線部①〜⑤の意味を考えましょう。

Old Lady: ①Excuse me, could you please tell me the way to the British Museum? I'm lost.

Young Man: Certainly. Go this way along Russell Square and turn left at the second corner, actually at the corner of the Square. ②Go down one block and turn right, and you'll see the black iron fence of the Museum along the street. ③Go along this fence, and in a few minutes you'll come to the entrance gate.

Old Lady: Thank you very much. ④How long will it take, do you think?

Young Man: Oh, it's not very far. ⑤It will not take more than ten minutes.

Old Lady: Thank you, indeed.

Young Man: You're welcome.

(2) 上の①〜⑤の意味は，ほぼ次のとおりです。日本語を見ながら，元の英語を声に出して言いましょう。

① すみません，大英博物館へ行く道を教えていただけませんでしょうか。
② 1ブロックずっと行って右に曲がってください，すると通りに沿って博物館の黒い鉄製のフェンスが見えます。
③ そのフェンスに沿って行くと2，3分で入り口の門に着きます。
④ どれぐらい時間がかかるでしょうか
⑤ 10分以上はかからないでしょう。

語句

Could you 〜?「〜してくださいませんでしょうか。」(非常に丁寧(ていねい)な言い方。) **I'm lost.**「道が分からなくなった，道に迷った。」 **this way**「こちらへ」(ここでは西のほうを指(さ)しながら言う。) **actually** [ǽktʃuəli]「実際は」 **corner**「(2番目の)曲がり角(かど)」と「(四角い)広場の角」の2つの意味。 **iron fence** [áiən fens]「鉄製のフェンス」 **entrance gate** [éntrəns geit]「入り口の門」 **indeed** [indíːd]「本当に」 **You're welcome.**「どういたしまして。」

解答 → p.555

13 SVCの文とSVOOの文

基本用例

Jane: Wow, that's beautiful! Where did you get it?

Amy: You mean this? My sister gave **me this jacket** for my birthday.

Jane: How kind! You look **great** in it. I'm so **jealous**.

Amy: Thanks! I really like your jacket, too!

jacket [dʒǽkit]「上着，ジャケット」
jealous [dʒéləs]「うらやましい」
You mean ～?「～のことですか。」

J：まあ，それすてきね！　どこで手に入れたの？
A：これのこと？　姉が誕生日(たんじょうび)にこのジャケットをくれたのよ。
J：なんて優(やさ)しいの！　それよく似合っているわよ。うらやましいわ。
A：ありがとう！　私もあなたのジャケットがとっても好きだわ！

Points for Study

1 **主語(しゅご)＋動詞(どうし)＋補語(ほご)**……**補語**は，〈主語＋動詞〉だけでは文の意味が不完全であるとき，それを補うために**主語が何であるのか**，**どんな状態なのか**を説明する働きをしている。補語になるのは主に**形容詞(けいようし)**や**名詞(めいし)**などである。

主語(S) ＋ **動詞(V)** ＋ **補語(C)** .

Tom became **a teacher.**（トムは先生になりました。）
（a teacher：名詞 → Tom を説明）

Amy looked **happy.**（エイミーは楽しそうに見えた。）
（happy：形容詞 → Amy を説明）

2 **主語＋動詞＋目的語(もくてきご)(人)＋目的語(物)**

基本的な意味内容──▶ **(人)に(物)を～する**

The sun gives **us heat and light.**
（太陽は私たちに熱と光を与えてくれる。）

1 主語＋動詞＋補語

● You look **great** in your jacket.
（あなたはジャケットを着てすてきに見えます。）

❶ 補語が形容詞の場合

補語 → 主語がどのような状態なのかを説明する。

Your plan sounds **interesting**.
（あなたの計画はおもしろそうですね。）

Amy became **sick**.
（エイミーは病気になった。）

It was getting **dark**.
（暗くなってきていた。）

❷ 補語が名詞の場合

補語 → 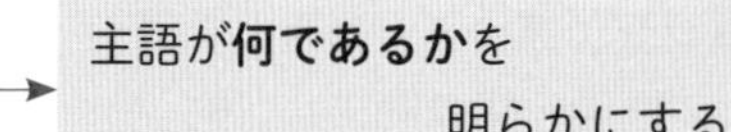

His son became a **doctor**. （彼の息子は医者になった。）

Mr. Smith is a **doctor**. （スミス氏は医者です。）

比べてみよう

目的語と補語

目的語と補語（名詞）の区別は，次のようにするとよい。

He became a **nurse**.

（補語）

（彼は看護師になった。）

He wrote a letter.

≠

（目的語）

（彼は手紙を書いた。）

確認しよう！

1 次の英文を日本語にしなさい。また補語にあたる 1 語を指摘しなさい。

❶ Jack will become a good tennis player.
❷ The mountain looks very beautiful.
❸ That isn't our school.
❹ Is this pen yours?
❺ This lily smells very sweet.

ヒント ❺ smell「におう」, sweet「あまい」

解答 ❶ジャックは，上手なテニス選手になるでしょう。player
❷その山はとても美しく見えます。beautiful
❸あれは私たちの学校ではありません。school
❹このペンはあなたのですか。yours
❺このユリはとてもあまいにおいがする。sweet

② 主語＋動詞＋目的語(人)＋目的語(物)

● My sister gave **me this jacket.** 目的語が2つある

❶ 2つの目的語を持つ文

主語(S) ＋ 動詞(V) ＋ 目的語$_1$(O_1) ＋ 目的語$_2$(O_2)

Our mother	gave	**us**	**some apples**	.
(母は)	(くれた)	(私たちに)	(いくつかのリンゴを)	

説明 「～に」にあたる目的語を**間接目的語**,「～を」にあたる目的語を**直接目的語**という。

同じような文型をとる動詞には，次のようなものがある。

Tom **sent** her a letter. ➡②―①の例文
（トムは彼女に手紙を送りました。）

Don't **tell** him this story. （彼にこの話をしてはいけません。）

I'll **teach** him English. （私は彼に英語を教えるつもりです。）

My father **bought** me this dog at the pet shop.
（父は私にこの犬をペットショップで買ってくれました。）

My mother **made** them coffee. ➡②―②の例文
（母は彼らにコーヒーをいれてあげました。）

❷ 間接目的語の移動

「～に」のほうを強調したいときは，前置詞 to, for を付けて「～を」の後に置く。

① 前置詞 to を使う動詞……give, send, teach, tell, show, bring など。
Tom sent a letter **to** her.

② 前置詞 for を使う動詞……make, buy, find, sing など。
My mother made coffee **for** them.

覚えておこう

Please show **it** to me.
× Please show me it.
○ 直接目的語が代名詞のときはSVOOの文にできない。

確認しよう!

2 次の日本文に合うように，( )内の語句を並べ換えなさい。

❶ 私に別の帽子を見せてください。
Please (me / another / show / hat).

❷ 彼は息子(むすこ)に辞書を買ってあげました。

(for / dictionary / he / son / a / his / bought).

❸ ジェーンは彼女の息子に何をあげましたか。

(to / what / Jane / her son / did / give)?

解答 ❶ Please show me another hat. ❷ He bought a dictionary for his son.
❸ What did Jane give to her son?

誤りに気をつけよう

(1)「エイミーは英語を彼女の子どもたちに教えた。」

Amy taught English her children.

↑ to を入れる。

○SVOO の語順ではない。

(2)「ジェーンはたいへん幸福になった。」

Jane became very ~~happily~~.

happy に換える。

○「become＋形容詞(けいようし)」である。

Exercises

❶ 次の日本文に合うように，(　)に適当な語を入れなさい。

(1) 先生が私たちにおもしろい話をしてくれました。

Our teacher (　　　) us (　　　) (　　　) (　　　).

(2) トムは私に腹を立てた。

Tom (　　　) (　　　) with me.

(3) 空が暗くなった。

The sky (　　　) (　　　).

❷ 次の日本文を英語にしなさい。

(1) スミス氏は有名な医者になりました。

(2) 母は私たちに心のこもったアドバイスをしてくれました。

(3) コーヒーを 1 杯くださいませんか。

ヒント ❶ (2), (3) 動詞(どうし)は get を使う。後ろに形容詞(けいようし)(補語(ほご))をとる。

❷ (1)「有名な」famous (2)「心のこもったアドバイス」kind advice

(3) Will you please ～?

解答 → p.556

14 前置詞

基本用例

Tom: Where did you go **on** Saturday afternoon?

Mark: I went **to** the park. I played catch **with** my uncle Jack.

Tom: How long were you there?

Mark: **For** about two hours. Then we went back **to** his house, and I stayed there overnight.

語句 **play catch**「キャッチボールをする」
uncle [ʌ́ŋkl]「おじ」
how long「どれくらいの間」
overnight [òuvərnáit]「夜どおし，ひと晩じゅう」
stay overnight「一泊する」

訳し方 T：土曜日の午後はどこへ行きましたか。
M：公園に行きました。おじさんのジャックとキャッチボールをしました。
T：そこにどれくらいいましたか。
M：2時間ほどです。それから彼の家に戻って，その晩はそこで泊まりました。

Points for Study

1 **前置詞とは**……at, in, on, with, for, to など。
前置詞の後には**名詞**か**代名詞**(目的格)がおもに来る。

前置詞 ＋ **名詞，代名詞**(目的格)

2 **「前置詞＋名詞」の用法**

(1) 副詞句になる……動詞，形容詞，他の副詞を修飾。

I put a pencil **on** the desk. （私は鉛筆を机の上に置いた。）
（put：動詞 ← on the desk：副詞句）

(2) 形容詞句になる……名詞を修飾。

The pencil **on** the desk is Tom's. （机の上の鉛筆はトムのです。）
（pencil：名詞 ← on the desk：形容詞句）

1 時を表す前置詞

● Where did you go **on** Saturday afternoon?
（あなたは土曜日の午後どこへ行きましたか。）

❶ in, on, at

I was born **in** May.
（私は5月に生まれました。）

I was born **on** May 1.
（私は5月1日に生まれました。）

I was born **at** four **in** the morning.
（私は朝の4時に生まれました。）

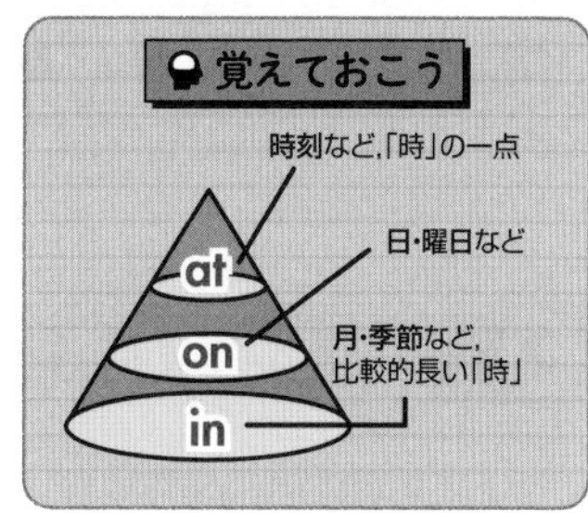

❷ before, after

I went to bed **before** eleven.
（私は11時前に寝ました。）

Mary watched TV **after** dinner.
（メアリーは夕食後テレビを見ました。）

❸ until（～まで）, by（～までに）

We waited for her **until** seven.
（私たちは彼女を7時まで待っていました。）

Come home **by** six.
（6時までに帰ってきなさい。）

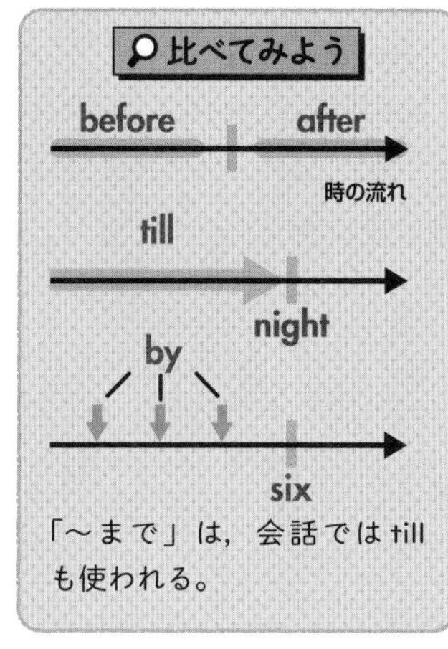

「～まで」は，会話では till も使われる。

❹ 時を表すその他の前置詞（ぜんちし）

He will be back **in** a week.
（彼は1週間たてば帰ってくるだろう。）

in a week（1週間**後に**〔1週**間で**〕）

for ten days（10日**間**）

during the vacation（休暇**中に**〔休暇**中ずっと**〕）

説明　during も for と同じように「～の間」の意味を表すが，**特定の期間**を示す言葉（ことば）が後に来る。

確認しよう!

1 次の( )に適当な前置詞を入れなさい。

❶ I get up ( ) six every morning. ❷ My sister was born ( ) April 5.
❸ It's very cold ( ) winter. ❹ I went to church ( ) Sunday.
❺ I was born ( ) May.

解答 ❶ at ❷ on ❸ in ❹ on ❺ in

❷ 場所を表す前置詞

● He lived **in** Osaka ten years ago.

いくつもの意味を持つ前置詞もある

❶ **at, on, in**(～に，～で)

in は広い**地域**に，on は**面**や**線**を表す場所に，at は狭(せま)い**地点**を表すときに使う。

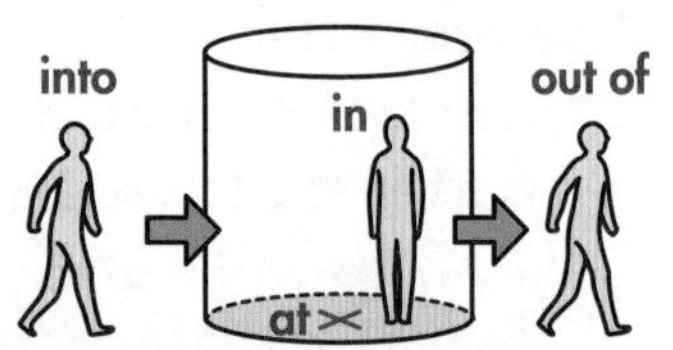

I live **in** Tokyo, Japan.
(私は日本の東京に住んでいます。)

I live **on** a farm.
(私は農場に住んでいます。)

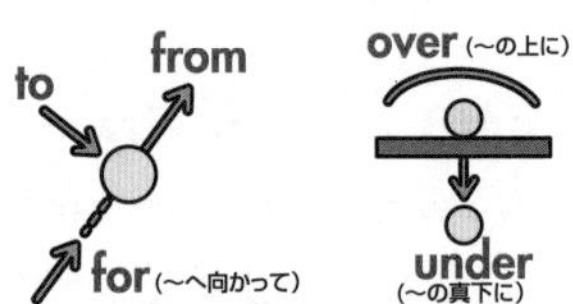

I live **at** my uncle's house.
(私はおじの家に住んでいます。)

❷ **into**(～の中へ)，**out of**(～から外へ)

Tom came **into** the classroom.
(トムは教室に入って来た。)

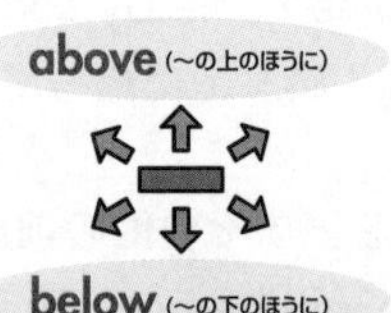

Tom went **out of** the classroom.
(トムは教室から(外へ)出て行った。)

❸ **from**(～から)，**to**(～まで)

She came home **from** school at 5 o'clock.
(彼女は5時に学校から帰宅しました。)

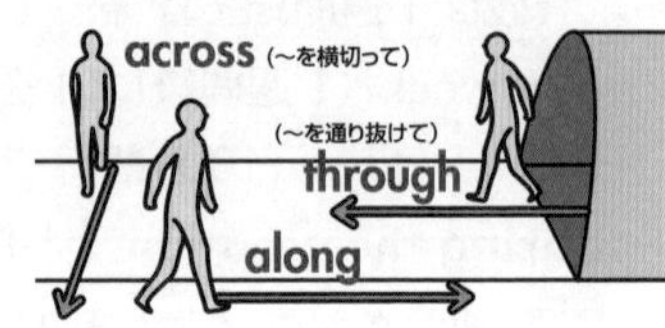

He goes **to** church every Sunday.
(彼は毎週日曜日に教会へ行きます。)

❹ **on**(接触して上に)

There is a book **on** the desk. (机の上に本があります。)

⑤ その他の場所を表す前置詞(ぜんちし)

by（〜のそばに），along（〜に沿って），in front of（〜の前に），near（〜の近くに），around（〜の回りに），behind（〜の後ろに）

確認しよう!

2 次の( )に at, in, into, on, to のうちから適当なものを入れなさい。

❶ Amy jumped (　　　) the water.
She is (　　　) the water.

❷ Amy fell (　　　) the floor.
She is (　　　) the floor.

❸ Amy ran (　　　) the door.
She is (　　　) the door.

ヒント ❷ fell は fall(倒れる)の過去形(かこけい)。❷は同じ前置詞がはいる。

解答 ❶ into, in ❷ on, on ❸ to, at

3 その他の前置詞

● I played catch **with** my uncle Jack.

❶ **with**

①「**〜とともに，〜といっしょに**」
I went to the park **with** him.
（彼**といっしょに**公園に行きました。）

②「**〜で**」……手段，道具
May I write **with** a pencil?
（鉛筆**で**書いてもよろしいですか。）

③「**〜を持って**」
Come here **with** your book.
（本**を持って**ここへ来なさい。）

❷ **by**（〜で）……手段
Mike goes to school **by** train.
（マイクは電車**で**通学します。）

覚えておこう

「動詞(どうし)＋前置詞」
look for 〜（〜をさがす）
get to 〜（〜に着く）
stay with 〜
（〜の家に泊(と)まる）
laugh at 〜（〜を笑う）

「be＋形容詞(けいようし)＋前置詞」
be good at 〜
（〜が得意である）
be proud of 〜
（〜を誇(ほこ)りに思う）
be full of 〜
（〜でいっぱいである）
be absent from 〜
（〜を欠席する）

❸ **for**（～のために）

This present is **for** you.

（このプレゼントはあなた**のため**のものです。）

❹ **about**（～について）

This is a book **about** baseball.

（これは野球**について**の本です。）

❺ **in**（～で）……言語

I wrote a letter **in** English.

（英語**で**手紙を書きました。）

❻ **among**（～の間で）

That singer is popular **among** young people.

（その歌手は若い人たち**の間で**人気があります。）

比べてみよう

with と by の違い

・**with＋具体的な手段・道具**

I went to Tokyo **with** my car.

・**by＋無冠詞の交通・通信手段**

I went to Tokyo **by** car.

確認しよう！

3 **次の(　)に適当な前置詞を入れなさい。**

❶ They got (　　) the station before six.

❷ She stayed (　　) me (　　) three days.

❸ She went (　　) Europe (　　) airplane.

❹ Please write your answer (　　) a pen.

❺ Amy watched a movie (　　) AI.

ヒント　❷「彼女は3日間，私といっしょにいた」の意味に。

❹「答えをペンで書いてください」の意味に。

❺「エイミーは人工知能についての映画を見た」の意味に。

解答　❶ to　❷ with，for　❸ to，by　❹ with　❺ about

誤りに気をつけよう

「彼らは彼女を笑いました。」

They laughed at ~~she~~. → her

○前置詞の後に代名詞が来るときは，その代名詞の目的格を使う。

Exercises

1 次の(　)に適当な前置詞(ぜんちし)を入れなさい。

(1) I am listening (　　　) the radio.

(2) School begins (　　　) half past seven (　　　) the morning.

発展 (3) You shouldn't walk (　　　) your hands (　　　) your pockets.

(4) Thank you very much (　　　) the nice present.

(5) Our teacher comes (　　　) school (　　　) car.

2 次の(　)に㋐〜㋔の語句を入れ，意味のとおる文にしなさい。

(1) John is looking (　　　).　　㋐ at the picture on the wall

(2) I'm going to stay (　　　).　　㋑ on a trip

(3) The mother is very proud (　　　).　　㋒ of her daughter

(4) My father and I went (　　　).　　㋓ about her mother at home

(5) Amy was thinking (　　　).　　㋔ with my grandmother

3 次の日本文を英語にしなさい。

(1) 私たちは日曜は学校に行きません。

(2) 昨日(きのう)，彼女は朝から晩まで英語を勉強しました。

(3) 次の日曜日，ピクニックに行きましょう。

(4) メアリーは今日(きょう)の朝，学校に遅(おく)れました。

(5) その手紙は英語で書かないといけませんか。

ヒント

1 (3)「手をポケットにつっこんで」と考える。

2 それぞれ，次の意味を表す文にする。 (1)「〜を見る」 (2)「〜の家に泊(と)まる」 (3)「〜を誇(ほこ)りに思う」 (4)「〜に出かける」 (5)「〜のことを考える」

3 (4)「〜に遅れる」be late for〜 (5)主語(しゅご)はI。「〜しないといけない」にはhave to〜またはmustを使う。

解答 → p.556

15 動名詞

基本用例

Tom: Do you like **playing** music?

Mark: Yes, **playing** the guitar is one of my favorite things.

Tom: I'm going to start **learning** to play the guitar. Is it difficult to play?

Mark: Don't worry, **playing** the guitar is easy. How about **practicing** together with me?

Tom: That's a great idea. Thanks a lot!

How about -ing?「～するのはどうですか。」

T：音楽を演奏するのは好きかい？
M：うん。ギターを弾くのは僕のお気に入りのことのひとつなんだ。
T：ギターを習い始めるつもりなんだ。弾くのは難しいかな。
M：心配いらないよ。ギターを弾くのは簡単さ。僕といっしょに練習しようか。
T：それはいい考えだね。どうもありがとう。

Points for Study

1 動名詞の形と用法

(1) 動名詞の形＝**原形＋-ing**

(2) 動名詞の用法……動詞を**名詞の働き**に使うときの形。（不定詞と共通。）

2 動名詞と不定詞の使い分け

(1) 動名詞・不定詞のどちらも目的語にとる動詞……begin, like, hate など。

(2) 動名詞だけを目的語にとる動詞……stop, enjoy, finish, mind など。

(3) 不定詞だけを目的語にとる動詞……want, hope, expect など。

(4) stop *doing*（するのをやめる）と stop to *do*（するために立ち止まる）

3 前置詞の後に用いられた動名詞

前置詞の後に動詞を続けるときは動名詞にする。不定詞は使わない。

主な慣用句……be good at *doing*（～するのがうまい）, look forward to *doing*（～するのを待ち望む）, What〔How〕about *doing*?（～するのはどうですか。）

❶ 動名詞の形と用法

● **Seeing** is **believing.** (百聞は一見にしかず。)

❶ 動名詞の形と意味

① 動名詞の形……「**動詞の原形＋-ing**」

play—playing　swim—swimming　write—writing

注意　-ing を付けるときの注意　JUMP! p.152

② 動名詞の意味……名詞の働きをして「**～すること**」

動名詞
- 形……「**動詞の原形＋-ing**」　(現在分詞と同じ形)
- 意味……名詞の働きをして「**～すること**」

❷ 動名詞の用法

動詞本来の役割は，「主語＋述語動詞」の語順で述語動詞に用いることである。

John plays soccer very well.

そのような動詞を**主語**や**目的語**，**補語**の位置に，すなわち**名詞の働き**として用いるときの形が動名詞である。

Playing soccer is a good exercise.

(サッカーを**するのは**よい運動だ。)

John likes **playing** soccer.

(ジョンはサッカーを**することが**好きだ。)

説明　不定詞(to＋動詞の原形)も，動詞を名詞の働きとして用いるときの形であった。

覚えておこう

-ing 形には 2 種類ある

❶「be 動詞＋-ing」の形で進行形に用いられる**現在分詞**。

❷ 主語，目的語の位置に用いられる**動名詞**。

⚠ここに注意

❶ She **is collecting** shells.
(現在進行形：彼女は貝がらを集めているところだ。)

❷ Her hobby **is collecting** shells.
(「be＋動名詞」：彼女の趣味は貝がらを集めることだ。)

❸ 主語に用いられた動名詞

Texting as you walk is a bad habit.

(歩きながらメールを打つのは悪い癖だ。)

Eating too much is bad for you.

(食べすぎるのはあなたにとってよくない。)

❹ 補語(be 動詞の後)に用いられた動名詞

My hobby is **reading** comic books.

(私の趣味はマンガの本を読むことです。)

説明　be 動詞の補語の場合，現在進行形(be＋現在分詞)と同じ形になるので注意が必要。

確認しよう!

[1] 次の動詞の動名詞形を書きなさい。

❶ be　❷ buy　❸ carry　❹ cry
❺ drive　❻ see　❼ ski　❽ stop

解答 ❶ being ❷ buying ❸ carrying ❹ crying ❺ driving ❻ seeing ❼ skiing ❽ stopping

[2] 次の英文を日本語にしなさい。

Reading English is easier than speaking it.

解答 英語を読むほうが，英語を話すのよりも易(やさ)しい。

② 動名詞と不定詞の使い分け

● Do you like **playing** music?
⇄ Do you like **to play** music?

例文を何度も読んで正しく覚えよう

○ 動名詞(どうめいし)と不定詞(ふていし)

① 動名詞も不定詞も目的語(もくてきご)にとり，ほとんど意味が変わらない動詞(どうし)……
begin, start, like, love, hate

It began **to rain.** （雨が降り始めた。）
It began **raining.**

I like **to write** letters to my friends.
（私は友達に手紙を書くのが好きです。）
I like **writing** letters to my friends.

② 動名詞だけを目的語にとる動詞……stop, enjoy, finish, mind（嫌だと思う）, give up（あきらめる）など

We enjoyed **shopping.**
（私たちは買い物を楽しんだ。）

Don't mind **making** mistakes.
（間違(まちが)うことを恐れるな。）

My father finishes **working** at five.
（私の父は5時に仕事が終わります。）

⚠ここに注意

「**stop**＋*doing*（～するのを）」と「**stop**＋**to** *do*（～するために）」

He stopped **taking** pictures.
（彼は写真を**撮**(と)**るのを**やめた。）←目的語

He stopped **to take** pictures.
（彼は写真を**撮るために**立ち止まった。）←副詞(ふくし)的用法

③ **不定詞だけを目的語にとる動詞**……want, hope, expect, decide

She wants **to go** to Italy. (彼女はイタリアに行きたがっている。)

We hope **to see** you soon.

(また近いうちにお目にかかれることを願っています。)

I expect **to be** back on Sunday. (日曜日には戻(もど)れると思っています。)

④ **動名詞も不定詞も目的語にとるが，意味が異なる動詞**……remember, forget

I remember **meeting** you before.
(以前にお会いしたのを覚えています。)

Remember **to meet** Mark there.
(そこでマークに会うのを忘れないでね。→忘れずに会いなさい。)

I'll never forget **meeting** you.
(あなたにお会いしたことを決して忘れないでしょう。)

Don't forget **to do** your homework.
(宿題をするのを忘れてはいけません。)

確認しよう!

3 **次の英文を日本語にしなさい。**

❶ Would you mind opening the window? —Not at all.

❷ Did you finish reading that book yet? —No, not yet.

❸ Don't forget to brush your teeth. —OK, Mom.

ヒント いずれも動名詞を目的語にとる動詞の文。

解答 ❶ 窓を開(あ)けてくださいませんか。—承知しました。

❷ あの本はもう読み終えましたか。—いいえ，まだです。

❸ 歯をみがくのを忘れてはいけませんよ。—わかったわ，お母さん。

❸ 前置詞の後に用いられた動名詞

● How **about practicing** the guitar with me?

前置詞の後には名詞の働きをするものが続く

❶ **前置詞(ぜんちし)の後に動詞(どうし)を使うとき**には，名詞(めいし)の働きをする**動名詞(どうめいし)**の形にしなければならない。

I did my homework **before eating** dinner.

(私は夕食を食べる前に宿題をしました。)

Tom left **without telling** me. (トムは私に何も言わず〔黙って〕出て行った。)

導入編 第1編 初級 第2編 中級 第3編 上級 第4編 コミュニケーション・表現 第5編 語い・文法 第6編 高校入試対策 解答編 重要項目索引

❷「前置詞＋動名詞」を含む慣用句

John is **good at** cooking.
（ジョンは料理をするのがうまい。）

Are you **interested in** traveling abroad?
（海外旅行に興味はおありですか。）

I'm **looking forward to** hearing from you.
（あなたからのご連絡を心待ちにしております。）

What〔How〕 about going to the sea next Sunday?
（次の日曜日に海に出かけるのはどうでしょう。）

I **had** some **difficulty** (**in**) finding out his house.
（彼の家を見つけるのにちょっとてこずった。）

覚えておこう

前置詞の後の動詞は動名詞(doing)**だけ**。不定詞(to do)は使わない。
(○) without **telling** me
(×) without to tell me

ここに注意

look forward to「～を楽しみに待つ」の to は**前置詞**だから，後に続く動詞は**動名詞**の形。不定詞の to(その後は原形)と間違えないこと。
I'm looking forward to the party.
I'm looking forward to seeing you again.
この to の後には名詞も動名詞もくる。

確認しよう！

4 次の日本文に合うように，(　)に適当な語を入れなさい。

❶ ジョンは日本語を話すのがとてもうまい。
John is very (　　) (　　) (　　) Japanese.

❷ さようならも言わずにトムは部屋から出て行った。
Tom went out of the room (　　) (　　) good-bye.

ヒント「さよならを言う」say good-bye

解答 ❶ good, at, speaking ❷ without, saying

誤りに気をつけよう

(1) Stop ~~to talk~~ in class. → talking
○「授業中おしゃべりするのはやめなさい」の意味だから，stop *doing* で。

(2) I finished ~~to write~~ my report. → writing
○finish の目的語は動名詞。

Exercises

❶ 次の( )内の動詞を不定詞か動名詞の形に直し，全文を日本語にしなさい。

(1) Amy wants (become) a good pianist.

(2) Did you finish (read) the novel?

(3) Tom went to New York (see) his aunt.

(4) Wash your hands before (eat) lunch.

(5) That is the easiest way (get) there.

❷ 次の英文の誤りを直しなさい。

(1) What about to go out for a walk?

(2) Amy had great difficulty to solve the problem.

(3) We are looking forward to see you again soon.

(4) Amy was hungry, but she never stopped eating.

(5) Don't forget locking the door when you leave.

❸ 次の語を並べ換えて，( )内の日本文に合う英文にしなさい。

(1) I / of / alone / going / never / there / thought / .
(そこへ一人で行くことなど思ってもみませんでした。)

(2) for / this / we / English / use / dictionary / studying / .
(私たちはこの辞書を英語を勉強するために使います。)

(3) me / dishes / for / the / with / thank / helping / you / .
(皿洗いを手伝ってくださってありがとう。)

ヒント

❶ (3)「おばに会うために」

❷ (4) hungry「空腹の」

❸ 前置詞の後は動名詞。 (1) think of「～を思いつく」 (3) thank ～ for ...「～に…を感謝する」

解答 → p.557

Let's Write in English! ③

日記をつける ／ 感想を書く

英語で日記をつけてみよう

❶ 日記には，まず**曜日**，**日付**，**天気**を書くのが一般的。
❷ その日の出来事を簡潔(かんけつ)に，**時間の流れ**にそって書く。
❸ 率直(そっちょく)な感想や意見も忘れずに書きそえておく。

1 絵を見て，その日のことを日記に書きましょう。

Saturday, September 9. Cloudy

I (①) my room and then (②) English and math in the morning. I (③) (④) (⑤) my mother in the afternoon. I (⑥) a nice skirt and she (⑦) it (⑧) me. After dinner I (⑨) a soccer game (⑩) TV. It was a rather dull and boring game. I went to bed at ten thirty.

(1) 日記文の①～⑩の( )内に，それぞれ次の語群から適当なものを入れ，全体を完全な日記にしなさい。

〔on, for, with, went, found, studied, watched, cleaned, bought, shopping〕

(2) 音声を聴(き)き，あなたが選んだ答えと比べましょう。また，音声にならって，この日記文を朗読しましょう。

語句

dull [dʌ́l]「鈍(にぶ)い，ピリッとしない」　**boring** [bɔ́:riŋ]「退屈な，人を退屈にさせる」

2 絵を見て，その日のことを日記に書きましょう。

Sunday, September. 10. Sunny

The weather ①晴れだった．I ②散歩に出かけた with my dog Taro. I ③彼と遊んだ in the park ④1 時間ほど．⑤昼食後 I studied ⑥数学と理科 and finished ⑦僕の宿題を全部 before four o'clock. In the evening I went to the Tokyo Dome with my father ⑧野球の試合を見るために. The Giants lost the game by 2 to 3. It was really ⑨熱戦. We ⑩試合をおおいに楽しみました.

(1) ①～⑩の日本語の意味を表す英語の語句を書きなさい。

(2) ①～⑩の意味を表す英語は次のとおりです。あなたの書いたものと比べましょう。

① was sunny〔fine, clear〕
② went (out) for a walk
③ played with him
④ for an hour or so〔for about an hour〕
⑤ After lunch
⑥ mathematics〔math〕and science
⑦ all my homework
⑧ to see〔enjoy, watch〕a baseball game
⑨ an exciting game
⑩ enjoyed the game very much

(3) 音声を聴き，それにならってこの日記文を朗読しましょう。

語句

「**～を見るために**」は目的を表す不定詞 to see ～ を使う。
lost は lose [lúːz]（負ける）の過去形。「**勝つ**」は win。
「**熱戦**」an exciting game ← exciting [iksáitiŋ]「（人を）わくわくさせる（ような）」

解答 → p.557

16 受動態(受け身)(1)

基本用例

Mark: What language is spoken at your school?

Emiko: Japanese, of course. But in some classes, only English is used.

Mark: Really? That's interesting. What other languages are taught at your school?

Emiko: Chinese. I want to learn Italian, but it isn't taught there!

language [lǽŋgwidʒ]「言語, 言葉(ことば)」

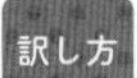

M：君の学校では何語が話されているの？
E：もちろん，日本語よ。でも一部の授業では，英語しか使われていないわ。
M：本当？　それはおもしろいね。君の学校では他にどんな言語が教えられているの？
E：中国語よ。私はイタリア語を習いたいんだけど，教えられていないの。

Points for Study

1 **受動態(じゅどうたい)(受け身)**……日本語と英語の場合を比べてみよう。

(1) 日本語の場合

動詞(どうし) ＋ **受け身の助動詞(じょどうし)「れる・られる」**

「この歌は，ときどき，子どもたちに，**うたわ** **れる** 。」
（れる ← 受け身を表す助動詞）

(2) 英語の場合

be 動詞 ＋ **過去分詞(かこぶんし)** ……受動態の動詞の形

This song **is** sometimes **sung** by children.

- is ← 主語の人称，数，時制により変化する。
- sung ← sing（現在）― sang（過去）― **sung（過去分詞）**

1 能動態と受動態

- Every student **likes** Mr. Brown.
（生徒たちはみんなブラウン先生が好きです。）
- Mr. Brown **is liked** by every student.
（ブラウン先生は生徒たちみんなによって好かれています。）

「～される」という意味を表す

❶ 能動態と受動態

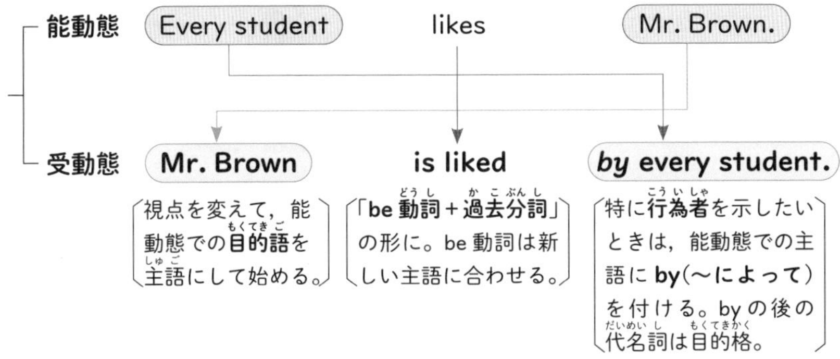

❷ by 以下の省略

行為者が一般の人々であるとき，不明のとき，あるいは示す必要のないときは **by 以下を省略**する。

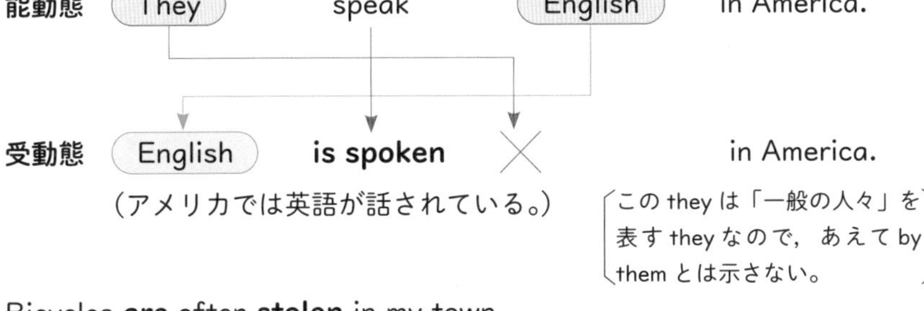

（アメリカでは英語が話されている。）

Bicycles **are** often **stolen** in my town.
（私の町ではよく自転車が盗まれる。）〔だれに？　行為者は不明。〕

The mail **is delivered** at 2 p.m. every day.
（郵便物は毎日午後 2 時に配達される。）〔だれに？　言う必要がない。〕

❸ 過去分詞形の作り方

① **規則動詞**……過去形と同じように「**動詞の原形＋-ed**」

like—liked—**liked**　　study—studied—**studied**

② **不規則動詞**……JUMP! pp.433-434【エッセンス—6】の不規則動詞変化表で覚えよう。

give—gave—**given**　　make—made—**made**

write—wrote—**written**　　speak—spoke—**spoken**

give(ギヴ)....
gave(ゲイヴ)....
given(ギヴン)....

確認しよう!

1 次の不規則動詞の過去形，過去分詞形を調べて書きなさい。

❶ catch　❷ teach　❸ buy　❹ make
❺ sell　❻ tell　❼ find　❽ cut
❾ speak　❿ give

解答　❶ caught—caught　❷ taught—taught　❸ bought—bought
❹ made—made　❺ sold—sold　❻ told—told　❼ found—found
❽ cut—cut　❾ spoke—spoken　❿ gave—given

2 次の英文を，下線部を主語にして書き換えなさい。

❶ Mary cleans <u>this room</u>.
❷ We speak <u>Japanese</u> in Japan.
❸ Many Americans love <u>basketball</u>.
❹ Everybody likes <u>Tom</u>.
❺ They play <u>baseball</u> from April to October in America.

解答　❶ This room is cleaned by Mary.
❷ Japanese is spoken in Japan.
❸ Basketball is loved by many Americans.
❹ Tom is liked by everybody.
❺ Baseball is played from April to October in America.

② 受動態の疑問文と否定文の作り方

● **Is** English **spoken** in many countries?
—Yes, it **is**.

be 動詞を含む文と同じように

❶ 受動態の疑問文とその答え方

English is spoken in Australia.
(English = 主語)

疑問文 → **Is** English **spoken** in Australia?
(英語はオーストラリアで話されていますか。)
—Yes, it is. (はい，話されています。)

説明　疑問文にするには，**主語と be 動詞を入れ替える。**

❷ 受動態の否定文

Baseball is played in Japan all year.
(日本では野球は1年中プレーされます。)

否定文 → Baseball **isn't played** in Japan all year.
(日本では野球は1年中プレーされません。)

説明　否定文にするには，**be 動詞の後に not を入れる。** be 動詞を含む普通の文，進行形の文と同じ。

The moon is full tonight. (今夜は満月です。)
否定文 → The moon **is not** full tonight. (今夜は満月ではありません。)

覚えておこう

疑問詞が主語の文
What languages are spoken in Canada?
(カナダでは何語が話されていますか。)
語順は **疑問詞**(主語) + **be 動詞** + **過去分詞** **?**
疑問詞は文頭。 be 動詞は主語の前に出ない。

確認しよう!

3　**次の英文を受動態の文にしなさい。**

❶ They don't sell ice cream at that store.
❷ Do they speak French in that country?
❸ Does everybody like the teacher?
❹ We don't use computers in class.
❺ Do they play football in India?

解答　❶ Ice cream isn't sold at that store.　❷ Is French spoken in that country?
❸ Is the teacher liked by everybody?　❹ Computers aren't used in class.
❺ Is football played in India?

誤りに気をつけよう

(1)「この歌は彼らに愛されている。」

This song is loved by ~~they~~.
them にする。

○前置詞の後ろに代名詞を置く場合は目的格。

(2)「グリーン先生は彼の生徒から好かれていますか。」

~~Does~~ Mr. Green liked by his students?
Is にする。

○受動態の動詞の形は「be 動詞＋過去分詞」。

Exercises

1 次の英文を受動態の文にしなさい。

(1) They speak both English and French in Canada.

(2) Mary washes the dishes.

(3) They grow wheat in central Canada.

(4) Every student likes Ms. White.

(5) Amy uses this desk.

2 次の受動態の英文を日本語にしなさい。

(1) What language is spoken in Brazil?

(2) This classroom is used by Ms. White.

(3) English is spoken in Australia.

(4) French and Spanish are taught at that school.

(5) Sugar is sold at that store.

3 次の語句を並べ換えて，(　)内の日本文に合う英文にしなさい。

(1) in / is / English / written / letter / this / .
(この手紙は英語で書かれています。)

(2) taught / Ms. Green / is / class / by / the / ?
(そのクラスはグリーン先生が教えていますか。)

(3) seen / at / many / stars / are / night / .
(夜には多くの星が見えます。)

(4) is / not / he / by / believed / anybody / .
(彼はだれからも信じられていません。)

(5) English / in / used / people / by / Kenya / is / ?
(ケニアの人は英語を使っていますか。)

(6) rainbow / sky / in / a / sometimes / seen / the / is / .
(にじがときどき空に見えます。)

(7) what / this / is / used / in / language / country / ?
(この国では何語が使われていますか。)

(8) divided / is / story / this / parts / into / two / .
(この物語(ものがたり)は 2 つの部分に分かれている。)

(9) of / many / village / in / this / kinds / grown / fruit / are / .
(多くの種類の果物(くだもの)が，この村で栽培(さいばい)されている。)

(10) is / baseball / the U.K. / in / played / ?
(英国では野球をしますか。)

4 次の日本文を，受動態を用いて英語にしなさい。

(1) この学校では，中国語は教えられていません。

(2) 毎日たくさんのカメラが日本で作られています。

(3) このクラスでは日本語を使いません。

(4) この学校ではどんな科目が教えられていますか。

(5) この部屋(へや)は私の母が毎朝，掃除(そうじ)します。

ヒント

1 by 以下を書き加える必要のないのは…？
(3) wheat [*h*wíːt]「小麦」 central Canada [séntrəl kǽnədə]「カナダ中央部地方」

3 (8)「…を～に分ける」divide [diváid] ... into ～ (9)「栽培する」grow
(10) the U.K. [júːkéi]「連合王国(英国のこと)」the United Kingdom の略。

4 (1)「中国語」Chinese (3) 主語(しゅご)は何にする？ (4)「科目」subject
(5)「掃除する」clean

解答 → p.558

17 受動態(受け身)(2)

基本用例

Tom: I'm going to see a play tonight! It's going to **be held** at my school.

Mark: Oh, you must **be excited**. Which play is going to **be performed**?

Tom: *Hamlet*. It **was written** by Shakespeare. Do you know him?

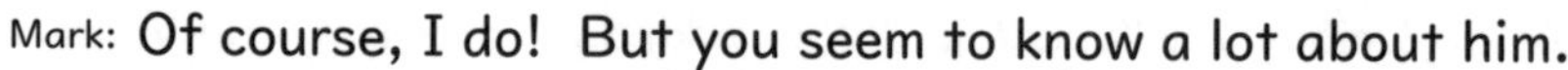

Mark: Of course, I do! But you seem to know a lot about him.

Tom: That's right. He **was born** in England in 1564.

語句 **held** [héld] hold の過去分詞形　**perform** [pərfɔ́ːrm]「上演する」　**Shakespeare** [ʃéikspiər]「シェイクスピア(イギリスの劇作家)」

訳し方 T：今夜，演劇を見に行くんだ。僕の学校で行われるんだよ。
M：へえ，それはとても楽しみだね。どの劇を上演するんだい？
T：『ハムレット』。シェイクスピアが書いたんだよ。シェイクスピアを知ってるかい？
M：もちろん知ってるさ。でもきみは彼について詳しそうだね。
T：そのとおり。彼は1564年にイングランドで生まれたんだ。

Points for Study

1 過去と未来の受動態

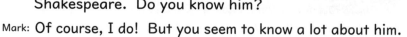

動詞の形 → **was, were** ＋ 過去分詞

This room **was used** yesterday.　(この部屋は昨日使われた。)

→ 主語によって，was になったり were になったりする。

This room will **be used** tomorrow.　(この部屋は明日使われるでしょう。)

助動詞の後は「be 動詞の原形(be)＋過去分詞」がくる。

2 注意すべき受動態

(1) be surprised **at**〔by〕(～に驚く)，be pleased **with**(～が気に入っている)など，日本語では「**～する**」,「**～している**」となるもの。

(2)「be 動詞＋過去分詞」の後に **by 以外の前置詞**を伴うもの。
(1) の用例の他，be covered **with**〔by, in〕(～で覆われている)など。

1 過去と未来の受動態

- This room **was used** yesterday.
(この部屋が昨日使われた。)
- This room **will be used** tomorrow.
(この部屋は明日使われるでしょう。)

be 動詞の過去形を使う

❶ **過去の受動態**……be 動詞を過去形にする。

Tom is liked by everybody. (トムはみんなに好かれています。)
is: be 動詞の現在形

過去形に → Tom **was liked** by everybody.
was: be 動詞の過去形
(トムはみんなに好かれていました。)

When **was** this letter **written**? (いつこの手紙は書かれましたか。)
—It was written two weeks ago. (2 週間前に書かれました。)
You **weren't invited** to the party, were you?
(あなたはパーティーに招待されなかったのでしょ?)

❷ **未来の受動態**……「will + be + 過去分詞」にする。

The game **will be held** at another stadium.
(その試合は別の競技場で行われるでしょう。)
That convenience store **is going to be closed** next month.
(あのコンビニは来月閉店することになっています。)
同様に,助動詞を用いた受動態では「助動詞 + be + 過去分詞」にする。
Can Mt. Fuji **be seen** from Tokyo on a clear day?
(富士山は晴れた日には東京から見えますか。)

確認しよう!

1 次の英文を,下線部の語句を主語にして書き換えなさい。

❶ Mr. Smith wrote these letters.　❷ Jack will paint the door.
❸ They can grow carrots near the river.

解答 ❶ These letters were written by Mr. Smith.
❷ The door will be painted by Jack.　❸ Carrots can be grown near the river.

② 注意すべき受動態

● Mr. Green **was surprised at**〔**by**〕 the news. 連語として覚えよう

（グリーンさんはその知らせに驚(おどろ)きました。）

❶ 意味内容が日本語では「～する」，「～している」となるもの。

I **am interested in** music.　（私は音楽に興味を持っています。）

I **was born** in 2010.　（私は2010年に生まれました。）

The child **is pleased with** the toy.

（その子どもは，そのおもちゃが気に入っています。）

I'**m tired of** boiled eggs.　（ゆで卵はもうあきあきです。）

その他にも，be delighted with〔at, by〕（～を喜ぶ），be satisfied [sǽtisfaid] with（～に満足する）などがある。

説明　前置詞(ぜんちし)に **by以外のもの**が用いられている。また，これらの過去分詞(かこぶんし)は**形容詞**(けいようし)として扱(あつか)われているものが多い。

❷ **「be動詞(どうし)＋過去分詞」の後にby以外の前置詞を伴(ともな)うもの。**

The mountain **was covered with**〔by〕 snow.

（その山は雪で覆(おお)われた。）

The glass **was filled with** water.

（そのグラスは水で満たされ（てい）た。）

His name **is known to** everybody as a good doctor.

（彼の名前は，良いお医者さんとして，みんなに知られています。）

Butter **is made from** milk.　（バターはミルクから作られます。）

This box **is made of** wood.　（この箱は木製です〔木でできています〕。）

確認しよう！

2　**次の日本文を英語にしなさい。**

❶彼は東京で生まれました。

❷この人形は紙でできています。

❸メイは親切な少女として，みんなに知られています。

解答　❶ He was born in Tokyo.　❷ This doll is made of paper.

❸ May is known to everybody as a kind girl.

誤りに気をつけよう

(1)「この机は木でできている。」

This desk is made ~~from~~ wood.
→of

(2)「ワインはブドウから作られる。」

Wine is made ~~of~~ grapes.
→from

○of の場合は材料がそのままの形で製品になっている場合，また from の場合は材料がまったく形を変えて製品になっている場合である。

Exercises

1　次の語を並(なら)べ換(か)えて，(　)内の日本文に合う英文にしなさい。

(1) will / he / at / surprised / news / the / be / .
　(彼はその知らせを聞いて驚(おどろ)くでしょう。)

(2) by / invented / many / Edison / things / useful / were / .
　(エジソンによって便利なものがたくさん発明されました。)

(3) was / clerk / broken / this / the / by / cup / ?
　(このカップはお店の人が壊(こわ)したのですか。)

(4) a / can / information / lot / found / the / of / be / Internet / on / .
　(たくさんの情報がインターネットで見つかります。)

(5) and / when / you / where / were / born / ?
　(あなたはいつ，どこで生まれましたか。)

2　次の日本文を英語にしなさい。

(1) 私は，私のおじに時計をもらいました。

(2) 彼女の歌は，すべての人に好かれていました。

(3) その山の頂上は雪で覆(おお)われていました。

(4) 多くの物語(ものがたり)が彼によって書かれました。

(5) この靴(くつ)は革製です。

ヒント

1　(1)「～に驚く」be surprised at ～　(3)「壊したのですか」は「壊されたのですか」と考えればよい。

2　(1)「もらいました」は「与えられました」と考える。　(3)「その山の頂上」the top of the mountain　(5)「～製」は「～でできている」と考える。「革」leather

解答 → p.558

18 感 嘆 文

基本用例

Jane: I bought a lot of oranges yesterday. Do you like oranges, Tom?

Tom: Yes. I like them very much.

Jane: Then I'll give you some. Here you are.

Tom: **How kind! And what large oranges they are!**

語句 **bought** [bɔ́:t] buy [bái]（買う）の過去形。

then [ðén]「それでは，それなら」

Here you are.「さあどうぞ。」人に物を手渡すときに使う表現。

訳し方 J：昨日，私はたくさんオレンジを買いました。トム，あなたはオレンジが好きですか。

T：はい。たいへん好きです。

J：それでは，何個かあげましょう。さあどうぞ。

T：なんて親切なのでしょう。そして，なんて大きいオレンジでしょう。

Points for Study

感嘆文 → **驚き，喜びなどの強い感情を表す文**

① **How で始まる感嘆文**……How は副詞。

How ＋ **形容詞〔副詞〕** ＋ **主語＋動詞** ！

How fast he runs!　（彼はなんて速く走るのでしょう。）

② **What で始まる感嘆文**……What は形容詞。

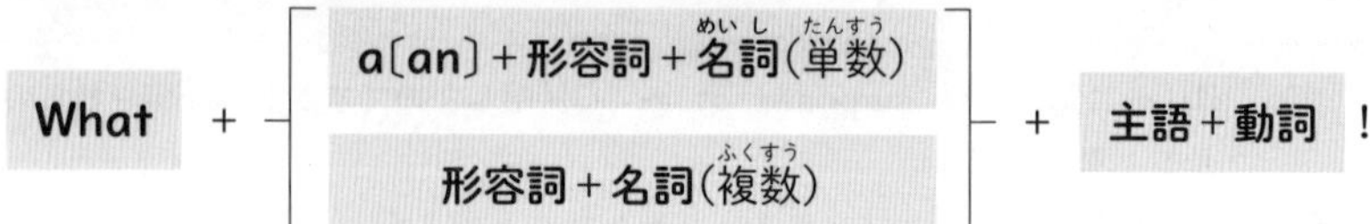

What a beautiful flower this is!

（これはなんて美しい花なのでしょう。）

1 感嘆文の形

- **How pretty** this is!
（これはなんてかわいいのでしょう。）
- **What large oranges** they are!
（それらはなんて大きなオレンジなんでしょう。）

強い感情を表す文
2つの表し方がある

❶ How で始まる感嘆文

Lucy is very kind.
（very kind：副詞＋形容詞）

How kind Lucy is !　感嘆符を忘れないこと。
（How kind：副詞＋形容詞）

（ルーシーはなんて親切なのでしょう。）

How ＋ 形容詞〔副詞〕 ＋ 主語＋動詞 ！

「**very**＋**形容詞〔副詞〕**」を感嘆文にするときは **How ～!**

That dog is very large.
（あの犬はとても大きいです。）

→**How large** that dog is!
（あの犬はなんて大きいのでしょう。）

> **覚えておこう**
> 感嘆文は「**主語＋動詞**」が省略されることが多い。
> **How kind** (she is)!
> **What a pretty bird** (that is)!

❷ What で始まる感嘆文

That is a very pretty bird.

What a pretty bird that is!　（あれはなんてかわいい鳥なのでしょう。）
（What：形容詞　a pretty bird：名詞句）

What ＋ (a〔an〕＋)形容詞＋名詞 ＋ 主語＋動詞 ！

「**very**＋**形容詞**＋**名詞**」を感嘆文にするときは **What ～!**

Those are very tall buildings.　（それらはとても高い建物です。）

→**What tall buildings** those are!
（それらはなんて高い建物なのでしょう。）

確認しよう!

1 次の(　)に What か How を入れなさい。

❶ (　　　) a cold day it is today!

❷ (　　　) tall he is!

❸ (　　　) a beautiful mountain that is!

❹ (　　　) fast he swims!

ヒント How は副詞だから，後に形容詞か副詞が，What は形容詞だから，後に名詞(句)が来る。

解答 ❶ What ❷ How ❸ What ❹ How

② 感嘆文の書き換え

● **How tall** she is! ⇄ **What a tall girl** she is!

○ 感嘆文の書き換え

What a cold day it is today!
(今日はなんて寒い日なのでしょう。)
⇄**How cold** it is today!
(今日はなんて寒いのでしょう。)

What a cool bike this is!
(これはなんてかっこいい自転車なのでしょう。)
⇄**How cool** this bike is!
(この自転車はなんてかっこいいのでしょう。)

比べてみよう

「彼女はなんて歌が上手なのでしょう。」

❶ **What** a good singer she is!

❷ **How** well she sings!

❶は「彼女はなんてすばらしい歌手なのでしょう」という意味にもなる。player，writer，cook なども同様。

確認しよう!

2 What で始まる文は How で始まる文に，How で始まる文は What で始まる文に書き換えなさい。

❶ What a pretty cat Lucy has!　❷ How fast Tom runs!

❸ What a tall boy that is!　❹ How hot it is today!

ヒント ❶ Lucy has を Lucy's にする。 ❷ runs を runner にする。

解答 ❶ How pretty Lucy's cat is!
❷ What a fast runner Tom is!
❸ How tall that boy is!
❹ What a hot day it is today!

誤りに気をつけよう

(1)「それらはなんてかっこいい車でしょう。」

What ~~a~~ cool cars they are!
→不要

○ cars は複数形である。What a ～と決めてかからないように注意。

(2)「それらはなんてかっこいい車でしょう。」

~~How~~ cool cars they are!
→What

○「形容詞＋名詞」と続くので，how ではなく what である。

Exercises

1 次の語を並べ換えて，(　)内の日本文に合う英文にしなさい。

(1) is / how / fine / today / it / !
(今日はなんて良い天気なのでしょう。)

(2) moon / how / beautiful / is / the / tonight / !
(今夜はなんて美しい月なのでしょう。)

(3) house / what / has / large / his / a / uncle / !
(彼のおじさんはなんて大きな家を持っているのでしょう。)

2 次の日本文を英語にしなさい。

(1) あなたのお父さんはなんて料理が上手なのでしょう。
(2) この花はなんてきれいなのでしょう。
(3) これはなんておもしろい物語なのでしょう。
(4) あれはなんて大きな飛行機でしょう。
(5) 昨日の晩はなんて暑かったことでしょう。

ヒント 2 (3)「おもしろい物語」an interesting story
(4)「飛行機」airplane

解答 → p.559

19 Here is ～. で始まる文，その他

基本用例

Host mother: **Welcome to our house! Here is your room.**

Emiko: It's great. Thank you so much.

Host mother: And **here is** the kitchen. **How about** a piece of cake?

Emiko: I **would love one**. Thank you so much!

Host mother: Oh, and **here comes** our dog, Spot.

Emiko: Wow! I love dogs, but I don't have **one** at home.

語句

here is＋単数名詞「ここに～がある」

How about ～?「～はどうですか。」

would love want の丁寧な表現。

one 前に出た cake や dog の代わりの代名詞。

訳し方

HM：わが家へようこそ！ ここがあなたの部屋よ。

E ：すごい。どうもありがとうございます。

HM：そしてここがキッチンよ。ケーキをひと切れいかが？

E ：いただきます。どうもありがとうございます。

HM：あら，わが家の愛犬，スポットが来たわ。

E ：わあ！ 私，犬が大好きなんですが，自宅では飼っていないんです。

Points for Study

1 **Here is〔are〕～.……「ここに～があります」**

2 **How〔What〕about ～?……「～はいかがですか」**と誘いかける表現。

3 **代名詞 one**

one → **数えられる名詞の反復を避けるための代名詞。**

I don't have a pen with me. Can you lend me **one**?
（私は今ペンを持っていません。貸してくださいませんか。）

1 Here is〔are〕～.

● **Here is** your book.　（こちらはあなたの本です。）

❶ Here is〔are〕～.……「こちらが～です」「ここに～があります〔～がいます〕」という意味で使う。

Here **is** ＋ 単数名詞(たんすうめいし) .

Here is〔**Here's**〕our dog.
（こちらが私たちの犬です。）

Here **are** ＋ 複数名詞(ふくすうめいし) .

Here are some pens.
（ここにいくつかのペンがあります。）

⚠ここに注意
相手の注意を引くために Here が文頭におかれる。

説明　Here を使った日常の会話文に，次のものがある。
Here we are.「さあ，着いたぞ。」
Here you are.（物を渡(わた)すとき）「はい，どうぞ。」
＝Here it is.

❷ Here＋一般動詞(いっぱんどうし) ～.

Here comes the teacher.
（先生がこちらへ来られます。/ 先生が来られたよ。）

説明　the teacher ではなく代名詞(だいめいし)のときは **Here** she **comes.** となる。

確認しよう!

1　次の英文の誤りを直しなさい。

❶ Here come they.
❷ Here is some pencils.
❸ Here are the classroom.

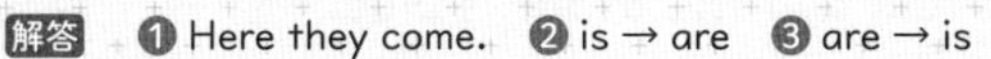
解答　❶ Here they come.　❷ is → are　❸ are → is

② How〔What〕 about ～?

●**How about** a piece of cake?　相手を誘う表現

❶ **How〔What〕 about ～?**……**「～はいかがですか」と相手に誘**(さそ)**いかけたり，提案したりするとき**に使う。

How〔What〕 about a cup of tea?　（お茶を 1 杯いかがですか。）

How〔What〕 about fishing next Sunday?

（次の日曜日，釣(つ)りはどうですか。）

説明　about は前置詞(ぜんちし)「～について」だから，後の動(どう)詞(し)は -ing(動名詞(どうめいし))にする。

❷ **相手に意見を聞くときに使う。**

I like Italian food.　**How〔What〕** about you?

（私はイタリア料理が好きです。あなたはどうですか。）

What about Jane?　We cannot leave her alone in the house.

（ジェーンはどうしますか。家にひとり置いていくわけにはいきませんよ。）

比べてみよう

「それについてはどう思いますか。」

How do you like it?

What do you think of it?

×How do you think of it? は間違(まちが)い。

③ 代名詞 one

●I love dogs, but I don't have **one** at home.　数字 one か代名詞 one かは文脈から判断する

❶ **one**……**数えられる名詞**(めいし)の代わりに使う。

I have a red pen, but I need a blue **one.**（＝a blue pen）

（私は赤ペンを持っているが，青ペンが必要だ。）

❷ **one を含**(ふく)**む熟語**(じゅくご)

① **one another**（お互い）

The three sisters had to help **one another.**

（3 人の姉妹はお互いに助け合わなければならなかった。）

② **one ～，the other …**（一方は～，他方は…）

I have two pens.　**One** is red, and **the other** is blue.

（私はペンを 2 本持っています。1 本が赤で，もう 1 本は青です。）

誤りに気をつけよう

「私はたくさんTシャツを持っていますが，新しいのが欲しいです。」

I have a lot of T-shirts, but I want new ~~one~~.
→ones

○代名詞 one の複数形は ones である。ここでは T-shirts を表す。したがって「新しいのが2枚以上欲しい」ときは ones とする。ただし，「新しいのを1枚」のときは a new one となる。

Exercises

1　次の日本文に合うように，(　)に適当な語を入れなさい。

(1) コーヒーをもう1杯いかがですか。
(　　) (　　) (　　) cup of coffee?

(2) コンサートに行くのはどうですか。
(　　) (　　) (　　) to the concert?

2　次の(　)に適当な語を入れなさい。

(1) The jacket is too big for me. Can I try on a smaller (　　)?

(2) I invited two people. (　　) is a teacher, and the other is a student.

(3) I like dogs, but I don't have (　　).

3　次の日本文を英語にしなさい。

(1) ここにナイフが数本あります。

(2) 公園を散歩するのはどうでしょうか。

(3) 私は月曜日は忙しいです。火曜日はどうですか。

ヒント
1 (1)「もう1杯」another cup of ～
3 (1) ナイフの複数形に注意。knife → knives
(2)「散歩する」take〔go for〕a walk

解答 → p.559

意味順 Box トレーニング 4

第2編 13 − 19

◆各単元で学んだ英文を，それぞれの日本語に合うように，意味順 Box に英語を入れて完成させましょう。

13・姉が誕生日にこのジャケットを私にくれました。

玉手箱	だれが	する(です)	だれ・なに	どこ	いつ
	姉が	くれた	私にこのジャケットを		
私の誕生日のために					

14・あなたは土曜日の午後どこに行きましたか。

玉手箱	だれが	する(です)	だれ・なに	どこ	いつ
どこへ〜(した)か？	あなたは	行く			土曜日の午後

15 (1) あなたは音楽を演奏するのは好きですか。

玉手箱	だれが	する(です)	だれ・なに	どこ	いつ
〜か？	あなたは	好き	音楽を演奏するのは		

(2) ギターを演奏することは私のお気に入りのことのひとつです。

だれが	する(です)	だれ・なに	どこ	いつ
ギターを演奏することは	です	私のお気に入りのことのひとつ		

16・君の学校では何語が教えられていますか。

だれが	する(です)	だれ・なに	どこ	いつ
何語が？	教えられている		君の学校では	

17・それはシェイクスピアによって書かれました。

だれが	する(です)	だれ・なに	どこ	いつ
それは	書かれた	シェイクスピアによって		

18・なんて大きいオレンジでしょう。

玉手箱	だれが	する(です)	だれ・なに	どこ	いつ
なんて大きい オレンジ！	それらは	です			

19 (1) ケーキをひと切れいかがですか。

玉手箱	だれが	する(です)	だれ・なに	どこ	いつ
～はいかが？	ひと切れのケーキ				

(2) ここがあなたの部屋です。

だれが	する(です)	だれ・なに	どこ	いつ
ここが	です	あなたの部屋		

Let's Try and Check! 2

時間 45分　合格点 75点　得点　　点

1 対話文を読んで問いに答えなさい。

(1) Kazuoが郵便局への道を尋(たず)ねています。後の日本文の意味を表すよう，①～④の(　)内の単語を適当に並(なら)べ換(か)えなさい。(20点)

Kazuo: Excuse me. ①(for / the / I'm / post / office / looking). Do you know the way? ②(I / to / to / this / want / send / parcel / Japan).

Woman: Sure. Go straight along this street and ③(at / the / right / second / turn / traffic / light). Then, walk to the next corner and turn left. ④(see / on / the / your / you'll / ahead / sign / right).

Kazuo: Thank you very much. Is it far?

Woman: No, I don't think so. It's only a five-minute walk.

Kazuo: Thank you again.

Woman: You're welcome.

① 郵便局をさがしているんです。

② この小包を日本に送りたいのです。

③ 2番目の信号(のところ)を右に曲がってください。

④ (郵便局の)表示〔看板〕が右手前方に見えるでしょう。

(2) 次は道を尋ねられて知らないときの答え方です。(　)内に後の語群から適当なものを選んで入れなさい。(10点)

① Woman: Excuse me, but do you know the way to the city office?

Kazuo: I'm afraid I (㋐). I'm (㋑) (㋒) here.

Woman: That's all right. Thank you all the same.

② Woman: Excuse me. Where is the nearest bus stop? I'm new here.

Kazuo: (㋐), I'm (㋑) here, too.

Woman: OK. Thank you, anyway.

〔a, new, don't, sorry, stranger〕

2 次の文は Akiko が家族といっしょに富士五湖に行った日の日記です。①～⑤の日本語の部分を英語に直しなさい。（30 点）

I went to Fuji-goko with my family last Sunday. Fuji-goko, or the Five Lakes of Mt. Fuji, are among the northern foothills of Mt. Fuji. They are Yamanaka-ko, Kawaguchi-ko, Sai-ko, Shoji-ko, and Motosu-ko. ①精進(しょうじ)湖がいちばん小さいです。②私は 5 つのうちで河口(かわぐち)湖がいちばん好きです。

③私たちは河口湖を自転車で一周しました。④晴れた日のサイクリングはとても楽しかったです。Kawaguchi-ko was wonderful. ⑤私は決してその日を忘れないでしょう。

ヒント
「～が…のうちでいちばん好きだ」like ～ (the) best〔most〕of ...
「～を一周する」go around〔round〕～　「晴れた」sunny　「サイクリング」cycling
「とても楽しい」a lot of fun　「決して～ない」never　「忘れる」forget [fərgét]

3 次の対話文を読み，下線部①，②を分かりやすい日本語に直しなさい。（12 点）

Teacher: Why are you so late, Bob?

Bob: It's very windy outside, Ms. Baker. I took one step forward. Then I had to slide back two steps.

Teacher: Hmm. ①At that rate, how did you get here at all?

Bob: ②I finally gave up trying and turned round to go home.

語句

2 or「すなわち」（言い換(か)えるときに使う。）　among [əmʌ́ŋ]「～の間に」
northern foothills [nɔ́ːðən fúthilz]「北側のふもとの山々」　Sai-ko「西湖」

3 slide back「ずるずる下がる」　rate「割合，比率」
at all「(疑問文で)そもそも，一体全体」
finally [fáinəli]「ついに，とうとう，最後に」

4 次の英文を読み，後の問いに答えなさい。

①There aren't many flowers prettier than a dandelion, if you look at a dandelion as a flower, not a weed. Its color is magnificent. Its shape is beautiful. It blooms early, and it ㋐(keep) ㋑(bloom) until the first daisies appear.

②Dandelions grow anywhere. You have to work hard to take them away rather than to grow them. They will take root and bloom in a crack in the city pavement. They love the soil of a suburban flower bed. In the country, they will take over a farmer's whole meadow.

The dandelion's old virtues are almost ㋒(forget) nowadays. Its inner leaves made an excellent spring green. Its roots ㋓(be) ㋔(use) for potherbs. Wine ㋕(be) ㋖(make) from those bright flowers. But that was before the dandelion ㋗(become) a dooryard weed.

⑴ 下線部①，②を日本語に直しなさい。（12 点）

⑵ ㋐～㋗の（ ）内の動詞（どうし）を適当な形に直しなさい。（16 点）

すべての問題の解答と採点が終わってから再度音声を聴き，もう一度全体を復習しましょう。

4
dandelion [dǽndilàiən]「タンポポ」 **weed** [wíːd]「雑草」
magnificent [mægnífəsnt]「とてもすばらしい，見事な」 **bloom**「花が咲く」
daisy [déizi]「デイジー，ヒナギク」 **appear** [əpíər]「現れる，姿を見せる」
crack「割れ目」 **pavement** [péivmənt]「舗道（ほどう）」 **suburban** [səbə́ːrbən]「郊外の」
flower bed「花壇」 **take over**「乗っ取る」 **meadow** [médou]「牧草地」
virtue [və́ːrtʃuː]「長所」 **made**「～になった」 **spring green**「春の青物野菜」
potherb [páthəːrb]「煮（に）て食べる野草」

解答 → p.560

3

第3編　上級

03 上級

ここからスタート! **第3編**

START!

この編では日本語にはない「現在完了」という特殊な時制が登場し，英語特有の時制の概念について深い理解が求められるなど，学習内容はより高いレベルに入ります。また，関係代名詞や仮定法などの文法事項は，高校での英語学習への「橋渡し」にもなりますので，意識して学びましょう。

体育祭を目前にしたある日…

現在完了形というのは，have〔has〕+過去分詞形で，「現在を含む今までのこと」について述べる表現なんだ

この現在完了形で大事なのは…

過去と現在はつながっている!
ということ!
ビクッ

びっくりした…

それってどういうことですか…?

①過去形
I lost my wallet.
②現在完了形
I have lost my wallet.
have〔has〕+過去分詞形

ぼくは家の中でよくなくすなあ

この文は，日本語に訳すと両方とも「私は財布をなくしました」を意味するんだけど，実は「今も財布をなくしているかどうか」という点では大きな違いがあるんだ

現在完了形の「過去と現在はつながっている」から…

もしかして，②はまだ財布が見つかってないんじゃない?

Exactly! 過去形では，「財布をなくした」という特定の時のことしか表現できないのに対して，

現在完了形では，過去に起きた出来事が現在にも影響を与えていることを示せるんだ

①過去形
I lost my wallet.
見つかったかどうかわからない
過去 → 現在

②現在完了形
ずっとなくしている
I have lost my wallet.
過去 → 現在

この感覚をつかんだら，次は
現在完了形の3つの意味を
おさえよう！

①完了「今までにもう～した」

I have already finished my homework.

私はもう宿題を終えた。

②継続「もうずっと～している」

She has lived there for many years.

彼女は長い間，そこに住んでいる。

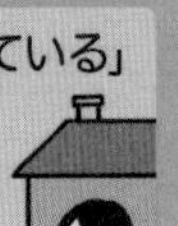

③経験「今までに～したことがある」

I have never met a famous person.

私は一度も有名人に会ったことがない。

どれも形は同じだけど，文脈や
副詞語句を手がかりにすると，
意味を区別できるよ！
なんとなく
わかるような…

キーンコーン
カーンコーン
あっ
完了
Today's class has finished!
(今日のクラスはおわり！)

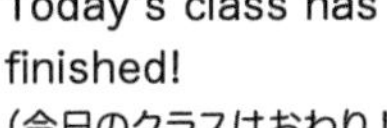

体育祭の練習時間だ！
みんな10秒で支度して！
ぼくは先にグラウンドで
待ってるぞー！
ワハハハハー

先生って，なんであんなに
体育祭に情熱的なんだ…？
あれ，
知らないの？
ENGL

ALTのBob先生！
継続
He has worked here
for 10 years.
(彼は10年間ここで働いている。)
経験
But his class has never won
the first prize in the spots festival.
(でも，彼のクラスは1度も体育祭で
優勝したことがないんだ。)

自分のクラスを
優勝させるのが，
彼の長年の
夢なんだよ
みんな！
はやく
こーい
完了
Why haven't you
changed your
clothes yet!?
(なんでまだ着替えて
いないんだ！？)

先生を優勝させよう！
せんせ～い！
そう心に決めた
2人だった。

1 過去形と現在完了形

基本用例

Father: Have you finished your homework yet, John?

John: No. I haven't finished it yet.

Father: Amy has already finished hers. We are all waiting for you.

John: I'm very sorry. It is taking a lot of time.

語句

yet「(疑問文で)もう」「(否定文で)まだ～(ない)」

finish [fíniʃ]「～を終える」「have＋過去分詞」の形で現在完了に使われている。

already [ɔːlrédi]「もう，すでに」

take a lot of time「ものすごく時間がかかる」

訳し方

父：もう宿題は終わったかい，ジョン。

J：いや，まだ終わってないんだ。

父：エイミーは自分のをもうすませたぞ。みんな待っているんだよ。

J：本当にごめんなさい。ものすごく時間がかかるんだよ。

Points for Study

1 現在完了形の作り方

(1) **現在完了形＝ have〔has〕＋過去分詞**

(2) 現在完了形の疑問文……have〔has〕と主語の**語順**を入れ替える。

(3) 現在完了形の否定文……have〔has〕の後ろに **not** を付ける。

2 完了(結果)用法

I have already finished my homework.

(私はもう宿題を終えました。)

(1)「今までにもう～した(→だから今は…だ)」と現在の結果について述べる。

(2) already，yet，just などの副詞とよく用いられる。

3 日本語と英語の比較

日本語では，過去の出来事と，それが現在ともつながりがあることの区別はしない。英語では，過去形は過去に起きたことを現在とは切り離して述べ，現在完了形は過去に起きたことが現在ともつながりのあることとして述べる。

《日》私は{昨日(きのう)／もう}見ました。　《英》I {**saw** it yesterday. ／ **have** already **seen** it.}

1 現在完了形の作り方

- I **have** not **finished** my homework yet.
- Amy **has** already **finished** hers.

「have＋過去分詞」これが原則！

❶ 現在完了形(げんざいかんりょうけい)

{**have** ／ **has**} ＋過去分詞(かこぶんし)

説明　主語(しゅご)が3人称単数(にんしょうたんすう)のときは **has** を用いる。

I **have** already **read** this book.
（私はもうこの本を読んだ。）

He **has eaten** dinner.
（彼はもう夕食を食べた。）

⚠ここに注意

He has just started his new job.
（彼はちょうど新しい仕事を始めたばかりです。）
＝He just started his new job.
just「ちょうど～したばかり」は過去形(かこけい)でも使われる。

❷ 現在完了形の疑問文(ぎもんぶん)……have〔has〕と主語の語順を入(い)れ替(か)える。

Have you **had** breakfast?
（朝食はもうすみましたか。）
—Yes, I **have**.　（はい，すみました。）
—No, I **haven't**.　（いいえ，すんでいません。）

❸ 現在完了形の否定文(ひていぶん)……have〔has〕に **not** を付ける。

He **has not arrived** here yet.
（彼はまだここに到着していません。）

覚えておこう

主な不規則動詞(ふきそくどうし)の過去分詞

be—**been**
have—**had**
do—**done**
see—**seen**
go—**gone**
come—**come**
hear—**heard** [hə́:rd]
write—**written** [rítn]
read—**read** [réd]
find—**found** [fáund]
lose [lú:z]—**lost** [lɔ́(:)st]

確認しよう!

1 次の( )内の動詞を現在完了形に変えて，指示された英文にしなさい。

❶ John and Tom (do) it. （肯定文）

❷ You (read) the book yet. （疑問文）

❸ Amy (see) the doctor yet. （否定文）

ヒント have, has のどちらを使うか，まず注意。

解答 ❶ John and Tom have done it.
❷ Have you read the book yet?
❸ Amy has not seen the doctor yet.

2 完了(結果)用法

- I **have** already **eaten** lunch.
（私はもう昼食を食べました。）
- **Have** you **seen** that new movie yet?
（あなたはもう あの新しい映画を見ましたか。）

❶ 現在完了形は，**今の段階である動作が終わっていること**を表すとともに，**現在の状況**についても述べる。

He**'s left** for school. （彼は学校へ向けて出発した。）〔→今，家にいない。〕

She**'s changed** a lot. （彼女はずいぶんと変わった。）

説明 She's は She has の，He's は He has の短縮形である。

❷ 完了の意味の現在完了形は，already，yet，just などの副詞とよく用いられる。

Amy has **already** finished her homework.
（エイミーはもう宿題を終えました。）

I have not finished my homework **yet.**
（私はまだ宿題を終えていません。）

Have you finished your homework **yet**?
（あなたはもう宿題を終えましたか。）

比べてみよう

already は**肯定文**に，**yet** は**疑問文**と**否定文**によく用いられる。

	肯定	疑問	否定
《日》	もう	もう	まだ
《英》	already	yet	yet

○ yet の疑問と否定の意味の違いに注意。

確認しよう！

2　次の(　)内の動詞を適当な形に変えて，全文を日本語にしなさい。

❶ The doctor (have) not (arrive) yet.

❷ I've already (do) my homework. I (do) it last night.

解答　❶ has, arrived「その医師はまだ到着していません。」
❷ done, did「私は宿題をもうしました〔すませました〕。私はそれを昨晩しました。」

❸ 日本語と英語の比較

① Mr. Smith **passed** away five years ago.
（スミスさんは５年前に亡くなりました。）

② Mr. Smith **has passed** away.
（スミスさんが亡くなりました。）

日本語と英語の違いを確かめよう

○ 同じ過去の出来事に対して，視点が違う。
①の過去形は，現在とはすでに接点のない過去の出来事を述べている。
②の現在完了形は，過去に起きたことが現在ともつながりのあることとして述べて，現在の結果・状態に注目している。

説明「彼は小説を何編書きましたか。」
① How many novels **did** he **write**?
② How many novels **has** he **written**?
日本語では，書いたのが「過去の一時期」か，それとも「今までに」なのか区別しないで，どちらも「**書いた**」を用いる。
一方英語では，
① 現在を含まない過去の一時期
② 過去のあるときから今までに
を区別し，①には**過去形**，②には**現在完了形**を使う。上の①の英文は夏目漱石のような故人の作家に，②の英文は現役の作家に使うとよい。

⚠ここに注意

when で始まる疑問文に現在完了形は使わない。
(○) When **did** he **come**?
(×) When has he come?
「**いつ来たか**」と，**来た時点**（**過去の特定時点**）を尋ねるのだから，「今までに」を表す現在完了形は不可。

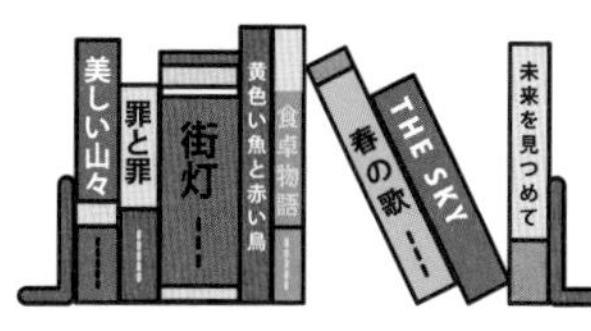

確認しよう!

3 次の( )内から適当なものを選びなさい。

❶ Our train (arrived, has arrived). Let's go.

❷ The train (arrived, has arrived) at six in the morning.

解答 ❶ has arrived ❷ arrived

誤りに気をつけよう

「エイミーはその小説をまだ読んでいません。」

Amy ~~is~~ not read the novel yet.
→has に換える。

○read を過去分詞(かこぶんし) [red] と正しく発音しているか。
○現在完了形(げんざいかんりょうけい)は「have〔has〕+過去分詞」。Amy は 3 人称単数(にんしょうたんすう)。

Exercises

❶ 次の動詞(どうし)の過去分詞形(かこぶんしけい)を書きなさい。

(1) arrive (2) be (3) come (4) do

(5) find (6) have (7) know (8) lose

(9) make (10) read (11) stop (12) write

❷ 次の( )内の動詞を現在完了形(げんざいかんりょうけい)にしなさい。

(1) I (find) the key.

(2) Amy and her mother (have) breakfast.

(3) We (do) our homework.

(4) He (lose) my notebook.

3 次の英文を(　)内の指示に従って書き換えなさい。

(1) I have seen Amy this week.　(否定文に)

(2) Amy wrote a letter to her mother.　(疑問文に)

(3) Tom has read the letter.　(疑問文に)

(4) You have seen the doctor.　(疑問文に)

(5) Jane met the teacher yesterday.　(否定文に)

4 次の(　)内から適当なものを選びなさい。

(1) (Have you sent, Did you send) the letter yet?

(2) The train (has arrived, arrived) at six in the morning.

(3) I lost my wallet, but nobody (found, has found) it yet.

(4) John (was, has been) sick last week.

5 次の(　)内の動詞を現在完了形に変えて，指示された英文にしなさい。

(1) I (find) my key yet.　(否定文)

(2) You (have) breakfast.　(疑問文)

(3) You (finish) your homework.　(疑問文)

(4) Tom (lose) the money.　(疑問文)

(5) The bus (arrive) yet.　(否定文)

ヒント

1 規則変化の動詞が 2 つある。

2 3 人称単数の代名詞が主語のときの注意は？

(2) have breakfast「朝食をとる」have の現在完了形は「have〔has〕+ had」。

3 一般動詞の過去形の文も含まれていることに注意。　(4) see the doctor「医者に診てもらう」

(5) meet「会う，出会う」

4 (4) 過去を表す副詞語句のある文では，現在完了形は使わない。

5 (1), (5) は not ～ yet(まだ～ない)の文に。

解答 → p.561

2 現在完了形の表す意味

基本用例

Jane: Mike, have you ever eaten Korean food?

Mike: Yes, I have. Actually, I just ate Korean food last night.

Jane: Really? Where?

Mike: In Seoul. I visited my sister there, and came back this morning. She has lived there for many years.

Jane: Wow, how nice! I've wanted to go there for a long time.

語句 **ever** [évər]「今までに」
Korean [kəríːən]「韓国の」
actually [ǽktʃuəli]「実は」
Seoul [sóul]「ソウル」韓国の首都。

訳し方 J：マイク，今までに韓国料理を食べたことはある？
M：うん，あるよ。実は，昨晩食べたばかりなんだ。
J：本当？ どこで？
M：ソウルでね。そこにいる姉を訪(たず)ねて，今朝帰ってきたんだよ。彼女は長年そこに住んでいるんだよ。
J：まあ，それはすてきね！ そこへはずっと行きたいと思っているのよ。

Points for Study

1 現在までの継続(けいぞく)

(1) be, live, know, want など，**状態・状況(じょうきょう)を表す動詞(どうし)**に多い。

(2) since ～「～以来」，for ～「～の間」，lately「最近」，this week「今週これまでのところ」など，**現在までの期間を示す副詞語句(ふくしごく)**とよく使われる。

2 現在までの経験(けいけん)

(1)「**今までに～したことがある**」の意味を表す。

(2) ever, never, often, many times (「何回も」)など，**回数**を示す副詞語句などとよく使われる。

① 継続用法(現在までの継続を表す)

- She **has lived** there **for** many years.
- I **have wanted** to go there **for** a long time.

継続
「ずっと〜している」

❶ 現在完了形は，ある動作・状態が，**過去のあるときから今まで続いている〔続いていた〕**ことを表す。

John **has lived** here all his life.

(ジョンは生まれたときからずっとここに住んでいる。)

比較 Amy **lived** here all her life. (エイミーは一生ここで暮らした。)
過去形の文では，all her life「一生，生涯」のことを現在とは切り離した**過去のこと**として述べている。つまり，彼女は今は生きていないことの含みがある。しかし，上の John **has lived** 〜の文では，「**今までのところ，彼の生涯ずっと**」ということで，ジョンが今もここに住んでいることを，意味の中に含んでいる。

❷ 現在完了形で継続の意味を表すときの特徴。

① be，live，know，want など，**状態や状況を表す動詞**が多い。

She **has lived** there for many years.

(彼女は長年そこに住んでいます。)

I **have wanted** to go there for a long time.

(私は長い間そこに行きたいと思っています。)

② since 〜，for 〜，lately(最近)など，**期間を表す副詞語句**が付くことが多い。

We've known each other **for a long time.**

(私たちは長い間お互いに知り合いです。)

説明 We've は We have の短縮形。

We've known each other **since** (we were in) elementary school.

(私たちは小学校のときからお互いに知り合いです。)

It has been very cold **lately.**

(最近ずっと非常に寒い。)

❸ 継続の意味に用いられる現在完了形には
①今までそうであり，これからもそうである
②今までそうであったが，もうそうではない
の２つの場合がある。

① It **has been** very cold lately, and it still is. （今なお寒い）
② It **has been** very cold lately, but it's beginning to get warmer.
（だがやっと暖かくなり始めた）

①の場合：**今まで**ずっと寒かったが，**これからも**寒さが続いていきそうである。
②の場合：**今まで**ずっと寒かったが，**今やっと**暖かくなり始め，これからはもう寒くはなさそうである。

It **has been** cold.

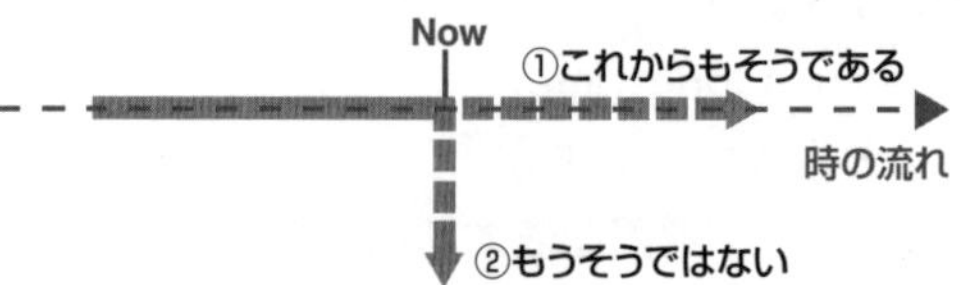

説明　いつも①のような場合ばかりではない。現在完了形が責任を持って表現しているのは，①②に共通の**実線の部分**だけである。

覚えておこう

次の短縮形に注意！
I have → I've
you have → you've
she has → she's
what has → what's
have not → haven't
has not → hasn't
○ She's は She has と She is の両方の短縮形になる。
She's already read it.
(完了形：もう読んだ。)
She's liked by everyone.
(受動態：好かれている。)

確認しよう！

1　**次の(　)に適当な語を入れ，全文を日本語にしなさい。**

❶ John and Amy (　　) been happy (　　) they got married.
❷ My father (　　) (　　) very busy this week.

ヒント　主語の人称・数に注意。
❶ get married で「結婚する」の意味に。

解答　❶ have, since「ジョンとエイミーは結婚して以来ずっと幸せです。」
❷ has, been「父は今週ずっと，とても忙しい〔忙しくしている，忙しかった〕。」

② 経験用法（現在までの経験を表す）

● **Have** you ever **eaten** Korean food?

● I **have** never **met** a famous person.

❶ 現在完了形は，**今までにある事柄を行ったり，ある事柄が起こったりした経験があること**を表す。

How often **have** you **met** her?

（これまでに何回彼女に会いましたか。）

―I **have met** her three times.　（今までに３度会いました。）

❷ 経験を表す現在完了形には，ever，never，before，often，sometimes などの副詞がよく使われる。

I have **never** seen that movie before.

（私は以前にその映画を見たことが一度もありません。）

Have you **ever** seen such a lovely garden?

（こんな美しい庭を今までに見たことがありますか。）

説明　ever は「今までに」の意味で疑問文に用いられる。

確認しよう！

2　**次の英文を日本語にしなさい。**

❶ Amy has visited the place many times.

❷ John has never played golf.

❸ I think some of you have heard this story before.

ヒント　❸ I think (that) ～「～と私は思う」 some of you「あなたたちのうちの幾人か」

解答　❶ エイミーはその場所を何度も訪れたことがある。

❷ ジョンはゴルフをしたことが一度もない。

❸ あなた方の中には，以前にこの話を聞いたことがある人がいると思います。

誤りに気をつけよう

「私は 10 年前から彼を知っています。」

I have known him ~~ten years ago~~.

→for ten years

○ago は過去形といっしょに使う。

Exercises

1　次の語の中から適当なものを選び，下の文中の(　)に入れなさい。

already	ever	never	before	since

(1) Have you (　　　) seen Mt. Fuji?

(2) I have known him (　　　) I was a child.

(3) Tom and Mark have (　　　) seen such a brave person.

(4) Have you met him (　　　)?

(5) It's only eleven o'clock, but Amy has (　　　) eaten lunch.

2　次の下線部の短縮形 -'s は is か has か，答えなさい。

(1) What's Amy doing?　—She's doing her homework.

(2) Amy's just done it.　She's free now.

(3) Amy's been very kind to everybody.　She's liked by all her classmates.

(4) What's happened?　Amy's not arrived yet.

3　次の語を並べ換えて，意味のとおる英文にしなさい。

(1) has / his / John / lost / money / .

(2) already / done / has / his / homework / Tom / .

(3) Amy / been / has / sick / last / since / Tuesday / .

(4) a / beautiful / have / I / mountain / never / seen / such / .

(5) broken / the / someone / has / window / .

1　(5)「まだ11時ですが，エイミーはもうお昼ご飯を食べてしまいました」の意味の文に。

2　「is＋形容詞」(SVCの文型)，「is＋現在分詞」(進行形)，「is＋過去分詞」(受動態)，「has＋過去分詞」(現在完了形)の4とおりがある。　(4)「何が起こったのだ。エイミーがまだ到着していない」の意味。

解答 → p.562

意味順 Box トレーニング 5

第3編 1 － 2

◆各単元で学んだ英文を，それぞれの日本語に合うように，意味順 Box に英語を入れて完成させましょう。

1 (1) エイミーは彼女の(宿題)をすでに終わらせています。

だれが	する(です)	だれ・なに	どこ	いつ
エイミーは	すでに終わらせています	彼女の(宿題)を		

(2) 私はまだそれを終わらせていません。

だれが	する(です)	だれ・なに	どこ	いつ
私は	終わらせていません	それを		まだ

2 (1) 今までに韓国料理を食べたことはありますか。

玉手箱	だれが	する(です)	だれ・なに	どこ	いつ
～したことはあるの？	あなたは	今までに食べた	韓国料理を		

(2) 彼女は長年そこに住んでいます。

だれが	する(です)	だれ・なに	どこ	いつ
彼女は	住んでいます		そこに	長年

3 注意すべき現在完了形

基本用例

Tom: I've never been abroad. How about you, Mark?
Mark: Me? I've been to many countries.
Tom: Oh, yeah? Which one is your favorite?
Mark: I really like Australia. I went there last year.
Tom: My brother **has been** to Australia too, but I **haven't**.
Mark: You should go sometime. It's a great place!

have been (to)「(〜へ)行ったことがある」
abroad [əbrɔ́:d]「外国へ〔で〕」

T：僕は外国へ行ったことがないんだ。君はどうだい，マーク？
M：僕？ たくさんの国に行ったことがあるよ。
T：へえ，そうなんだ。どの国がいちばんよかった？
M：オーストラリアがとても気に入っているよ。去年行ったんだ。
T：オーストラリアには僕の兄も行ったことがあるんだけど，僕はないんだ。
M：君もいつか行くといいよ。とにかくいいところだよ！

Points for Study

1 現在完了形と副詞語句

(1) 現在完了形は，**現在**に視点を置き，「**今まで(に)**」の時間枠でものを見る。だから，現在から離れた特定の過去を示す副詞語句とは使われない。
(2) **継続・経験・完了**などの意味の違いも，それぞれ動詞の種類や副詞語句の違いによって生じるもので，**絶対的な用法上の違いではない**。

2 be と go の現在完了形

(1)「行ってしまってもうここにはいない」→ **go** の現在完了形
(2)「行ってきたところだ」,「行った〔いた〕ことがある」→ **be** の現在完了形

3 現在完了進行形……今まで**動作が継続している〔していた〕**ことを表す。

現在完了進行形の作り方＝have〔has〕＋been＋-ing

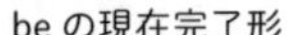

beの現在完了形　　現在分詞

1 現在完了形と副詞語句

- I've known him **since** 1970.　(私は1970年から彼を知っている。)
- The doctor has **not** arrived **yet**.　(医者はまだ着いていない。)

❶ **期間を表す語句**……現在までの**継続**。

I have known him **since 1970.**

Tom has been in hospital **for a week.**

(トムは入院して1週間になる。)

How **long** have you played the guitar?

(あなたはどれくらい長くギターを演奏していますか。)

❷ **ever, never, before や回数を表す語句**……現在までの**経験**。

I have seen the movie **three times.**

(私はその映画を3回見たことがあります。)

How **many times** have you met him?

(あなたは彼に何回会ったことがありますか。)

—I have met him **many times.**

(私は彼に何度も会ったことがあります。)

❸ **already, yet, just**……現在までの**完了**。

I have **already** finished my homework.

(私はもう宿題を終えました。)

Have you found a job **yet**?

(もう仕事は見つかったかい。)

—No, not **yet.**

(いや，まだなんだ。)

覚えておこう

since と for の使い方

❶ **前置詞**

John has been sick **for** three days.

(for＋名詞(句))

John has been sick **since** last Friday.

(since＋名詞(句))

❷ **接続詞**

John has been sick **since** he came here.

(since＋主語＋動詞)

ここに注意

when で始まる疑問文に現在完了形は使わない。

(○) When **did** he **come**?

(×) When has he come?

○「いつ来たか」と，来た**時点**(**過去の特定時点**)を尋ねるのだから，「今までに」を表す現在完了形は不可。

❹ **特定の過去の時点・時期を示す語句**……**過去形**とともに使う。

現在完了形の本質は「**過去のあるときから今まで(に)**」のことを述べるところにある。だから，**特定の過去の時点を示す副詞語句とともに現在完了形を使ってはいけない。**

Amy **ate** lunch an hour **ago.**
（エイミーは1時間前に昼食を食べました。）
Amy has **already** eaten lunch.
（エイミーはもう昼食を食べました。）
× Amy has eaten lunch an hour ago.

説明 ～ **ago** は「～前」と**特定の過去時**を示す。同様に **last** ～も現在からは過ぎ去った過去の時と考えられ，過去形とともに使う。
Amy went downtown **last** Sunday. （エイミーは先週の日曜日に繁華街へ出かけた。）

確認しよう!

1 **次の英文の誤りを直しなさい。**

❶ When have you seen Amy?
❷ Where's Amy?
—I have seen her here a few minutes ago.
❸ I know him since I was a little child.

ヒント 副詞語句にそれぞれ注意する。それに合った動詞の形は何か。
解答 ❶ have you seen → did you see（疑問詞 when は過去形とともに。）
❷ have seen → saw（ago は過去形とともに）
❸ know → have known（since ～は現在完了形とともに。）

② be と go の現在完了形

- Where **have** all the flowers **gone**?
- I **have been** to the movie theater.

意味を考えて使い分ける

❶ **go の現在完了形**……「**(行ってしまって)今はもういない**」(結果・完了)の意味に用い，「行ったことがある」(経験)の意味には have been を使う。
come の現在完了形も go の場合と同じである。
My father **has gone** to Tokyo.
（私の父は東京に行ってしまいました。→ここにはいません。）
My brother **has been** to Australia.
（私の兄はオーストラリアに行ったことがあります。）
Spring **has come.** （春が来た。→今，春です。）

❷ be の現在完了形

①「行ったことがある」,「来たことがある」

Amy **has** never **been** abroad.
（エイミーは外国に行ったことがない。）

How many times **have** you **been** here?
（ここに何回来たことがありますか。）

②「行ってきたところだ」

Tom **has** just **been** to the library.
（トムはちょうど図書館に行ってきたところです。）

⚠ここに注意

「行った〔来た〕ことがある」
「行ってきたところだ」
には **be の現在完了形**を！
have〔has〕gone は「行ってしまってもういない」。
have〔has〕come は「もう来てここにいる」の意味。

確認しよう!

2 **動詞**(どうし)**の現在完了形を使って,（　）に適当な語を入れなさい。**

❶ I (　　) never (　　) (　　) that restaurant.
（私はあのレストランに行ったことがない。）

❷ Christmas (　　) (　　)!
（クリスマスがやってきた。）

❸ Where (　　) all the children (　　)?
（子どもたちはみんなどこへ行ってしまったの。）

ヒント　go, come, be の現在完了形がそれぞれ入る。have / has にも注意。

解答　❶ have, been, to　❷ has, come　❸ have, gone

3 現在完了進行形

- I **have been writing** letters since this morning.
- It **has been raining** non-stop for three days.

❶ 現在完了進行形(げんざいかんりょうしんこうけい)の作り方

have〔has〕+ been + ***doing***
（have〔has〕+ been：be の現在完了形／*doing*：現在分詞）

JUMP! pp.150-155

❷ **現在完了進行形の意味**……今までずっと**動作が継続している〔継続していた〕こと**を表す。

I'**ve been writing** letters since then.
（そのときからずっと手紙を書いている。）

It'**s been raining** non-stop for three days.
（3日間，絶え間なく雨が降り続いている。）

比べてみよう

I **have been writing** letters since this morning.（継続）
I have just written this letter.（完了）
動作を表す動詞は現在完了形では継続の意味を出せないので，現在完了進行形が必要になる。

❸ **現在進行形との違い**

①現在進行形

I'm waiting.
〔今，過去から未来へ進行中の動作。〕

②現在完了進行形

I've been waiting.
〔**今まで**進行中の動作。〕

説明 現在完了進行形が表現しているのは，②の図の実線部分だけである。
「今からはもう待たない ㋐」のか，
「今からも待ち続ける ㋑」のか，
それは前後の文脈から判断されることで，現在完了形自体はどちらの意味にもなりえる。

㋐ I'm sorry I'm late. **Have** you **been waiting** long?
（遅れて申しわけありません。長い間お待ちになり**ました**か。）

㋑ I'**ve been waiting** for an hour, but he hasn't turned up yet.
（もうこれで1時間も待っ**ている**のに，彼はまだ姿を見せていない。）

確認しよう!

3 **次の（ ）内の動詞を現在完了進行形にしなさい。**

❶ It (rain) since last Sunday.
❷ I (wait) for him for an hour.
❸ Who (sit) in my chair?

解答 ❶ has been raining
❷ have been waiting
❸ has been sitting

誤りに気をつけよう

(1)「彼はいつ来ましたか。」

When ~~has~~ he come?
→did に換える。

○疑問詞の when は過去形と使う。come は過去分詞でなく原形。

(2)「そこへは二度行ったことがある。」

I have ~~gone~~ there twice.
→been

○「行ったことがある」は be の現在完了形で表す。

Exercises

1 次の英文の誤りを直しなさい。

(1) When have you done it?
(2) I have been to Hokkaido two years ago.
(3) Tom has gone to Kyushu three times.
(4) Amy is out. She's been gone to the station to meet Aunt Mary.
(5) All the children have gone out a minute ago.

2 次の各組の英文を，意味の違いがよく分かるように日本語にしなさい。

(1) ㋐ How often have you been here?
　　㋑ How long have you been here?

(2) ㋐ Jane has not gone to Canada.
　　㋑ Jane has never been to Canada.

3 次の日本文を英語にしなさい。

(1) 私は今まで一度も九州に行ったことがありません。
(2) すみませんがエイミーは留守です。彼女は買い物に行ってしまいました。

ヒント
1 副詞語句に注意。現在完了形は 2 つだけ。
(2)(3)(4) be と go の現在完了形の違いは？
2 (1) often と long で経験と継続の違い。
(2) gone と been で結果・完了と経験の違い。
3 日本語ではいずれも「行く」だが，英語の動詞は何を使うか。

解答 → p.563

Let's Listen and Talk! ⑤

食事をする ／ 会話をする

1 Kazu がお母さんとホテルで朝食のためのテーブルにつくと，ウェイターが来ました。対話文を見ないで，まず音声を聴(き)きましょう。

(1) もう一度音声を聴き，次の①～④について簡単に答えなさい。

① ウェイターが最初に尋(たず)ねたこと　② Kazu が注文したもの

③ お母さんが注文したもの　④ ウェイターが最後に言ったこと

(2) 次の対話文を見ながら音声を聴き，聴き取れなかったところを確認しましょう。

Server: Your room number, please.
Mother: Forty-five.
Server: Tea or coffee?
Mother: Tea, please.
Kazu: Me, too.
Server: Sure. Any cooked meal?
Kazu: Yes. Bacon and eggs, tomatoes, and mushrooms.
Server: Madam?
Mother: Could I have a boiled egg?
Server: Yes. Soft boiled or hard boiled?
Mother: Well, soft boiled , please. And toast, too.
Server: Sure. Brown or white?
Mother: Mixed, please.
Server: Thank you. Please help yourself to juices and cereals. The buffet table is over there.

語句

cooked meal「調理した温かい(hot)料理」
Soft boiled, or hard boiled? と卵のゆでかげんを尋ねている。
brown は精白しない小麦粉のトーストパンのこと。
Mixed, please.「両方まぜてください。」　**help oneself to ～**「～を自分で取って食べる」
buffet [buféi, búfei] **table** は軽い飲み物やシリアルなどを置いたテーブル。

2 朝食をとっていると，そのレストランに顔見知りのイタリア人が来て，Kazuの向かいの席に座(すわ)ります。どんな会話が交わされるか，まず音声を聴きましょう。

(1) もう一度，今度は下の対話文を見ながら音声を聴き，下線部①～④の英語を聴き取って書きなさい。

(2) 下線部㋐～㋒を日本語に直しなさい。

Mother: Good morning, Mr. ....

Mario: Rossi. Mario Rossi, Mrs. Miura. How are you?

Mother: Very well, thank you. Nice weather, isn't it?

Mario: Yes, it is. Where are you going today, Kazu?

Kazu: This is such a fine day that we're going to Hyde Park and in the afternoon we're visiting the British Museum.

Mario: I have been there several times. How ①＿＿＿＿＿＿＿＿＿＿＿＿＿＿＿ there?

Mother: Three times, I think, but Kazu ②＿＿＿＿＿＿＿＿. This will be his first visit. He's ③＿＿＿＿＿＿＿＿ mummies, although ㋐I rather wish to spend a few hours in the National Gallery.

Mario: I agree with you. The National Gallery ④＿＿＿＿＿＿＿＿＿＿＿＿＿＿＿ the British Museum for me, too. ㋑You should visit it by any means before you leave London.

Mother: I'll try to do so, Mario. ㋒Well, we must be going now. Thank you for your advice.

Mario: Have a nice day, Kazu.

Kazu: Thank you, Mario. See you tomorrow. Bye.

語句

such ～ that ...「非常に～なので…」　several [sévrəl] times「数回」

mummies [mʌ́miz]「ミイラ」　although「～だけれども」

解答 → p.563

4 SVO の文

基本用例

Tom: Who is that man? I don't think I have seen him before. Do you know *who* he is?

Mark: I don't know, either.
I wonder *if* he is a new teacher.

Tom: He must be a new teacher. Let's go and ask Mr. Smith.

語句 **I think (that)** ～「～だと思う」
I wonder ～「～かしらと思う」
who, what, when などの疑問詞(ぎもんし)や，if, whether を伴(ともな)う。
must「～に違(ちが)いない」

訳し方 T：あの男の人はだれだろう。今までに見たことがないと思う。あの男の人がだれだか知ってるかい？
M：僕(ぼく)も知らないね。新任の先生じゃないかな。
T：きっと新任の先生に違いない。スミス先生のところに行って聞いてみよう。

Points for Study

1 **SVO の文型(ぶんけい)** (1) 主語(しゅご)と目的語(もくてきご) (2) 他動詞(たどうし)と自動詞(じどうし)

2 **目的語が that, if, whether で始まる文の場合**……「主語＋述語動詞(じゅつごどうし) ～」の節が目的語になるとき。

3 **目的語が「疑問詞(ぎもんし)＋to *do*」の場合**（発展「～すべきかどうか」は whether で。）

4 **目的語が間接疑問文(かんせつぎもんぶん)の場合**

(1) 疑問詞で始める。（発展 疑問詞のない場合には if か whether で。）

(2) 疑問詞の後の語順は「主語＋述語動詞」（平叙文(へいじょぶん)と同じ。）

5 **時制(じせい)の一致(いっち)**

文の述語動詞が過去形(かこけい)の場合，時制をそれに合わせる。

Amy **didn't know** when they **were** starting.

（エイミーはいつ彼らが出発しようとしているのか知らなかった。）

① SVOの文

- The boy **hit** the ball.　（男の子はボールを打った。）
- The ball **hit** the boy.　（ボールが男の子に当たった。）

❶ だれが何を打ったのか，何がだれに当たったのか……日本語では「だれ〔何〕」が「何」を「どうする〔した〕」の関係を，「は」，「が」，「に」，「を」など，すなわち**助詞**で示す。英語では，文型すなわち**語順**で，その関係を示す。

上の例でいうと，

述語動詞 hit(V)**の前**
　→行為者，すなわち**主語**(S)

述語動詞 hit(V)**の後**
　→受動者，すなわち**目的語**(O)

であることを示す。

> **覚えておこう**
>
> 動詞のすぐ後に目的語の名詞が来ている場合，その動詞は**他動詞**(vt.)，そうでない動詞は**自動詞**(vi.)と呼ばれる。

❷ 他動詞と自動詞

I **saw** the man. / I **looked** at the girl.
S + V + O　/　S + V + 前置詞+名詞

I **heard** the news. / I **listened** to the radio.
S + V + O　/　S + V + 前置詞+名詞

説明　① see と the man，hear と the news の関係は，**語順**で示されている。
② look と the girl，listen と the radio の関係は，それぞれ**前置詞**の at，to によって示されている。語順だけでなく，前置詞の助けを借りている。
③ see，hear は**他動詞**，look，listen は**自動詞**に分類される。

確認しよう!

1　**次の英文で，後からついて行ったのはどちらか。他動詞 follow の使い方に注意して日本語で答えなさい。**

❶ The dog followed Amy.
❷ Amy followed the dog.
❸ Amy was followed by the dog.

ヒント　A follows B. で「AがBの後について行く。」❸ 能動態に直してみる。

解答　❶犬　❷エイミー　❸犬

② 目的語が that, if, whether で始まる場合

- I'm wondering **if he is a new teacher.** 発展
- I don't think **I have seen him before.**

❶ that が導く名詞節が目的語になる場合

He said (**that**) **he was busy.**

He understands (**that**) **he has to finish the report by five.**

I don't think (**that**) **it's a good idea.**

(私はそれがよい考えだとは思いません。)

説明 日本語では「私たちはそれがよい考えではないと思います」とも言うが，英語では普通，文の述語動詞(think)を否定する。

発展 ❷ if, whether が導く名詞節が目的語になる場合

I wonder **if〔whether〕 it will be fine tomorrow.**

Do you know **if〔whether〕 he will come to the party**?

確認しよう！

2 次の語句を並べ換えて，(　)内の日本文に合う英文にしなさい。

❶ us / is / don't / I / he / think / the truth / telling / .
(彼は私たちに本当のことを言っていないと思います。)

❷ fine / I / be / hope / tomorrow / it'll / .
(明日，晴れたらいいなと思います。)

❸ that / is / she / heard / Japan / I / in / .
(私は彼女が日本にいると聞きました。)

❹ he / that / believe / man / we / an / is / honest / .
(私たちは彼が正直な人だと信じています。)

ヒント ❸ I hear だったら「彼女は日本にいるそうですね」という噂話になる。

解答 ❶ I don't think he is telling us the truth.
❷ I hope it'll be fine tomorrow.
❸ I heard that she is in Japan.
❹ We believe that he is an honest man.

③ 目的語が「疑問詞＋to *do*」の場合

● I know **how to solve** the problem.
（私は問題の解き方を知っています。）

● I wonder **who to invite.**
（私はだれを招待したらいいかしら。）

「疑問詞＋to *do*」の意味を思い出そう

❶「**疑問詞**＋**to *do***」は名詞に相当する語句として，動詞の目的語に使われる。

I know **how to solve** the problem.
（私はその問題の解き方を知っています。）

I wonder **who to invite.** （だれを招待したらいいかしら。）

説明 whom は，前置詞の後ろ以外ではほとんど使われなくなった。この用例でも，以前は whom to invite だけが正しいとされていた。

発展 ❷「**〜するかどうか**」のときは「**whether＋to *do***」を使う。

I'm wondering **whether to invite** Amy and Jane.
（エイミーとジェーンを招待すべきかどうか，迷っているのです。）

I don't know **whether to answer** this letter.
（私にはこの手紙に返事を出すべきかどうか分からない。）

確認しよう！

3 次の(　)内の語を並べ換えて，意味のとおる英文にしなさい。

❶ I don't know (to / box / put / the / where).
❷ Did you find out (to / pay / the / when / money)?
❸ I wonder (to / book / which / buy).

ヒント 「疑問詞＋ to *do*」が各動詞の目的語になるようにする。
❸「どちらの本を買うべきか」の意味に。which を名詞の前に置き，形容詞のように使う。

解答 ❶ I don't know where to put the box.
❷ Did you find out when to pay the money?
❸ I wonder which book to buy.

4 目的語が間接疑問文の場合

- Do you know **who that man is**?
  (あなたはその男の人がだれか知っていますか。)
- I wonder **when her birthday is.**
  (彼女の誕生日はいつなのかしら。)

❶ 疑問詞で始まる疑問文が目的語の場合

① **疑問詞**はそのまま先頭に残し,
② 後は「**主語**＋**動詞**」の語順にする。

Do you know **who that man is**?
(あの男性がだれであるか(を)あなたは知っていますか。)

説明 ① 文末の疑問符(?)は Do you know ～? のためであって，who ～ のためではない。
② who 以下が know の目的語として全体の文の一部であることは,
Do you know that man's name? と置き換えられることからも明らか。
③ 独立した疑問文ではないので，語順も主語と動詞を入れ替えないで that man is とする。

ここに注意

❶ Where **does he live**?
❷ Do you know where **he lives**? (＝Do you know his address?)
○ ❶ 普通の疑問文
→**語順入れ替える。**
❷ 目的語になる疑問文(間接疑問文)
→**語順そのまま。**

Have you heard **where he was born**?
→ Have you heard＋Where was he born? と考える。
(彼がどこで生まれたか聞いたことがありますか。)

I wonder **what I will get for Christmas.**
→I wonder ～.＋What will I get for Christmas?
(クリスマスには何がもらえるかしら。)

I know **how he got to the station.**
→I know ～.＋How did he get to the station?
(私には彼がどのようにして駅まで行ったか分かっている。)

発展 ❷ 疑問詞のない疑問文が目的語になる場合

① **if** か **whether** を先頭に置く

② **平叙文**(へいじょぶん)**の語順**にして，文全体の目的語の位置に置く。

I wonder **if he is a new teacher.**

→I wonder ～.＋Is he a new teacher?

（彼は新しい先生かしら。）

I doubt **if it will be fine tomorrow.**

→I doubt ～.＋Will it be fine tomorrow?

（明日(あす)は天気になるかどうか疑わしい。）

I don't know **whether he will stay or leave.**

→I don't know ～.＋Will he stay or leave?

（私は彼が残るのか行くのか知らない。）

> **⚠ここに注意**
>
> **疑問詞のない疑問文が目的語になる場合**
>
> ❶ if か whether を先頭に置いて
>
> ❷ 平叙文の語順に戻し，本文の目的語の位置に置く。
>
> I don't know whether he will stay or leave.
>
> →I don't know ～.＋Will he stay or leave?

説明 whether は whether A or B，whether A or not の形でよく用いられる。

I wonder **whether Tom will come (or not).**

（トムは来るのか来ないのか，どちらかしら。）

確認しよう!

4 次の( )内の語を並(なら)べ換(か)えて，意味のとおる英文にしなさい。

❶ I don't know (is / who / girl / that).

❷ Do you know (goes / that / train / where)?

❸ I wonder (he / in / has / how / been / long / Japan).

ヒント いずれも疑問詞で始まる間接疑問文の例。疑問文の語順にならないように。

解答 ❶ I don't know who that girl is.

❷ Do you know where that train goes?

❸ I wonder how long he has been in Japan.

5 時制の一致

- John **doesn't** know where Amy **is** going.
- John **didn't** know where Amy **was** going.

日本語との違いに注意

❶ 目的語が疑問詞や that などで始まる節の場合，節の中の**動詞の形**は，一般に，
① 文の述語動詞が**現在形**のとき→**現在形**。
② 文の述語動詞が**過去形**のとき→**過去形**。

John **didn't** know ＋
過去 ↑ （現時点から見て）
Where **is** Amy going?
近接未来 ↑ （その過去の時点では）

John **didn't** know where Amy **was** going.
等しく過去 ↑ （現時点から見て）

❷ **日本語との違いに注意**
《英》John **knew** that Amy **was** studying in the library.
《日》エイミーが**図書館で勉強している**のをジョンは**知っていた**。

比べてみよう

❶ 彼女がどこへ行くのか，
彼は {㋐ 知らない。 / ㋑ 知らなかった。}

❷ He {㋐ **doesn't** / ㋑ **didn't**} know where she {㋐ **is** / ㋑ **was**} going.

○ 日本語は**最後の動詞だけ**で区別。
英語は**すべての動詞**で一貫して区別。

確認しよう！

5 **次の英文を過去の文にしなさい。**

❶ She doesn't know what it is.
❷ Do you know where he lives?

解答 ❶ She didn't know what it was.
❷ Did you know where he lived?

誤りに気をつけよう

「彼らがいつ出発しようとしているのか私は知らなかった。」
I didn't know when ~~are~~ they starting?
were に換えて　ここに移す。　．（ピリオド）にする。
○didn't に時制を一致させる。　○間接疑問文の語順は「主語＋動詞」。

JUMP! pp.381-382

Exercises

1 次の( )に適当な曜日の名前を入れなさい。

(1) Monday follows (　　　).
(2) Monday is followed by (　　　).
(3) (　　　) follows Friday.
(4) (　　　) is followed by Friday.

2 次の日本文に合うように，( )に適当な語を入れなさい。

(1) 次に何をしたらよいか知っていますか。
Do you know (　　　) (　　　) (　　　) next?
(2) 私はどの電車に乗ったらよいか分からなかった。
I didn't know (　　　) train (　　　) (　　　).
(3) 彼女がいつ来るか，確信がありません。
I'm not (　　　) (　　　) she's coming.
発展 (4) 彼はそのパーティーに行くかしら。
I (　　　) (　　　) he's going to the party.

3 次の英文を日本語にしなさい。

(1) Many people believed that the earth was flat.
(2) I can't understand what he is saying.
(3) Can you guess where I am from?

4 次の日本文を英語にしなさい。

(1) 私は彼女がどこへ行ってしまったのか知りません。
(2) あなたはあの男の人がだれか知っていますか。

ヒント
2 (1)，(2) は( )の数から，間接疑問文(かんせつぎもんぶん)ではなく「疑問詞(ぎもんし) + to *do*」の形で。
(4) 疑問詞のないときの間接疑問文は？
3 (1) flat [flǽt]「平らな，平坦な」 (3) guess [gés]「推測(すいそく)する，当てる」
4 間接疑問文は語順に注意。 (1)「行ってしまった」は現在完了形(げんざいかんりょうけい)で表す。

解答 → p.564

5 SVOO の文

基本用例

Jane: My friend bought me this camera for my birthday! Isn't it great?

Ken: Oh, how nice! I didn't know it was your birthday. How old did you become?

Jane: Ken, you should never ask a woman such a question!

Ken: Sorry, you're right. Anyway, thank you for showing it to me. Can I try it?

Jane: No problem. I'll teach you how to use it.

語句 **you should never ～**「決して～すべきではない，決して～するな」
anyway [éniwèi]「とにかく」
thank you for -ing「～してくれてありがとう」

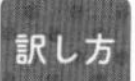

訳し方 J：私の友達が誕生日にカメラを買ってくれたの。すごくない？
K：わあ，いいね！ 君の誕生日だったことを知らなかったよ。いくつになったのか聞いてもいいかな？
J：ケン，女性にそんな質問をするものじゃないわ！
K：ごめん，そうだね。とにかくそれを見せてくれてありがとう。使ってみてもいい？
J：いいわ。使い方を教えてあげる。

Points for Study

1 間接目的語と直接目的語
(1) SVO の文型
(2) SVO＋to〔for〕＋名詞

2 直接目的語が名詞句・名詞節の場合……節は that や疑問詞で始まる。

JUMP! p.242

1 間接目的語と直接目的語

● My friend bought **me** this camera.
● Thank you for showing it **to me.**

2つの目的語の語順に注意

❶ **SVOO の文型**……動詞 give, teach, tell, ask, show, buy, make などを用いて，その後に2つの目的語を「～に」(人など)と「…を」(物など)をこの順序で続け，「～に…を一する」の意味を表す文を，**SVOO の文型**という。

覚えておこう
目的語に2種類あり
「～に」(人など)のOを**間接目的語**，「…を」(物など)のOを**直接目的語**という。

❷ **SVO の文型との関係**……間接目的語「～に」(人など)を，直接目的語「…を」(物など)の後に示すこともできる。この場合，後ろに示す間接目的語の前に前置詞 **to** または **for** を付ける。
SVOO ⇄ SVO＋**to**〔**for**〕＋名詞

I showed **her** those pictures.〔SVOO〕
I showed them **to my English teacher.**
〔SVO＋to＋名詞〕

I made **her** a chocolate cake.〔SVOO〕
I made a dress **for my little sister.**
〔SVO＋for＋名詞〕

「SVO＋前置詞 to〔for〕＋名詞」で表す場合
①「～に」(人など)のほうを強調したいとき
②「…を」(物など)が it, them のとき
He gave it **to me.**（彼はそれを私に渡した。）

ここに注意
buy(買う)と **make**(作る)は，間接目的語を「前置詞＋名詞」の形にすると，「**for**＋名詞」になる。

確認しよう！

1 **次の語を並べ換えて，意味のとおる英文にしなさい。**

❶ her / him / she / showed / pictures / .
❷ her / her / ask / name / .

解答 ❶ She showed him her pictures.
❷ Ask her her name.

② 直接目的語が名詞句・名詞節の場合

- Can I ask you **how old you are**?
- I'll teach you **how to use it.**

疑問詞の意味をよく考えよう

❶ that で導かれる文の場合

My mother taught me **that health is the most important thing.**
（母は私に健康こそがいちばん大切だと教えてくれた。）

I told Amy **that she was mistaken.**
（I said to Amy, "You're mistaken."）
（私はエイミーに，勘違(かんちが)いをしているよと伝えた。）

説明　人称代名詞(にんしょうだいめいし)と動詞(どうし)の時制(じせい)が，**I told Amy** に合わせて **she was** に変えられていることに注意。JUMP! pp.310，381-382

❷「疑問詞(ぎもんし)＋to *do*」の場合

Can you show me **how to play chess**?
（チェスのしかたを私に教えてくれませんか。）

I told Amy **which book to read.**
（私はエイミーにどの本を読んだらよいか教えてあげた。）

❸ 間接疑問文(かんせつぎもんぶん)の場合

Let's ask him **how many hours he studies every day.**
（彼が毎日何時間勉強しているか聞いてみましょう。）

Tom told me **where I could see Jane.**
（トムは私に，どこでジェーンに会えるか教えてくれた。）

確認しよう！

2　**次の日本文に合うように，（　）に適当な語を入れなさい。**

❶エイミーは私に「あなたが間違(まちが)っている」と言った。
Amy (　　　) me that (　　　) was mistaken.

❷エイミーの母は彼女にその食べ物の料理のしかたを教えた。
Amy's mother (　　　) her how (　　　) cook the food.

❸エイミーにどこで生まれたのかを尋(たず)ねなさい。
(　　　) Amy where she (　　　) born.

解答　❶ told，I　❷ showed〔taught，told〕，to　❸ Ask，was

誤りに気をつけよう

(1)「メアリーは自転車を子どもに買ってやった。」

Mary bought a bicycle ~~to~~ her child.　for に換える。

○make と buy は for。

(2)「その男性に駅へ行く道を教えてやった。」

I showed ~~to~~ the man the way to the station.　不要。

○show は SVOO。O が「～に」「…を」の語順のときは，前置詞不要。

Exercises

1 **述語動詞が他動詞である英文はどれか。その動詞と目的語を指摘しなさい。**

(1) Amy moved the car slowly.

(2) The car moved slowly.

(3) Tom will return home soon.

(4) Amy returned the book to me yesterday.

(5) Who is knocking on the door?

2 **次の下線部を文の最後に置いて，全文を書き直しなさい。**

(1) She bought <u>her three children</u> some candy.

(2) I sent <u>a birthday present</u> to her.

(3) I gave <u>Amy</u> some flowers.

3 **次の英文を日本語にしなさい。**

(1) Henry taught his son that love is important.

(2) Mary showed her daughter how to cook.

(3) Please tell me who you are going to invite to the party.

ヒント

1 動詞のすぐ後に名詞があるのは？

3 (3) who は invite の目的語にあたる。

解答 → p.565

意味順 Box トレーニング 6

第3編 3 − 5

◆各単元で学んだ英文を，それぞれの日本語に合うように，意味順 Box に英語を入れて完成させましょう。

3 (1) 私は外国に一度も行ったことがない。

だれが	する(です)	だれ・なに	どこ	いつ
私は	(一度も)行ったことがない		外国に	

(2) 私はたくさんの国に行ったことがあります。

だれが	する(です)	だれ・なに	どこ	いつ
私は	行ったことがあります		たくさんの国に	

(3) 私の兄はオーストラリアに行ったことがあります。

だれが	する(です)	だれ・なに	どこ	いつ
私の兄は	行ったことがあります		オーストラリアに	

4 (1) 私は彼を以前に見たことがないと思います。

玉手箱	だれが	する(です)	だれ・なに	どこ	いつ
	私は	〜ないように思う			
(〜ということを)	私は	見たことがある	彼を		以前に

(2) 私は彼は新任の先生じゃないかなと思います。

玉手箱	だれが	する(です)	だれ・なに	どこ	いつ
	私は	～(かしら)と思う			
～かどうか	彼は	です	新任の先生		

5 (1) 私の友達は私の誕生日にこのカメラを買ってくれました。

玉手箱	だれが	する(です)	だれ・なに	どこ	いつ
	私の友達は	買ってくれた	私にこのカメラを		
私の誕生日のために					

(2) あなたは女性にそんな質問を尋ねるべきではありません。

だれが	する(です)	だれ・なに	どこ	いつ
あなたは	尋ねるべきではない	女性にそんな質問を		

(3) 私があなたにそれの使い方を教えます。

だれが	する(です)	だれ・なに	どこ	いつ
私が	教えます	あなたにそれの使い方を		

Let's Read and Sing! ③

Long, Long Ago

♬ 次の歌はトマス・ヘインズ・ベイリー(1797-1839)という人の作で，日本では「久しき昔」という名で知られています。意味を考え，音声を聴いて朗読しましょう。

Tell me the tales that to me were so dear,
Long, long ago, long, long ago ;
Sing me the songs I delighted to hear,
Long, long ago, long ago.
Now you are come, all my grief is removed,
Let me forget that so long you have roved,
Let me believe that you love as you loved,
Long, long ago, long ago.

語句 **tale** [téil]「お話，物語」　**dear** [díər] **to** ～「～にとって親しい，大切な」
the tales that ... were so dear「たいへん親しかったお話」that は関係代名詞。「お話一私にとって一親しかった」と続く。 JUMP! p.352
delight [diláit] **to** ***do***「～することを喜ぶ」
the songs I delighted to hear「私が聞くのを喜んだ歌」the songs の後に目的格の関係代名詞が省略されていると考える。「歌一私が聞くのを喜んだ」と続く。
JUMP! p.358-359
are come「帰って来て今ここにいる」古い現在完了形で have come と同じ。
grief [grí:f]「悲しみ」　**remove** [rimú:v]「取り除く」
forget [fərgét]「忘れる」　**rove** [róuv]「さまよう，放浪する」

注意 歌うときは，the tales that to me は [ざ テイる ざッ テゥ ミー] のように，続けて発音するとよい。delighted to hear も [ディらイテッ テゥ ヒア] のように，that you love as you loved も [ざッ チュー らヴぁ ズュー らヴド] のようにするとよい。1 語 1 語区切って発音していては歌にならない。

⑴ 強弱のリズムを誇張した朗読をよく聴き，次の例を参考にして，この詩の強弱のリズムを確かめましょう。

Now you are **come**, all my **grief** is re-**moved** — —,
Let me for-**get** that so **long** you have **roved** — —,

⑵ この歌の詩が，どのようなリズムで，どのような構成になっているか考えて，次の①～③の文中の(　　)内に適当な単語，文字，数字，記号を入れなさい。

① 各行は，これまでの歌のような 2 音節の「強－弱のリズム」(— —)が基本単位ではなく，(　㋐　)音節の「(　㋑　)(　㋒　)(　㋓　)のリズム」(— — —)が基本になっている。

② そして，このリズムが各行で(　㋐　)回繰り返されている。(ただし，4 行目と 8 行目は 3 回。)

③ また，1 行目の最後の単語(　㋐　)と，(　㋑　)行目の最後の単語(　㋒　)が韻を踏んでいる。
　5 行目と(　㋓　)行目と(　㋔　)行目の最後の単語，(　㋕　)と(　㋖　)と(　㋗　)も，母音の発音はそれぞれやや違うが，韻を踏んでいる。

④ 強弱のリズムを誇張した朗読をもう一度聴き，⑴の例にならって，その他の行にも強弱の記号をつけなさい。

⑶ 音声を何度も聴いて，この詩を声に出して朗読し，徐々にメロディーをつけ，音声といっしょに歌いましょう。

⑷ 歌詞は覚えられましたか。
次の(　)内に，もとの歌詞の単語を書きなさい。

Now you are (　①　), all my (　②　) is removed,
Let me (　③　) that so (　④　) you (　⑤　) roved,
Let me (　⑥　) that you (　⑦　) as you (　⑧　),
Long, long ago, long ago.

解答 → p.566

6 SVOCの文

基本用例

This is my dog. His name is Buddy, but I call him Bud. I saw him playing in the pet shop, and decided to make him my pet. He makes me very happy. This summer, I made him a new dog house.

語句 **call** [kɔ́:l]（動）「＋名＋名」の語順で「～を…と呼ぶ」
make [méik]「＋名＋形〔名〕」の語順で「～を…にする」

訳し方 これは私の犬です。名前はバディですが，私はバドと呼んでいます。私はこの犬がペットショップで遊んでいるのを見て，私のペットにしようと決めました。バドは私をとても幸せにしてくれます。この夏，私はバドに新しい犬小屋を作ってあげました。

Points for Study

1 目的格補語(もくてきかくほご)が名詞(めいし)の場合

(1) この文型(ぶんけい)をとる主な動詞(どうし)……name，call，elect，make など。

(2) SVOO と SVOC の見分け方

〈SVOO〉 I made **her a fruit cake.**〔her≠a fruit cake.〕

〈SVOC〉 She has made **me a better person.**〔me＝a better person〕

2 目的格補語が形容詞(けいようし)の場合

The news made **her very sad.**（その知らせは彼女をひどく悲しませた。）

発展 **3 目的格補語が動詞の原形(げんけい)の場合**……S＋V＋O＋*do*

I saw **him cross** the road.（彼**が**道路を渡**るのを**見た。）

発展 **4 目的格補語が現在分詞(げんざいぶんし)または過去分詞(かこぶんし)の場合**……S＋V＋O＋*doing*〔*done*〕

I saw **him crossing** the road.（彼**が**道路を渡っ**ているの**を見た。）

I had **my bag stolen** from my car.（私は**バッグを**車から**盗まれた**。）

① 目的格補語が名詞の場合

- I call **him Bud.** （私は彼のことをバドと呼びます。） 文型の違いに注意
- I made **him my pet.** （私は彼をペットにしました。）

❶ **目的格補語**……述語動詞の後に名詞(句)が２つ続いていても，SVOO の文型ではなく，その２つの名詞(句)の間に意味のうえで **S(V)C** の関係が見られる場合がある。

They call **the baby Betty.** (SVOC)
（彼らはその赤ちゃんをベティと呼びます。）
〔→**The baby** is **Betty.** (SVC)〕

People elected **the woman leader of the group.**
（人々はその女性を団体のリーダーに選んだ。）
〔→**The woman** is **the leader of the group.**〕

説明 補語に役職名がくる場合，通例無冠詞。

後の名詞(補語)は，前の名詞(目的語)が何であるかを示している。この補語を**目的格補語**と呼び，このような文を特に **SVOC の文型**という。

❷ **名詞を目的格補語にとる動詞**……call，name，elect [ilékt]（～を…に選ぶ），make（～を…にする）など。

They **call** Osaka “the kitchen of Japan”.
（みんなが大阪を「日本の台所」と呼んだ。）
〔→Osaka is “the kitchen of Japan”.〕

They **made** him president.
（彼らは彼を社長にした。）
〔→He is president.〕

覚えておこう

基本５文型

SV, SVC → **目的語なし** →**自動詞**

SVO, SVOO, SVOC → **目的語あり** →**他動詞**

❸ **SVOO の文型と SVOC の文型**

① We made **Mark a model plane.**
（マークに模型の飛行機を作ってやった。）
〔Mark ≠ a model plane〕

② We made **Mark a member of our team.**
（私たちはマークをチームの一員にした。）
〔Mark ＝ a member of our team〕

ここに注意

SVO_1O_2 か SVOC か？

❶ $O_1 \neq O_2$

❷ O ＝C

導入編 / 第①編 初級 / 第②編 中級 / 第③編 上級 / 第④編 コミュニケーション・表現 / 第⑤編 語い・文法 / 第⑥編 高校入試対策 / 解答編 / 重要項目索引

確認しよう!

1 次の語句を並べ換えて意味のとおる英文を作り，全文を日本語にしなさい。

❶ a / made / doll house / her / Mary / .

❷ made / Bill / team / captain / the / .

❸ do / you / what / call / in English / this animal / ?

❹ baby / we / Heather / will / our / name / .

ヒント ❸「英語では何と言いますか」の意味。目的格補語は疑問代名詞の what。

解答 ❶ Mary made her a doll house.
(メアリーは彼女に人形の家を作ってあげた。)
❷ The team made Bill captain.
(そのチームはビルをキャプテンにした。)
❸ What do you call this animal in English?
(この動物を英語で何と呼んでいますか。)
❹ We will name our baby Heather.
(私たちは赤ちゃんにヘザーと名付けるつもりです。)

2 目的格補語が形容詞の場合

● My dog makes **me very happy.** (私の犬は私をとても幸せにしてくれます。)

❶ 目的語の後に**形容詞**が来ていて，それが目的語の名詞の状態を説明している場合も，**SVOC の文型**である。

That letter made **Amy sad.** 〔→Amy was sad.〕
(その手紙はエイミーを悲しませた。
＝その手紙でエイミーは悲しくなった。)

❷ **形容詞を目的格補語にとる動詞**

I always **keep** the room clean.
(私はいつも部屋をきれいにしています。)

He **found** the box empty.
(彼は箱が空っぽであるのが分かった。)

Please **leave** the door open. (ドアを開けたままにしておいてください。)

Did you **get** the meal ready? (食事の用意はできましたか。)

確認しよう!

2 次の( )内の語を並べ換えて，意味のとおる英文にしなさい。

❶ It's cold. Please don't (the / open / door / leave).

❷ I found (the / too / question / difficult for me).

❸ What (so / her / made / happy)?

❹ Eating too much (sick / him / very / made).

ヒント いずれも SVOC の文型で C が形容詞の場合。
❸ 疑問詞が主語になっている。

解答 ❶ Please don't leave the door open.
❷ I found the question too difficult for me.
❸ What made her so happy?
❹ Eating too much made him very sick.

発展 3 目的格補語が動詞の原形の場合

● I saw **the train cross** the bridge.
(私は電車がその橋を渡るのが見えた。)

● The teacher made **the students stand** up.
(先生は生徒たちを立ち上がらせた。)

SVOC の文ではいろいろな動詞が使われる

○ 動詞の原形を目的格補語にとる主な動詞

① **see, hear, feel, watch** などの知覚動詞

I **saw** him steal the wallet.
(私は彼が財布を盗むのを見た。)
〔→He stole the wallet.〕

I **felt** the earth shake.
(大地が揺れるのを感じた。)
〔→The earth shook.〕

Amy **watched** her son climb the tree.
(エイミーは息子が木に登るのを見守った。)
〔→Her son climbed the tree.〕

説明 listen to ～, look at ～ なども，この文型の述語動詞として用いられる。

② make, let, have などの使役動詞

My friends **made** me wait for a long time.

（友人たちは私を長時間待たせた。）

〔→I waited for a long time.〕

Please **let** me go with you.

（どうか私もいっしょに行かせてください。）

〔→I want to go with you.〕

I'm going to **have** the dentist check my teeth.

（私は歯医者に歯を診てもらうつもりです。）

〔→The dentist will check my teeth.〕

説明 **have** は「**～に…させる，される，してもらう**」の意味で用いられる。

make, let, have の違い

make A *do*：A に無理に～させる（強制）

let A *do*：A に～させてやる（許可）

have A *do*：A に～してもらう（職務や指示・命令としてさせるという意味，よって，目上の人には用いられない。）

③ help

Amy **helped** me cook.

（エイミーは私が料理するのを手伝ってくれた。）

注意 Amy helped me **to** cook. のように，**to** を伴った不定詞を用いることもある。

確認しよう！

3 次の日本文に合うように，（　）内の語句を並べ換えなさい。

❶ 彼をここへ来させてください。

(him / here / come / make).

発展 ❷ 彼がそのビルに入るのを見た者はだれもいなかった。

(enter / no one / the / saw / building / him).

❸ あなたのご両親はあなたがコンサートに行くのを許してくれますか。

(to / your / let / go / the / you / will / concert / parents)?

ヒント ❶ 使役の命令文。

❷「だれも…するのを見なかった」と考える。

解答 ❶ Make him come here.

❷ No one saw him enter the building.

❸ Will your parents let you go to the concert?

発展 4 目的格補語が現在分詞または過去分詞の場合

● I saw **the dog playing** in the pet shop.
（私はペットショップでその犬が遊んでいるのを見た。）

● I had **my bag stolen** from the car.
（私は車からカバンを盗まれた。）

意味の違いを考えてみよう

語句 **stolen** [stóulən]　steal [stíːl]（〜を盗む）の過去分詞形

❶ 現在分詞を目的格補語にとる主な動詞

① **see, hear, feel, watch などの知覚動詞**

I **saw** the train moving slowly.
（列車がゆっくりと動いていくのを見た。）
〔→The train was moving slowly.〕

I **heard** Amy singing alone.
（エイミーが一人で歌っているのが聞こえた。）
〔→Amy was singing alone.〕

We **listened to** the announcer reporting the accident.（私たちはアナウンサーがその事故の報道をしているのに聞き入った。）

説明 look at 〜 もこの文型の述語動詞として使うことができる。

比べてみよう

原形と現在分詞

❶ I saw him **cross** the street.
（**渡る**のを見た）

❷ I saw him **crossing** the street.
（**渡っている**のを見た）

○ ❶ まとまった**ひとつの動作**（渡り終わる）。
❷ **動作の過程**（渡り終わっていない）。

② **keep, find, leave など**

John **kept** me waiting for an hour. （ジョンは私を 1 時間待たせた。）
〔→I was waiting for an hour.〕

Amy **found** her cat sleeping in the box.
（エイミーはネコが箱の中で眠っているのを見つけた。）
〔→Her cat was sleeping in the box.〕

❷ 過去分詞を目的格補語にとる主な動詞

① **see, hear, feel, watch などの知覚動詞**

I **heard** my name called. （私の名前が呼ばれるのが聞こえた。）

I **saw** my hat blown away by the wind.
（私は帽子を風で飛ばされるのが見えた。）

② **have, make** などの使役動詞(しえきどうし)

I **have** my hair cut every month.

(私は毎月髪を切ってもらいます。)

〔→My hair is cut every month.〕

I **had** my bag stolen from the car. (私は車からバッグを盗まれた。)

〔→My bag was stolen from the car.〕

③ **keep, leave, find** など

You must **keep** this door locked.

(このドアはかぎをかけたままにしておかないといけません。)

He **left** the door locked.

(彼はドアにかぎをかけたままにしておいた。)

確認しよう!

4 次の語句を並(なら)べ換(か)えて,( )内の日本文に合う英文にしなさい。

❶ me / they / left / outside / waiting / .

(彼らは私を外で待たせたままにしておいた。)

❷ something / smell / can / burning / I / .

(何かが燃えているにおいがするよ。)

❸ make / understood / cannot / in Spanish / myself / I / .

(スペイン語では私は自分の言いたいことが言えません。)

ヒント ❷ smell「(〜が…している)においがする」

❸ understood は understand の過去分詞。

解答 ❶ They left me waiting outside.

❷ I can smell something burning.

❸ I cannot make myself understood in Spanish.

誤りに気をつけよう

「日本語ではこの花をどう呼びますか。」

~~How~~ do you call this flower ~~with~~ Japanese?

↳What に換える。 ↳in に換える。

○「どう＝何と」。call の目的格補語(もくてきかくほご)にあたる,疑問代名詞(ぎもんだいめいし)の what にする。

○How は副詞(ふくし)。

Exercises

1 次の語の中から適当なものを選び，下の文中の(　)に入れなさい。

〔call, kept, made, named, elected〕

(1) Amy (　　　) the cat Tom.
(2) We (　　　) John leader of our club.
(3) They (　　　) the room warm.
(4) What do you (　　　) these flowers in Japanese?
(5) The teacher (　　　) him repeat the sentence.

2 次の各組の英文を，意味の違い(ちが)がよく分かるように日本語にしなさい。

(1) ㋐ Amy made him tea.
　　㋑ We made him leader.
(2) ㋐ Tom found an interesting book on the table.
　　㋑ Tom found the book on the table interesting.
発展 (3) ㋐ Mark kept waiting.
　　㋑ Mark kept me waiting.

3 次の英文を日本語にしなさい。

発展 (1) We felt the ground shaking.
発展 (2) I heard people say that John is a good singer.
発展 (3) We listened to the band playing a song.
(4) The news made everyone sad.
発展 (5) It is better to leave it unsaid.

ヒント

1 (2) leader「リーダー」 (4) do you の後だから動詞(どうし)は原形(げんけい)。 (5) repeat「繰(く)り返(かえ)して言う」

2 (1)〜(3) をとおして，㋑の文はいずれも SVOC の文型(ぶんけい)。 (1) ㋐「〜に…をいれる」。SVOO の make.
(3) waiting していたのは，㋐ではだれか，また㋑では？　keep *doing*「〜し続ける」

3 (3) listen to 〜 の SVOC の例。 (5) unsaid「言われない」

解答 → p.566

7 形容詞と現在分詞・過去分詞

基本用例

Amy: I'm **bored**. Do you know any **interesting** games?

Jane: Well, we can play "hide-and-seek."

Amy: How do you play it?

Jane: There are people **hiding** in the room, and you have to find them.

Amy: Wow! That sounds **exciting**.

Jane: Yes, it's a really **well-known** game in my country.

語句 **bored** [bɔ́:rd]「退屈(たいくつ)した，うんざりした」
hide [háid]「隠れる」
hide-and-seek [háidənsí:k]「かくれんぼ」
exciting [iksáitiŋ]「興奮した，わくわくした」
well-known [wélnóun]「有名な，周知の」

訳し方 A：退屈だわ。何かおもしろい遊びを知らない？
J：ええと，「かくれんぼ」ができるわね。
A：どうやって遊ぶの？
J：部屋(へや)に隠れている人がいて，その隠れている人を見つけないといけないの。
A：わあ！ わくわくするわね。
J：そうよ。私の国ではとても有名な遊びなの。

Points for Study

1 形容詞(けいようし)の2つの用法

(1) 修飾語(しゅうしょくご)として **beautiful** *roses* （名詞(めいし)の前に置く。）
(2) 補語(ほご)として *Roses* are **beautiful.** （名詞よりも後に置く。）

2 形容詞として使われる分詞(ぶんし)……分詞は本来，**動詞(どうし)に形容詞の働きをさせるときの形**である。
不定詞(ふていし)にも，形容詞の働きをする場合があったことに注意。
(1) 現在分詞(げんざいぶんし) an **exciting** *game* （名詞との関係は能動的(のうどうてき)。）
(2) 過去分詞(かこぶんし) **excited** *boys* （名詞との関係は受動的(じゅどうてき)。）

1 形容詞の 2 つの用法

● I can see **beautiful** *roses* in the vase.
● Those *roses* are **beautiful**.

形容詞の使い方を正しく理解しよう

❶ ① 名詞の前に置いて修飾し，その名詞の性質として限定する。(限定的用法)
I can see **beautiful** roses over there.
(向こうに美しいバラが見えます。)
Look at the **empty** box. (その空っぽの箱を見なさい。)
② 名詞よりも後に置いて，名詞に説明を加える。(補語／叙述的用法)
Those roses are **beautiful**. (あのバラは美しい。)

❷ **英語の形容詞の 2 つの用法**
① **名詞の前**に置いて修飾し限定する→**修飾語**(限定用法)
the **empty** *box* (空の箱)
② **名詞よりも後**に置いて説明を加える→**補語**(叙述的用法)
〔SVC〕 The *box* was **empty**. (箱は空だった。)
〔SVOC〕 They found the *box* **empty**.
(箱が空なのが分かった。)

説明 形容詞が**名詞よりも後ろ**に置かれる場合。
① 形容詞の後に語句を伴うとき
a glass **full of water** (水がいっぱい入ったコップ)
② something, anything, nothing, someone など
something **new** (何か新しいもの)

確認しよう!

1 **次の( )内の語を並べ換えて，意味のとおる英文にしなさい。**

❶ I take (a / every / train / morning / crowded).
❷ I found (of / a / money / full / wallet).
❸ (very / someone / was / tall) waiting for him.

ヒント ❶「満員電車」 ❷「お金でいっぱいの財布」

解答 ❶ I take a crowded train every morning.
❷ I found a wallet full of money.
❸ Someone very tall was waiting for him.

② 形容詞として使われる分詞

● It was an **exciting** *game*.
（それは熱狂させる試合だった。）

● The *game* was **exciting**.
（その試合は熱狂させた。）

分詞は形容詞と同じ働きをする

❶ 動詞から変化した**分詞**の形（現在分詞か過去分詞）は，名詞を形容することができる。分詞は，**動詞の性質を持ちながら形容詞の働きをする。**

① 名詞の前に置いて**修飾**する。

It was an **exciting** *game*.
（それは熱狂させる試合だった。）

The **excited** *boys* shouted and cheered.
（興奮した少年たちが叫び，声援を送った。）

説明 interesting や tired のように，形の上では動詞の現在分詞・過去分詞であるが，品詞としては形容詞として扱われているものが多い。

② **補語**として，主語や目的語について説明する。

The *game* was **exciting**. The *boys* were all **excited**.
（その試合は熱狂させた。少年たちは全員，興奮していた。）

The boys found the *game* really **exciting**.
（本当にこの試合は熱狂させると少年たちは思った。）

説明 「be 動詞＋現在分詞」は進行形と，「be 動詞＋過去分詞」は受動態と同じ形なので，**SVC の文型**か，それとも**進行形**または**受動態**の文なのか，判断しにくい場合がある。また上の①と同じく，分詞が補語の場合も，独立した形容詞として扱うと理解しやすい。

> **覚えておこう**
>
> **-ing 形の働き**
>
> ❶ be 動詞と用いて**進行形**。
> Amy was **running**.
>
> ❷ 名詞の働きの**動名詞**。
> **Running** is good exercise.
> （走るのはよい運動だ。）
>
> ❸ 形容詞の働きの**現在分詞**。
> **running** *water*
> （流れている水）

❷ 現在分詞による名詞の修飾

（文）その猫(ねこ)は**眠っている**。

The cat **is sleeping.**
「be 動詞＋現在分詞」で進行形

（句）**眠っている**猫

the **sleeping** cat
名詞を修飾

説明　上のように，「**現在分詞＋名詞**」では，名詞と現在分詞の間に**能動的な関係**(のうどう)がみられる。

All the **missing** *children* were found.
（行方不明(ゆくえふめい)だった子どもたちは全員発見された。）
〔→ All the children *were missing*.〕

I was awakened by a **barking** *dog*.
（犬のほえる声で目が覚(さ)めた。←ほえている犬によって目覚めさせられた。）
〔→ A dog *was barking*.〕

❸ 過去分詞による名詞の修飾

（文）英語が**話されている**。

English **is spoken.**
「be 動詞＋過去分詞」で受動態

（句）**話される**英語

spoken English
名詞を修飾

説明　上のように，「**過去分詞＋名詞**」では，名詞と過去分詞の間に**受動的な関係**がみられる。

John looked for his **lost** *jacket*.
（ジョンはなくしたジャケットをさがした。）
〔→ John lost his jacket. / His jacket was lost.〕

The **broken** *window* was changed.
（割れた窓が交換された。）
〔→ Someone broke the window. / The window *was broken*.〕

確認しよう!

2 日本語の意味を参照し，[ ]内から適当な語を選んで(　)に入れなさい。

boiled	coming	developing	following
developed	lost	printed	rising
setting	written	well-known	loving

語句 **develop** [divéləp]「発展する」

❶ a (　　) family　(愛情に満ちた家族)
❷ (　　) children　(迷子)
❸ (　　) countries　(発展途上国)
❹ the (　　) sun　(夕日)
❺ (　　) countries　(先進国)
❻ a (　　) test　(筆記試験)
❼ the (　　) day　(翌日)
❽ the (　　) sun　(朝日)
❾ a (　　) writer　(有名な作家)
❿ the (　　) examination　(今度の試験)
⓫ (　　) eggs　(ゆで卵)
⓬ (　　) matter　(印刷物)

ヒント 現在分詞は能動的な関係に，過去分詞は受動的な関係になることに注意。

解答 ❶ a *loving* family ❷ *lost* children ❸ *developing* countries
❹ the *setting* sun ❺ *developed* countries ❻ a *written* test
❼ the *following* day ❽ the *rising* sun ❾ a *well-known* writer
❿ the *coming* examination ⓫ *boiled* eggs ⓬ *printed* matter

誤りに気をつけよう

「私は歴史に興味がある。」

I am ~~interesting~~ ~~to~~ history.
→interested に換える。　in に換える。

○be interested in ～「～に興味がある」

History **interests** me. (歴史は私に興味を持たせる。)

→History is **interesting** to me. / I am **interested** in history.

Exercises

1 次の(　)に動詞 bore(退屈させる)の -ing 形か，-ed 形を入れなさい。

The lesson bored the girls. The lesson was really (　　　). The girls were all (　　　). The (　　　) girls didn't ask any questions. How (　　　) the lesson was! Oh, it was a really (　　　) lesson.

2 次の(　)内の語を適当な形に直しなさい。

(1) The work was (tire). The workers soon became (tire).

(2) The news surprised the people. The people (be) (surprise) at the news. It (be) (surprise) news.

(3) I'm (interest) in your idea. It is an (interest) idea.

(4) The new toys amused the children. They (be) (amuse) with the toys for hours. They found those new toys really (amuse).

3 次の英語のことわざを日本語にしなさい。

(1) Barking dogs seldom bite.

(2) A drowning man will catch at a straw.

(3) Forbidden fruit is sweetest.

(4) A rolling stone gathers no moss.

ヒント

1 boring は「退屈な」(人を退屈させるような)と能動的な，bored は「退屈した」(人が退屈させられた)と受動的な意味をもつ。

2 was の後も become の後も補語。説明する主語との関係で，「～させる(ような)」と「～させられる(ような)」のどちらの意味かを読み取り，-ing 形か -ed 形かを判断する。 (4)最後の文は SVOC の文型。

3 (1) seldom「めったに～ない」 bite「かむ」
(2) drown [dráun]「おぼれる」 straw [strɔ́ː]「わら」
(3) forbidden [fərbídn] forbid(禁止する)の過去分詞形。
(4) roll「転がる」 moss「こけ」

解答 → p.567

8 分詞のさまざまな用法

基本用例

News story: There are two missing children named Brian and Tim. They went jogging in the park after school, but they didn't come home for dinner. Their mother was busy working when they left home. Not knowing where they are, she called the police. The police officers looking for them have not found them yet.

語句 missing [mísiŋ]「行方不明の」
be busy -ing「～するのに忙しい」
police officer [pəlíːs ɔ̀ːfisər]「警察官」

訳し方 ニュース記事：ブライアンとティムという名前の２人の子どもが行方不明です。彼らは放課後，公園にジョギングに行きましたが，夕食の時間になっても帰宅しませんでした。彼らの母親は２人が家を出て行ったとき，忙しく働いていました。彼らがどこにいるか分からなかったので，母親は警察に電話しました。２人を捜索している警察官はまだ彼らを発見できていません。

Points for Study

1 分詞の位置

(1) 前の場合……名詞の性質，状態を表し，形容詞に近い。

a **used** *car*（中古車）

(2) 後ろの場合……分詞の後に語句が続く場合が多く，名詞の一時的な状態として限定している。

the *car* **used** in that movie.（その映画に使われた車）

発展 2 分詞構文……主節を修飾する働きをする。(副詞句として働く。)

Putting down his bag, Tom went to the park.

（バッグを下に置いて，トムは公園に行った。）

3 S+V+-ing / -ed

発展 keep〔go on〕talking, go shopping, be busy cooking

① 分詞の位置—前か後か

● John drives a **used** *car*.

● The *car* **used** by John is a **used** *car*.

分詞の位置を比べてみよう

❶ **名詞の前に置く場合**……分詞が**性質**や**状態**を表す形容詞に近い働きで，**1 語だけ**のとき。

説明　前の課の用例は，いずれもこの場合である。

John drives a **used** *car*.　（ジョンは中古車〔使われた車〕に乗っている。）

There was a **broken** *watch* in the drawer.
（引き出しに壊れた時計があった。）

We have to study hard for the **coming** *examination*.
（私たちは来るべき試験にむけて一生懸命勉強しなければならない。）

I'm looking for my **missing** *glove*.
（私はなくした手袋をさがしています。）

My grandfather eats **fried** *eggs* every morning.
（私の祖父は毎朝，目玉焼きを食べる。）

We watched the **rising** *sun* on New Year's Day.
（私たちは元日に日の出を見た。）

❷ **分詞が続きの語句を伴う場合**……分詞が目的語や副詞句などの語句を伴い，修飾する名詞の一時的な状態を表すとき。

Who is that tall *man* **talking *with Amy***?
（エイミーと話をしているあの背の高い男性はだれですか。）

The *girl* **cooking *in the kitchen*** is Amy.
（台所で料理を作っている女の子がエイミーです。）

John uses a *camera* **made *in Japan***.
（ジョンは日本製の〔日本で作られた〕カメラを使っている。）

What are *the main languages* **spoken in that country**?
（その国で話されている主な言語は何ですか。）

The *girl* **dancing *on the stage*** is my sister.　The *girl* **sitting *in front row*** is my sister's friend.
（ステージの上で踊っている女の子は妹です。前列に座っている女の子は妹の友達です。）

説明　分詞の後に言葉が続いて **2 語以上**になるときは，**名詞の後**に置く。

確認しよう!

1 次の( )内の動詞を現在分詞か過去分詞の形にしなさい。

❶ The girl (talk) with Tom is Amy.

❷ The language (speak) in Australia is English.

❸ Do you know the girl (play) the piano?

❹ We all enjoyed the story (tell) by our teacher.

❺ Who is the man (watch) TV?

ヒント　修飾する名詞との関係が能動的(現在分詞)か受動的(過去分詞)か，考える。不規則変化は次の2つ　speak—spoke—spoken，tell—told—told

解答　❶ talking　❷ spoken　❸ playing　❹ told　❺ watching

2 次の( )内の語句を並べ換えて，意味のとおる英文にしなさい。

❶ This is (a / by / cake / made / Jane).

❷ This is (a / by / my / drawn / sister / picture).

❸ I know (a / Tom / boy / called).

❹ There were (in / the / pictures / people / train station / a lot of / taking).

❺ Amy showed us (in / some / taken / Okinawa / photographs).

ヒント　❺「沖縄で撮った数枚の写真」となるようにする。

解答　❶ This is a cake made by Jane.　❷ This is a picture drawn by my sister.
❸ I know a boy called Tom.
❹ There were a lot of people taking pictures in the train station.
❺ Amy showed us some photographs taken in Okinawa.

発展 2 分詞構文

● ***Putting** down the newspaper*, John walked over to the window.

○ **分詞構文**……分詞で始まる語句を副詞句として，主節の前や後ろに置く形。主に書きことばで使われる。

❶ 分詞構文の形

Walking *along the street*, she found a wallet.
(通りを歩いているとき，彼女は財布を見つけた。)

① When　② she　③ walked along the street, she found a wallet.

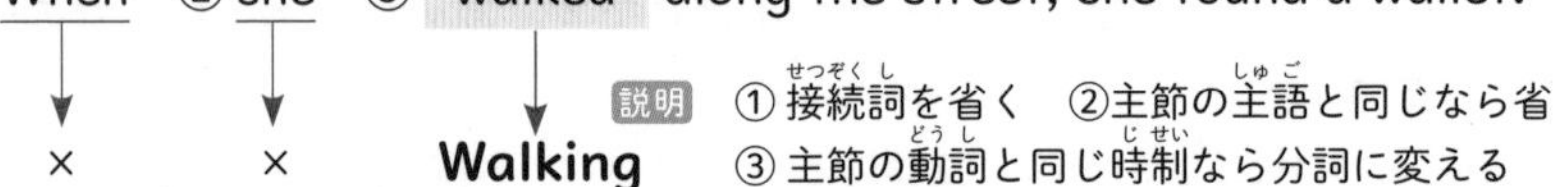
×
×
Walking
説明
① 接続詞を省く　②主節の主語と同じなら省く
③ 主節の動詞と同じ時制なら分詞に変える

❷ 分詞構文の意味

① 時

Opening *the box*, I found a pretty doll in it.

＝When I opened the box, I found a pretty doll in it.

（箱を開けると，かわいい人形が入っていた。）

② 理由

Having *a bad headache*, Tom was absent from school.

＝As he had a bad headache, Tom was absent from school.

（頭痛がひどかったので，トムは学校を欠席した。）

③ **付帯状況 A**：2 つの動作が同時に行われる場合

He came to the party, **wearing** *a blue tie*.

＝He came to the party, and he was wearing a blue tie.

（彼は青いネクタイをつけてパーティーにやってきた。）

付帯状況 B：動作や出来事が連続する場合

The train leaves at five, **arriving** *in Osaka at eight*.

＝The train leaves at five, and it arrives in Osaka at eight.

（電車は 5 時に出発して，8 時に大阪に到着する。）

❸ 否定の分詞構文

Not feeling *well yesterday*, Amy stayed home.

（昨日は気分がよくなかったので，エイミーは家にいた。）

① As　② she　③ didn't feel　well yesterday, Amy stayed home.

↓　↓　↓

×　×　**Not feeling**

説明　① 接続詞を省く　② 主節の主語と同じなら省く
③ 主節の動詞と同じ時制なら「Not ＋分詞」に変える

❹ 受動態の分詞構文

Written in easy English, these books are suitable for beginners.

（簡単な英語で書かれているので，これらの本は初心者に適している。）

① As　② they　③ are written　in easy English, these books are

suitable for beginners.

説明　① 接続詞を省く　② 主節の主語と同じなら省く
③ 主節の動詞と同じ時制なら「(Being)＋過去分詞」に変える（文頭の Being は普通省略する）

確認しよう!

3 次の英文を日本語にしなさい。

❶ Living in the country, I have few visitors.

❷ Walking along the street, I met an old friend.

❸ I worked hard, thinking of my family.

解答 ❶ 田舎に住んでいるので，訪(たず)ねて来る人はほとんどいない。
❷ 通りを歩いていて，昔の友人に会った。
❸ 家族のことを思いながら，一生懸命(いっしょうけんめい)に働いた。

❸ S+V+-ing / -ed

● They **went jogging** in the park. 発展
（彼らは公園にジョギングに行きました。）

熟語として覚えれば役に立つ

発展 ❶ Amy **kept crying.** （エイミーは泣き続けた。）
Go on trying. （やり続けなさい。）
John **came running.**
（ジョンは走ってやって来た。）
The man **stood looking** out the window.
（その男性は窓の外を見ながら立っていた。）
The teacher **sat surrounded** by the students.
（その先生は生徒に囲まれて座(すわ)っていた。）
説明 これらは SVC の文型(ぶんけい)であるとも説明できる。

比べてみよう

go -ing(スポーツや気晴らしに関する語が -ing になる場合が多い)
go swimming「泳ぎに行く」
go shopping「買い物に行く」
go fishing「釣りに行く」
go skiing「スキーに行く」
○ この -ing の後には，to ではなく -ing を修飾(しゅうしょく)する場所を表す前置詞(ぜんちし)がくる。

❷ Amy **has gone out shopping** at the supermarket.
（エイミーはスーパーへ買い物に出かけました。）
Does Tom often **go fishing** on the lake?
（トムは湖へよく魚釣(さかなつ)りに行きますか。）
Jane **is busy getting** ready for her journey.
（ジェーンは自分の旅行の準備をするのに忙(いそが)しい。）
説明 これらの -ing 形は動名詞(どうめいし)とも考えられる。

確認しよう!

4 次の英文を日本語にしなさい。

発展 ❶ I'm afraid it will go on raining all day.

❷ Tom is busy writing letters.

解答 ❶ あいにく一日中雨が降り続きそうです。 ❷ トムは手紙を書くのに忙しい。

誤りに気をつけよう

(1) We're looking for a boy ~~naming~~ Tom. *named* に換える。

○name(…を～と名付ける)の過去分詞形を使って，名詞の後ろから修飾する。

(2) Let's go ~~to~~ swimming. 不要

○to の後には場所を表す名詞が来る。

Exercises

1 次の( )内の動詞を適当な形に変えて，全文を日本語にしなさい。

(1) A (sleep) baby grows fast.
(2) This is a diary (write) by my grandfather.
(3) Do you know the boy (dance) with Amy?
(4) Jane is busy (make) plans for the party.
(5) I want to have a car (make) in Germany.

2 次の( )内の語を並べ換えて，意味のとおる英文にしなさい。

(1) (by / some / Soseki / written / letters) are in this library.
(2) Do you know (the / there / boy / over / playing)?
(3) Can you see (up / the / man / climbing) that rock?
(4) (gym / the / in / singing / people) were students.

発展 **3** 次の下線部を，分詞構文を使って書き換えなさい。

(1) <u>As she didn't know what to do</u>, she asked her friend.
(2) Tom came into the house <u>and he was carrying a bag</u>.

ヒント **2** (1)「漱石によって書かれた何通かの手紙」 (2)「あそこで遊んでいる少年」 (4)「体育館で歌っている人々」

解答 → p.568

Let's Listen and Talk! ⑥

意見を求める ／ 意見を述べる

◆ Yumi たちが話し合いをしています。次の点に注意しながら，音声を聴(き)きましょう。

① 何について彼らは話していますか。
② Masami はどうすることを望んでいますか。
③ その理由は何ですか。
④ Kazuo はどうすることを望んでいますか。
⑤ その理由は何ですか。
⑥ 結論はどのようになりましたか。

(1) 次の対話文を見ながらもう一度音声を聴き，上の①～⑥に日本語で答えなさい。

Yumi: Let's talk about the coming school trip. Where do you want to go, Masami?

Masami: I want to go to Kyoto.

Yumi: How about you, Kazuo?

Kazuo: I want to visit Hiroshima.

Yumi: Masami, why do you want to go to Kyoto?

Masami: Because it has a long history as a former capital of Japan. It has some of the most important roots of Japanese culture. There are many famous temples and shrines, and some of them are registered on the list of World Heritage Sites.

Kazuo: That's true, and yet I cannot agree with Masami, because the history of Kyoto is the history of old Japan. ㋐Hiroshima is the city we must not forget in modern world history. It has the Peace Memorial Museum and the A-bomb Dome. And as you know, Itsukushima-jinja is listed as one of the World Heritage Sites. ㋑Hiroshima is the place we should choose for our school trip.

Masami: I disagree. ㋒Hiroshima is quite small city and doesn't have enough places for us to visit on a school trip.

Yumi: I see. I agree with Masami, and with Kazuo, too. Let me see. Can't we go to both Kyoto and Hiroshima? I think we can.

Masami and Kazuo: That's a good idea! Let's visit both places on our school trip.

(2) (1)の対話文を参考にして，①～⑥に対する答えを今度は英語で言いなさい。

(3) 音声では，①～⑥についてどのように言っていますか。音声を繰（く）り返（かえ）し聴き，聴き取って書きなさい。

(4) 下線部㋐～㋒を日本語に直しなさい。

語句

coming「もうすぐやってくる」 former capital「かつての〔昔の〕首都」
are registered「登録されている」
the list of World Heritage [hérətidʒ] Sites「世界遺産（いさん）のリスト」
site「場所」 A-bomb「原子爆弾」（A- は Atom(ic) の略。）

解答 → p.568

9 名詞を修飾する文

基本用例

Amy: What do you think of my new bag? It's the *one* my boyfriend bought for me.

Jane: The one on the table? With the gold ribbon? Yes, it's great.

Amy: It's the *kind* I wanted for a long time; a bag made in Italy.

Jane: How nice! It looks like an expensive present. You have a very kind boyfriend.

What do you think of ～?「～についてどう思いますか。」
ribbon [ríbn]「リボン」
expensive [ikspénsiv]「高価な」

A：私の新しいバッグ，どう思う？　ボーイフレンドが買ってくれたものなんだけど。
J：テーブルの上のバッグ？　金色のリボンがついた？　ああ，いいわね。
A：私が長い間，欲しいと思っていたようなものなの。イタリア製のバッグよ。
J：すてき！　高価なプレゼントみたいね。とても優しいボーイフレンドなのね。

Points for Study

1 **名詞を修飾する語句**……日本語では，名詞を説明する語句はすべて名詞の前に来るが，英語では

(1) **形容詞**の多くは名詞の**前**：**前置修飾**

(2) **それ以外**の語句は通例，名詞の**後**：**後置修飾**

2 **節による名詞の修飾**：英語では，語句の場合と同じように**後置修飾**

《日》**彼が(△を)買ってくれた**　本
　→何かが抜けている感じ→抜けていたものが満たされる。

《英》**the book**　***he bought*** (△) for me
　→先に言ってしまった感じ→この空白で埋め合わされる。

1 名詞を修飾する語句

- *a girl* **with a funny hat**
  (おもしろい帽子(ぼうし)をかぶった女の子)
- the *girl* **to sing the song** (歌をうたう女の子)
- the *girl* **standing in the corner** (すみに立っている女の子)

名詞にはいろいろな飾りがつく

❶ 日本語の場合

① かわいい　[赤ちゃん]

② しっぽの長い　[猫(ねこ)]
あなたに役立つ　[本]
向こうでテニスをしている　[男の子]
トムに割られた　[窓]

説明　修飾語句(しゅうしょくごく)は，長い短いに関係なくすべて**名詞(めいし)の前**。

❷ 英語の場合

① a **pretty** [*baby*]

② [*a cat*] **with** a long tail
[*a book*] **to help** you
[the *boy*] **playing** tennis over there
[the *window*] **broken** by Tom

覚えておこう

不定詞(ふていし)
a house **to live in**
(住む(べき)家)
○ **未来的**な意味合い。

現在分詞(げんざいぶんし)
the *people* **living** here
((今)ここに住んでいる人々)
○ **同時的**な意味合い。

過去分詞(かこぶんし)
the *people* **invited** to the party
(パーティーに招待された人々)
○ **受動的(じゅどうてき)**な意味合い。

説明　① 形容詞(けいようし)だけのときは**名詞の前**に置くことが多い。
「美しいバラ」**beautiful** *roses*
②「前置詞(ぜんちし)＋名詞」などの２語以上の語句になるときや，something，anything，someone などの名詞の場合，**名詞の後**に置かれる。
「私の隣(となり)の家」the *house* **next to mine**
「読む価値のある本」*a book* **worth reading**
「何か新しい物」*something* **new**

確認しよう!

1 次の日本語に合うように,( )内の語を並(なら)べ換(か)えなさい。

❶ 名古屋行きのバス (a / for / bus / bound / Nagoya)

❷ 丘の上の建物 (on / the / the / hill / building)

❸ 何か温かい飲み物 (to / hot / something / drink)

❹ 日本製のカメラ (a / in / made / Japan / camera)

❺ 木の下に立っている少女 (the / the / girl / tree / under / standing)

ヒント 前置詞や分詞(ぶんし)によって導かれる形容詞句(けいようしく)の位置は？

解答 ❶ a bus bound for Nagoya ❷ the building on the hill ❸ something hot to drink ❹ a camera made in Japan ❺ the girl standing under the tree

② 節による名詞の修飾

- This is *something* **you will like.**
- That is the *book* **I am looking for.**

名詞の後に，それを修飾する節が続く

❶ 文⇒名詞(めいし)を修飾(しゅうしょく)する節

He bought the book for me. ←通常の文

(彼は私にその本を買ってくれた。)

⇨ [the book (he bought × for me)] × は欠落部

↑[名詞＋(修飾語句)] (彼が私に買ってくれた本)

↓他の文の一部になる

I have lost [the book (he bought × for me)].

(彼が私に買ってくれた本をなくしてしまった。)

She has the picture in her hand. ←通常の文

(彼女は手にその絵を持っている。)

⇨ [the picture (she has × in her hand)]

↑[名詞＋(修飾語句)] (彼女が手に持っている絵)

↓他の文の一部になる

Look at [the picture (she has × in her hand)].

(彼女が手に持っている絵を見てください。)

説明　日本語の「**節＋名詞**」に対して英語は「**名詞＋節**」と，置かれる位置に違いはあるが，これは p.343 で取り上げた形容詞句の場合と同じである。

❷ 前置詞の後の名詞が欠落する場合

I am looking for the book .←通常の文　（私はその本をさがしている。）

⇨［ the book （I am looking for ×)］ × は欠落部

↑［名詞＋(修飾語句)］（私がさがしている本）

↓他の文の一部になる

That is［ the book （I am looking for ×)］.

（あれが，私がさがしている本です。）

They moved into the new house .←通常の文

（彼らは新居に引っ越した。）

⇨［ the new house （they moved into ×)］

↑［名詞＋(修飾語句)］（彼らが引っ越した新居）

↓他の文の一部になる

［ The new house （they moved into ×)］ is very large.

（彼らが引っ越した新居は，とても大きい。）

説明　❶では他動詞の後，ここでは前置詞の後に来る目的語(名詞)が欠落している。

> **覚えておこう**
>
> このような，節による名詞の修飾は，「**目的格の関係代名詞の省略**」として説明されるのが普通である。
>
> JUMP! pp.358-359

❸ 前置詞が最後に残る構文のいろいろ

① **不定詞**の形容詞的用法

John has no house to live **in.**

（ジョンは住む家を持っていない。）

② **受動態**の文

John was laughed **at.**　（ジョンは笑われた。）

③ 疑問詞で始まる**疑問文**

Who(m) did they laugh **at**?

（彼らはだれを笑ったのか。）

④ 名詞を**修飾する文**

John was the boy they laughed **at.**

（ジョンが，彼らの笑った少年だった。）

確認しよう!

2 次の英文の意味をよく理解し，すらすらと言えるように暗記しなさい。

❶ Look for the duck you want.

❷ Here is a duck you will like.

❸ Is this the duck you want?

❹ This is the duck I like the best.

❺ This is the kind of duck I have long wanted to have.

ヒント 各文の意味は次のとおり。 ❶君が欲(ほ)しいアヒルさんをさがしなさい。
❷ここにあなたの好きそうなアヒルさんがいますよ。
❸これがあなたの欲しいアヒルさんですか。
❹これが僕(ぼく)のいちばん好きなアヒルさんです。
❺こういうアヒルさんを欲しいと，僕は今まで長い間思っていたのです。

3 次の(　)内の語を並(なら)べ換(か)えて，意味のとおる英文にしなさい。

❶ This is (I / the / book / last / week / bought).

❷ Is that (in / the / the / man / met / you / park)?

❸ This is (I / it / all / know / about).

❹ You may bring (you / like / anybody).

❺ Did you understand (he / said / word / every)?

ヒント ❸「これが，そのことについて私が知っているすべてです→そのことについて私が知っているのはこれだけです」の意味の文にする。
❹ bring「連(つ)れて来る」
❺「彼の言った一語一語をすべて理解しましたか」という意味の文にする。

解答 ❶ This is *the book I bought last week.*
❷ Is that *the man you met in the park?*
❸ This is *all I know about it.* ❹ You may bring *anybody you like.*
❺ Did you understand *every word he said?*

誤りに気をつけよう

(1)「これが彼女が住んでいた家です。」

This is the house she lived.

in を入れる。

○英語の前置詞(ぜんちし)は消えないで残る。

(2)「トムはなくした時計をさがしている。」

Tom is looking for the watch he has lost ~~it~~. 不要。

○it と the watch が重複。

Exercises

❶　例にならって，2つの英文を1つの文にしなさい。

例▶ Amy made a dress for her little sister. This is the dress.
→This is the dress Amy made for her little sister.

(1) You bought a dictionary last week. Is this the dictionary?
(2) You're looking for a key. Is this the key?
(3) I met an old man in the church last Sunday.
I want to tell you about the old man.
(4) Tom told us a story. The story was very funny.
(5) Amy is talking with a boy. Who is the boy?

❷　絵を見て，例にならって文を作りなさい。

例▶　(1)　(2)　(3)　(4)

(I / buy)　(they / visit)　(John / sell)　(Tom / lose)　(Amy / meet)

例▶ This is the watch I bought last week.

❸　次の日本文に合うように，(　)内の語を並(なら)べ換(か)えなさい。

(1) あなたの欲(ほ)しいものは何でもあげます。
(you / you / I'll / give / want / anything).
(2) 私は彼の言った一語一語をすべて覚えています。
(I / he / said / word / every / remember).
(3) 私の持っているお金はこれだけです。
(I / is / all / the / have / this / money).

❷　それぞれの動詞(どうし)の過去形(かこけい)にも注意しよう。　(4) 主語(しゅご)は this を複数形(ふくすうけい)にして。
❸　(3)「これが，私の持っているすべてのお金です」と，内容を置(お)き換(か)えて。

解答 → p.569

意味順 Box トレーニング 7

第3編 6 － 9

◆各単元で学んだ英文を，それぞれの日本語に合うように，意味順 Box に英語を入れて完成させましょう。

6 (1) 私は彼をバドと呼びます。

だれが	する（です）	だれ・なに	どこ	いつ
私は	呼ぶ	彼をバドと		

(2) 彼は私をとても幸せにします。

だれが	する（です）	だれ・なに	どこ	いつ
彼は	にする	私をとても幸せに		

7 (1) 私は退屈です。

だれが	する（です）	だれ・なに	どこ	いつ
私は	です	退屈な		

(2) あなたは面白い遊びを知っていますか。

玉手箱	だれが	する（です）	だれ・なに	どこ	いつ
～か？	あなたは	知っている	面白い遊び		

★ 補語になるときに形容詞が主要語としてどの Box に入るかに着目しよう！名詞を修飾する場合は，名詞と共にどの Box に入るかが決まるよ。

8 (1) ブライアンとティムという名前の２人の子どもが行方不明です。

だれが	する(です)	だれ・なに	どこ	いつ
存在を表す There	です	ブライアンとティムという名前の ２人の行方不明の子どもが		

(2) 彼らがどこにいるか分からなかったので，彼女は警察に電話をしました。

だれが	する(です)	だれ・なに	どこ	いつ
	分からなかったので,		彼らがどこにいるか	
彼女は	電話をしました	警察に		

(3) 彼らを捜索している警察官はまだ彼らを発見できていません。

だれが	する(です)	だれ・なに	どこ	いつ
警察官は	捜索している	彼らを		
	発見できていない	彼らを		まだ

9 ・それはボーイフレンドが私に買ってくれたものです。

だれが	する(です)	だれ・なに	どこ	いつ
それは	です	もの		
ボーイフレンドが	買った		私に	

10 主語の働きをする関係代名詞

基本用例

Tom: How do you like your new teacher?

Mark: He is a very good teacher. I think Mr. Smith is the best teacher I ever had. Everybody says he is the nicest person **who ever lived.**

Tom: That's great! You're lucky. My teacher isn't that kind.

語句

How do you like ～?「～はどうですか」気に入ったかどうかなど，相手の意見や感想を求める言い方。

I ever had「私がとにかくこれまでに会った」副詞 ever は比較級や最上級とともに使われて強調を表す。

that「それほど，そんなに」否定文に多い口語表現で，品詞は副詞。

訳し方

T：君たちの新しい先生はどうだい？

M：とってもいい先生だよ。スミス先生は僕が今までに会った中でも最高の先生だと思うよ。だれもがあんなにすばらしい人は今までにいなかったと言っている。

T：それはよかった。君はついてるよ。僕の先生はそんなに優しくないしね。

Points for Study

1 関係代名詞の働き……「**名詞**＋**主語**＋**動詞** ～」の構文で，**主語**が

(1) 人称代名詞の場合…………	the best teacher	**I**	**ever saw**
(2) 前の名詞の代役の場合……	the nicest *person*	***who***	**ever lived**

2 who, which, that

(1) 修飾する名詞(先行詞)が「人」の場合……**who** または **that**

(2) 修飾する名詞(先行詞)が「人」以外の場合……**that** または **which**

3 修飾する名詞(先行詞)に all, any, 最上級などが付くとき……which ではなく，**that** か **who** を使う。

① 関係代名詞の働き

- The cookies **Amy made** were delicious.
- The *one* **who made the cookies** was Amy.

語句 **delicious** [dilíʃəs]「とてもおいしい」

❶ 名詞を節で修飾する場合……「名詞＋主語＋述語動詞＋～」が絶対条件。

① the cookies　**Amy made**（△）（エイミーが作ったクッキー）
　　名詞　　　　主語＋動詞＋△

説明 名詞が，made の目的語の働きもしているが，上の条件にかなっている。

② the *one*　***who* made the cookies**（クッキーを作った人）
　　名詞　　　関係代名詞＋動詞＋目的語

説明 上の**絶対条件**を満たすために，**主語**の位置に何か**代役の単語**が必要。
この文では **who** がその役を果たしている。
who は，前の the one を受ける**代名詞**の働きをしつつ，who 以下を the one に結びつける〔関係づける〕**接続詞**の働きもしている。
このような働きをする代名詞を**関係代名詞**という。

❷ 関係代名詞 who の働き

the *one* **who** made cookies

① one を受ける**代名詞**の働き。（one を**先行詞**という。）
② 関係代名詞節の中で，made cookies の**主語**の働き。
③ who 以下が，the one を**修飾する節である**ことを示す接続詞の働き。

確認しよう！

1 **次の英文を参考にして，（　）内の日本語を英語にしなさい。**

❶ The boy was looking for the key.
（かぎをさがしていた少年）was Tom.

❷ The girl runs the fastest.
（いちばん速く走る少女）is Amy.

❸ The gentleman helped me.
I thanked（私を助けてくれた紳士）.

解答 ❶ The boy who was looking for the key
❷ The girl who runs the fastest
❸ the gentleman who helped me

② who, which, that

- I have an American *friend* **who** lives in California.
- The *buildings* **which** were built in that area are very tall.
- The *bag* **that** has a red strap is mine.

語句 **California** [kæləfɔ́ːrnjə]「カリフォルニア」, **strap** [strǽp]「持ち手」

❶ **who**……修飾(しゅうしょく)する名詞(めいし)(先行詞(せんこうし))が「人」の場合。

I have an American *friend* **who** lives in California.
(私にはカリフォルニアに住むアメリカ人の友達がいます。)

There are many *people* **who** need our help.
(私たちの援助を必要とする人がたくさんいます。)

説明 who の人称(にんしょう)・数(すう)は先行詞の人称・数に一致(いっち)する。

a friend（3単） → **who** → **lives**（3単現の -s あり）

people（3複） → **who** → **need**（3単現の -s なし）

ここに注意

3単現(たんげん)の -s
関係代名詞(かんけいだいめいし)が節の中で主語(しゅご)のとき，**先行詞**が単数(たんすう)か複数かのチェックを忘れない。3人称単数で現在形(げんざいけい)だと3単現の -s が必要。

❷ **which と that**……修飾する名詞(先行詞)が「人」以外の場合。

The *buildings* **which** were built in that area are very tall.
(その地域に建てられた建物はとても高い。)

The *bag* **that** has a red strap is mine.
(その赤い持ち手のついたカバンは私のです。)

覚えておこう

先行詞が「人」のとき
→**who**（または **that**）
先行詞が「人」以外のとき
→**that** または **which**

説明 **that** は **which** や **who** の代わりに用いられるが，先行詞が「人」のときは **who** のほうが，「人以外」のときは **which** よりも **that** のほうが用いられる傾向がある。

また，先行詞が動物の場合，普通は **that** や **which** が用いられる。ペットであったり，近しいと思うような対象であったりすれば，**who** も用いられる。これは，ペットなどを it ではなく she や he で表すのと同様と考えればよい。

The cat **who** is sleeping over there is the third one in our house.
(あそこで眠っている猫は，我が家の3匹目です。)

確認しよう！

2　次の(　)に適当な関係代名詞を入れ，下線部の動詞を正しい形にしなさい。

❶ Do you know the boy (　　　) be standing over there?

❷ Amy goes to the park (　　　) have a large pond in it.

❸ The building (　　　) stand next to the church is my uncle's house.

❹ That is the woman (　　　) want to meet you.

❺ I don't want to play on a team (　　　) never win.

ヒント　先行詞は「人」か「事物」か，単数か複数か，その点に注意する。
❹「あちらがあなたに会いたがっている女性です」の意味。
❺「一度も勝つことのないようなチームではプレイしたくないな」の意味。

解答　❶ who〔that〕，is〔was〕　❷ which〔that〕，has
❸ which〔that〕，stands　❹ who〔that〕，wants　❺ which〔that〕，wins

❸ 先行詞に all，any，最上級などが付くとき

● *All the bridges* **that** lead to the city are very crowded.
（その町へ通じているすべての橋がひどく混雑していた。）

先行詞によって that か who を用いる

● He is *the best baseball player* **who** ever lived.

語句　**crowded**「混雑した」，**lead to** ～「～に通じる」

○ 先行詞に**最上級の形容詞**や **all，any，every，the same，the only** などが付くとき

① 先行詞が「**人**」の場合……**who**（または **that**）

② 先行詞が「**人**」**以外**の場合……**that**（which は**用いない**）

説明　「**人にも** that を使う」とよく言われるが，やはり **who を使うことが多い**。

He is *the best baseball player* **who** ever lived.
（彼はこれまでで最高の野球選手です。）

I can't trust *anyone* **who** has told me a lie.
（私にうそをついたことのある人は信用できません。）

Children always believe *everything* **that** is told to them.
（子どもはいつも，言われたことは何もかも信じちゃうのね。）
That was *the first thing* **that** came into my mind.
（それが真っ先に頭に浮かんだことだった。）

発展 比較 ① You should take your medicine **that** is good for you.
（あなたにきく薬をのむべきです。） 語句 **medicine** [médsn]「薬」
② You should take your medicine, **which** is good for you.
（ご自分の薬をのんだほうがいい，それはあなたにききますよ。）
②のような，コンマを伴った関係代名詞の使い方を**継続用法**や**非制限用法**と呼び，①のような使い方（**限定用法**や**制限用法**）から区別する。

確認しよう！

3 次の（ ）内の語を並べ換えて，意味のとおる英文にしなさい。

❶ John is one of (the / that / ever / best / lived / tennis / players).
❷ Jane is (the / who / only / lives / American) in this town.
❸ Don't do (be / that / will / harmful / anything) to your health.

ヒント ❷ the only ～「ただ一人の～」 ❸ harmful「害になる」
解答 並べ換えた部分だけを示すと
❶ the best tennis players that ever lived
❷ the only American who lives
❸ anything that will be harmful

誤りに気をつけよう

(1)「エイミーがそのクッキーを作った人です。」
Amy is the one made those cookies.
← who を入れる。
○このままでは made の主語が欠けてしまい，節による修飾にならない。

(2)「ジェーンには神戸に住んでいる日本人の友達がいる。」
Jane has a Japanese friend who live in Kobe.
← -s を付ける。
○who は friend を受け，単数。

Exercises

1 次の( )に適当な関係代名詞を入れて，全文を日本語にしなさい。

(1) This is a photo ( ) was taken by a famous American.

(2) Tom was the last person ( ) arrived at the party.

(3) Amy's cat is the one ( ) has gray hair.

(4) The girl ( ) lives in that house is a friend of mine.

2 例にならって，関係代名詞を使った文にしなさい。

例 A boy broke the window. The boy is Tom.
→The boy who broke the window is Tom.

(1) A girl wants to meet you. The girl is Amy.

(2) A boy invited me to the party. Do you know the boy?

(3) Two languages are used in Canada. They are English and French.

3 次の日本文を英語にしなさい。

(1) 私にはニューヨークに住んでいるおばが一人います。

(2) あなたには，あなたを愛している両親がいます。

3 「〜がいます」は have を使うとよい。関係代名詞 who を使うとして，単数・複数どちらか。

解答 → p.570

11 目的語の働きをする関係代名詞

基本用例

Tom: What's wrong, Mark? You look angry.

Mark: The new computer that I just bought is already broken.

Tom: Oh, no! Why don't you have it repaired? I know someone who you can ask.

Mark: Thanks, but I'm going to bring it back to the store which I bought it at.

Tom: Hmm, yeah. That's probably the best thing to do.

語句 **someone**「だれかある人，だれかさん」
broken「壊れている」
repair「修理する」

訳し方 T：どうしたの，マーク？ 怒っているようだね。
M：買ったばかりの新しいコンピューターがもう壊(こわ)れたんだ。
T：ええ！ 修理してもらったらどうだい？ 頼(たの)める人を知っているよ。
M：ありがとう，でもそれを買ったお店に持って行くつもりなんだ。
T：ふうん，そうか。それがたぶんいちばんいいね。

Points for Study

1 目的格(もくてきかく)の関係代名詞(かんけいだいめいし)

名詞(めいし)を修飾(しゅうしょく)する節の中で，関係代名詞が動詞(どうし)の目的語(もくてきご)として働くときは，**that**，**which**，発展 **who(m)**を使う。

2 関係代名詞の省略

目的語の働きをする関係代名詞は，省略されることが多い。

発展 **3 who(m)と whose**

who の目的格と所有格(しょゆうかく)。whom の代わりに who を使うことが多い。

1 目的格の関係代名詞の形と用法

- The car **that〔which〕** John and Bill bought broke down.
  （ジョンとビルが買った車は故障しました。）
- I know someone **who(m)** you can ask. 発展
  （私はあなたが尋ねることができる人を知っています。）

語句 **break down**「故障する」

❶ 目的格の関係代名詞を使うとき

The bicycle **that〔which〕 he bought** broke after one week.
（彼が買った自転車は 1 週間後に壊れた。）

The car **that〔which〕 John and Bill hired there** broke down after five miles.
（ジョンとビルがそこで借りた車は，5 マイル行った所で故障した。）

発展 The girl **who(m) I met at the party** was Amy's friend.
（私がパーティーで会った女の子はエイミーの友達でした。）

説明 ①「**先行詞＋主語＋動詞** ～」の形だけで十分に，文による名詞の修飾関係を示すことができるときには，**関係代名詞を使わない**でいうことが多い。特に日常会話やくだけた口語表現では，この傾向が強い。 JUMP! pp.344-345

② しかし，関係代名詞を使わないと構文が分かりにくいときや，名詞の後にやや間をおいてゆっくりと発音されるときには，**関係代名詞を置いて修飾の節が始まることを示す**ことが多い。

③ 名詞を修飾する関係代名詞節の中で，関係代名詞が「主語＋動詞 ～」の目的語の働きをしているとき，これを**目的格の関係代名詞**という。

修飾の文が始まることを示す

the car **that〔which〕 John and Bill hired**＋△
先行詞　関係代名詞　主語＋動詞＋△

the car を受ける代名詞の働き。　hired の目的語の働き。

❷ 関係代名詞の種類……主語に用いられる関係代名詞の場合と同じように，

① 先行詞が「**人**」**の場合**……発展 **who(m)**（または **that**）
② 先行詞が「**人**」**以外の場合**……**that** または **which** を用いる。

確認しよう！

1 例にならって，関係代名詞を使った文にしなさい。

例 My brother wants to read this book.

→This is the book that〔which〕 my brother wants to read.

発展 ❶ My father met Amy on the bus yesterday.

→Amy is the girl ....

❷ Many Japanese people like cherry blossoms.

→Cherry blossoms are the flower ....

❸ My uncle bought this car last month.

→This is the car ....

解答 ❶ Amy is the girl who(m) 〔that〕 my father met on the bus yesterday.
❷ Cherry blossoms are the flower that〔which〕 many Japanese people like.
❸ This is the car that〔which〕 my uncle bought last month.

2 目的格の関係代名詞の省略

- The car (that〔which〕) they hired broke down.
- The girl (who(m)) I met on the way was Amy's friend. 発展

語句 on the way「途中(とちゅう)で」

❶ 目的格(もくてきかく)の関係代名詞(かんけいだいめいし)の省略

目的格の関係代名詞は，省略されることが多い。

All (that) I want to do now is eat!

（私が今したいのは食べることだけだ！）

> **覚えておこう**
> 関係代名詞を**使わない言い方**は，しばしば関係代名詞の省略として説明される。

発展 Mr. Smith is the best teacher (who) I have ever seen.

（スミス先生は，私が今までに会った中で最高の先生だ。）

説明 目的格の関係代名詞の場合，それを省略するかしないか（使うか使わないか）を決める絶対的な基準はない。場面により，人によって変動があり，一定しない。

この問題は，おおよそ次のように考えておけばよい。

① **先行詞(せんこうし)と修飾(しゅうしょく)する節との関係が簡単明瞭(かんたんめいりょう)なとき……省略する（使わない）。**

This is all I have. （私の持っているのはこれだけです。）

You're the best doctor I have ever seen.

（あなたのようなりっぱなお医者さんに，今まで会ったことはありません。）

② **先行詞とのつながりなどがやや分かりにくいとき……省略しない(使う)。**

発展 There were many hungry children in the village **who** people wanted to help.
（村には人々が助けてやりたいと思った多くの空腹の子どもたちがいた。）
This is one of the best plays **that** a Japanese dramatist has ever written.
（これは，日本の劇作家がこれまでに書いた最(もっと)も優れた劇のひとつだ。）

❷ 先行詞に all，any，形容詞(けいようし)の最上級(さいじょうきゅう)などがあるとき

JUMP! pp.353-354

これらの語句は

「～するものは**すべて**」

「～するものは**どれでも**」

「**～でいちばん**…な人〔物〕」

と，後に続く修飾の節と**緊密(きんみつ)な関係**にあるのが普通である。それで，

① 日常会話の口語(こうご)文では関係代名詞を**省略した(使わない)節**が普通。

② 関係代名詞を使う場合も，「人」には 発展 **who**（または **that**），「人」以外には **that が普通**。

③ 重い関係代名詞の **which** はめったに**使われない**。

覚えておこう

the same と that，as

❶ This is the same watch **that** I have lost.
（僕(ぼく)がなくした**のと同じその**時計だ）

❷ This is the same watch **as** I have lost.
（僕がなくした**のと同じような**時計だ）

◯ ❶ 同一物　❷ 同一種

確認しよう！

2　**次の英文の意味をよく理解し，すらすらと言えるように練習しなさい。**

❶ You can believe ányt̆híng sh̆e sáys.　❷ Do you believe év̆ery wórd sh̆e sáys?

❸ I believe áll sh̆e sáys.　❹ That's t̆he móst stúp̆id thíng Ĭ've év̆er heárd!

❺ That's the fífth gróund báll yóu've míssed tŏdáy!

ヒント　先行詞の後の主語(しゅご)(she，I've，you've)は軽く速く発音し，できるだけ「強-弱-強-弱」のリズムになるようにする。
❹ stupid [st(j)úːpid]「愚かな，間抜けな」　❺ ground ball「(野球の)ゴロ」

ヒント　各文の意味は次のとおり。
❶「彼女の言うことは何でも信じることができる〔信じてよい〕。」
❷「彼女の言うことを一語一語みなあなたは信じますか。」
❸「私は彼女の言うことはすべて信じます。」
❹「そんな間抜け話，今までに僕は聞いたことがない！」
❺「それで今日(きょう)お前がエラー〔失策〕したゴロは５つ目だぞ！」

発展 ❸ who(m) と whose

● John Smith is a famous doctor **who(m)** I admire from my heart.
（ジョン・スミスは私が心から尊敬する有名な医者です。）

● I know a doctor **whose name** is John Smith.
（ジョン・スミスという名の医者を私は知っています。）

語句 **admire** [ədmáiər]「～を賞賛する」

❶ **who(m)**……疑問詞の whom と同じように関係代名詞の whom も前置詞の後ろ以外では，徐々に **who** に取って代わられる傾向にある。
Who are you looking for?（だれをさがしているのですか。）
—We're looking for Amy. She is the girl **who** all of us are looking for.
（エイミーをさがしています。彼女が私たち全員がさがしている少女です。）

❷ **whose**……who の所有格である whose は，「**whose＋名詞**」の形で使われる。関係代名詞の whose は，先行詞が「人」「人以外」の両方に使われる。
I have a friend **whose father** is an eye doctor.
（私には，お父さんが眼科医をしている友達がいます。）

確認しよう！

3 **次の(　)に who，whose，who(m)のうちから適当なものを入れなさい。**

発展 ❶ I know a girl (　　　) uncle is a famous scientist.
❷ Jane is the only person (　　　) understands me.
発展 ❸ The teacher (　　　) we admire the most is Mr. Smith.

ヒント ❶ uncleの前に冠詞がないから…。 ❷ understandsの主語は？

解答 ❶ whose ❷ who ❸ who(m)

誤りに気をつけよう

「彼がそんなに優しいことを言ってくれたことは，今までにありません。」

That's the nicest thing ~~which~~ he has ever said ~~it~~ to me.

which → 不要。that に換えてもよい。
it → 不要。

○先行詞に最上級が付くとき，which は使わない。
○said の後にくる目的語は先行詞として先に言われているので繰り返さない。

Exercises

1　**次の日本文に合うように，(　)に適切な語を入れなさい。**

(1) 私には，お父さんが有名な芸術家である友達が東京にいます。
I have a friend in Tokyo (　　　) (　　　) is a famous artist.

(2) エイミーが愛している猫(ねこ)は，毛が灰色で目はブルーです。
The cat (　　　) Amy loves (　　　) gray hair and blue eyes.

(3) 私の母がバスで出会った先生は，スミス先生でした。
The (　　　) (　　　) my mother met on the bus was Mr. Smith.

2　**次の(　)内の語を並(なら)べ換(か)えて，意味のとおる英文にしなさい。**

(1) I'll give you (want / anything / you).

(2) This is (like / something / you may).

(3) It is (need / something / everybody / which / will).

3　**次の日本文を，「all＋主語(しゅご)＋動詞(どうし)」の構文を使って英語にしなさい。**

(1) 私が持っているのはこれだけです。

(2) 彼は持っていたものを全部私にくれました。

(3) 私が彼について知っているのはそれだけです。

(4) 私の持っているお金はこれで全部です。

(5) あなたの誕生日(たんじょうび)のためにしてあげることができるのは，それぐらいです。

ヒント
1　(1) is の主語は「友達のお父さん」。　(2) have を使うとよい。
2　(3)「それはだれもが必要とするようになるものです」の意味に。
3　(1)，(4) は This is ～ で，(3)，(5) は That's ～ で文を始めるとよい。

解答 → p.571

Let's Write in English! ④

記録する ／ 感想を書く

1 Kazuo が修学旅行の記録と感想を英語で書いています。みなさんもいっしょに書きましょう。

Our school trip to Kyoto and Hiroshima was wonderful. We arrived at Kyoto at noon. After lunch we visited Kiyomizu-dera, Nanzen-ji, and Heian-jingu.

The next day we went to Kinkaku-ji and Daitoku-ji in the morning, and (①) lunch at Arashiyama. We (②) to the hotel at about four and (③) free time, (④) with friends.

Kyoto is (⑤) with temples and shrines. It is truly a (⑥) museum of Japan's cultural heritage.

The next morning we (⑦) Kyoto for Hiroshima quite early. After we (⑧) at Hiroshima, we (⑨) to Miyajima. Itsukushima-jinja was wonderful. ㋐こんな美しい神社を私は今まで見たことがありません。

The next morning, we visited the Peace Memorial Museum and the A-bomb Dome. ㋑私はこの都市にこのような悲劇をもたらした戦争について多くのことを学びました on August 6, 1945. I'll never forget that day.

I (⑩) home around five. How I enjoyed the trip!

(1) ①～⑩の( )内に下の動詞から適当なものを選んで入れなさい。
〔got, had, left, filled, living, arrived, hurried, enjoyed, returned, shopping〕

(2) 下線部㋐, ㋑の日本語を英語に直しなさい。

(3) 音声でこの日記の朗読を聴き，上の(1), (2)に対するあなたの答えと比べましょう。

 語句

cultural heritage [kʌ́ltʃərəl hérətidʒ]「文化遺産」
「悲劇」tragedy [trǽdʒədi]　「戦争」war [wɔ́ːr]　around ～「～ごろに」

2 Amy が Mary おばさんに，誕生日(たんじょうび)のお祝いのお礼の手紙を書いています。みなさんもいっしょに書きましょう。

Dear Aunt Mary,

Thank you very much (①) the beautiful sweater you sent me for my birthday. It reached me ㋐私の誕生日の２日前に. Today I wore it at my birthday party. Everyone said that ㋑私はとてもきれいに見える in that sweater.

I don't know ㋒将来何になりたいか yet. I am interested (②) painting, working as a nurse like my mother, and taking care (③) children as a teacher.

I am enclosing some pictures of me ㋓私に送ってくださったセーターを着た. They were taken (④) my father ㋔あなたのプレゼントが私に届いた日に. He is proud (⑤) those pictures and I like them very much.

Once again, I'd like to thank you for your kindness.

Your niece,

Amy

(1) ①～⑤の( )内に適当な前置詞(ぜんちし)を補いながら，文全体を読みなさい。

(2) 下線部㋐～㋔の日本語を英語に直しなさい。

(3) 音声でこの手紙の朗読を聴き，あなたが書いた英語と比べましょう。

語句

wore [wɔ́ːr] は wear(着る)の過去形(かこけい)。

enclose [inklóuz]「中に入れる，同封する」

解答 → p.571

12 不定詞を含む重要構文

基本用例

Tom: Sorry to be late. Have you been waiting long?

Mark: No, not long. The weather is so bad that I'm not surprised you're late.

Tom: It's very nice of you to say so. As you see, the rain was too heavy for me to leave my house.

語句 **to be late**「遅(おく)れて」
発展 **Have ... been waiting** 現在完了進行形(げんざいかんりょうしんこうけい)。 JUMP! pp.299-300
weather [wéðər]「天候」
you're late 前に that を補って考える。原因・理由を表す。「あなたが遅れて(も驚(おどろ)かない)」
It 後の不定詞(ふていし)を受ける仮主語(かりしゅご)。

訳し方 T：遅れてごめん。長く待ったかい？
M：いや，それほど。こんなひどい天候だから，君が遅れても驚かないよ。
T：そう言ってくれてとてもうれしいよ。ごらんのとおり，雨があまりにも強すぎて，僕(ぼく)は家を出られなかったよ。

Points for Study

1. **原因・理由を表す不定詞(ふていし)**……**「～して」**，**「～するとは」**の意味を表す。
2. **形式主語(けいしきしゅご)の it と真主語(しんしゅご)の不定詞**……**It is ～ to *do* ...**
   不定詞の意味上の主語(しゅご)の表し方
   (1)「**for＋名詞(めいし)**」
   (2)「**of＋名詞**」
3. **too ～ to *do* と enough to *do***……so ～ that の構文との書(か)き換(か)えに注意。
4. **ask，tell＋目的語(もくてきご)＋to *do***「～に…するよう頼(たの)む〔言う〕」
   want＋目的語＋to *do*「～が…することを望む」

JUMP! pp.226-235

1 原因・理由を表す不定詞

- I'm very glad **to meet** you.
- Tom must be a fool **to do** such a thing.

pp.226-235 を復習しよう

語句 **fool** [fú:l]「ばか者」

❶ 感情の原因を表す不定詞 「〜して(うれしい，残念だ)」

I'm very glad **to meet** you. (お会いでき**て**とてもうれしいです。)

I felt very sorry **to hear** that. (それを聞い**て**とても気の毒に思った。)

説明 glad，happy，sorry，surprised など，**人間の気持ち**や**感情**を表す言葉の後に用い，その**原因**を述べる。

John will be happy **to go** abroad with you.
(ジョンは喜んであなたといっしょに海外に行くでしょう。)

上の例では，**未来**のことであるから**条件・仮定**の意味が加わる。

❷ 判断の理由を表す不定詞 「〜する**とは**(…だ)」

You are very kind **to do** that for me.
(私のためにそんなことをしてくれる**なんて**，あなたはとても親切ですね。)

Mark is very rude **to say** such a thing to his teacher.
(先生にそんなことを言う**とは**，マークはたいへん失礼だ。)

❸ 次の不定詞句は，熟語として覚えておこう。

to begin with「まず初めに」
to be honest「正直に言って」
to tell (you) the truth「本当のことを言うと」
to be sure「たしかに」
so to speak「いわば」
strange to say「不思議な話だが」

覚えておこう

不定詞(to＋動詞の原形)は，動詞を述語動詞以外に使うときの形。

❶ **主語・補語・目的語**(名詞句)
「〜することが〔を，だ〕」
To see is **to believe.**
I want **to see** him.

❷ **名詞を修飾する**(形容詞句)
「〜する(べき)…」
He is the man **to see.**

❸ **動詞や形容詞を修飾する**(副詞句)
I went **to see** him.(目的)
I'm glad **to see** you.(感情の原因)

確認しよう!

1 次の語の中から適当なものを選んで( )に入れなさい。

〔be, to, glad, tell, sorry〕

❶ Tom was surprised (　　　) hear the news.

❷ We are (　　　) to hear of your father's death.

❸ To (　　　) honest, I don't want to see Jane.

❹ To (　　　) the truth, David doesn't like you.

❺ I'm (　　　) to see you again.

ヒント ❷ hear of ～「～のことを聞く」 death [déθ]「死亡」「あなたのお父さんが亡(な)くなられたことを聞き，残念に思います。」の意味に。
❸ は，「正直に言って，ジェーンには会いたくないんだ。」の意味に。

解答 ❶ to ❷ sorry ❸ be ❹ tell ❺ glad

2 形式主語の it と真主語の不定詞

- **It** is very easy for me **to speak** English.
- **It**'s very nice of you **to say** so.

❶ 形式主語(けいしきしゅご)(仮主語(かりしゅご)) it の用い方

文の主語が不定詞句(ふていしく)であるとき，**it を形式的に主語の位置に置き，本当の主語である不定詞句(真主語(しんしゅご))は後ろに置く**ことが多い。

To tell a lie is wrong. → **It** is wrong **to tell a lie.**
(うそをつくことは悪い。)

It was very difficult **to solve the problem.**
(その問題を解くことは非常に難しかった。)

❷ 不定詞の意味上の主語

to tell a lie のような不定詞で，**だれが** tell するのか，不定詞の意味上の主語をはっきりと示したいときには，次のようにする。

① **for＋(代(だい))名詞(めいし)＋to *do***

It is very easy **for me** to speak English.
(私が英語を話すのはとても易(やさ)しい。)

It is important **for you** to listen to your parents.

（あなたがご両親のおっしゃることを聞くことは大切です。）

説明 補語(ほご)の形容詞(けいようし)が，easy，hard，natural（自然な），necessary，important（重要な）など，**動作**(どうさ)について述べるものであるのが普通。

また，「for＋(代)名詞」は，形容詞的用法や副詞(ふくし)的用法の不定詞の意味上の主語を示すためにも用いられる。

I bought some water **for her** to drink.

（私は彼女が飲むための水を買った。）

I stepped aside **for her** to pass.

（私は彼女が通れるようにわきへよけた。）

⚠ここに注意

for と of の違い(ちが)

❶ It is necessary / **for you to work** hard.

→ **You** must **work**.

❷ It is very **kind of you** / to help me.

→ **You** are **kind**.

○「**for＋(代)名詞**」はその**後の不定詞**と，「**of＋(代)名詞**」はその**前の形容詞**と，それぞれ強い結び付きがある。

発音するとき**息のつなぎ方**に注意する。

② **of＋(代)名詞＋to *do***

It's very nice **of you** to say so.

（そのように言ってくださって，ご親切にありがとうございます。）

It was very kind **of him** to help Amy.

（エイミーを助けるとは彼はとても親切だった。）

説明 of の後に示す人が不定詞の行為(こうい)をしたことで，その人の評価を形容詞で表す構文。よって，補語の形容詞は kind，nice，good，wise，foolish，silly [síli]（愚かな），stupid [st(j)úːpid]（ばかな）など，**人間の性質**を表すものが普通用いられる。

確認しよう！

2 **次の（ ）に it，of，to，for のうちから適当なものを入れて，全文を日本語にしなさい。**

❶ It is natural (　　) him (　　) get angry.

❷ (　　) is impossible (　　) me to move this piano.

❸ (　　) was silly (　　) him to trust Tom.

❹ It's very nice (　　) you (　　) come on such a rainy day.

❺ (　　) was difficult (　　) her to solve this problem.

ヒント 形容詞の種類により，for か of かを決定する。

❶ get angry「怒(おこ)る，立腹する」 ❸ trust「信用する」

解答 ❶ for, to「彼が怒るのも当然です〔もっともです〕。」
❷ It, for「私にはこのピアノを動かすことは不可能です。」
❸ It, of「トムを信用するなんて，彼は愚かだった。」
❹ of, to「こんな雨の日なのに来てくださって，なんて親切なんでしょう。」
❺ It, for「この問題を解くことは彼女には難しかった。」

❸ too ～ to *do* と enough to *do*

- She is **too** young **to** live alone.
- She was kind **enough to** show me the way.

❶ **too＋形容詞〔副詞〕＋to *do***……「～するにはあまりにも…すぎる」，「あまりにも〔非常に〕…なので～できない」の意味を表す。

She is **too** young **to** live alone.
（彼女は一人暮らしをするには若すぎます。）

The car went **too** slowly for them **to** be in time.
（自動車はひどいノロノロ運転で，彼らは遅れてしまいました。）

❷ **形容詞〔副詞〕＋enough＋to *do***……「～するには十分…」，「十分に…なので～することができる」の意味を表す。

She was kind **enough to** show me the way.
（彼女は親切にも私に道を教えてくれた。）

Tom was stupid **enough to** believe the story.
（トムは愚かにもその話を本当だと思った。）

❸ **so ... that ～の構文との関係**

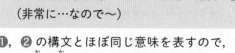

「**so＋形容詞〔副詞〕＋that＋主語＋動詞～**」
（非常に…なので～）

❶，❷の構文とほぼ同じ意味を表すので，お互いに書き換えることのできる場合が多い。

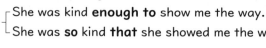

She is **too** young **to** live alone.
She is **so** young **that** she cannot live alone.

She was kind **enough to** show me the way.
She was **so** kind **that** she showed me the way.

ここに注意

副詞 enough [inʌ́f] の位置

The boy is tall **enough**.
The boy is **very** tall.

ただし，形容詞のときは
I had **enough** money.
（十分なお金を持っていた。）

The bicycle was **too** expensive for Amy **to** buy.
The bicycle was **so** expensive **that** Amy couldn't buy **it**.
（その自転車は非常に値段が高く，エイミーには買えなかった。）

説明 too ～ to *do* の形に it が不必要なのは，it にあたる to *do* の意味上の目的語が文の主語(The bicycle)になるからである。これは，The water is **good to drink.**(この水は飲んでもよい。)の文で，drink の意味上の目的語が文の主語(The water)であるために drink の後に it が不要なのと同じ理由である。形容詞的用法の 'the water to drink' 'the bicycle to buy' の場合も同様に考えてよい。

⚠ここに注意

it の有無
The problem was too difficult for me to solve. （it は不要）
→ The problem was so difficult that I could not solve **it**. （it が必要）

確認しよう!

3 次の各組の英文がほぼ同じ意味になるように，（　）に適当な語を入れなさい。

❶ Tom was stupid enough to believe the story.
Tom was (　　) stupid (　　) he (　　) the story.
❷ The cliff was too steep (　　) (　　) (　　) climb.
The cliff was (　　) steep that we (　　) climb (　　).

ヒント cliff [klíf]「がけ」 steep [stí:p]「険しい」
解答 ❶ so, that, believed ❷ for, us, to, so, couldn't, it

4 ask, tell, want, help など＋目的語＋ to *do*

- I **asked** Tom **to come** back before dark.
- I **want** you **to join** the team.

不定詞の行為をするのはだれか

❶ ask〔tell〕＋目的語＋to *do*……「～に…するよう頼む〔言う〕」の意味を表す。

I **told** Tom **to come** back before dark.
（トムに暗くなる前に帰るように言った。）

説明 命令文を間接的に表現する言い方である。
＝I **said to** Tom, "**Come** back before dark."

覚えておこう

ask の 2 つの意味
❶「尋ねる」……疑問詞が後に来ることが多い。
I **asked** him **where** he was going.
❷「頼む」……不定詞が後に来ることが多い。
I **asked** him **to go.**

❷ **want＋目的語＋to *do***……「～が…することを望む」の意味を表す。

I **want** you **to join** the team.

（私は，**あなたに**そのチームに加わってほしい。）

説明 不定詞 to join の行為(こうい)をするのは，動詞(どうし) want の目的語 you である。

❸ **help＋目的語＋(to) *do***……「～が…するのを助ける」

I often **help** my mother (**to**) **cook** dinner.

（私はよくお母さんが夕食を作る手伝いをします。）

説明 to cook という行為をするのは，help の目的語 my mother。help のこの構文の場合，to をつけない動詞の原形(げんけい) *do* を用いることも多い。

⚠ここに注意

目的語があるかどうかで意味が変わる！

❶ I want to meet him.
（私は彼に会いたい。）

❷ I want you to meet him.
（私はあなたに彼に会ってもらいたい。）

meet him するのは，❶では文の主語 I（私），❷では不定詞の前の you（あなた）である。

確認しよう！

4 次の各組の英文がほぼ同じ意味になるように，（ ）に適当な語を入れなさい。

❶ The teacher (　　) John not to go there again.
　The teacher said to John, "(　　) (　　) there again."

❷ Jane asked (　　) to (　　) to her house.
　Jane said (　　) me, "Please come to (　　) house."

ヒント ❶「そこへ二度と行くな」という否定(ひてい)の命令文の間接的な表現と直接的(ちょくせつてき)な表現。

解答 ❶ told, Don't〔Never〕, go ❷ me, come, to, my

誤りに気をつけよう

(1)「トムにお母さんのお手伝いをするように言いなさい。」

Tell ~~to~~ Tom ~~he~~ help his mother.
不要。 不要。 to を入れる。

○「tell＋(代(だい))名詞(めいし)＋to *do*」の構文に。

(2)「私はあなたにプレゼントをあげたい。」

I want (you) to give a present.
ここに移す。

○元の文だと「あなたにプレゼントをしてもらいたい」の意味。

Exercises

1 **次の語の中から適当なものを選んで(　)に入れなさい。同じものを2度以上用いてもよろしい。**

〔to, too, go, say, hear, begin, sorry, happy〕

(1) I was (　　　) to (　　　) the bad news.
(2) I'll be (　　　) (　　　) meet you when you are free.
(3) Tom is a fool (　　　) (　　　) out on such a stormy day.
(4) Strange (　　　) (　　　), Mark didn't turn up that day.
(5) To (　　　) with, Jane is (　　　) young (　　　) do such things.

2 **次の各組の英文がほぼ同じ意味になるように，(　)に適当な語を入れなさい。**

(1) You don't (　　　) to go there.
There's no need (　　　) you (　　　) go there.

(2) A boy cannot move this stone.
(　　　) is impossible (　　　) a boy to (　　　) this stone.

(3) This book is easy (　　　) for (　　　) to read.
This book is (　　　) easy that I can read (　　　).

(4) The story is (　　　) silly (　　　) us to believe.
The story is so silly (　　　) (　　　) cannot believe (　　　).

3 **次の日本文に合うように，(　)内の語を並べ換えなさい。**

(1) エイミーはトムにもっとゆっくり運転するように頼んだ。
Amy (to / Tom / more / drive / asked) slowly.
(2) あなたは私に何をしてもらいたいのですか。
What (do / do / me / to / you / want)?
(3) 子どもは簡単に悪い習慣を身につけてしまう。
(a / is / it / to / for / easy / child) form a bad habit.

ヒント **1** (2)「お暇なときにお目にかかれるとうれしいです」の意味の文にする。
(4) turn up「姿を見せる，現れる」

解答 → p.572

意味順 Boxトレーニング 8

第3編 10 — 12

◆各単元で学んだ英文を，それぞれの日本語に合うように，意味順 Box に英語を入れて完成させましょう。

10 (1) 私は，スミス先生は今までに会った中で，最高の先生だと思います。

だれが	する（です）	だれ・なに	どこ	いつ
私は	思う			
スミス先生は	です	最高の先生		
私が	今までに会った中で			

(2) だれもが彼は今まで会った中で最も素晴らしい人だと言っています。

だれが	する（です）	だれ・なに	どこ	いつ
だれもが	言っている			
彼は	です	最も素晴らしい人		
（その人は）	今まで会った （今まで生きてきた）			

11 ・私が買ったばかりの新しいコンピュータがもう壊れました。

だれが	する(です)	だれ・なに	どこ	いつ
新しいコンピューターが		(それ)		
私が	買ったばかり			
	もう壊れた			

12 (1) そう言ってくれるなんて，ご親切にありがとうございます。
(そう言ってくれるあなたはいい人です。)

だれが	する(です)	だれ・なに	どこ	いつ
仮主語の it (そう言ってくれるなんて)	です	いい人		
あなたは	言う	そのように		

(2) 雨があまりにも強すぎて，私は家を出られませんでした。

だれが	する(です)	だれ・なに	どこ	いつ
雨が	でした	あまりにも強すぎて		
私が	出る(には)		家を	

13 関係詞の when, where, what

発展

基本用例

Jane: What do you want to be when you grow up, Tom?

Tom: I want to be a star.

Jane: A star?

Tom: Yes, a baseball star like Ichiro. That's **what** I want to be. What do you want to do, when you grow up, Jane?

Jane: I want to be a star, too. A singing star. And I also want to get married and be a wife and mother.

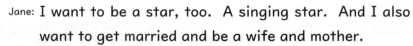

語句

grow up「大人になる」
get married「結婚する」

訳し方

J：大人になったら，トム，あなたは何になりたいの？
T：スターになりたいね。
J：スターですって？
T：ああ，イチローのような野球選手のスターにね。それが僕のなりたいものだよ。ジェーン，君は大人になったら，何をしたい？
J：私もスターになりたいわ。歌手のスターにね。それに私は，結婚して，お嫁さんになってお母さんにもなりたい。

Points for Study

1 関係副詞の when と where

(1)「**時**」，「**場所**」を表す名詞を修飾する節を導く。

(2) then, there と同じ副詞の働きを節の中でしている。

2 関係代名詞の what……「**～するもの〔こと〕**」

疑問の意味のなくなった what と考えることもできる。

what I do……「**何**をするか」→「**何**をするか，する**こと**」→「する**こと**」

1 関係副詞の when と where

- I know the exact *time* **when John arrived.**
- This is the *house* **where Amy was born.**

語句 **exact** [igzǽkt]「正確な」

❶ 関係副詞の when

I know *the time* **they arrived.** （彼らの着いた時刻を知っています。）

説明 英語では,「**名詞**＋**主語**＋**動詞** ～」の構文で「時」を表す名詞を修飾することが多い。

JUMP! pp.344-345

I know *the exact time* **when John arrived.**
（私はジョンが到着した正確な時刻を知っています。）

説明 I know *the exact time* →つなぐ働きを兼ねた when に換える。
どんな？ → **then** John arrived.
（そのときジョンが到着した，そんな…）

名詞を修飾する構文関係が分かりにくいとき,「時」を表す名詞をひとまず **when** で受け，それから修飾の文を始める。
このような働きの when を**関係副詞**という。
次の **where** も同様である。

❷ 関係副詞の where

This is *the house* **where Amy was born.**
（これがエイミーの生まれた家です。）

I would like to live in *a world* **where there is no war.**
（戦争のない世界に私は住みたい。）

説明 This is *the house* →つなぐ働きを兼ねた where に換える。
どんな？ → **there** Amy was born.
（そこでエイミーが生まれた，そんな…）

> **覚えておこう**
> **関係副詞の役割**
> ❶ 修飾の文を名詞につなぐ**接続詞**の働き。
> ❷ 前の名詞を受けて**指示副詞**となり，修飾文の動詞にかかる。
> ○「when〔where〕＝修飾文を導く**接続詞**の働き＋**then**〔**there**〕」と考えておくとよい。

確認しよう!

1 **次の英文の意味をよく理解し，すらすらと言えるように暗記しなさい。**

Where was John born? I wonder where he was born.
Do you know where he was born? Tell me the place.
Please tell me the place where John was born.

—I know where John was born.
I know the place he was born.
It is Austin, Texas.
Austin, Texas, is the place where John was born in 1965.

ヒント　疑問詞から関係副詞へと移り変わっていく様子に注意する。
大意は次のとおり。
「ジョンはどこで生まれましたか。どこで生まれたのだったかしら。
彼がどこで生まれたか，生まれた所を知りませんか。その場所を教えてください。
ジョンの生まれた場所をどうか教えてください。
—私はジョンがどこで生まれたか知っています。
彼の生まれた場所を知っています。
それはテキサス州のオースティンです。
テキサス州のオースティンが，ジョンが1965年に生まれたその場所です。」

2 関係代名詞の what

● What do you see?
—**What I see** is only grass.

「何」を表す what との違いを考えよう

語句　**grass** [græs]「草」

○ 疑問代名詞から関係代名詞へ

What do you see?
（**何**が見えます**か**。）
—***What*** **I see** is only grass.
All I see is grass.
（私に見える**もの**は草だけです。私に見える**すべて**は草です。）

説明　「**何**が見えるか」→「**何**が見えるか，見える**もの**」→「見える**もの**」のように，疑問の代名詞 what が疑問の意味を失って，ただ「**〜するもの**」という名詞の働きの語句を導く代名詞になっているとき，これを**関係代名詞**の what と呼んでいる。

? なぜなぜ？

なぜ難しいか？
❶ This is ***what*** Amy did.
❷ This is **the thing** *that* Amy did.
○ ❶ の what は❷ の「**the thing**（先行詞）＋**that**（関係代名詞）」に相当する。what は「**先行詞を兼ねた関係代名詞**」である。このように，文法で説明すると難しくなる。

確認しよう!

2 次の日本文に合うように，(　)内の語を並べ換えなさい。

❶ 私はそう思ったのです。That's (I / what / thought).

❷ さぁ，私のするようにしなさい。Look, do (do / I / what).

❸ おい。何をしてるんだ，気をつけろ。
Hey! Watch (doing / what / you're)!

❹ お前の言いたいことが，おれには分からない。
I don't know (what / mean / you).

解答 ❶ what I thought ❷ what I do ❸ what you're doing ❹ what you mean

誤りに気をつけよう

「これがあなたの言いたいことですか。」

What is this you mean?
ここに移す。
大文字にする。

○Is this ～?(これは～ですか)を用い，what you mean(あなたの意味すること)をその後に入れる。

Exercises

1 次の(　)に when, where, what のうちから適当なものを入れなさい。

(1) In Japan, April is the month (　　　) the new school year begins.

(2) Osaka is the city (　　　) I was born.

(3) This is the point (　　　) you are mistaken.

(4) Now is the time (　　　) we must act.

(5) Always try to do (　　　) is right.

2 次の英文を日本語にしなさい。

(1) What we need is a good shortstop-second base combination.

(2) To be sure, what you don't know won't hurt you.

ヒント **1** (3) mistaken「間違っている」 (4) act「行動する」

2 (1) combination [kὰmbənéiʃn]「(野球の)コンビ」 (2) hurt「傷つける」

解答 → p.573

14 話法と人称・時制の一致

発展

基本用例

直接話法

John: Who is that tall man? I have never seen him before.

Amy: I don't know him, either.

間接話法

John asked Amy who that tall man was. He said he had never seen him before.

Amy answered that she didn't know him, either.

語句 **either**（否定文で）「…もまた(～でない)」

ask（SVOO の文で）「～に…を尋ねる」

発展 **had seen** は「had＋過去分詞」で過去完了形。 JUMP! p.382

注意 He, he, him がそれぞれ，John, that tall man のうちのだれを受けているか，注意しよう。

訳し方 J：あの背の高い人はだれですか。今までに会ったことがないが。

A：私もあの人は知らないよ。

ジョンはエイミーにあの背の高い人はだれかと尋ねた。今までに会ったことがないと彼は言った。

エイミーは，彼女もその人を知らないと答えた。

Points for Study

1 直接話法から間接話法へ (1)

普通の文(平叙文)のとき……that を用いて。

2 直接話法から間接話法へ (2)

(1) 疑問文のとき……間接疑問文で。

(2) 命令文のとき……「ask〔tell〕＋目的語＋ to *do*」

3 人称・時制の一致と過去完了形

(1) 語り手の視点で，人称代名詞・時制を統一する。

発展 (2) 過去完了の形……「**had＋過去分詞**」過去のある時までのことをいう。

1　直接話法から間接話法へ（1）

● John said to Mary, **"I don't like classical music."**

● John told Mary **that he didn't like classical music.**

JUMP! p.306「第 4 課 SVO の文　2. 目的語が that, if, whether で始まる場合」

❶ **直接話法**……人の言った言葉を**そのままの形で引用して言う**場合。

John said to Mary," **I don't like classical music."**

（「私はクラシック音楽が好きではない」とジョンはメアリーに言った。）

John said to Mary," **I have never seen that man before."**

（「あの人には今までに会ったことがない」とジョンはメアリーに言った。）

説明　① **コンマ**(,)で区切る。
② **引用符**(" ")で囲む。
③ 引用符の中は**大文字**で書き始める。

❷ **間接話法**……人の言った言葉を全体の文の中に組み込んで，**間接的に，話し手の視点から統一して述べる**場合。

John said to Mary **that he didn't like classical music.**

（ジョンはメアリーに，クラシック音楽が好きではないと言った。）

John told Mary **that he had never seen that man before.**

（ジョンはメアリーに，あの人にはそれまでに会ったことがないと言った。）

説明　直接話法では，その時のジョンの視点から見て，I don't like ... であり，I have never seen ... なのである。しかし間接話法では，話し手(書き手)の視点から過去のジョンのことを述べているので，I は he となり，don't → didn't，have → had と過去形になる。

確認しよう！

1　**次の英文を間接話法の文に書き換えなさい。**

❶ All the boys said, "We enjoy Mr. K's English lessons."

❷ Jane said to me, "I want to take a taxi."

解答　❶ All the boys said that they enjoyed Mr. K's English lessons.
❷ Jane told me that she wanted to take a taxi.

② 直接話法から間接話法へ (2)

- Jill said to Mike, "Who is that tall man?"
- Jill asked Mike who that tall man was.

❶ 疑問文のとき

JUMP! pp.308-309「第4課 SVO の文　4. 目的語が間接疑問文の場合」
JUMP! p.314「第5課 SVOO の文　2. 直接目的語が名詞句・名詞節の場合」

・疑問詞で始まる疑問文の場合……その疑問詞で始まる間接疑問文で

Jill **said to** Mike, "**Who is that tall man?**"
（ジルはマイクに「あの背の高い人はだれですか。」と言った。）

Jill **asked** Mike **who that tall man was.**
（ジルはマイクに，あの背の高い人はだれなのか尋ねた。）

・疑問詞のない疑問文の場合……if あるいは whether を接続詞に使う。

Jill **said to** Mike, "**Do you know that man?**"
（ジルはマイクに「あの男性を知っていますか。」と言った。）

Jill **asked** Mike **if he knew that man.**
（ジルはマイクに，あの男性を知っているか(どうか)尋ねた。）

❷ 命令文のとき

JUMP! pp.369-370「第12課不定詞を含む重要構文　4. ask, tell, want, help など＋目的語＋to *do*」

John **said to** his mother, "**Leave me alone, please.**"
（ジョンはお母さんに「放っておいてください。」と言った。）

John **asked** his mother **to leave him alone.**
（ジョンはお母さんに，放っておいてと頼んだ。）

The teacher **said to** Amy, "**Don't forget to do your homework.**"
（先生はエイミーに「宿題をするのを忘れてはいけません。」と言った。）

The teacher **told** Amy **not to forget to do her homework.**
（先生はエイミーに，宿題をするのを忘れないように言った。）

説明　「ask〔tell〕＋目的語＋to *do*」で表す。命令よりもお願いの気持ちのときは，ask を使う。命令文が否定のときは，not や never を不定詞 to *do* の前に置く。

> ⚠ここに注意
> **say と tell, ask**
> ❶ say には **to** が必要。
> ❷ tell, ask には to は不要。

確認しよう!

2 **次の各組の英文がほぼ同じ意味になるように，(　)に適当な語を入れなさい。**

❶ Amy said (　　　) me, "Where is the key to the room?"
　Amy (　　　) me (　　　) the key to the room (　　　).

❷ The doctor said (　　　) me, "Don't eat too much."
　The doctor (　　　) me (　　　) (　　　) eat too much.

ヒント ❶疑問詞のある疑問文のときは？ ❷否定の命令文の間接話法は？

解答 ❶ to, asked, where, was ❷ to, told, not, to

③ 人称・時制の一致と過去完了形

- Amy said to John, "What **are you going to** give **me**?"
- Amy asked John what **he was going to** give **her**.

JUMP! p.310「第 4 課 SVO の文　5. 時制の一致」

❶ 人称代名詞・時制の統一……直接話法の文を間接話法の文で表すとき，人称代名詞・時制を，**語り手からの視点に統一**する。

Amy said to John, "What **are you** going to give **me**?"
〔you＝John → he〕〔me＝Amy → her〕〔are you → he was〕
（エイミーはジョンに，「何をくれるのですか。」と言った。）
Amy asked John what **he was** going to give **her**.
（エイミーはジョンに，何をくれるのか尋ねた。）

❷ **時を表す副詞などの一致**

時間や場所を表す語句も，話し手の視点に合わせて適宜言い換える。

today → that day　yesterday → the day before
this → that　here → there

Amy said to me, "I'm leaving **tomorrow.**"
（エイミーは私に，「明日，出発するの」と言った。）
Amy told me that she was leaving **the next day.**（エイミーは私に，その次の日に出発するのだと言った。）

覚えておこう

過去・現在・未来を通じて**不変の真理**などは，時制を一致させない。
My father always said that honesty **is** the best policy.
（正直は最善の策と父はいつも言っていた。）

❸ 過去完了形……「had＋過去分詞」

Amy said to me, "When did you buy it?"（直接話法）

（「あなたはいつそれを買ったの」と，エイミーは私に言った。）

Amy asked me when I **had bought it.**（間接話法）

（エイミーは私に，いつそれを買ったのかと尋ねた。）

説明 直接話法の発言内容が**過去形**や**現在完了形**で，文の動詞が過去形のとき，間接話法では発言の箇所を**過去完了形**で表す。

○ 過去完了形を使った文

When I arrived, Amy **had** already **left.**

（私が**着いたとき**には，エイミーはすでに**出かけてしまっていた。**）

It was the first time I **had** ever **been** to Nara.

（奈良に来たのはそのときが初めてであった。→**それまでは**来たことがなかった。）

比べてみよう

現在完了……今までの動作・状態を述べる。

過去完了……過去のあるときまでの動作・状態を述べる。

説明 **過去のある時点までの動作の完了やその結果，状態の継続，経験**を表すとき，「**had＋過去分詞**」の**過去完了形**を使う。

確認しよう!

3 **次の各組の英文がほぼ同じ意味になるように，（　）に適当な語を入れなさい。**

❶ John said to his father, "Please buy these shoes for me."
John (　　) his father (　　) buy (　　) shoes for (　　).

❷ He said to me, "I've just heard the news."
He (　　) (　　) that (　　) (　　) just heard the news.

解答 ❶ asked, to, those, him ❷ told, me, he, had

誤りに気をつけよう

(1)「彼はどこへ行くのかと私に尋ねた。」

He asked me where ~~were you~~ going~~?~~
→ I was
→ピリオドに換える。

○間接疑問文の語順に注意。

(2)「彼はまもなく着くだろうと思った。」

I thought he ~~will~~ arrive soon.
→would に換える。

○英語では時制を一致させる。

Exercises

1 次の各組の英文がほぼ同じ意味になるように，（　）に適当な語を入れなさい。

(1) Amy said, “I'm looking for John.”
Amy said that (　　) (　　) looking for John.

(2) John said to me, “Who are you waiting for?”
John (　　) me who (　　) (　　) waiting for.

(3) Jane's mother said to her, “Do your best.”
Jane's mother (　　) her (　　) do (　　) best.

2 次の英文を直接話法の文に書き換えなさい。

(1) John asked her where she was from.
(2) Jane asked Mike if he had ever been to Scotland.
(3) Tom's mother asked him what he wanted her to do.

3 次の英文を日本語にしなさい。

(1) John waited till we had finished our meal.
(2) Jane was sixty years old, and she had lived in that small village ever since she was born.
(3) Amy said to me that that was the first time she had ever been to Kyoto.

4 次の日本文を直接話法と間接話法の２とおりの英語にしなさい。

(1) エイミーは彼に「このバスはどこに行きますか」と言いました。
(2) 先生は生徒たちに静かにするように言いました。
(3) ジョンは私に「いつ，どこでそれを見つけたのか」と言いました。

ヒント

2 (1) 出身地を尋ねる言い方。 (3) want＋目的語＋to do「～が…することを望む，～に…してほしい」代名詞との対応関係に注意する。

4 (1)「このバス」は要注意。 (3)「いつどこで」when and where「(いつ)見つけた(か)」だから，直接話法では過去形。間接話法では？

解答 → p.574

15 仮定法

基本用例

Tom: I want to go on vacation, but I don't know where to go.

Mark: If I were you, I would go to Europe. It's beautiful this time of year.

Tom: Yes, I wish I could go there. I've always wanted to go to Italy.

Mark: But I think you would enjoy it more if you studied some Italian first.

Tom: It would be great if I could speak Italian as if I were a native speaker!

語句 **go on vacation**「休暇に出かける」 **Europe** [júərəp]「ヨーロッパ」 **native** [néitiv]「その土地に生まれ育った」

訳し方 T：休暇に出かけたいんだけど，どこに行ったらいいか分からないな。
M：僕なら，ヨーロッパに行くな。1年のうちで今ごろはきれいだよ。
T：そうだね。行けたらいいのになあ。僕はずっとイタリアに行きたいと思ってたんだ。
M：でも，先にイタリア語を少し勉強すれば，もっと楽しめると思うよ。
T：イタリア人みたいにイタリア語を話せたらどんなにかいいだろうね。

Points for Study

1 **仮定法過去**：If 節内で動詞の過去形を使って，現在の事実に反する仮定を表す

(1) 仮定法過去の形と意味　(2) 単なる条件との比較

2 **仮定法過去完了** 発展：If 節内で動詞の過去完了形を使って，過去の事実に反する仮定を表す

○ 仮定法過去完了の形と意味

3 仮定法を使ったその他の表現

(1) I wish …　　(2) as if … 発展

(3) 助動詞の過去形を使った婉曲表現 発展

1 仮定法過去

● If I **were** you, I **would go** to Europe.

● If I **had** enough money, I **could buy** that car.

❶ **仮定法過去……現在の事実に反することや，実現の可能性が低いことを想像して述べる**言い方で，次の形をとる。（If 節と主節の 2 か所の動詞の形に注意する。）

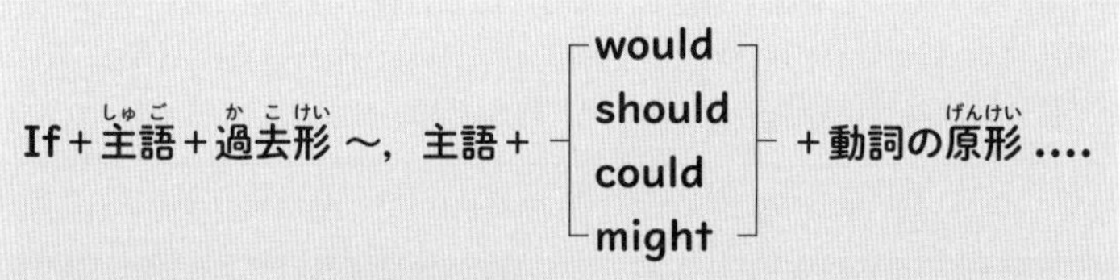

If I **were** you, I **would go** to Europe.
（もし私があなた**だったら**，ヨーロッパに**行くだろうに**。）

説明　仮定法では be 動詞 were を用いるのが正式。しかし，主語の人称・数に合わせて was を使うことも多い。

If I **had** enough money, I **could buy** that car.
（もし私に十分なお金が**あったら**，その車を**買えるのに**。）
（← **As** I don't have enough money, I cannot buy that car.）

❷ 未確定な未来のことに関して，現実的に起こり得る条件を述べる場合は，次の形をとる。

If ＋主語＋現在形 ～，主語＋ will，may など＋動詞の原形 ….
（主節の形は，命令文，疑問文などさまざま）

If it rains tomorrow, I will stay home.
（もし明日雨が降れば，家にいることにしよう。）

If you have nothing more to read, go to the library.
（もう読むものがないのなら，図書館へ行きなさい。）

確認しよう!

1 下の語から適当なものを選んで(　)に入れなさい。

❶ ('I' が優勝に自信を持っている場合)

If I (　　　) this race, I will tell my mother about it first.

❷ ('I' は宝くじを買ったが一等など当たらないと思っている場合)

If I (　　　) first prize, I (　　　) go around the world.

❸ ('I' が有力な大統領候補の場合)

If I (　　　) President, I (　　　) visit Japan first.

❹ ('I' が中学生の場合)

If I (　　　) President, I would help all the people in the country.

〔win, won, become, became, will, would〕

ヒント　❷と❹は非現実的なことを強く想像して言っている。❶と❸は起こり得ることを想定して言っている。

解答　❶ win　❷ won, would　❸ become, will　❹ became

発展 2 仮定法過去完了

- If I **had been** there, I **could have helped** you.
- If you **had tried** again, you **might have succeeded.**

○ **仮定法過去完了**……**過去の事実に反することを想像して**述べる言い方で，次の形をとる。(If 節と主節の 2 か所の動詞の形に注意する。)

If＋主語＋had＋過去分詞 ～, 主語＋〔would / should / could / might〕＋have＋過去分詞 ....

If I **had been** there, I **could have helped** you.
(もし私がそこに**いたのなら**，あなたを助けることが**できただろうに。**)
(← As I wasn't there, I couldn't help you.)

If you **had tried** again, you **might have succeeded.**
(もしもう一度挑戦**していたら**，成功**していたかもしれないのに。**)
(← As you didn't try again, you didn't succeed.)

確認しよう!

2 次の( )に適当な語を入れなさい。

❶ If I (　　) (　　) your address, I would (　　) (　　) to you, but as I (　　) know your address, I didn't write to you.

❷ If I (　　) (　　) enough money, I could (　　) (　　) your birthday present, but as I didn't have enough money, I (　　) buy it.

ヒント 英語では does not → doesn't のように 1 語で表現することが多かった。

解答 ❶ had, known, have, written, didn't
❷ had, had, have, bought, couldn't

❸ 仮定法を使ったその他の表現

- **I wish** I **could go** there.
- You speak Italian **as if** you **were** a native speaker. 発展

日常の会話でもよく使われる

❶ **I wish 〈主語(しゅご)＋過去形(かこけい)〔過去完了形(かこかんりょうけい)〕～〉:「～であればいいのに」「～すればいいのに」** (事実に反することを願望する(＝wish)表現)

I wish I **could go** there. (＝I'm sorry I can't go there.)
(現在の事実に反する願望)
(そこへ行けたらいいのになあ。)

I wish I **had taken** her advice. (＝I'm sorry I didn't take her advice.)
(過去の事実に反する願望)
(彼女の助言のとおりにしておけばよかったのに。)

発展 ❷ **主語＋動詞(どうし) … 〈as if＋主語＋過去形〔過去完了形〕～〉:「まるで～かのように」** (事実に反する様態を示す表現)

You speak Italian as if you **were** a native speaker.
(あなたは**まるで**現地の人**のように**イタリア語を話しますね。)

She looks as if she **had seen** a ghost.
(彼女は**まるで**幽霊(ゆうれい)でも**見たかのような**顔つきだ。)

You spoke Italian as if you **were** a native speaker.
(あなたは**まるで**現地の人**のように**イタリア語を話した。)

She looked as if she **had seen** a ghost.
（彼女は**まるで**幽霊でも**見たかのような**顔つきだった。）

説明 仮定法は時制の一致を受けない。

発展 ❸ 助動詞の過去形を使った婉曲・丁寧表現

I **would** like a single room.　（← want ～より丁寧な表現。）
（1人部屋を**お願いしたいのですが**。）

She **couldn't** tell a lie.
（彼女がうそをつく**はずがないよ**。）

Could you tell me the way to the station?
（← Can you tell ～? より丁寧な表現。）
（駅へ行く道を教えて**いただけませんか**。）

> **⚠ここに注意**
>
> You could **pass** the test.
> あなたは試験に合格できるだろう。（←まだ可能性がある）
> You could **have passed** the test.
> あなたは試験に合格できたのに！（←もう可能性はない）

❹ 後悔の表現

I **could've been** there immediately.　（すぐにそこへ**行けたのに**。）

You **should've told** that to us all.
（私たちみんなにそのことを**話してくれたらよかったのに**。）

説明 could've＝could have　should've＝should have
日常会話では，このような短縮形がよく使われる。

語句 **ghost** [góust]「幽霊」，**single** [síŋgl]「1人用の」，**immediately** [imíːdiətli]「すぐに」

確認しよう！

3 次の日本文に合うように，（　）に適当な語を入れなさい。

❶ 今ここに君がいればいいのになあ。
I wish (　　　) (　　　) here now.

❷ 彼はまるで子どものように振る舞う。
He behaves (　　　) (　　　) he (　　　) a child.

❸ 君もそのパーティーに行くべきだったのに。
You (　　　) have (　　　) to the party too.

ヒント behave [bihéiv]「振る舞う」

解答 ❶ you, were ❷ as, if, were ❸ should, gone

Exercises

1　次の日本文に合うように，下の語から適当なものを選び，(　)に入れなさい。

(1) もう一度やってみれば，君は成功するでしょう。
If you (　　) again, you (　　) succeed.

(2) もう一度やってみれば，君は成功するだろうに。
If you (　　) again, you (　　) succeed.

(3) もし彼女の住所が分かっていれば，彼女を訪ねて行けるのに。
If I (　　) her address, I (　　) (　　) her.

(4) もし彼女の住所が分かっていたら，彼女を訪ねて行けたのに。
If I (　　) (　　) her address, I could (　　) (　　) her.

(will, have, had, visit, visited, try, tried, knew, known, could, would)

2　次の日本文に合うように，(　)に適当な語を入れなさい。

(1) あのとき私がそこにいればよかったのに。
I wish (　　) (　　) (　　) (　　) at that time.

(2) 彼はまるで自分が先生であるかのように話す。
He speaks (　　) (　　) he (　　) a teacher.

(3) そんなこと君は彼女に言うべきではなかったのに。
You (　　) (　　) (　　) such a thing to her.

(4) 1時間早く家を出ていたら，飛行機に乗り遅(おく)れることはなかったのに。
If you (　　) (　　) home one hour (　　), you (　　) (　　) (　　) missed the plane.

3　次の日本文を英語にしなさい。

(1) もし私があなたなら，もう少し待つでしょう。
(2) あなたの誕生日(たんじょうび)を知っていたら，プレゼントをあげることができたのに。
(3) 世界中を旅行できたらいいのに。
(4) 私は彼の忠告に従うべきだったのに。

ヒント
1　(1) これからトライする可能性がある人に向かって。 (2) もうトライすることをあきらめた人に向かって。
2　(3) should not は短縮形(たんしゅくけい)で1語に。
3　(4)「彼の忠告に従う」take his advice

解答 → p.574

意味順 Box トレーニング 9

第3編 13 － 15

◆各単元で学んだ英文を，それぞれの日本語に合うように，意味順 Box に英語を入れて完成させましょう。

13・それは私がなりたいものです。

玉手箱	だれが	する（です）	だれ・なに	どこ	いつ
	それは	です			
～（する）もの	私が	なりたい			

14 (1) あの背の高い男性はだれですか。

玉手箱	だれが	する（です）	だれ・なに	どこ	いつ
誰？		です	あの背の高い男性は		

(2) ジョンはエイミーにあの背の高い男性は誰かと尋ねました。

玉手箱	だれが	する（です）	だれ・なに	どこ	いつ
	ジョンは	尋ねた	エイミーに		
誰	あの背の高い男性	でした			

15 (1) もし私があなたなら，ヨーロッパに行くだろう。

玉手箱	だれが	する(です)	だれ・なに	どこ	いつ
もし～ならば	私が	である	あなた		
	私は	行くだろう	ヨーロッパに		

(2) 私がそこに行ければいいのに。

だれが	する(です)	だれ・なに	どこ	いつ
私は	～であればいいのに			
私は	行ける		そこに	

(3) ネイティブスピーカーみたいにイタリア語を話せたらどんなにかいいだろうに。

玉手箱	だれが	する(です)	だれ・なに	どこ	いつ
	それは	いいだろう			
もし ～ならば	私が	話すことができた	イタリア語を		
まるで～ かのように	私が	です	ネイティブ スピーカー		

Let's Try and Check! 3

時間 50分　　合格点 70点　　得点　　点

1 次の対話文の(　)内に，それぞれ下の語群から適当なものを選んで入れ，完全なものにしなさい。(16点)

(1) Rita: Help (　①　) (　②　) some salad.
Kazu: Thank you. This is very good.
Rita: I'm (　③　) you (　④　) it.

〔to, like, glad, yourself〕

(2) Rita: Will you (　①　) (　②　) the pepper, please?
Kazu: Sure. (　③　) (　④　) (　⑤　).
Rita: Thank you.

〔me, are, you, here, pass〕

(3) Rita: This (　①　) is (　②　). I like it.
Kazu: Thank you. Would you (　③　) to (　④　) some (　⑤　)?
Rita: No, thank you. I've (　⑥　) (　⑦　). I'm fine.

〔had, have, like, more, dessert, enough, delicious〕

2 次の対話文の(　)内に適当な単語を1語ずつ入れ，完全なものにしなさい。(14点)

Woman: Excuse (　①　), but will (　②　) tell me what today's lunch special is?
Waiter: Sure. Today's special is fried chicken.
Woman: Good. I'll (　③　) it.
Waiter: Any drinks?
Woman: Yes. Coffee, please.
Waiter: Shall (　④　) bring it (　⑤　) or after the meal?
Woman: After, please. And (　⑥　) I have mineral water now? A small bottle, please.
Waiter: Sure. Gas (　⑦　) non-gas?
Woman: Non-gas, please.
Waiter: Thank you.

3 次の対話文の(　)内の単語を正しい順に並べ換え，完全なものにしなさい。

(12点)

Amy: ①(buy / did / what / John) yesterday? Do you know ②(bought / what / John) yesterday? If you do, please tell me ③(bought / thing / John / the) yesterday.

Bob: I know ④(bought / John / what) yesterday. He bought an old clock yesterday. An old clock is ⑤(bought / thing / John / the) yesterday. Look! That is ⑥(bought / clock / John / the) yesterday.

4 次の各文を，例にならって，ほぼ同じ意味を表す文に書き換えなさい。

(12点)

(例) Our teacher said to us, "Go there immediately."

→Our teacher told us to go there immediately.

(1) John said to me, "Please help me with my homework."

→John asked me ＿＿＿＿＿＿＿＿＿＿＿＿＿＿＿＿.

(2) Amy said to me, "What are you looking for?"

→Amy asked me ＿＿＿＿＿＿＿＿＿＿＿＿＿＿＿＿.

(3) Betty was so busy that she could not ever eat lunch.

→Betty was too busy ＿＿＿＿＿＿＿＿＿＿.

(4) The mountain was too high for Tom to climb.

→The mountain was so high ＿＿＿＿＿＿＿＿＿＿＿＿.

5 ワシントンD.C.のホテルでMariがTaylor氏と話しています。これについて後の問いに答えなさい。

Mr. Taylor: Good morning, Mari. How are you?

Mari: Fine, thank you. And you, Mr. Taylor?

Mr. Taylor: Fine, thank you. Where (　①　) yesterday, Mari?

Mari: I went to the National Gallery of Art. ⓐThere were so many beautiful pictures to see that I spent almost all the afternoon there. I wanted to visit the National Archives, too, but there wasn't any time left. ㋐暗くなる前にホテルに戻らなくてはなりませんでした。

Mr. Taylor: The National Archives is a very interesting place. You can see very precious and important documents, such as the Declaration of Independence. ㋑訪れてごらんになるよう，おすすめしますよ。

Mari: Thank you for your advice, but ㋒そうすることはできないだろうと思います。 ⓑThere are still many places that I have long wanted to visit and have not visited yet — the Washington Monument, the Lincoln Memorial, the Arlington National Cemetery.... Every morning I'm at a loss (②) and (③).

Mr. Taylor: No wonder. ㋓私もここに来てほとんど2週間になり, and new interesting places turn up every morning. Mari, how long (④) here?

Mari: Four days.

Mr. Taylor: And how long (⑤) here?

Mari: I'm supposed to leave here this day week.

Mr. Taylor: Oh, don't worry, Mari. ⓒOne week is long enough to visit most of the important sites in Washington D.C. Now I must be going. Have a nice day, Mari!

Mari: Thank you, Mr. Taylor. See you tomorrow. Bye.

⑴ 音声を聴(き)いて①～⑤の( )の部分の英語を聞き取って書きなさい。(15 点)

⑵ もう一度音声を聴き，下線部㋐～㋓の英語を聞き取って書きなさい。(16 点)

⑶ 下線部ⓐ～ⓒの英語を日本語に直しなさい。(15 点)

すべての問題の解答と採点が終わってから再度音声を聴き，もう一度全体を復習しましょう。

5 the National Archives [á:kaivz]「米国国立公文書館」 such as ～「例(たと)えば～のような」 the Declaration of Independence「独立宣言(書)（1776 年 7 月 4 日）」 Arlington National Cemetery [sémәteri]「アーリントン国立墓地」 be at a loss「途方(とほう)に暮(く)れる」 turn up「現れる」 be supposed to *do* ～「～することになっている」 this day week「来週の今日(きょう)」

解答 → p.575

4

第4編
コミュニケーション・表現

ここからスタート！　第4編

04 コミュニケーション・表現

START!

英語はコミュニケーションツールですので，身につけた語いや表現を実際に「使って」みることが大切です。この編では様々なシチュエーションを想定し，そこで使える語いや表現をまとめました。読んで覚えるだけでなく，音声を聴いたり，声に出したりしながら，確実に身につけていきましょう。

今日はspeakingの特訓として，ロールプレイングをするぞ！
オー!!

さっそくこのシチュエーションに沿って会話をしてみよう
内容は自由にふくらませてね
〜ロールプレイングの設定〜
・登場人物…Nick, Susie
・シチュエーション…
久しぶりに再会した2人。
NickがSusieをパーティに誘う。

よ〜い アクション！
私がSusie!
ぼくがNick!

Hello Nick!
How have you been?
Hi Susie!
I've been quite well, thank you!
▷p.399
久しぶり！
おっ さっそく重要な表現だね！

久しぶりに会った人には，How are you?を現在完了形にして，How have you been?とあいさつするよ！
前に会ったときからずっとどうしてた？ってカンジだね！

I'm going to have a party with my friends. Will you join us?
▷p.402
じゅる
My mom will bake a cake for us!

That sounds great!
▷p.408
たのしそう！
Who will come to the party?

そんなの考えてないぞ…
お〜い 悩むときも英語を使おう！

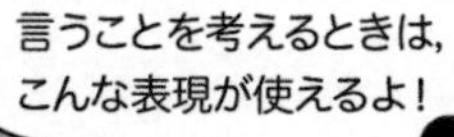

言うことを考えるときは，
こんな表現が使えるよ！
well / let me see
（あのー，えーっと）
I mean
（つまり，そのー）
you know
（えーっと，ほら）
▷p.400

Well, let me see... Sam, Willy, Roy and Lisa will come!
どうだ！
I see. I want to invite Miranda to the party!

Susieはパーティに
友達のMirandaも
招待したいんだね
話がふくらむなぁ～
I want to... は
ちょっと直接的だから，
別の表現をしてみよう！

中学自由自在のp.404によると…
わあ，許可を求めたり，要望を伝える
表現ってたくさんあるね！
Could I～?
May I～?
英語の敬語だね
Can I～?
Do you mind if～
I'd like to～
助動詞mayや仮定の形，
遠回しな表現は丁寧な表現だね

Do you mind if I invite
Miranda to the party?
Miranda!?
YES!!!!

Oh, you don't like her...
じゃあやめておくね….
来て
大歓迎
来て
No, no, no! I don't mind!
I like her! I mean, as a friend!
mindは元々「～を嫌がる」という
意味だから，Do you mind～?の文に
Yesで答えてしまうと，「嫌だ」の意味
になってしまうから気をつけようね！
否定の形で答えよう！

すごくいいロールプレイング
じゃないか～！
も～勝手にMiranda
なんて出してくるなよ！
君だって知らない人
の名前を出してきた
じゃない！
シチュエーションごとの
表現はおさえておくと
便利だし，会話がとっても
豊かになるよ！
ギャー
ギャー
この勢いでドンドンおぼえよう！
君が聞くからだろ！

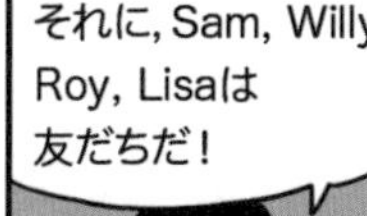

それに，Sam, Willy,
Roy, Lisaは
友だちだ！

ドチャ
ぬいぐるみの名前！？

1 あいさつの言葉
Greetings

1 朝，顔を合わせたとき

Good morning, Peter. **How are you?**

（おはよう，ピーター。元気？）

—Fine, thank you. / Pretty good. / Very well.

（元気だよ，ありがとう。）

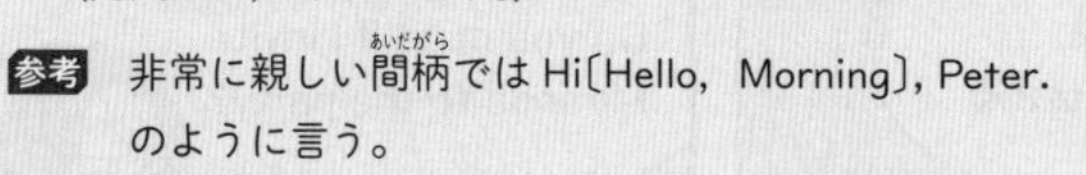

参考 非常に親しい間柄では Hi〔Hello, Morning〕, Peter. のように言う。
あまり Fine でないときは Not bad. / I'm OK. などと答える。

Point

● **How are you?**　（お元気ですか。）

▶「ご機嫌いかが？」「調子はどう？」のように相手の調子を尋ねる表現。Good morning や Hi などのあいさつとセットで使うとよい。

★「調子はどう？」はいろいろな言い方があるので，他の表現も覚えておこう。
How are you doing?（調子はどうだい？）⇨ 進行形を使うと，ややくだけた表現。
How's it going?（調子はどうだい？）⇨ it は「あなたの生活」のような状況を表す。
What's up?（調子どう？）⇨ くだけた表現で，友達どうしなど親しい間柄で使う。

2 初対面の人に紹介されたとき

A: How do you do, Ms. Baker? Nice〔Very glad〕 to meet you.
（初めまして，ベイカーさん。お会いできてうれしいです。）

B: Nice to meet you, too.（こちらこそ，お会いできてうれしいです。）

A: I'm Kenji. Call me Ken.（僕はケンジです。ケンと呼んでください。）

参考 How do you do? はやや古い言い方で，Nice to meet you. を使うことが多い。
自己紹介をするときは，My name is ～. でもよいが，I'm ～. のほうが自然。

3 しばらく会っていなかった場合

注意 現在完了形(げんざいかんりょうけい)を使って言う。

How have you been? / Have you been well?

(いかがお過ごしでしたか。/お元気でしたか。)

—I've been quite well, thank you.

(すっかり元気にしていましたよ，ありがとう。)

It's been a long time. (久しぶりだね。)

参考 後ろに since ～ をつづけることもある。

It's been a long time since I saw you last time.

Point

● **How have you been?**　**(いかがお過ごしでしたか。)**

▶ How are you? を現在完了形にして，「(あのとき以来)いかがお過ごしでしたか」と尋(たず)ねる表現。久しぶりに再会したときなどに使う。

4 別れるとき

See you later〔tomorrow〕.

(じゃ，またあとで〔明日(あした)〕。)

参考 単に See you. と言うこともある。

Good night. (おやすみ。) / Good luck! (がんばってね。)

参考 Have a nice day〔trip〕. も日常よく使われる。

5 「～によろしく」の言い方

Say hello to your brother, please. (お兄さんによろしくお伝えください。)

Please give my best wishes〔regards〕 to your parents.

(ご両親にくれぐれもよろしくお伝えください。)

2 会話を進めるあいづちなど
Useful Expressions for Conversations

1 同意を表すとき

I see. / Oh, yes. / I think so, too. / Of course.

参考 Sure. / Certainly. などの副詞(ふくし)もよく使う。

2 どう言おうか迷っているとき

Well, let me see ❶ ... Do you have tomato juice?
(あのー，えーっと…トマトジュースはありますか。)

Well, **I mean** ❷ ... I was a little happy.
(えーっと，つまりその…ちょっとうれしかったんだ。)

I went to the new coffee shop by the station, **you know,**... Sakura Café.
(駅の近くの新しい喫茶店に行ってきたよ，ほらあの…サクラカフェだよ。)

Point

❶ **well / let me see**　**(あのー，えーっと)**

▶何を言うか考えたり，思い出そうとしたりするときに使う表現。

Well, let me see ... I think jogging is good for your health.
(そうだなあ，えーっと…ジョギングは健康にいいと思うよ。)

❷ **I mean**　**(つまり，そのー)**

▶言ったことを補足したり，正しく言い直したりするときに使う表現。

I really like John. *I mean*, as a friend.
(ジョンのことは本当に好きよ。つまりそのー，お友達としてね。)

3 聞き返すとき

Huh? / What?（えっ?，何?）

参考 シンプルな聞き返し方だが，ぶっきらぼうな印象を与えるので，親しい間柄(あいだがら)で使う。

I'm Sorry? / Excuse me? ❶

（ごめんなさい，もう一回言って?）

Pardon? ❷（何とおっしゃいましたか。）

Say that again?（もう一回言って?）

Point

❶ **I'm sorry? / Excuse me?** 注意 上昇調(じょうしょうちょう)(↗)で言う。

▶「ごめん，聞き取れなかったから，もう一度言って」という気持ちで聞き返す表現。

★ I'm sorry? は親しい間柄であれば，I'm を省略して Sorry? と尋(たず)ねてもよい。

注意 下降調(かこうちょう)(↘)で言うと，I'm sorry.（ごめんなさい。）と謝(あやま)ったり，Excuse me.（すみません。）と人に何かを尋ねたりする言い方になるので注意。

❷ **Pardon?** 注意 上昇調(↗)で言う。

▶❶よりも丁寧(ていねい)な表現。「失礼ですが，おっしゃったことが聞き取れませんでした。お許しください。」といった意味合いで使う。

★ I beg your pardon?(↗)は，さらに丁寧な言い方。下降調(↘)だと謝る言い方になる。

4 話題をかえるとき

By the way（ところで）

参考 *By the way*, do you remember me?（ところで，私のことを覚えていますか。）

Anyway（とにかく，いずれにせよ）

参考 *Anyway*, let's have fun!（とにかく，楽しもう!）

3 相手の意向を尋ね，相手を誘う
Offers and Invitations

1 you を使って……Can〔Will〕 you ～?

We are going to have a party tomorrow. **Can〔Will〕 you join us?**
（明日パーティーをしますが，参加してくれますか。）

—Yes, OK. What time?（ええ，ぜひ。何時ですか。）

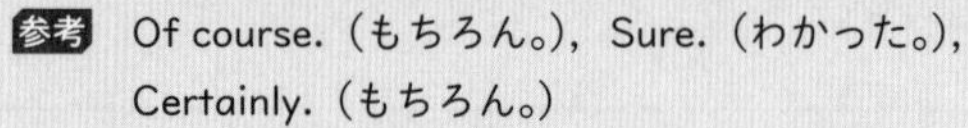

参考 Of course.（もちろん。），Sure.（わかった。），
Certainly.（もちろん。）

—Thanks for asking me, but I'm sorry I can't. I'm going out with my family.
（誘ってくれてありがとう。でも，残念ながら行けません。家族で出かけるんです。）

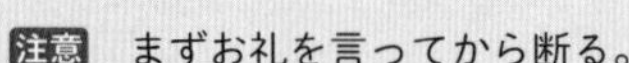

注意 まずお礼を言ってから断る。

Point

- **Can〔Will〕 you ～?**　**（～してくれますか。）**

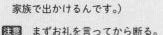

▶相手に頼みごとをするときに使う表現。

★Will you ～? は，Can you ～? より少し丁寧な言い方。

2 I を使って……Shall I ～?

Shall I open the window for you**?**（窓を開けましょうか。）
—Yes, please. / Thank you very much.（ええ，どうぞ。/ どうもありがとう。）
—Don't worry. / No, thank you. / No, that's OK.
（いいえ，おかまいなく。/ いいえ，結構です。）

注意 No を先に言う。いきなり Thank you. と言わないように。

3 we, us を使って……Shall we ～?，Let's ～.

Shall we go together**?** —Yes, let's. / That's a good idea.

（いっしょに行きましょうか。—ええ，行きましょう。/ いい考えですね。）

Let's buy a gift for Ms. Baker. —No, let's not.

（ベイカー先生にプレゼントを買いましょうよ。—いや，やめておきましょう。）

4 Why don't you〔we〕～?（なぜしないの？）を使って

Why don't you do the homework with me**?** ❶

Why don't we do the homework together**?** ❷

（いっしょに宿題をしましょうよ。）

Point

❶ **Why don't you ～?**　（～してはどう？）

▶「なぜ～しないの？＝～してはどう？」という意味合いで，相手に何かを提案する表現。

❷ **Why don't we ～?**　（～しましょうよ。）

▶「なぜ(みんなで)～しないの？＝～しましょうよ」という意味合いで，相手を誘う表現。

5 How〔What〕about＋*doing* ～? を使って

How〔What〕about doing the homework together**?**

（いっしょに宿題をすることにしてはどうでしょう。）

注意 「～してはどうか」と提案する気持ち。

4 相手の許可を求め，自分の要望を述べる
Asking for Permission and Expressing Desires

1 may を使って……May I ～?

May I use your computer now**?**

（あなたのコンピューターをお借りしてもいいでしょうか。）

—Sorry, but I have to write some e-mails.

（すみません，私もいまメールを書かないといけないのです。）

参考 はっきり断るときは No, you may not. のように言う。

Point

● **May I ～?**　（**～してもよろしいでしょうか。**）

▶相手に許可の判断をゆだねる丁寧（ていねい）な表現。

2 can を使って……Can I ～?

Can I use your desk**?**（=Please *let me* use your desk.）

（あなたの机をお借りしてもいいですか。）

—Sure. / Certainly. / Of course.

（ええ，もちろん。どうぞ。）

参考 Yes, you can. と言うこともできるが，堅苦しい感じ。

Point

● **Can I ～?**　（**～してもいいですか。**）

▶ May I ～? よりくだけた表現。家族や友達，日常的によく接している親しい間柄（あいだがら）の人に許可を求めるような場面で使う。

3　I'd like to *do* を使って

I'd like to catch the 9 o'clock train.

(9時発の列車に乗りたいのですが。)

―Shall I drive you to the station?

(駅まで車でお送りしましょうか。)

Point

● **I'd like to *do*.**　**(〜したいと思うのですが。)**

▶ I want to *do*(〜したい)の丁寧な表現。

★願望だけを伝える want to 〜 と違って，would like to 〜 は「相手への要求やお願い」を伝える意味合いがある。文末に please をつけると，さらに丁寧な表現になる。

I'd like to hear your opinion.（あなたの意見を聞きたいのですが。）

I'd like to have a cup of coffee, *please*.（コーヒーを飲みたいのですが。）

4　could や仮定の形を使って

Could I have some toast, too?（トーストも少しいただけますでしょうか。）

参考　「もしお願いすれば〜できますか」という意味合い。Can I 〜? より丁寧。

Do you mind if I turn off the heater?

(ヒーターを切ってもかまいませんでしょうか。)

参考　「ヒーターを切れば困りますか」と，遠回しに自分の要望を述べ，相手の許可を求めている。I want to turn off the heater. と比べてみよう。

問題　指示された語句を使って，cancel the booking(予約の取消し)を申し出てみよう。

㋐ want　㋑ can　㋒ I'd like

解答　㋐ I want to cancel the booking.　㋑ Can I cancel the booking?
㋒ I'd like to cancel the booking.

相手にものを頼む・勧める
Requests and Orders

1 命令文と please を使って

Please be quiet, Kenji.（静かにしてちょうだい，ケンジ。）

参考 Don't be noisy. は「騒がしい，静かにしないか。」と強い禁止の命令文。

Walk slowly, **please.**（静かにお歩きください。）

参考 Don't run here. の丁寧な表現。

2 Will you ～? を使って……丁寧な表現

Will you help me**?**（手伝ってくれませんか。）

―Sure. What do you want me to do?

（ええ，もちろん。何をしてほしいの？）

―Sorry. I'm doing my homework.

（ごめんね。いま宿題の最中なの。）

Point

● **Will you ～?**　**（～してくれますか。）**

▶相手に頼みごとをするときに使う表現。

参考 頼む気持ちを強調するために，Will you ～? の言い方に，さらに please をつけることも多い。

Will you *please* show me how to use it?

（恐れ入りますが，それの使い方を教えていただけませんか。）

参考 人に話しかけて，ものを頼むときは Excuse me で始める。

Excuse me, (but) will you please show me the way to the museum?

（ちょっとすみません，博物館へ行く道を教えていただけませんでしょうか。）

3 否定形 won't や過去形 would を使って……もっと丁寧に

I can't hear you. **Won't you** say that again**?**
（聞こえません。もう一度言っていただけませんか。）
—OK. I said, "You have to be back before one ten."
（はい。「1 時 10 分までに戻らないといけませんよ」と言ったんですよ。）

Would you sign your name here**?**
（ここに署名していただけますか。）

参考 Will you ～? のときと同じように，please をつけると，さらに丁寧な表現になる。
Would you *please* wait for a little longer?（もう少々お待ちいただけませんか。）

Point

● **Won't you ～? / Would you ～?**　（～していただけますか。）

▶相手に頼みごとをするときに使う。Will you ～? よりも丁寧な表現。

★英語では，助動詞の否定形や過去形を使うと，通常の表現より遠回しな印象を与えられるので，丁寧な表現になる。

Will you open the window?（窓を開けてもらえますか。）
⇨ *Won't you* open the window?
⇨ *Would you* open the window?
（窓を開けていただけませんか。）

★ **1** → **2** → **3** の順に，より丁寧な表現になる。目安として丁寧さの度合いをイメージしておこう。

より丁寧 ↑
Would〔Could〕you ～?
Won't〔Can't〕you ～?
Will〔Can〕you ～?
Please ～. / ～, please.

問題 次の英文を日本語にしなさい。
Would you tell me your name?
—Sure. It's Mary.

解答 あなたのお名前を教えていただけますか。—もちろん。メアリーです。

6 相手の意見に賛成・反対する
Agreeing and Disagreeing

1 明確な賛否の表明

I agree. (同意します。) / **I disagree.** (同意しません。)

2 肯定的・希望的な同意

I think so, too. (私もそう思う。) / **I hope so.** (そうだといいね。)

3 否定的・悲観的な見解の言い方

I don't think so. / I'm afraid not.

(そうは思わない。/ 残念だけど，そうは思えない。)

参考 John is a very honest man. (ジョンは非常に正直な男だ。)
—*I'm afraid not*. (いや，そうじゃないと思うよ。)

Point

● **I'm afraid not.** 注意 not の位置に注意。

▶相手にとって好ましくないことを言うときに使う表現。

4 積極的な支持の表現

That's right! / That's a good idea. (それはいい考えだ。)

参考 I think you're right. (あなたの言うとおりだと思う。)や単に You're right. (あなたの言うとおり。)などもよく使う。

That sounds good〔nice, great〕. (いいね。)

Point

● **That sounds good〔nice, great〕.** (いいね。)

▶相手の意見や提案に「いいね！」と感想を述べるときに使う表現。

★That を省略して，Sounds good〔nice, great〕. と言ってもよい。

5 同意を表す副詞

Probably. [prábəbli] (たぶん。) / **Certainly.** [sə́ːrtnli] (もちろん，そうです。)

Exactly. [igzǽktli] (まったくだ。) / **Absolutely.** [ǽbsəlùːtli] (絶対にそのとおり。)

参考 So you're saying you don't want to go. —**Exactly.**
(それであなたは行きたくないということですか。—そのとおりです。)

参考 Probably **not.** / Absolutely **not.** のように，**否定**にも使う。
John is not a liar, is he? —Absolutely not.
(ジョンは嘘つきではないな。—ええ，絶対に。)

6 意見を求める言い方……How〔What〕about ～?

Ken: **What about** going hiking? We don't walk very much.
(ハイキングに行くのはどうだ？ おれたちあまり歩かないからな。)

Joe: Sure. **How about** you, Tom? (それはいいな。トム，おまえはどうだ？)

問題 下の語から適当なものを選んで(　)に入れなさい。

Tom: Jane is the (　　) soprano in our school.

Amy: In a way, (　　). Technically she is very (　　). But Anne's voice has more feeling, and more warmth.

Tom: I (　　) (　　) you about that. But Jane also sings with feeling, and acts well.

〔agree, best, good, with, yes〕

語句 technically [téknikəli]「技術面では」, act well「演技力がある」

解答 best, yes, good, agree, with

7 相手の申し出を断り，謝る
Refusing and Apologizing

1 相手の申し出を断るとき

How about going to the movies this afternoon?
(今日の午後，映画に行ってはどうでしょう。)
—**I'm sorry I can't.** I have to visit my uncle.
(申しわけないが，だめです。おじの家に行かなければなりません。)

Please come to the concert with me.
(私といっしょにコンサートに来てちょうだい。)
—**I'm sorry,** Jane. I'm going shopping with Meg.
(ごめんね，ジェーン。メグと買い物に行くことになってるの。)

Point

● **I'm sorry ～.**　**(ごめんなさい。)**

▶相手の申し出を断るときは，最初にひとこと「ごめんなさい」と言ってから，理由や言い訳を伝える。

2 謝るときの言い方

Pardon (me). / Excuse me. ❶ (あっ，すみません。)
—That's all right. / Don't worry. (大丈夫です。/ ご心配なく。)

参考　I beg your pardon. とも言う。Pardon (me). は Excuse me. より丁寧な言い方。

Please be quiet. It's almost midnight.
(静かにしてください。もう真夜中ですよ。)
—Oh, **I'm really sorry.** ❷
(これは本当にどうもすみません。)

Point

❶ **Excuse me.**　**（すみません。）**

▶それほど深刻ではないことに対して「すみません」「失礼しました」と伝える表現。

★もっと深刻だったり，大きな迷惑をかけたりしたときは，I'm sorry. を使う。

Excuse me. I stepped on your toe.（失礼。足を踏んでしまいました。）

—Never mind.（お気になさらずに。）

❷ **I'm really sorry.**　**（本当にどうもすみません。）**

▶相手に謝罪の気持ちを伝えるときによく使う表現。

★sorry の後に for ～や that 節を続けて，何に対する謝罪かを伝えると，より丁寧な表現になる。

I'm really sorry *for* my mistake.（間違(まちが)ってしまって本当にごめんなさい。）

I'm really sorry *that* I broke my promise.

（約束をやぶってしまって本当にごめんなさい。）

★really の他に very，deeply，terribly などを使ってもよい。また，I am really sorry. のように短縮形(たんしゅくけい)を使わずに言うと，さらに丁寧な表現になる。

問題 下の語句から適当なものを（　）に入れて，招待を断る手紙にしなさい。

Dear Ms. Turner,

（ ㋐ ）for your invitation to the party next Tuesday. （ ㋑ ）but unfortunately（ ㋒ ）.（ ㋓ ）to Seattle（ ㋔ ）that day.

Please accept my apologies.

Yours sincerely,

Amy Forster

〔I am going, I cannot go, I'm sorry, Thank you, to see my aunt〕

語句 unfortunately [ʌnfɔ́ːrtʃənitli]「運悪く」，accept [əksépt]「受け入れる，了承する」，apologies [əpálədʒiːz]「弁明，言いわけ」

解答 ㋐ Thank you　㋑ I'm sorry　㋒ I cannot go　㋓ I am going　㋔ to see my aunt

8 道などを尋ねる Asking for Directions

1 道を尋ねる

A: **Excuse me.**❶ **Is there** a post office **around here?**❷

(すみません。このあたりに郵便局はありますか。)

B: Let's see. Walk along this street and turn right at the next corner. You'll find it on your left.

(そうですね。この道をずっと行って，次の角(かど)を右に曲がってください。左手に見えますよ。)

A: Thank you very much. (ありがとうございます。)

B: You're welcome. (どういたしまして。)

Point

❶ **Excuse me.** **(すみません。失礼します。)**

▶見知らぬ人に話しかけたり，人の前を通ったりするときに使う表現。

❷ **Is there ～ around here?** **(このあたりに～はありますか。)**

▶自分の行きたい場所が近くにあるかどうか聞きたいときに使う表現。

★around here のかわりに near here「この近くに」などを使ってもよい。また，行きたい場所の見当がつかないときは，Where is ～? (～はどこですか。)または Do you know where ～ is?(～がどこにあるか知っていますか。)と尋(たず)ねればよい。

Is there a bank *near here*? (この近くに銀行はありますか。)

Do you know where the bookstore *is*?

(その本屋がどこにあるか知っていますか。)

2 交通手段を含めて，行く方法を尋ねる

Excuse me, but **how do I get to** the station**?**
（すみませんが，駅にはどのように行くのでしょうか。）
—I'm sorry, but I'm **new〔a stranger〕** around here.
（申しわけないのですが，私もこのあたりは初めて〔不案内〕なのです。）

Which bus *goes* to the City Hall?
（市役所にはどのバスが行きますか。）
—No. 5. You *should get off* at Kita-koen-mae.
（5 番のバスです。北公園前で降りてください。）

注意　3 単現の goes の形に注意。should は助動詞で「～すべきだ，～するとよい」。

Point

● **How do〔can〕I get to ～?**　**（～にはどのように行くのですか。）**

▶目的地に行く方法を尋ねる表現。

参考　Could you tell me the way to ～? や Could you tell me how to get to ～? は丁寧な表現。

3 その他の表現

I'm lost.（道に迷いました。）

参考　Excuse me, I'm afraid *I'm lost*.（すみません，道に迷ってしまったのですが。）

Am I going in the right direction of ～?（～の正しい方向に歩いていますか。）

Is this the right way to ～?（これは～に行く正しい道ですか。）

How long does it take to walk there?（そこへは歩いてどれくらいかかりますか。）

Follow me. I'll show you.（私についてきなさい。案内しましょう。）

9 買い物でよく使われる表現 Shopping Expressions

1 欲しい物をさがす

May I help you?（いらっしゃいませ。ご用件をうかがいましょうか。）

―Yes, please. I'm **looking for** a T-shirt.

（ええ，Tシャツをさがしています。）

参考 No, thanks. I'm just looking.
（いえ結構です。見ているだけですので。）

How about this one**?** It's a nice color on you.

（こちらはどうですか。お客様にお似合いの色です。）

―**May〔Can〕I try it on?**（試着してもいいですか。）

Point

● May I help you?　（ご用件をうかがいましょうか。）

▶「何かお手伝いしましょうか」と店員などがお客に声をかける表現。

★場面ごとにいろいろな意味で使われる。What can I do for you? とも言う。
- 「何にいたしましょうか。」―レストランなど
- 「ご用件は何でしょうか。」―電話での応答など

2 店員に尋ねる

It's **too large** for me. Do you have **a smaller one**?

（私には大きすぎます。小さいのはありますか。）

Do you have **the same type in different colors**?

（同じタイプで色違(ちが)いのものはありますか。）

Well, they are not bad, but I'd like to see **another one.**

（そうですね，それらも悪くありませんが，別のものも見てみたいです。）

3 お金を払う

How much is this? (これはおいくらですか。)

Does this price include tax?

(これは税込みの価格ですか。)

Oh, it's **too expensive.**

Do you have **anything cheaper**?

(まあ，高すぎます。もっと安いのはありませんか。)

Can you give me a discount? (値引きはできませんか。)

Good. **I'll take this.** (よろしい。これにします。)

How will you pay? By credit or in cash?

(お支払いはどうなさいますか。カードですか，現金ですか。)

Here's your change. (こちらがおつりです。)

Point

● **I'll take this.** (これにします。)

▶買い物をしているときに「これを買います」と伝える表現。

注意 buy ではなく，take を使うことに注意。

参考 レストランなどで店員に食事や飲み物を勧められて「それにします」と言うときは，have を使って I'll have it. と言う。

問題 下の語から適当なものを選んで，( )に入れなさい。

客：I'm looking ( ) a sports bag.

店員：They are in this section. We have many different kinds of them. How about this black ( )?

客：Oh, good. I'll ( ) this. How ( ) is it?

店員：Fifty dollars.

〔one, much, take, for〕

語句 section [sékʃn]「売り場」，kind「種類」

解答 for, one, take, much

10 電話の応答でよく使われる表現
Telephone Expressions

1 電話をかけるとき

Hello, this is Kenji. **May I speak to** Yoshio**?**
（もしもし，ケンジです。ヨシオくんはいらっしゃいますか。）
—**Speaking. / This is me.**（私〔本人〕です。）
—I'm sorry, but he is out now.
（残念ですが，彼は今外出中です。）
This is Okada Kenji **speaking.**（こちらは岡田健二です。）
Is this Ms. Baker speaking?（そちらはベイカーさんですか。）

● **May I speak to ～?**　（～さんはいらっしゃいますか。）

▶話したい相手を呼び出してもらうときに使う表現。

★親しい間柄（あいだがら）であれば，Can I speak to ～? でもよい。

2 電話がかかってきたとき

Who's calling, please**?**（どちらさまですか。）
Who would you like to speak to**?**
（だれにお電話をおかけですか。）
I'm afraid you have the wrong number.
（失礼ですが，電話番号を間違（まちが）っておられるようですよ。）

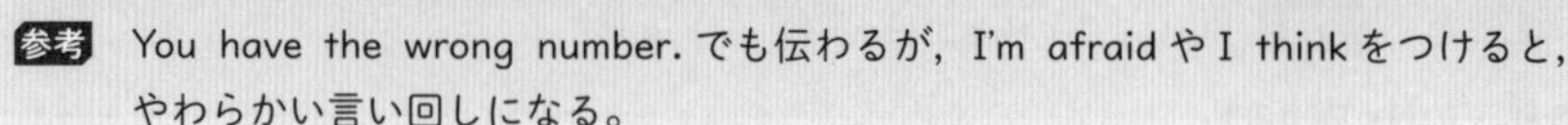
参考 You have the wrong number. でも伝わるが，I'm afraid や I think をつけると，やわらかい言い回しになる。

Can you **hold on**?（そのままお待ちいただけますか。）

3　伝言をする・あとでかけ直す

Would you like to leave a message? ❶

（伝言を残されますか〔伝言をうけたまわりましょうか〕。）

Can I take a message? ❷（伝言をお聞きしましょうか。）

I'll **call back later.**（あとで折り返しお電話します。）

May I **have your phone number**?

（電話番号をお聞きしておきましょうか〔電話番号を教えていただけますか〕。）

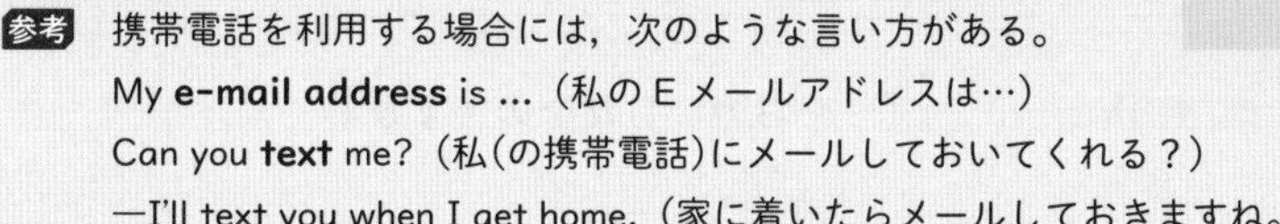

参考　携帯電話を利用する場合には，次のような言い方がある。
My **e-mail address** is ...（私の E メールアドレスは…）
Can you **text** me?（私(の携帯電話)にメールしておいてくれる？）
—I'll text you when I get home.（家に着いたらメールしておきますね。）

Point

❶ **Would you like to leave a message?**

▶伝言を残したいかどうか相手に確認するときに使う表現。

★ leave は「～を残す」という意味の動詞(どうし)。leave a message「伝言を残す」。

❷ **Can I take a message?**

▶伝言があればお聞きしますよと相手に申し出るときに使う表現。

★ May〔Shall〕I take your message? とも言う。take は「～を受け取る」という意味の動詞。take a message「伝言をあずかる」。

問題　次の日本文に合うように，(　)内に適当な語を入れなさい。

㋐ お電話くださってありがとう。Thank (　　) for (　　) me.

㋑ 8時以降に折り返し電話してほしいと，彼女に伝えてくださいませんか。
Could (　　) tell (　　) to (　　) me (　　) (　　) eight?

解答 ㋐ you, calling　㋑ you, her, call, back, after

11 食事の場面でよく使われる表現
Restaurant Expressions

1 レストランで

I would like a table for two, please.

(2 人分の席をお願いしたいのですが。)

I would like some soup, please. (スープをお願いしたいのですが。)

Point

● I would like ～. (～をお願いしたいのですが。)

▶注文をお願いしたりするときに使う表現。

★I'll have ～. よりも丁寧(ていねい)な表現。want to ～ の丁寧な表現である would like to ～ を使って，I would like to have ～.「～をいただきたい」と言ってもよい。

(客)A: **Can I see** the menu, please? (メニューを見たいのですが。)

参考 **Let me have** the menu, please. でもよい。

(店員)B: Sure〔Certainly〕. Here you are.

(かしこまりました。はい，どうぞ。)

B: Have you decided yet, ma'am? (もうお決まりになりましたか。)

A: Yes. **I'd like to have** the steak, please.

(ええ，ステーキをいただきます。)

B: **How would you like it?**

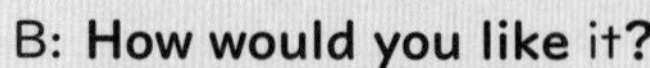

(焼きかげんはどういたしましょうか。)

A: Well-done, please. (しっかりと中まで焼いてください。)

参考 中くらいの焼きかげんは medium [mí:diəm], 軽く表面だけを焼く程度は rare [réər]。

Point

● **How would you like ～?**　(～はどうなさいますか。)

▶食事や飲み物をどのようにしたらいいか，調理法などを尋(たず)ねる表現。

How would you like your coffee?（コーヒーに何か入れますか。）

Help yourself to some salad.（サラダをご自由にお取りください。）

What do you recommend?（おすすめは何ですか。）

Do you have a special menu for vegetarians?

（菜食主義の人のための特別なメニューはありますか。）

Enjoy your meal.（どうぞ，ごゆっくりお召し上がりください。）

Would you like some dessert after your meal**?**

（食後にデザートはいかがですか。）

Can I have the bill, please?（お勘定をお願いします。）

参考　Bill〔Check〕, please. でもよい。

Point

● **Would you like ～?**　(～はいかがですか。)

▶食事や飲み物などを勧めるときによく使う表現。

Would you like another cup?（もう 1 杯いかがですか。）

問題　次の日本文に合うように，(　)に適当な語を入れなさい。

㋐　お飲み物は何になさいますか。

What (　　) you (　　) to (　　)?

㋑　お塩を取ってくださいませんか。

Would (　　) please (　　) me the (　　)?

解答　㋐ would, like, drink　㋑ you, pass, salt [sɔ́:lt]

12 天気に関する表現
Talking About the Weather

1 天気を尋ねる・言う

How's the weather today?❶（今日の天気は？）

—It's sunny〔cloudy, windy, rainy, snowy, stormy〕.

（晴れ〔曇り，風が強い，雨降りの，雪の降る，あらしの〕です。）

—It's **raining**〔**snowing**, **blowing**〕 hard.

（激しい雨が降って〔大雪が降って，強風が吹いて〕います。）

—It's **hot**〔**warm**, **cool**, **cold**, **chilly**, **freezing**〕.

（暑い〔暖かい，すずしい，寒い，肌寒い，凍えるほど寒い〕です。）

What will the weather be like tomorrow**?**

（明日はどのような天気になるでしょうか。）

— It'll be rainy tomorrow.（明日は雨が降るでしょう。）

Cloudy, **later** sunny.（曇りのち晴れ。）

It's getting cold.❷（寒くなります。）

Point

❶ **How's the weather today?**　（今日の天気はどう？）

▶今日の天気を尋ねるときによく使う表現。

★What's the weather like today? とも言う。

❷ **It's getting ～.**　（～になってきた，～しつつある）

▶天候，気温，外の明るさなどが少しずつ変化していることを伝える表現。

★get の後に形容詞を続けて「～になる」という意味。形容詞を比較級にして使うこともできる。

2 その他の表現

Nice〔Beautiful, Terrible〕 day, isn't it?
(いい〔すばらしい，ひどい〕天気ですね。)

参考 朝のあいさつがわりに言う。文頭のため，day には不定冠詞 a はいらない。

What a lovely day! (なんて気持ちのよい日だろう！)

What awful weather! (なんて天気ひどい天気だろう！)

It looks like snow. (雪が降りそうだ。)

Do I need an umbrella? (かさは必要でしょうか。)

Should I take an umbrella?
(かさを持って行ったほうがいいだろうか。)

Point

● It looks like ～.　(～になりそうだ。)

▶空模様などを見て，なんとなく雨や雪が降りそうだと伝える表現。

★ like の後は，rain や snow などの名詞の他，未来を表す文が続く。
It looks like *rain*. (雨が降りそうだ。)
It looks like *it's going to rain*. (雨が降りそうだ。)

問題 次の日本文に合うように，下の語から適当なものを選んで(　　)に入れなさい。

㋐ 昨夜，大雪が降った。　There was heavy (　　) last night.

㋑ 雷雨が来そうだ。　It looks like a (　　).

㋒ 台風が九州に接近しています。　A (　　) is (　　) Kyushu.

〔approaching, snowfall, thunderstorm, typhoon〕

解答 ㋐ snowfall　㋑ thunderstorm [θʌ́ndərstɔ̀ːrm]
㋒ typhoon [taifúːn], approaching [əpróutʃiŋ]

13 病気に関する慣用的な表現
Talking About Sickness and Health

1 体調を尋ねる・答える

What's wrong with you?（どうされましたか。）

—I have a bad **cold**〔**cough** [kɔ́:f], **sneeze** [sní:z]〕.

（ひどい風邪（かぜ）〔せき，くしゃみ〕なんです。）

—I have a **fever** [fí:vər]〔**sore throat** [θróut], **headache** [hédèik]〕.

（熱がある〔のどが痛い，頭痛がする〕のです。）

⇨「腹痛」stomachache [stʌ́məkèik],「歯痛」toothache [tú:θèik]

What's the matter?（どうされましたか。）

—I have a **pain** here.（ここが痛いんです。）

How are you **feeling** today?（今日は気分はどうですか。）

—I still feel **sick.** / I'm feeling **much better.**

（まだ気分が悪いです。/ ずっと気分がよくなっています。）

Point

● What's wrong? / What's the matter?　（どうしたの？）

▶具合が悪そうな人などに「どうしたの？」と声をかける表現。

★「大丈夫？」という意味で，Are you all right? や Are you OK? と言ってもよい。

2 病状を言う

I **broke** my leg.（脚（あし）の骨を折ってしまいました。）

He fell and **hurt** his back.（彼は転んで背中を痛めた。）

My left ear〔eye, ankle, elbow〕aches〔hurts〕.

（左の耳〔目，くるぶし，ひじ〕が痛みます。）

3 アドバイスをする

Take this **medicine** three times a day after meals for a week.
（この薬を 1 日 3 回食後に 1 週間飲みなさい。）

You should **see a doctor.**（医者に診（み）てもらったほうがいいよ。）

4 緊急のときに

Where is the nearest hospital?（いちばん近い病院はどこですか。）

Please call an ambulance [ǽmbjələns].（救急車を呼んでください。）

5 回復を願う

A: You look tired. Are you all right?（なんだか疲れてそうね。大丈夫？）

B: Actually, I caught a cold.（じつは，風邪をひいちゃって。）

A: That's too bad. **I hope you get well soon.**
（それは大変。早くよくなるといいね。）

B: Thank you.（ありがとう。）

A: **Take care of yourself.**（お大事に。）

注意　yourself を使うことに注意。

参考　単に Take care. とも言う。別れ際などのあいさつにも使われる。

Point

● **I hope you get well soon.**　（早くよくなりますように。）

▶体調や具合の悪い人の回復を願う表現。

★比較級（ひかくきゅう）を使って I hope you get better soon. と言うこともある。また，I hope you を省略して，Get well soon.「早くよくなってね」もよく使われる。

14 覚えておきたい日常会話の慣用表現

Useful Expressions

1 入国審査で

How long do you intend to stay?（滞在予定はどれくらいですか。）

⇨ intend to ～「～するつもりである」

What is the purpose of your stay?（滞在目的は何ですか。）

Two weeks for holiday〔sightseeing〕.

（休暇〔観光〕で２週間です。）

2 ホテルで

How much is the charge per night〔person〕?

（料金は一泊〔１人〕いくらですか。）

Is breakfast included?（朝食代は含まれていますか。）

Can you get me a taxi? / Will you call a taxi for me?

（タクシーを呼んでもらえますか。）

参考 I'd like a taxi, please. とも言える。

注意 get me a taxi と混同して call me a taxi と言ってしまうと，「私をタクシーと呼ぶ」というおかしな意味になるので注意。

3 電車・バスで

How much is the fare to ～?（～までの運賃はいくらですか。）

Two one-way〔round-trip〕 tickets to ～, please.

（～まで片道〔往復〕２枚ください。）

I'd like three one-day tickets.（１日有効券を３枚ください。）

I'd like to reserve a seat.（座席の予約をしたいのですが。）

I'd like a window seat, please.（窓側の席をお願いします。）

Is this the right train〔bus〕 for〔to〕 ～?（～行きの列車〔バス〕は，これですか。）

Take the train〔bus〕 for〔to〕 ～.（～行きの列車〔バス〕に乗ってください。）

Change the trains〔buses〕 at ～.（～で列車〔バス〕を乗りかえてください。）

参考　乗りかえの表現では，trains や buses のように名詞が複数形になる。

Where should I get off?（どこで降りればよいですか。）

This seat is taken.（この席には人が来ます。）

参考　「この席は取られている」という受け身の文。

Occupied（(トイレなどで)使用中）

参考　occupy「占領する，人がいる」という動詞。occupied は「(席，部屋などが)使用中で，ふさがった」という意味の形容詞。

4　郵便局で

I'd like to send this picture postcard to Japan by air mail.

（この絵はがきを航空便で日本に送りたいのですが。）

How much is the postage?（切手代はいくらですか。）

I'd like three fifty-five cent stamps, please.

（55 セント切手を 3 枚ください。）

5　その他

Did you enjoy yourself?（楽しかったですか。）

参考　enjoy oneself で「楽しむ」という意味。
We *enjoyed ourselves* at the party.（私たちはパーティーで楽しんだ。）

Just a moment, please. / Wait a few minutes, please.

（ちょっと待ってください。）

Anything else?（他に何かありませんか。）

参考　店員：What would you like?（ご注文は何になさいますか。）
　客：I'll have curry and rice.（カレーライスをお願いします。）
店員：Anything else?（他には？）
　客：That's all.（以上です。）

新学習指導要領・4 技能 5 領域について

2021 年度から，中学校では「新学習指導要領」が全面実施されます。英語教育においては，これまでの「読む」「聞く」「書く」「話す」の 4 技能から，「読む」「聞く」「書く」「話す(やり取り)」「話す(発表)」の 4 技能 5 領域について総合的に育成することを目標に掲げています。

「話す」技能を 2 領域に細分化したことで「コミュニケーション重視の英語教育に舵を切った」と注目されていますが，そもそも「話す」ことには言葉を使って「やり取り」して「発表する」ことが昔から含まれていました。制度が変わるたびに「コミュニケーションのために」ということが強調されますが，'communicate' という言葉はある英英辞典では，'to exchange information or conversation with other people, using words, signs, writing etc.' と定義されています。したがって，「読む」こと「書く」ことも含めた総合的なコミュニケーション能力の土台を築くことは，時代が推移しても変わらず重要なことであり，本書で新しく導入した「意味順」や従来からの「文法」の知識をしっかりとインプットして，バランスよく 4 技能 5 領域へとつなげていかなければなりません。

もはや，机に向かって静かに黙々と英語の勉強をする時代ではないのかもしれません。これからは，関心のあることや日常的な話題について，自分の考えや意見，気持ちを相手に伝える，つまり「発信」できるように，日頃から英語をアウトプットしてみることが重要です。一方で，相手からの質問に適切に応答し，会話の「やり取り」を継続させることも，英語学習の大切な目標となってきます。

とりわけ，即興で会話を継続させるためには，状況に応じた基本的な表現がぱっと頭に浮かび，口を突いて出てくるようになることが大切です。この第 4 編「コミュニケーション・表現」の用例はもちろんのこと，本書全体の「基本用例」の音声を聞いて，口頭で反復練習して，内容のある言葉の「やり取り」を開始して継続させることを目指してください。

5

第5編

語い・語法

05

ここからスタート！ 第5編

語い・語法

START!

この編では英語の発音やアクセント，文法上の細かいルールなどを学習しながら，より英語らしい発音で話したり，より文法的に正確に書いたりできるようになることを目指します。また，ここで扱われている内容は高校入試でも頻繁に問われる重要な内容ばかりなので，意識して学習を進めましょう。

不定冠詞のa〔an〕と定冠詞のtheを正しく使い分けている自信はあるか？
▷p.441
whenを使って「〜した（する）とき」と条件を表すときに，まさか未来形を使っておらんか？
▷p.444
動詞によっては，目的語として動名詞しかとれないもの，不定詞しかとれないものがあるのはきちんと覚えておるか？
▷p.445
グサ
グサ
グサ
先生〜!

先生！
サラサラ…
ショックのあまり灰になってます！

大丈夫じゃ！
おぬしらは英語の基礎がしっかりと身についておる
ホウキとチリトリいる？
この道で細かいルールを習得すれば，もう中学英語はこわいものなしじゃ！
…ただし

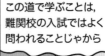

この道で学ぶことは，難関校の入試ではよく問われることじゃから
ギラ
難関校を目指すのであれば，心してかからねばならんぞ

よいか二人とも
フワッ
先生！
浮いた！
英語を学ぶ上で最も大切なのは，定期的に復習をすることじゃ

"語い・語法"の道を突き進むのもよいが，人の記憶は頼りない
先生〜!!
先生〜〜!!
すこしでも忘れてしまった部分に気づいたら，中学自由自在ですぐに復習するのじゃぞ

復習は成功の扉を開ける唯一のカギじゃ…
ガバ
先生ー！！
夢…!?

"語い・語法"を学びながら，これまでのページの復習もしようと思うんだ…
オハヨ〜〜!
大丈夫？

Essence 1 注意したい英語の母音とスペリング ―二重母音・長母音を中心に―

❶ ou 基本は [au アウ]

about [əbáut]「約～，～について」，**pound** [páund]「ポンド」

注意 [ʌ ア] も多い……**young** [jʌ́ŋ]，**country** [kʌ́ntri]，**cousin** [kʌ́zn]「いとこ」，**trouble** [trʌ́bl]「わずらわす，苦労」，**touch** [tʌ́tʃ]

❷ oa 基本は [ou オウ]

boat [bóut]，**coast** [kóust]「海岸」，**road** [róud]「道路」

注意 **broad** [brɔ́:d ブロード]「幅の広い」

❸ or 基本は [ɔ:*r* オー]

pork [pɔ́:*r*k]，**order** [ɔ́:*r*də*r*]

注意 次の語は [ə:*r* ア～]……**work**，**word**，**world**

参考 アクセントなしは [ə*r* ア]……**color**，**doctor**，**junior**

❹ ea 基本は [i: イー]

eat [í:t]，**clean** [klí:n]，**dream** [drí:m]

注意 [e エ](短母音(たんぼいん))も多い……**head** [héd]，**heavy** [hévi]「重い」，**bread** [bréd]，**ready** [rédi]，**breakfast** [brékfəst]

参考 次の 3 語は [ei エイ]……**break** [bréik]，**great** [gréit]，**steak** [stéik]「ステーキ」

❺ ar 基本は [ɑ:*r* アー]

dark [dɑ́*r*k]，**garden** [gɑ́:*r*dn]，**art** [ɑ́:*r*t]

注意 次の 3 語は [ɔ:*r* オー]。
war [wɔ́:*r*]「戦争」，**warm** [wɔ́:*r*m]，**warn** [wɔ́:*r*n]「警告する」

❻ ear 基本は [iə*r* イア]

hear [híə*r*]，**dear** [díə*r*]，**tear** [tíə*r*]「涙」

注意 **bear**「クマ」，**tear**「裂(さ)く」，**wear**「着る」は [eə エア]。
heart [hɑ́:*r*t]「心」は [ɑ:*r* アー]。（**hurt** [hə́:*r*t]「傷つける」と区別する。）

参考 [ə:*r* ア～] も多い……**earth** [ə́:*r*θ]「地球，土」，**early** [ə́:*r*li]，**learn** [lə́:*r*n]，**heard** [hə:*r*d] この場合，子音(しいん)が後にきている。

問題 先頭の語の下線部と同じ発音の語を，（ ）内から 1 つ選びなさい。

㋐ heard （heart，near，early，wear）

㋑ hear （early，heard，dear，wear）

解答 ㋐ early [ə́:*r*li] ㋑ dear

Essence 2 -ough を含む重要単語の発音

❶ -ough を [ʌf アフ] と発音する主な単語

enough [inʌ́f]「十分な」, **rough** [rʌ́f]「大まかな」

注意 **cough** [kɔ́:f コーフ]「せきをする」

❷ -ought は [ɔ:t オート] **bought**, **brought**, **fought**, **thought**

参考 *-aught* も [ɔ:t オート]……**caught**, **taught**

❸ 紛らわしい 4 つの単語

though [ðóu ゾウ]「～だけれども」(接続詞)
thought [θɔ́:t ソート] think の過去形・過去分詞形,「考え」(名詞)
through [θrú: スルー]「～を通して」(前置詞)
thorough [θʌ́rə サラ]「徹底的な」(形容詞)

問題 下線部の発音が他と異なるものを答えなさい。

brought, thought, though, taught, caught

解答 though [ðóu] 他はすべて [ɔ:](長母音)。

Essence 3 発音しない文字のある単語に注意

❶ 発音しない語末の e 参考 その前の母音字がアルファベットどおりの発音になる。

late [léit], **site** [sáit], **note** [nóut], **use** [jú:z], **complete** [kəmplí:t]「完全な」

注意 その前の母音字にアクセントがないとき，その母音字は短く [i イ]。
chocolate [tʃákəlit], **favorite** [féivərit]「お気に入りの(もの，人)」

❷ 発音しない gh **daughter** [dɔ́:tər], **night** [náit], **weight** [wéit]「重量」

❸ 発音しない語末の b **bomb** [bám]「爆弾」, **comb** [kóum]「くし」

❹ その他の発音しない文字

castle [kǽsl]「城」, **whistle** [*h*wísl]「口笛をふく」の **t**
write, **wrong**, **wrestling** [résliŋ]「レスリング」の **w**
know, **knife**「ナイフ」の **k** **sign** [sáin]「署名する，徴候」の **g**
talk, **walk** の **l** など

Essence 4 3単現と複数形の発音とつづり

❶ yで終わる単語は要注意

(1) 3単現　carry ― **carries** [kǽri/-z], study ― **studies** [stʌ́di/-z], cry ― **cries** [krái/-z], fly ― **flies** [flái/-z], try ― **tries** [trái/-z]

注意　**buy(s)** [bái(z)], **play(s)** [pléi(z)], **stay(s)** [stéi(z)] / ただし **say** [séi] ― **says** [séz]

(2) 複数形　baby ― **babies** [béibi/-z], city ― **cities** [síti/-z], country ― **countries** [kʌ́ntri/-z]　注意　**boy(s)** [bɔ́i(z)], **day(s)** [déi(z)]

❷ 間違いやすい単語

(1) ┬ **house** [háus]
　　└ **houses** [háuziz]

(2) ┬ **cloth** [klɔ́(:)θ　クろーす]「布」
　　└ **clothes** [klóu(ð)z　クろウ(ず)ズ]「衣服」

問題　下線部の発音を比較しなさい。

㋐ houses / noses　　㋑ days / pays / says

解答　㋐ 両方とも [-ziz] で同じ。　㋑ [ei], [ei], [e] で3番目が違う発音。

Essence 5 規則動詞の過去形・過去分詞形 ―-edの発音とつづり―

❶ [-id] の発音を付け加えるもの…… [t], [d] の発音で終わるもの。

visit(ed) [vízit(id)]「訪問する」, **shout(ed)** [ʃáut(id)]「叫ぶ」

❷ [-t] の発音を付け加えるもの…… [t] 以外の無声音で終わるもの。

look(ed) [lúk(t)], **finish(ed)** [fíniʃ(t)], **kiss(ed)** [kís(t)]

❸ [-d] の発音を付け加えるもの…… [d] 以外の有声音で終わるもの。

change(d) [tʃéindʒ(d)], **call(ed)** [kɔ́:l(d)], **rain(ed)** [réin(d)]

❹ yで終わるものはつづりに注意

carry ― **carried** [kǽri/-d], try ― **tried** [trái/-d]　ただし **play(ed)** [pléi(d)], **stay(ed)** [stéi(d)]

問題　下線部の発音が他の3つと異なるものを答えなさい。

finished, showed, enjoyed, opened

解答　finished [fíniʃt] だけが [t], 他はすべて [d]。

Essence 6 主な不規則動詞の変化表

❶ 原形(現在形)に [-t] [-d] の発音が付く動詞

原形(現在形)	過去形	過去分詞形	注意
say(言う)	said [séd]	said [séd]	lay(置く) — laid [léid] — laid pay(払う) — paid [péid] — paid
hear(聞こえる)	heard [hə́:rd]	heard [hə́:rd]	
feel(感じる)	felt [félt]	felt [félt]	
keep(保つ)	kept	kept	
sleep(眠る)	slept	slept	
tell(語る)	told	told	
leave(去る,残す)	left	left	
lose [lu:z](失う)	lost [lɔ́(:)st]	lost	
make(作る)	made	made	
have(持っている)	had	had	
teach(教える)	taught [tɔ́:t]	taught	●いずれも [-ɔ́:t] と長母音。 ▶他に bring(もたらす) — brought — brought など。
catch(捕らえる)	caught	caught	
buy(買う)	bought	bought	
think(考える)	thought	thought	

❷ 原形(現在形)自身が [-t] [-d] の発音で終わっている動詞

原形(現在形)	過去形	過去分詞形	注意
build(建てる)	built	built	● [-d] が [-t] に変化するだけのもの。
send(送る)	sent	sent	
spend(費やす)	spent	spent	
find(見つける)	found	found	●母音だけの変化によるもの。
hold(保つ)	held	held	
read(読む)	read [réd]	read [réd]	▶read の発音とつづりに注意。 ●stand(立つ) — stood — stood もこのタイプに近い。 ▶gotten はアメリカ英語に多い。
meet(会う)	met	met	
sit(座る)	sat	sat	
get(得る)	got	got(ten)	
cut(切る)	cut	cut	●発音もつづりも変化しないで同じ。すべて [t] で終わる動詞。 ▶他に hit(打つ) — hit — hit, shut(閉める) — shut — shut など。
let(させる)	let	let	
put(置く)	put	put	
set(置く,すえる)	set	set	
cost(費用がかかる)	cost	cost	

❸ 過去分詞形が [-n] の発音で終わり，過去形とは別の形の動詞

原形(現在形)	過去形	過去分詞形	注意
know（知る）	knew [n(j)úː]	known	●過去分詞形は原形に [n] が付く。
grow（育つ）	grew [grúː]	grown	
throw（投げる）	threw [θrúː]	thrown	
blow（吹く）	blew	blown	
draw（描く，引く）	drew	drawn	
see（見る）	saw	seen	
take（取る）	took [túk]	taken	
eat（食べる）	ate [éit]	eaten	
fall（落ちる）	fell [fél]	fallen	
give（与える）	gave	given	
write（書く）	wrote	written	●過去分詞形は原形に [n] が付き，母音が短くなる。
drive（運転する）	drove	driven [drívn]	
rise（昇る）	rose	risen [rízn]	
speak（話す）	spoke	spoken	●過去分詞形は過去形に [n] が付く。
break（壊す）	broke	broken	
steal（盗む）	stole	stolen	
choose（選ぶ）	chose	chosen	
forget（忘れる）	forgot	forgotten	
lie（横たわる）	lay [léi]	lain [léin]	
go（行く）	went	gone	
do（する）	did	done [dʌ́n]	
be（ある，です）	was / were	been	

❹ [-m] [-n] [-ŋ] などの発音で終わる一部の動詞

原形(現在形)	過去形	過去分詞形	注意
come（来る）	came	come	●過去形の母音だけが変化。
become（なる）	became	become	
run（走る）	ran	run	
begin（始める）	began	begun	●過去形 [æ]，過去分詞形 [ʌ] と発音が変化。
drink（飲む）	drank	drunk	
ring（鳴る）	rang	rung	
sing（歌う）	sang	sung	
swim（泳ぐ）	swam	swum	
win（勝つ）	won	won	●過去形と過去分詞形が同じ。

Essence 7 アクセントを間違いやすい単語

❶ 語頭の音節にあるもの

ánimal「動物」
cálendar「カレンダー」
cámera「カメラ」
díctionary「辞書」
évening「夕方，晩」
hóliday「休日，休暇」
líbrary「図書館」
néwspaper「新聞」
nótebook「ノート」
órange「オレンジ」
víllage「村」
dífficult「困難な」
ínteresting「興味がある」
pópular「人気のある」
úseful「役に立つ」
wélcome「歓迎される」
wónderful「すばらしい」
yéllow「黄色の」

❸ 3番目の音節にあるもの

mathemátics「数学」
understánd「理解する」

❷ 2番目の音節にあるもの

evént [ivént]「出来事」
hotél「ホテル」
idéa [aidíːə]「考え」
machíne [məʃíːn]「機械」
muséum [mjuːzíəm]「博物館」
políce [pəlíːs]「警察」
potáto [pətéitou]「ジャガイモ」
tomáto [təméitou]「トマト」
discóver「発見する」
excíte [iksáit]「興奮させる」
mistáke「間違い，間違える」
remémber「思い出す」
succéed [səksíːd]「成功する」
alréady「すでに」
o'clóck「～時」
perháps [pərhǽps]「おそらく」
togéther [təgéðə]「いっしょに」
tomórrow「明日」
abóut「～について，約～」
acróss「～を横切って」
betwéen「～の間に」
withóut「～なしに」

問題 最も強く発音する音節の位置が同じものを，（　）内から1つ選びなさい。

㋐ fa-mous　(be-hind, care-ful, en-joy, ma-chine)
㋑ suc-cess　(an-swer, ap-ple, na-tive, gui-tar)
㋒ an-oth-er (va-ca-tion, cap-i-tal, an-i-mal, clas-si-cal)
㋓ dif-fi-cult (ex-cit-ed, De-cem-ber, u-ni-form, am-bi-tious)

解答 ㋐ cáreful　㋑ guitár　㋒ vacátion　㋓ úniform

Essence 8 つづりと発音を間違いやすい単語

❶ ceiling [sí:liŋ]「天井」
either [í:ðər / áiðə]「どちらか」
receive [risí:v]「受け取る」

❷ believe [bilí:v]「信じる」
piece [pí:s]「一片」

❸ people [pí:pl]「人々」

❹ lie [lái]「横たわる，置く」
lay [léi]（過去形）
lain [léin]（過去分詞形）

❺ lay [léi]「横たえる，置く」
laid [léid]（過去形，過去分詞形）

❻ say [séi]「言う」
says [séz]（3単現の形）
said [séd]（過去形・過去分詞形）

参考 pay [péi]「支払う」/ pays [péiz] / paid [péid]

❼ first [fə́:rst]「1番目の」
second [sékənd]「2番目の」
third [θə́:rd]「3番目の」
ninth [náinθ]「9番目の」
twelfth [twélfθ]「12番目の」

❽ friend [frénd]「友達」
foreign [fɔ́(:)rin]「外国の」
beautiful [bjú:təfl]「美しい」

❾ daughter [dɔ́:tər]「娘」
aunt [ǽnt / á:nt]「おば」
niece [ní:s]「姪」
nephew [néfju: / névju:]「甥」
cousin [kʌ́zn]「いとこ」

❿ minute [mínit]「分」
busy [bízi]「忙しい」
build [bíld]「建てる」
women [wímin]「女性（複数）」

⓫ lose [lú:z]「失う」
glove [glʌ́v]「グローブ」

⓬ shoe [ʃú:]「靴」
fruit [frú:t]「果物」

⓭ kitchen [kítʃən]「台所」
tomorrow [təmɔ́(:)rou]「明日」

⓮ dozen [dʌ́zn]「ダース」
hundred [hʌ́ndrəd]「100」
thousand [θáuznd]「1000」

問題 ① 下線部の発音を比較しなさい。
business, machine, build, wheat

② 次の問いに英単語1語で答えなさい。

㋐ What comes between eleventh and thirteenth?

㋑ What do we call our uncle's or aunt's child?

㋒ What do we call one's child who is a girl?

解答 ① [i], [i:], [i], [i:] の順で，短母音と長母音に分かれる。
② ㋐ twelfth ㋑ cousin ㋒ daughter

Essence 9 異なるつづりで発音が同じ単語のペア

❶ [rait] ― right「右，正しい」／write「書く」
❷ [hiər] ― here／hear
❸ [sʌn] ― son／sun
❹ [piːs] ― peace「平和」／piece「一片」
❺ [auər] ― our／hour
❻ [ðeər] ― their／there
❼ [weit] ― wait「待つ」／weight「重さ」
❽ [siː] ― see／sea
❾ [bai] ― by／buy
❿ [tuː] ― too／two
⓫ [nou] ― no／know
⓬ [θruː] ― through「～を通して」／threw（throw の過去形）

問題 発音が同じでつづりの異なる語を，（　）に入れなさい。

He started playing soccer when he was (　　　) years old.
She (　　　) fish and vegetables for lunch yesterday.

解答 eight，ate [éit]（eat の過去形）

Essence 10 日付の書き方と読み方

❶ 日付の書き方

アメリカ式：July 1(,) 2021 ＝ July (the) first, twenty twenty-one
イギリス式：1st July, 2021（*or* **1 July 2021**）
＝ the first of July (*or* July the first), twenty twenty-one

参考 略記の場合は特に注意が必要。
アメリカ式：月が最初に来る 7. 1. 21.（*or* 7/1/21）
イギリス式：日・月・年の順 1. 7. 21.（*or* 1/7/21）

❷ 年号の読み方

1945 ＝ **nineteen forty-five**　2005 ＝ **two thousand and five**
2018 ＝ **two thousand and eighteen**（*or* **twenty eighteen**）

❸「日」の読み方……序数詞(じょすうし)で読む。

注意 書くときの略し方にも注意。

21**st** ＝ twenty-fir**st**，22**nd** ＝ twenty-seco**nd**，23**rd** ＝ twenty-thi**rd**

❹「～年代」の読み方

the 1960**s** ＝ **the** nineteen-sixt**ies**

導入編 第①編 初級 第②編 中級 第③編 上級 第④編 コミュニケーション・表現 第⑤編 語い・文法 第⑥編 高校入試対策 解答編 重要項目索引

Essence 11 数字や式などの読み方

❶ 999までの数字の読み方……「何百」と「何十何」に分けて進む。

789 ⇨ 7 hundred (and) 89 ⇨ seven **hundred** (and) eighty-nine と読む。

❷ 1000以上の数字の読み方……**3桁(けた)ずつ**に区切り，単位を後につけて読む。

123,456,789,123 ⇨ 123 **billion**, 456 **million**, 789 **thousand**, 123
⇨ One hundred (and) twenty-three **billion**, four hundred (and) fifty-six **million**, seven hundred (and) eighty-nine **thousand**, one hundred (and) twenty-three と読む。

参考 日本語は「何千何百何十何」の4桁単位で1234億5678万9123と読む。

❸ 小数の読み方……日本語とほぼ同じ。**小数点以下は1桁ずつ**読む。

3.142 ⇨ three **point** one four two

0.15 ⇨ zero **point** one five または **point** one five

❹ 分数の読み方……**分子が先，分母は後**。分子が2以上のとき，**分母は複数形**。

$\frac{2}{3}$ ⇨ two-thirds　$\frac{3}{4}$ ⇨ three quarters　$5\frac{5}{8}$ ⇨ five and five-eighths

注意 $\frac{1}{2}$ ⇨ a〔one〕half　$\frac{1}{3}$ ⇨ a〔one〕third　$\frac{1}{4}$ ⇨ a〔one〕quarter

❺ 加減乗除の言い方

8＋4＝12 ⇨ Eight **plus** four **equals**〔**is**〕twelve.
Eight **and** four **are**〔**is**〕twelve.

8－4＝4 ⇨ Eight **minus** four **equals**〔**is**〕four.
Four **from** eight **are**〔**is**〕four.

8×4＝32 ⇨ Eight **times** four **equals**〔**is**〕thirty-two.

8÷4＝2 ⇨ Eight **divided by** four **equals**〔**is**〕two.

❻ 電話番号などの言い方……**1桁ずつ**言う。ゼロはzeroの他，oh [ou] とも表される。

01-6832-7531 ⇨ zero one, six eight three two, seven five three one

参考 カードや通帳番号なども同じ。4桁あるいは3桁ごとに間を置いて1桁ずつ言う。
Room number 906 ⇨ nine o [ou] six (*or* nine hundred and six)

Essence 12 英語の名詞の使い方

日本語の名詞は形が 1 つだが，英語では大まかに 3 つの形に使い分ける。

❶「**a / an など + 単数形**」……数えることができるものが 1 つの場合。

I have *a* ***toy*** in my bag. It is *a* ***kendama***.

I am learning *a* new **language**. （私は新しい言語を学んでいます。）

❷「**-s の複数形**」……数えることのできるものが 2 つ以上の場合。

I have two **TVs** in my house.　How many **languages** do you speak?

説明　多くの辞書は❶❷の場合の名詞を Ⓒ の記号で示しています。

❸「**もとのままの形**」……a / an を伴わず，複数形にもしない。

Do you often play ***kendama***?　I watch **TV** every day.

Language is *a* means of **communication**.

（言語はコミュニケーションの手段です。）

説明　多くの辞書はこの場合の名詞を Ⓤ の記号を使って，数えることのできない物質や抽象的な概念を表していることを示しています。

Essence 13 much / little と many / few

❶ **much / little**……「量」を表す名詞(Ⓤ)と使う。

Let's hurry. We don't have **much** *time*.

（急ぎましょう。あまり時間がありません。）

注意　little の前に **a** を付けないと，**「ほとんどない」**の意味になる。

She had **little** *time* to enjoy herself.

（彼女は楽しむ時間がほとんどなかった。）

❷ **many / few**……「数」を表す名詞(Ⓒ)と使う。

How **many** *days* have you been here? （こちらに来て何日目ですか。）

注意　few の前に a を付けないと，**「ほとんどない」**の意味になる。

I found **a few** *eggs* and **a little** *milk* there.

（私は少しの卵と牛乳を，そこに見つけた。）

参考　肯定文では many / much の代わりに **a lot of** を使って多さを強調できる。

We have **a lot of** *rain* in June. （6 月は雨が多い。）

Essence 14 I like の後に来る名詞
―複数形にする名詞，複数形にしない名詞―

❶ 教　科……教科を表す名詞は**複数形にしない**。

注意 「社会科」social studies,「物理学」physics,
「数学」mathematics などは形は複数形だが，単数として扱う。

What subjects do you like at school?
—**I** like **music** and **math**. I don't like **science**.
My favorite subject is **English**.　（大好きな科目は英語です。）

⇨ favorite [féivərit ふェイヴァリット]「大好きな，お気に入りの」

❷ 食べ物……食物や食材を表す名詞は**複数形にしない**。

What kind of **food** do you like?
—I like **Japanese food**. I like **rice** and ***miso*** **soup** for breakfast.
（私は和食が好きです。朝食にはごはんとみそ汁が好きです。）

I don't like **meat** very much. I like **fish**. **Tuna** is my favorite.
（私は肉はあまり好きではありません。魚が好きです。まぐろは私の大好物です。）

They eat **turkey** at Christmas.　（クリスマスには七面鳥を食べます。）

参考 We roasted a turkey whole.　（七面鳥を（一羽）丸焼きにした。）

I like **apples** better than **grapes**.

❸ スポーツ……競技の種目を表す名詞は**複数形にしない**。

What sports do you like?　—I like **tennis** and **soccer**.
（あなたはどんなスポーツが好きですか。―私はテニスとサッカーが好きです。）

ただし，対象が「いくつかのスポーツ」「いろいろな花々」などのときは複数形。

My father likes **sports** and my mother loves **flowers**.

問題 次の日本文を英語にしなさい。

㋐ 英語が私の２番目に好きな科目です。
㋑ 僕はポップミュージックが好きです。
㋒ 彼女は歌をうたうのが好きです。

解答 ㋐ English is my second favorite subject.
㋑ I like pop music.　㋒ She likes singing〔to sing〕songs.

Essence 15 不定冠詞 a / an と定冠詞 the の働きの違い

❶
Our town needs **a library.** (私たちの町には図書館が必要です。)
This is **the library** I often visit.
(ここが私がよく来る図書館です。)

注意 **a** library は，図書館という種類の建物一般の，不特定の 1 つを挙げて「**図書館**(1 つ)」。
the library は，話題にのぼっていた特定の図書館を挙げて「**その図書館**」。

❷
A teacher can help you. (先生ならあなたを手伝ってくれます。)
The teacher can help you. (その先生があなたを手伝ってくれます。)

注意 **a** teacher は「先生ならだれでも」と人の**種類**，**性格**を説明。
the teacher は「他の先生は知らないが，その先生は」と**限定**(げんてい)**していう**。

Essence 16 どんなときに the を使うか

❶ すでに話題にのぼっている名詞(めいし)を指(さ)していうとき

I bought *shoes* and socks, but **the shoes** were broken.

❷ その場面で 1 つしかない(と考えられる)ものについていうとき

Beware of **the dog**! (猛犬に注意。)← the dog はこの家にいる犬だから。
I'm standing on **the moon.** I see **the earth.**
(私は今，月の上に立っている。地球が見える。)

❸「朝昼晩」「春夏秋冬」「東西南北」などを表すとき

Tom plays tennis **in the afternoon** on Sundays.
The sun rises **in the east** and sets **in the west.**
(太陽は東から昇り，西に沈む。)

❹ 特定の種類について総称的にいうとき

I am learning to play **the piano.**

注意 楽器そのものや，楽器の演奏(えんそう)に関して，the をつけるのが原則。

Essence 17 比較級・最上級の言い換え

❶ 比較級の言い換え……反意語や not as ～ as などを使って

This question was **easier than** that. （この問題はあれよりも易しい。）

⇨ That question was **more difficult than** this.

⇨ That question was **not as easy as** this.

He looks **younger than** he really is.

（彼は実際の彼よりも若く見える。）

⇨ He is **not as young as** he looks.

（彼は見かけほど若くはない。）

❷ 最上級の言い換え……比較級や Nothing などを使って

(1) 比較級を使って

Time is **the most important of** all things.

（あらゆるもののうちで時間がいちばん大切である。）

⇨ Time is **more important than** any other thing.

(2) Nothing を用いて

⇨ **Nothing** is **more important than** time.

⇨ **Nothing** is **so important as** time.

（時間よりも〔時間ほど〕大切なものは何もない。）

(3) 現在完了形を使って

Mark is **the nicest boy** *I've ever met*.

（マークは私が今までに会った(なかで)いちばんすばらしい少年だ。

＝マークは今までに私が会ったことがないほどすばらしい少年だ。）

⇨ *I have never met* **such a nice boy as** Mark.

問題 次の各組の英文がほぼ同じ意味になるように，(　)に適当な語を入れなさい。

㋐ ┌ No other boy in his class is as tall as John.
　 └ John is (　　　) (　　　) (　　　) all the boys in his class.

㋑ ┌ My mother gets up earliest of all my family.
　 └ My mother gets up (　　　) (　　　) any of my family.

解答 ㋐ the, tallest, of　㋑ earlier, than

Essence 18 be interested *in* ～ など
―by 以外の前置詞が使われる受動態―

Amy **is interested *in*** Japanese history. 〔主語(しゅご)は人物〕
（エイミーは日本史に興味がある。）

参考 Japanese history is *interesting* to Amy. 〔主語は事物〕
（日本史はエイミーにとって興味深い。）

We **were surprised *at*** this news. （私たちはこの知らせに驚(おどろ)いた。）

参考 This news was *surprising* to us.
（この知らせは私たちにとって意外なことだった。）
This news *surprised* us. （この知らせは私たちを驚かせた。）

「～を気に入っている」 **be pleased *with*** ～
「～でいっぱいである」 **be filled *with*** ～
「～で作られている」 **be made *of*** + 材料 / **be made *from*** + 原料

Essence 19 「行ったことがある」と「行ってしまって今はいない」
―be, go, come の現在完了形―

❶ go と come の現在完了形(げんざいかんりょうけい)

He **has gone** to France. （彼はフランスに行ってしまった。〔もういない。〕）
Spring **has come.** （春がやってきた。〔もう春です。〕）

注意 go と come の使い方では，こんな場合も要注意。
「ごはんですよ」と呼ばれて「いま行きます」と言うときは，**(I'm) Coming!** が正しい。(I'm) Going! と答えると「出かけます」になるから注意。

❷ be 動詞(どうし)の現在完了形の 3 つの意味

(1)「行ってきたところだ」 I **have been** there to see him.
(2)「行ったことがある」 How often **have** you **been** there?
(3)「今までずっといる」 How long **have** you **been** here?

問題 次の日本文を英語にしなさい。
㋐ 東京に来られてどれくらいになりますか。
㋑ いつまで東京にいらっしゃるご予定ですか。

解答 ㋐ How long have you been in Tokyo?
㋑ How long will you be in Tokyo?

Essence 20 時・条件を表す副詞節

❶ when ～「～した〔する〕とき」……時を表す副詞節

When you see her, please give her this message.

（彼女に会ったとき，この伝言を渡してください。）

When I've finished this, I'll telephone you.

（これが終わったとき，あなたに電話します。）

注意 未来のことだが，時を表す副詞節 when 以下は，現在形・現在完了形を使っていることに注意。

日本語では「会ったとき／会ったら」のように，「た」を使うのが普通。

注意 次の文では when 以下は名詞節で，目的語の働きをしている。名詞節のとき，未来の内容は未来を表す表現にすることに注意。

Please tell me **when** you'*ll* see her.

（あなたがいつ彼女にお会いになるのか教えてください。）

I'll telephone you **when** I *will* finish it. （いつ終わるか電話します。）

❷ if ～「もし～なら」……条件を表す副詞節

If anyone calls, tell them I'm not at home.

（だれか電話してきたら，留守だと伝えてください。）

注意 anyone を複数形の them で受け，him or her の言い方を避けている。

If it snows tomorrow, let's make a snowman.

（もし明日雪が降ったら，雪だるまを作ろう。）

注意 if 節のなかでは calls，snows と，未来のことも現在形を使うことに注意。

参考 次の文では if 以下が目的語で名詞節に使われている。未来形に注意。

I don't know **if** he'*ll* come tomorrow. （彼が明日来るかどうか分からない。）

Do you mind **if** I turn the TV off? （テレビを消してもかまいませんか。）

注意 Can〔May〕I turn the TV off? よりも丁寧な言い方。

Essence 21 目的語に動名詞や不定詞をとる動詞

❶ 不定詞だけを目的語にとる主な動詞

I **want**〔**hope** / **wish**〕*to go* there.（私はそこへ行きたい。）

I didn't **expect** *to see* you here.

（ここでお目にかかるとは思っていませんでした。）

注意 expect + 目的語 + to do は「〜が…するだろうと思う〔…することを期待する〕」。

We expect *you to find* a good job.

（私たちは君がよい仕事を見つけることを期待している。）

❷ 動名詞だけを目的語にとる主な動詞

I **enjoyed** *playing* tennis with her.（彼女とテニスをすることを楽しんだ。）

Have you **finished** *reading* that book?（もうあの本を読み終わりましたか。）

Do you **mind** *waiting* for an hour or two? —**No,** not at all.

（1，2時間待っていただけませんか。—**ええ**，かまいませんよ。）

注意 mind は「気にする，嫌う」。yes / no の答え方に注意しよう。

Stop *talking*, everyone.（みなさん，お話をやめてください。）

参考 stop の後に続ける to do は「〜するために」の意味で，目的語ではない。

He stopped *to check* the map.（彼は地図を確認するために立ち止まった。）

❸ 動名詞と不定詞の両方を目的語にとる主な動詞

It **began**〔**started**〕*to rain*〔*raining*〕.（雨が降り始めた。）

I **like** *swimming*〔*to smim*〕.（泳ぐのが好きだ。）

注意 次のような動詞は，動名詞と不定詞の場合で意味が異なる。

- He tried *cleaning* it.（彼は試しにみがいてみた。）
- He tried *to clean* it.（彼はきれいにしようと努力した。）

- I remember *seeing* her last year.（彼女に昨年会ったのを覚えている。）
- I remember *to see* her tomorrow.（彼女に明日会うのを覚えている。）

問題 次の(　)内から適当なものを選びなさい。

㋐ What a nice view! Let's stop (taking, to take) pictures. Do you have a camera?

㋑ Remember (meeting, to meet) Jane tomorrow.

㋒ I remember (meeting, to meet) Jane before.

解答 ㋐ to take　㋑ to meet　㋒ meeting

Essence 22 「前置詞＋doing」の形に慣れよう

How *about going* for a swim?　（泳ぎに行きませんか。）

Thank you *for inviting* me to the party.

（パーティーに招待してくださってありがとう。）

Mary went out ***without saying*** good-bye.

（メアリーはさようならも言わずに出て行った。）

She earns her living ***by teaching*** English.

（彼女は英語を教えることで生計を立てている。）

Amy **is** very **good *at swimming***.　（エイミーは水泳がとても上手(じょうず)です。）

問題　次の(　)内の語を並(なら)べ換(か)えて，意味のとおる英文にしなさい。

㋐　How (next / a picnic / going / about / Sunday / on)?

㋑　My friend (at / English / good / is / speaking / very).

解答　㋐ How about going on a picnic next Sunday?

㋑ My friend is very good at speaking English.

Essence 23 特別な用法の It

❶ **天候，距離(きょり)，時間，明暗などの表現**では，**主語(しゅご)に it を用いる**。この it は意味を持たず，日本語には訳さない。

It was raining〔snowing〕.　（雨〔雪〕が降っていた。）

It's beginning to rain〔snow〕.　（雨〔雪〕が降り始めていますよ。）

It's getting warmer and warmer.　（だんだん暖かくなってきました。）

It's about 100 kilometers from here to Tokyo.

（ここから東京まで約 100 キロです。）

It's a long time since I saw you last.　（久しくお会いしませんでしたね。）

It's too dark to go out for a walk.　（散歩に行くにはもう暗すぎます。）

❷ 次のように漠然(ばくぜん)と状況(じょうきょう)を表す場合も **it を使う**。

How's **it** going, Tom?　（調子はどう，トム？）

It's OK.　Never mind.　（大丈夫ですよ。気にしないで。）

Essence 24 「…するのは～だ」の言い方 —形式主語(仮主語)it と真主語 to *do*—

❶ It is ～ to *do* …「…するのは～だ」

It is wrong **to tell** a lie. （うそをつくことは悪いことです。）

It was fun **to paint** a fence. （フェンスにペンキを塗るのはおもしろかった。）

参考 次の文では，形式主語 it の真主語は -ing 形(動名詞)。

It is no use **crying** over spilt milk.

（こぼれた牛乳のことを泣き叫んでも，何の役にも立たない。
〔覆水盆にかえらず。後悔先に立たず。〕）

❷ It takes＋時間＋to *do*「～するのに…の時間がかかる」

It takes *about thirty minutes* **to walk** to my house from here.

（ここから私の家まで歩いて約 30 分かかります。）

問題 次の(　)に適当な語を入れて，全文を日本語にしなさい。

(　　　) was not so difficult (　　　) understand what she said.

解答 It, to「彼女が言っていることを理解するのは，それほど難しくなかった。」

Essence 25 不定詞の意味上の主語 —for＋(代)名詞＋to *do*—

不定詞の動作・行為をする人を明示するとき，不定詞の直前に「**for＋名詞〔代名詞の目的格〕**」を置く。

We cannot do this work in a day.
It is impossible **for us** *to do* this work in a day.

（この仕事を私たちが一日で仕上げるのは不可能だ。）

The box was so heavy that *she* could not lift it.
The box was too heavy **for her** *to lift*.

（その箱は重すぎて彼女は持ち上げられなかった。）

There's no need **for us** *to quarrel* about this.

（こんなことで私たちが口論する必要など何もありません。）

Now it's time **for you** *to be* in bed.

（さあ，もうあなたたちは寝る時間ですよ。）

Essence 26 名詞を修飾する方法 ―前置修飾と後置修飾―

❶ 名詞を前から修飾する(前置修飾)……形容詞

a pretty girl　（かわいい女の子）

❷ 名詞を後ろから修飾する(後置修飾)……2語以上の句や節

(1) 前置詞句や関係詞節などを使って名詞を修飾する場合

the girl in the garden
（女の子）（庭にいる）

the girl who(m) you see over there
（女の子）（あそこに見える）

参考　日本語では主要語(名詞)を最後に言う。英語は後ろから説明を付け加える。

(2) 動詞を使って名詞を修飾する場合

注意　名詞と分詞の能動・受動の関係に注意する。

the people discussing the problem
（人々）（その問題を検討している）

参考　The people are discussing the problem.（その人々はその問題を検討している。）

the problem discussed in the meeting
（問題）（その会合で検討された）

参考　The problem was discussed in the meeting.（その問題はその会合で検討された。）

the problem to be discussed in the meeting
（問題）（その会合で検討されるべき(予定の)）

参考　The problem will be discussed in the meeting.
（その問題はその会合で検討されるだろう。）

(3) 節を使って名詞を修飾する場合

This is all I know about it.（知っているのはこれだけです。）

I'll tell you everything I know.（知っていることすべてをお話します。）

This is the story he told me then.（これがそのとき彼が私に言った話です。）

参考　節による名詞の後置修飾。「目的格の関係代名詞の省略」と考えてもよい。
There are many people *who* need our help.　〔who は主格の関係代名詞〕
（私たちの援助を必要とする多くの人々がいます。）
He is the best singer (*that*) Italy has ever produced.
（彼はイタリアが生んだ最高の歌手です。）〔that は目的格の関係代名詞〕

Essence 27 前置詞が後に残る構文
—名詞の前に置かれるはずなのに—

❶ 疑問文の場合

What are they talking **about**?
—They are talking **about** *learning* foreign languages.
（彼らは何について話しているのですか。 —外国語の学習について話しています。）

Where are you **from**? —I'm **from** *England*.
（ご出身は？ —イングランドです。）

Who **from**? —**From** *Jack*. （だれから？ —ジャックからです。）

参考 特に口語では，前置詞を文の終わりに残し，**やや強く発音する**のが普通。

❷ 形容詞的用法の不定詞の場合

I want something *to write* **with**. （何か書くものが欲しい。）

参考 Please *write* **with** a black ballpoint (pen).

❸ 受動態の文で

I hate *being laughed* **at**. （私は人から笑われるのが嫌いだ。）

I *was spoken* **to** by a foreigner yesterday.
（私は昨日，外国の人から話しかけられました。）

参考 A foreigner *spoke* **to** me yesterday.

❹ 関係代名詞を使わない言い方で

That is the house *I told you* **about**.
（あれが，私があなたに話していた家です。）

Is this the book *you are looking* **for**?
（これが，あなたのさがしている本ですか。）

問題 次の日本文を，（　）内に示された語を使って英語にしなさい。

㋐ 日本のどの地方のご出身ですか。(part)
㋑ 何がこわいのですか。(afraid)
㋒ 何を怒っているのですか。(angry)
㋓ そこは住むには退屈な町です。(boring)

解答 ㋐ Which part of Japan are you **from**?
㋑ What are you afraid **of**? ㋒ What are you angry **about**〔**at**〕?
㋓ That's a boring town to live **in**.

Essence 28 疑問文を他の文の中に組み込むと…
―普通の文の語順にもどす―

Do you know〔*What* **was she** doing there**?**〕?

⇨ Do you know *what* **she was** doing there?

注意 〔　〕の中の？がとれると同時に，**語順**も普通の**平叙文と同じ**になる。上の例では，組み込まれた疑問文は全体の文の目的語になっている。**間接疑問文**とも言う。

Do you know〔**Did he go** there yesterday**?**〕?

⇨ 発展 Do you know *if* **he went** there yesterday?

注意 〔　〕の中の疑問文に**疑問詞がないとき**は **if**(～かどうか)を使う。

参考 「知っているかどうか」を尋ねているから，答えは **Yes, I do.**〔**No, I don't.**〕

Do you think〔*Where* **did he go** yesterday**?**〕?

⇨ **Where** do you think **he went** yesterday?

(彼は昨日どこへ行ったとあなたは思いますか。)

注意 「どこだと思うか」と尋ねているので，**疑問詞 where が文頭に来る。**
答えも **I think** he went to Yokohama. のようになる。

Essence 29 命令文を他の文の中に組み込むと…
―「ask〔tell〕＋人＋to *do*」の語順で―

Say to him〔**Come** here immediately.〕.

⇨ **Tell** *him* **to come** here immediately.

(彼にすぐここに来るように言いなさい。)

I must say to you〔Please **excuse** me.〕.

⇨ I must **ask** *you* **to excuse** me.

(許してくださるようにお願いしなければなりません。)

The man said to them〔***Don't* move!**〕.

⇨ The man **ordered** *them* ***not* to move.**

(その男は彼らに動くな〔動かないように〕と命じた。)

注意 〔　〕の中が**否定の命令文**のときは，***not* to do** と否定の不定詞にする。

参考 いずれも，命令文を**間接話法**で言ったときの表現である。

Essence 30 「命令文＋, and〔or〕～」と If～

❶ 命令文, and …「～しなさい, そうすれば…」

Take a taxi, **and** you will be in time.

（タクシーで行きなさい, そうすれば間に合うでしょう。）

参考 **If** you take a taxi, you will be in time. とも表せる。

❷ 命令文, or (else) …「～しなさい, そうしないと…」

Hurry up, **or (else)** you will miss the train.

（急ぎなさい, そうしないと列車に乗り遅れますよ。）

参考 **If** you **don't** hurry up, you will miss the train. とも表せる。

Essence 31 Yes が「いいえ」で, No が「はい」の場合 —英語と日本語の発想の違い—

英語は, **自分の答えが肯定か否定かによって, Yes か No かを決める。**

日本語は, **相手の意向と一致している**ときは「**はい**, ええ」, **一致していない**ときは「**いいえ**」を使う。

Didn't you go there? （そこへは行かなかったのですか。）

—No, I **didn't**. （**はい**, 行きませんでした。）

—Yes, I **did**. （**いいえ**, 行きましたよ。）

注意 実際に行った場合は Actually, I did. で did を強く発音することが多い。

We *don't have* much time. —**No,** we **don't**.

注意 「**はい**, (時間が)ありませんね」というあいづちが, **No** になっていることに注意。

発展 Do you *mind* if I leave a little earlier today?

（今日は少し早く出かけてもかまいませんか。）

—**No,** I **don't**. / **No,** please do. 〔That's OK. / Sure. でもよい。〕

（**はい**, かまいませんよ。/ **はい**, どうぞ。）

注意 Yes. の場合は, Yes, I **do**〔**mind**〕. (それは**困ります**。)という意味になる。

問題 次の日本語の答えの部分を英語にしなさい。

㋐ Aren't you going out? —ええ, 行きません。

㋑ Don't you have a raincoat? —いいえ, 持っていますよ。

解答 ㋐ No, I'm not. ㋑ Yes, I do. 〔Yes は力を入れて強く言う。〕

Essence 32 付加疑問文 ―念を押す言い方―

日常会話で念を押す場合などに，**短い疑問形**を文の最後に付けて表す。

Tom is always late, **isn't he?** （トムはいつも遅刻しますね。）

You don't like tennis, **do you?** （テニスは嫌いですよね。）

There's something wrong, **isn't there?** （どこかおかしいわね。）

注意 There が形式的に主語のように扱われている。

She'll have to go with him, **won't she?**

（彼女は彼と行かねばならないんでしょう？）

注意 'll＝will, won't＝will not

Let's go to the movies, **shall we?** （映画に行きませんか。）

Essence 33 too ～ to *do* の構文と so ～ that の構文

❶ too＋形容詞〔副詞〕＋to *do*「～するにはあまりにも…すぎる」

so＋形容詞〔副詞〕＋that「非常に…なので～だ」

I'm **too** *hungry* **to** walk any more.

I'm **so** *hungry* **that** I cannot walk any more.

（とてもおなかがすいていて，もうこれ以上歩けない。）

This suitcase is **too** *heavy* ***for me*** **to** carry.

This suitcase is **so** *heavy* **that** ***I*** cannot carry *it*.

参考 **「for＋名詞」**で表す不定詞の意味上の主語が，**that 以下の文の主語**になる。
that は接続詞で，その後には節が来る。目的語の it も忘れないこと。

❷ 形容詞〔副詞〕＋enough to *do*「～するのに十分…」

This book is *easy* **enough** ***for me*** **to** understand.

This book is **so** *easy* **that** ***I*** can understand *it*.

問題 次の(　)内の語を並べ換えて，意味のとおる英文にしなさい。

He (so / that / fast / spoke) no one could understand him.

解答 He spoke so fast that no one could understand him.
（彼は非常に早口で話したので，だれも彼の言うことが分からなかった。）

Essence 34 否定文のいろいろ

❶ 文の否定……not を使い，述語動詞を否定する。

Hasn't the doctor *arrived* yet?　（その医師はまだ着かないのですか。）

The doctor ***doesn't*** come on Mondays.

（その医師は月曜日は来ません。）

参考 一般動詞の現在形と過去形の否定では，do〔does，did〕の助けを借りる。
ただし，否定の命令文では，be 動詞にも do を使う。
Don't be stupid.　（ばかなことを言うなよ。）

❷ not 以外の否定の副詞……never，seldom，scarcely，hardly

Jane ***never***〔***seldom***〕 goes to bed before ten.

（ジェーンは決して〔めったに〕10 時前に寝ない。）

I can ***hardly*** believe the story.　（その話はほとんど信じられない。）

注意 これらの副詞は，単独で否定の意味を表す。do〔does，did〕は伴わない。

❸ 主語や目的語などの名詞を否定形にする……日本語にはない用法

Jane said ***little*** or ***nothing*** about her sorrow.

（ジェーンは彼女の悲しみについて，ほとんどあるいはまったく話さなかった。）

Nobody knows where he has gone.

（彼がどこに行ってしまったのかだれも知らない。）

I've ***no*** *idea* where he has gone.

（彼がどこに行ってしまったのか，まったくわからない。）

He is ***no*** *fool*.　（彼はばかどころではない。）←「むしろ賢い」ことを反語的に表す，強い否定。

参考 He is ***not*** a fool.　（彼はばかではない。）←普通の否定文。

❹ 部分否定……not all，not every，not both など

He did***n't*** eat ***all*** the cookies.

（彼はクッキーを全部食べたわけではなかった。）

The rich are ***not always*** happier than the poor.

（富める者がいつも貧しい者より幸福とは限らない。）

問題 次の英文を，意味の違いが分かるように日本語にしなさい。

㋐ He didn't die happily.　　㋑ Happily he didn't die.

解答 ㋐ 彼は幸福には死ななかった。　㋑ 幸運にも彼は死ななかった。

Essence 35 英語の文はどこで区切るか
—文の構造を理解し，意味を考えて—

★英語の文を読むとき，次のようなことに注意しよう。

① 主語や目的語など文の要素を意識して，**各要素ごとに1つにまとめる。**

② 相手に伝えたい情報が最もよく伝わるように，**どこで間を置くか考える。**

③ **後方に続く内容にも注意しながら読む。**

★英語の文を区切るだいたいの基準

❶ 主部と述部の間……主部が長いときは述語動詞の前で。

Many people who make holiday trips ∧ *go* from place to place very quickly.

（休暇旅行をする多くの人は，場所から場所へ非常にあわただしく移動します。）

❷ 接続詞の前で……that，if，when，but，and などの前。

I also hope ∧ you will enjoy studying English with me.

参考　接続詞 that（～ということ）が省略されていると考えてよい。

The wind was so strong yesterday ∧ *that* we could not swim.

❸ 前置詞の前で

Let's look through the window first ∧ *before* going into the shop.

（店に入る前に，まず窓からのぞいてみましょうよ。）

❹ 重点的に用いられた副詞(句)の前または後ろで

Our team is going to have a big game ∧ *this Saturday afternoon*.

（私たちのチームは今週土曜日の午後，大きな試合をする予定です。）

問題　次の英文を，1か所区切って読むとすればどこが適当か答えなさい。

① The man ㋐ sitting ㋑ behind ㋒ him ㋓ began ㋔ to sing.

② Ms. Sato is ㋐ so kind ㋑ that all the students ㋒ like her ㋓ very much.

③ He tried ㋐ to solve ㋑ the problem, ㋒ but ㋓ he could not.

④ I was only ㋐ seven years ㋑ old ㋒ when I first ㋓ came here.

解答　①㋓　②㋑　③㋒　④㋒

〔①は主部が長いので述語動詞の前で区切る。②～④は接続詞の前で区切る。〕

6

第6編

高校入試対策

06 ここからスタート！ 第6編

高校入試対策

START!

この編では過去に出された高校入試問題に，出題形式ごとに取り組みます。実際の入試の難易度や問われ方を経験し，自分が入試問題にどれくらい対応できるのかを確かめることで，今後の学習計画もより正確に立てることができます。難しいと感じるかもしれませんが、チャレンジしてみましょう。

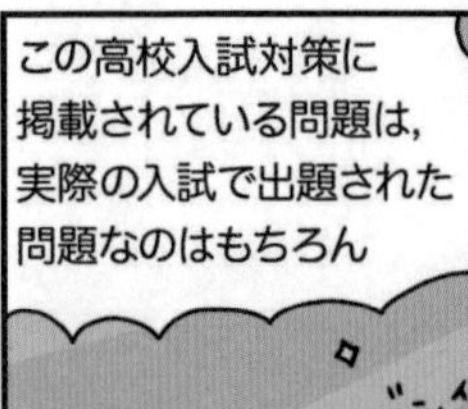

高校入試では，毎年よく似た問題が出題されるんだ
過去問を解けば，自分の課題もはっきりさせることができるし，試験当日も慌てなくて済むよ
こっちの学校はリスニングが多いな
こっちは長い英作文があるよ
入試問題
問題集

高校入試の日はあっという間にやってくるよ！
ゴオオオオ
時間を無駄にせず，毎日コツコツ積み重ねていこう！

その日の夜…
あ～あ…
高校入試かぁ…

私，志望校に合格できるのかな…
Elena.0028
あ～こんな風にSNS見てたらだめなのに！
…あれ？

このアメリカのテニス選手！SNSやってたんだ…！
ガバ
動画もアップしてるし，ファンとコメントのやりとりもしてる～！
いいな～！

Elena
Hi guys!!
Today, I have a special...
I'd like to show you...

すごく難しいけど，これ，リスニングの練習になるかも…
何言ってるか気になる…

投稿も単語を調べながらなら読める…！
長文問題の練習
作文の練習
はずかしいけど，コメントもしてみようかな

3月
先輩！
ありがとう！
ご卒業，おめでとうございます！

まさかあの高校に先輩が合格するなんて～
どういうイミよ
私も来年は先輩と同じ高校に行きたいです！

合格の秘ケツは何ですか？
そうだなぁ…
仮定法は全部まちがえた
まずは，高校入試の対策問題をしっかり解くこと
次に，過去問で志望校の出題傾向や，自分の弱点を知ること

あとは…
英語
勉強を楽しむことかな！

1 リスニング（聴き方・話し方）

リスニングのポイント

- リスニングでいちばんの問題は，音声は文字と違って，すぐに**消えてしまう**ということです。一度聴きもらすと，もう回復の手段はありません。**集中して聴くこと**，これが大切です。
- しかし，最初から最後まで緊張を持続することは，たいへん難しいことです。リスニングのテストで大切なことは，リラックスして聴きながらも，**ここぞというところでは全神経を集中すること**です。
- そのためには，リスニング問題が始まるまでに，与えられた設問や解答の選択肢などを**事前にチェック**し，できるかぎりの準備を整えておくことが不可欠です。それが，心の準備にもつながることでしょう。
- そこで本書では，**「重要ポイント」**として，**事前にチェックしておく**ポイントを示しました。これを読んでから，音声を聴きましょう。

1 与えられたピクチャーから正しい答えを選ぶ

1 会話を聴いて，そのあとの質問に対する答えとして最もふさわしい絵を，それぞれ㋐～㋓の中から1つ選びなさい。〔宮城〕

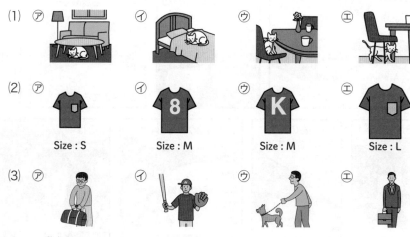

(1) ㋐  ㋑  ㋒  ㋓ 

(2) ㋐ Size : S ㋑ Size : M ㋒ 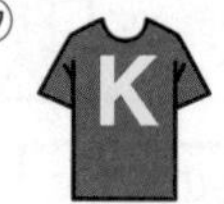

Size : M ㋓  Size : L

(3) ㋐  ㋑ ㋒    ㋓ 

(1) 前置詞に注意。**on** the chair〔bed〕か，**under** the chair〔table〕か。
(2) size の**比較**。M なら，柄は数字〔number〕か文字〔letter〕か。
(3) 手に持っているものは何か。bag なら，眼鏡〔glasses〕をかけているかいないか。

リスニングの問題文について

- リスニング問題の右側のページに載(の)せた英文は，QR に収めた**リスニングの問題文**です。最初に音声を聴(き)いて解答するときは，紙などで隠して見えないようにし，音声に集中して練習しましょう。
- 実際の入試では，**設問の指示も放送**で行われたり，解答するための空白の時間がとってあることもあります。また，ほとんどのリスニングテストでは，問題文や質問の文は **2 回繰(く)り返(かえ)し放送**されます。
- しかし，**QR では 1 度のタップで 1 回しか読まれません**から，**自分で**適宜(てきぎ)**操作**して練習してください。

リスニングの問題文

1

(1) Yumi: I have some pictures of my cat.
Mike: Oh, it's on the chair. It's cute. And is that your room?
Yumi: No, this is our dining room. We enjoy eating and talking here.

Question: Which picture are they talking about?

(2) Clerk: May I help you?
Woman: Yes, please. I want a T-shirt for my brother as a birthday present.
Clerk: How about this one with a number?
Woman: Hmm .... I think it's small for my brother. Do you have a bigger one?
Clerk: Then how about this with a pocket?
Woman: Good, I'll take that bigger one.

Question : Which T-shirt does the woman buy?

(3) Aya: Ken, are you going to play tennis?
Ken: Yes, I'm going to play tennis with John.
Aya: Who's John?
Ken: He's a new student. Look. He's coming with his bag.
Aya: Oh, I see. Is he the boy wearing glasses?
Ken: That's right.

Question : Which boy is John?

2 会話をよく聴いて，その内容と一致する絵を㋐～㋒の中からそれぞれ１つ選びなさい。 〔長崎〕

⑴ ㋐

㋑

㋒

⑵ ㋐

㋑

㋒

重要ポイント
⑴ 間(ま)に合った(in time)，遅(おく)れた(late)，それとも見送り(see off)か。
⑵ 二人がながめているのは町か太陽か，それとも両方か。

3 ⑴～⑷の対話を聴いて，それぞれどの場面での対話であるか，㋐～㋕の中から１つずつ選びなさい。 〔群馬〕

㋐

㋑

㋒

㋓

㋔

㋕

重要ポイント
㋐ 病気の診断か？ ㋑ テレビのサイズ？ ㋒ 電話の会話。
㋓ 山登りと水筒(すいとう)の水。 ㋔「びんはダメ。」 ㋕「どの家がいいかな。」

2  

(1) Jack: I'm sorry, Yuki. I'm late.
Yuki: Why are you late, Jack? The bus has already gone.

(2) Yuki: So beautiful! We can look over the city from here.
Jack: Yeah. Look! The sun is coming up over there.

3

(1) A: Hello, may I speak to Junko, please?
B: Sorry. She isn't here.
A: Oh, I see. I'll call her later.
B: OK.

(2) A: Are you all right?
B: Yes.
A: Let's stop here and drink some water.
B: That's a good idea.

(3) A: I like this one.
B: Well, I think it's too big for our room.
A: How about that one?
B: OK. That's better.

(4) A: Excuse me.
B: Yes?
A: You can't put those things here.
B: Oh, I didn't know that. Sorry.

4 次の(1), (2)の絵について，それぞれ㋐～㋒の３つの対話が流れます。絵の中の人物の対話として最も適切なものを，それぞれ１つずつ選びなさい。〔和歌山〕

(1)

(2)

(1) 体調不良の話はどれか。
(2) 図書館(library)で本を借りる(borrow)話はどれか。

2 与えられた語句や文の中から正しいものを選ぶ

5 (1)～(3)のジムと陽子の対話のあとで，それぞれその内容について英語で質問します。質問に対する答えとして最も適当なものを，㋐～㋓から１つずつ選びなさい。〔熊本〕

(1) ㋐ Yes, she is.
㋑ No, she isn't.
㋒ Yes, she does.
㋓ No, she doesn't.

(2) ㋐ To read the news.
㋑ To read a letter.
㋒ To send an e-mail.
㋓ To study something.

(3) He will (㋐ do his homework　㋑ teach Yoko English
㋒ go to see Tom　㋓ learn how to play the guitar)

(1) Question はふつうの疑問文。**Is** Yoko ～? か，**Does** Yoko ～? か。
(2) Question は「どうするために～するのか」と**目的**を尋ねる疑問文と予測できる。
(3) Question は What will Jim do ～? と**ジムの予定**を尋ねる文と予測できる。

4

(1) ㋐ A: Are you free now?
B: No. I'm writing a letter.

㋑ A: Are you all right?
B: No. Can you take me to the hospital?

㋒ A: What are you doing?
B: I'm cleaning my room.

(2) ㋐ A: I want to buy this book. How much is it ?
B: It's 1,000 yen.

㋑ A: There are many interesting books in this room.
B: Yes. If you want them, I'll give you them.

㋒ A: Excuse me. I would like to borrow this book.
B: OK. You can borrow it for a week.

5

(1) Jim: I'm going to go to a movie this Sunday. Will you come with me, Yoko?
Yoko: Sorry, Jim. I can't. I'm going to play tennis with my friends.
Question: Is Yoko going to go to a movie with Jim this Sunday?

(2) Jim: Yoko, can I use your computer?
Yoko: OK, Jim. What are you going to do? Are you going to read the news or study anything on the Internet?
Jim: No. This morning I got a letter from my friend in New York and I knew today was his birthday. So I want to send an e-mail to him.
Question: Why does Jim want to use the computer?

(3) Yoko: Jim, are you free now? I'm doing my English homework. Can you help me?
Jim: Sure, Yoko. Let's start now. I can help you only in the morning, because Tom will come here to see me in the afternoon and teach me how to play the guitar.
Yoko: Thank you. I think we can finish it in the morning.
Question: What will Jim do in the afternoon?

6 (1)～(5)の対話のあとに，それぞれ問いが続きます。問いに対する答えとして適当なものを，㋐～㋓から１つずつ選びなさい。〔山口〕

(1) ㋐ Yesterday.
㋑ Today.
㋒ Tomorrow.
㋓ Next week.

(2) ㋐ On the table.
㋑ By the chair.
㋒ Under the desk.
㋓ In the bag.

(3) ㋐ Two years old.
㋑ Four years old.
㋒ Six years old.
㋓ Eight years old.

(4) ㋐ English.
㋑ Math.
㋒ Japanese.
㋓ Music.

(5) ㋐ Because her friends will visit her.
㋑ Because she will visit her friends.
㋒ Because Takeshi's friends will visit him.
㋓ Because Takeshi will visit his friends.

(1) Question は When ～? と予測できる。
(2) Question は Where ～? と予測できる。
(3) Question は How old ～? と予測できる。
(4) 教科(subject)が話題。Question は「～である科目は何か」と予測できる。好きな科目？
(5) Why ～? で始まる Question と予測できる。だれがどうするからなのか。

6

(1) A: Please come to my party tomorrow.
B: Why do you have a party, Ken?
A: Because tomorrow is my birthday.

Question: When is Ken's birthday?

(2) A: I can't find my notebook. Did you see it?
B: Yes, I saw it on the table.
A: Oh, thank you, Yuki.

Question: Where was the notebook?

(3) A: This desk is really nice, Tom.
B: Thanks. My father made it for me eight years ago.
A: Really? That's great.

Question: How old is Tom's desk?

(4) A: What subject do you like the best, Hiroko?
B: Music. How about you, Bob?
A: I like math the best.

Question: What is Bob's favorite subject?

(5) A: I need your help, Takeshi.
B: Sure, Mother.
A: Clean this room, please. My friends are going to visit me this afternoon.

Question: Why did Takeshi's mother tell him to clean the room?

7 (1)〜(3)の対話文と英語の質問を聴いて，質問に対する答えとして適当なものを，㋐〜㋓から１つずつ選びなさい。〔東京〕

(1) ㋐ At about one fifteen.
㋑ At about three thirty.
㋒ At about four.
㋓ At about four thirty.

(2) ㋐ Near the window.
㋑ By the door.
㋒ Near the TV.
㋓ By the table.

(3) ㋐ Tennis.
㋑ Swimming.
㋒ Basketball.
㋓ Soccer.

重要ポイント
(1) Question は When / What time 〜? と予測できる。何が何時か。
(2) Question は Where 〜? と予測できる。何が何の近くか。
(3) Question はたぶん What sports 〜? と予測できる。スポーツについてのどんな問いかけか。

7

(1) Toshiya: Hello? This is Toshiya speaking.
May I speak to Judy?
Judy's sister: I'm sorry, but she's out now.
Toshiya: Do you know where she went?
Judy's sister: She went to the park. She left home at one fifteen.
Toshiya: When is she going to be back?
Judy's sister: At about three thirty.
Toshiya: I see. I'll call again at about four. Thank you.
Judy's sister: Goodbye.

Question: What time will Toshiya call Judy again?

(2) Jane: Look at this picture of my family, Hiroki.
Hiroki: Who is the man standing by the door, Jane?
Jane: He is my father. My mother is standing near the window.
Hiroki: I see. Who is the girl sitting near the TV?
Jane: She is my sister. And the boy sitting by the table is my brother.
Hiroki: You have a nice family, don't you?

Question: Where is Jane's mother standing?

(3) Tom: What sports do you like, Sachiko?
Sachiko: I like tennis. I'm in the tennis club now.
Tom: Really? You were in the swimming club when you were a junior high school student.
Sachiko: Yes, I still like swimming. But I like tennis the best now. What sports do you like, Tom?
Tom: I like soccer. I practice it after school every day. But on Saturdays and Sundays, I practice basketball with my friends.
Sachiko: Oh, that's great.

Question: What sports does Tom practice after school every day?

電話の対話を聴いて，あとの質問に答える問題です。質問の答えとして最も適切なものを，㋐〜㋓から1つずつ選びなさい。〔青森〕

(1) ㋐ Mike. ㋑ Susan.
㋒ Susan's sister. ㋓ Susan's mother.

(2) ㋐ Yes, she was at home.
㋑ Yes, she was reading a book.
㋒ No, she went to the library.
㋓ No, she went to the hospital.

(3) ㋐ Because she wanted to go to the park with Susan.
㋑ Because she wanted to go to the library with Susan.
㋒ Because she wanted to borrow a book from Susan.
㋓ Because she wanted to help Susan with her homework.

重要ポイント 電話をかけた**相手が不在**だったときの対話。**だれがだれに**電話をかけ，**電話口に出たのは**だれか。
(1) Question は Who 〜? と予測できる。Mike と Susan の間柄(あいだがら)は？
(2) Question は Was Susan 〜? か，Did Susan 〜? か。
(3) Question は Why did 〜? で，she は Susan 以外のはず。she がしたかったのは，公園に行く，図書館に行く，本を借りる，宿題を手伝う，のうちのどれか。

3 短い対話の最後に，適切な応答の文を選ぶ

Yutaka と Nancy の会話で，最後の Nancy の発言のところでチャイムが鳴ります。その部分に入る文として最も適切なものを，㋐〜㋓から1つずつ選びなさい。〔埼玉〕

(1) ㋐ I'm glad you like it. ㋑ Nice to meet you.
㋒ I miss you. ㋓ You're welcome.

(2) ㋐ Here you are. ㋑ That's a good idea.
㋒ That's all. ㋓ No, they don't.

重要ポイント (1) ㋐ 料理や贈り物を**気に入ってもらったとき**の喜びの言葉(ことば)。
㋑ **初対面**のあいさつ。 ㋒「お会いできなくてさびしい。」 ㋓ お礼を言われたのに対して**「どういたしまして」**と答える言葉。あるいは歓迎の言葉。
(2) ㋐ 人に物を手渡(てわた)すときの**「はい，どうぞ」**。 ㋑ 相手の意見に**賛成**の表現。
㋒「それで全部です〔それだけです〕。」 ㋓ Do〔Don't〕 they 〜? で始まる疑問文(ぎもんぶん)の答え。

8

Mike: Hello?
Kaori: Hello. This is Kaori.
Mike: Hi, Kaori. This is Mike.
Kaori: May I speak to Susan, please?
Mike: Sorry, but she is out now. She went to the library with her sister. What can I do for you?
Kaori: I'm doing my homework now. I remembered Susan has a book that is useful for doing my homework. I would like to borrow it from her.
Mike: OK. I'll tell her about it.
Kaori: Thank you, Mike. I'll call her back later.

Questions: ⑴ Who did Kaori want to speak to?
⑵ Was Susan at home when Kaori called?
⑶ Why did Kaori call?

9

⑴ Yutaka: Nancy, who made this apple pie?
Nancy: I made it. Try some.
Yutaka: Mmm ... This is good.
Nancy: (チャイムの音)

⑵ Yutaka: It's very cold. I don't want to play tennis.
Nancy: So what do you want to do today?
Yutaka: How about going to the movies?
Nancy: (チャイムの音)

10 これから流れる２つの対話の，それぞれ最後の部分が，チャイムの音で消されています。その部分に入る表現として最も ふさわしいものを，㋐～㋓から１つずつ選びなさい。〔鹿児島〕

(1) ㋐ Here you are.
㋑ To study English.
㋒ Two weeks.
㋓ Yes, it is.

(2) ㋐ That's too bad.
㋑ Then you can go out now.
㋒ Yes, please.
㋓ You must start your homework.

(1) ㋐「はい，どうぞ。」 ㋑ Why ～? に対する答え。 ㋒ How long ～? に対する答え。
㋓ Is it ～? に対して答える言い方だが…。
(2) ㋐ **同情**する言い方。 ㋑「それでは～してよろしい」という**許可**の表現。
㋒「ええ，どうぞ。」

11 トムと絵里が会話をしています。最後に絵里がこたえる言葉として最も適当なものを，㋐～㋒から１つずつ選びなさい。〔宮城・改〕

(1) ㋐ In the morning.
㋑ I like it better.
㋒ A little.

(2) ㋐ OK. I'd like to play the piano very much.
㋑ Sorry, but thank you for asking.
㋒ He went to the concert yesterday.

重要ポイント

(1) ㋒は「少しは…だ」の意味。
(2) ㋐は人からものを頼(たの)まれて**承諾**するとき，㋑は断ったときのお詫びと**謝意**の表現。

10

(1) A: Hello.
B: Hello. Welcome to Canada. Would you show me your passport?
A: (チャイムの音)

(2) A: What are you doing here? I think you have a lot of homework.
B: Father, I've just finished my homework.
A: (チャイムの音)

11

(1) Tom: You didn't come to school yesterday.
What's the matter?
Eri: I had a bad headache and went to see a doctor.
Tom: Do you feel better now?
Eri: (チャイムの音)

(2) Tom: Next Sunday I'm going to a piano concert. Would you like to go with me?
Eri: Next Sunday? I'm going to Tokyo with my parents.
Tom: Oh, I see.
Eri: (チャイムの音)

12　(1)〜(3)の対話文の最後の文に対する応答としてそれぞれ最も適切なのは，㋐〜㋓のうちではどれですか。〔岡山〕

(1)
㋐ Go straight.　㋑ On your left.
㋒ Turn left.　㋓ At the third corner.

(2)
㋐ I went there with my parents.　㋑ It was beautiful.
㋒ I went there by plane.　㋓ It was a trip.

(3)
㋐ You must not be late.　㋑ I think you are very kind.
㋒ You should see a doctor.　㋓ I'm sorry. I can't.

(1) 道を尋(たず)ね，道を教える対話文。
(2) **旅行の報告**と予測できる。直前の文は **Did you 〜?** か，**Was it 〜?** か。
(3) **勧告**（㋐ must not，㋒ should）するのか，㋑**感謝**するのか，㋓**謝る**のか。

13　John と Yoko が話をしています。最後に John が言う言葉のかわりにチャイムが鳴ります。その部分に入る言葉として最も適するものを，それぞれ㋐〜㋓の中から 1 つずつ選びなさい。〔神奈川〕

(1)
㋐ You're welcome.　㋑ I'm fine, thank you.
㋒ Nice to meet you.　㋓ Of course I am.

(2)
㋐ Yes, I do.　㋑ Are you going to come?
㋒ Have you finished your homework?
㋓ Oh, that's all right.

(3)
㋐ Do you think so, too?
㋑ Yes. I have many things to do.
㋒ Are you busy today?
㋓ Yes. I will do it now.

(4)
㋐ I know how to play tennis.
㋑ Mary and Bill will come.
㋒ I'll see you at two at the station.
㋓ We will play tennis in the afternoon.

(1) 次のどの**場面**か。　㋐ お礼を言われて。　㋑ How are you? とあいさつされて。
㋒ 初対面の人に紹介されて。　㋓ Are you 〜? / You are 〜 と言われて。
(2)(3) ともに，**尋ねて**言うのか，**答えて**言うのか，それで選択は半分にしぼられる。
(4) **主語**(しゅご)がずいぶん違(ちが)うようだ。そこに注意して聴(き)こう。

12

(1) A: Excuse me.
B: Yes.
A: Can you tell me the way to the station?
B: Sure. Go straight and turn left at the third corner. You will see the station on your left.
A: Pardon? Where should I turn left?
B: (チャイムの音)

(2) A: What did you do during the winter vacation?
B: I went to Canada and stayed there for a week.
A: That's great! Where did you go in Canada?
B: I visited one of the national parks.
A: Oh, really? How was it?
B: (チャイムの音)

(3) A: Hello. This is Taro. May I speak to Cathy?
B: Speaking.
A: Hi, Cathy. I'm sorry. I can't go shopping with you today because I have a cold.
B: Oh, are you all right?
A: No. I can't eat any food.
B: (チャイムの音)

13

(1) John: Hi, Yoko. Is this your notebook? I found it in the library.
Yoko: Oh, yes, John. Thank you very much!
John: (チャイムの音)

(2) John: I'm going to see a baseball game this afternoon. Do you want to come with me?
Yoko: I want to go, but I have to finish my homework today. I'm very sorry.
John: (チャイムの音)

(3) John: Do you have many things to do today?
Yoko: Pardon?
John: (チャイムの音)

(4) John: We'll play tennis tomorrow. Please join us.
Yoko: OK. Who's going to come?
John: (チャイムの音)

4 メモなどを完成させる

14 今から，Jiro のお父さんと Ann が電話で会話をします。Ann は Jiro のお父さんに，Jiro への伝言を頼みました。会話をよく聴いて，伝言メモの㋐，㋑に当てはまる内容を日本語または数字で書きなさい。 〔香川〕

〈次郎のお父さんが書いた伝言メモ〉

> **次郎へ，**
> **アンから電話あり。**
> **健が昨日（ ㋐ ）。現在，市立病院に入院中。**
> **いっしょにお見舞いに行きたいので，明日の午後（ ㋑ ）時に病院へ来てほしいとのこと。**
> **父より**

出来事の**報告をし**，相手に**ものを頼む**言い方。㋐ は入院の原因となった出来事がくるはず。

15 これは，正人さんが道を尋ねたときのメモです。そのときの対話を聴いて，メモの中の㋐〜㋓に当てはまる日本語を書きなさい。 〔山形〕

〈正人さんのメモ〉

> 図書館への行き方
> この通りを進んで，（ ㋐ ）で（ ㋑ ）に曲がる。
> 橋を渡ると，（ ㋒ ）に見えてくる。（ ㋓ ）のそば。

道を教えるときの言い方。
㋐ 何番目かの**角**か**信号**だろう。 ㋑ 右か左。 ㋒ 右手か左手。 ㋓ 学校とか病院とか，何か**目じるし**になるものだろう。

14

Ann: Hello. This is Ann. May I speak to Jiro?

Jiro's father: Hi, Ann. I'm sorry, he is out now.

Ann: Can I leave a message?

Jiro's father: Sure.

Ann: Ken broke his arm yesterday. He is now in City Hospital. I want to visit him with Jiro. Could you tell him to come to the hospital at 3 tomorrow afternoon?

Jiro's father: OK. I'll tell him.

Ann: Thank you. Bye.

15

Masato: Excuse me. I heard there's a library around here. How do I get there?

Woman: A library? Oh, yes. Go down this street and turn left at the second traffic light. OK?

Masato: Yes.

Woman: Then, cross the bridge. You'll see it on your right. It's by the park.

Masato: OK. Thank you.

Woman: You're welcome.

16 放送される会話を聴いて，下の（　　）内に日本語または数字を記入して伝言メモを完成させなさい。〔京都〕

〈伝言メモ：ジェーンへ〉
みちこから電話がありました。
(1) 明日の（　㋐　）の試合は，みなと競技場で午前10時に始まるので，9時30分に競技場の（　㋑　）門に来てほしい。
(2) 試合後，いっしょに（　㋐　）に行きたい。
今晩（　㋑　）時以降に電話してほしい。

自分の希望を述べ，相手にものを頼む言い方。
(1)㋐スポーツだろう。　㋑gateは東西南北，それとも数字，アルファベットか。
(2)㋐食事，買い物，それとも場所か。

17 いっしょに遊びに行く約束をしていたLisaから留守番電話にメッセージが入っていました。Junkoはその内容を日本語でメモしました。留守番電話のメッセージを聴いて，メモ中の（　　）内に当てはまる語または数字を書きなさい。〔茨城〕

〈Junkoがとったメモ〉

リサから
メモ
（　曜日）の
（午後　時　分）
からの映画では
どうか。

相手の意向を尋ねる言い方。提案された曜日と時間の聴き取りに集中しよう。

16

Jane's father: Hello?

Michiko: Hello. This is Michiko. May I speak to Jane, please?

Jane's father: I'm sorry, she's out.

Michiko: Can I leave a message?

Jane's father: Sure.

Michiko: Jane and I are going to watch a soccer game at Minato Stadium tomorrow. The game starts at ten in the morning. I want her to come to the east gate of the stadium at nine thirty. After the game I want to go shopping with her if she is free. Can she call me back?

Jane's father: OK. I'll tell her.

Michiko: Thanks, and could you please tell her to call after seven this evening?

Jane's father: Sure.

Michiko: Thank you. Goodbye.

Jane's father: Goodbye.

17

Hello, Junko. This is Lisa. Sorry, I can't go to see the movie, "Star Trip," on Saturday because my host family will take me to Tokyo. Is it OK to go to the movie on Sunday? The movies will start at 1 : 20, 3 : 50, and 6 : 20 in the afternoon. How about having lunch together and seeing the first movie in the afternoon? Please call me later. I'll be at home after 5 : 00. Bye.

18 中学生のNaokoさんが，近所に住むJohn Smithさんに，英語でインタビューをします。それを聴いて，メモの(　　)内に当てはまる日本語または数字を書きなさい。〔岩手〕

インタビューメモ
名前は，ジョン・スミス。
ジョンさんは，(　㋐　)出身。
日本に来たのは，約(　㋑　)か月前。
ジョンさんにとって最も大切なものは，(　㋒　)。

人を紹介する。㋐「～出身（しゅっしん）」は from ～.
㋑「約～か月前」は about ～ months ago のはず。
㋒「最（もっと）も大切なもの」は the most important のはず。

19 ALT(外国語指導助手)のNancy先生が帰国することになりました。先生の全校集会でのあいさつを聴いて，その内容をまとめたメモの(　　)内に当てはまる日本語または数字を書きなさい。〔和歌山〕

○ ナンシー先生は，次の(　㋐　)曜日に帰国する。
○ ナンシー先生は，日本での生活について，カナダにいる(　㋑　)に話をするつもりだ。
○ ナンシー先生は，(　㋒　)年間，この学校で英語を教えた。
○ ナンシー先生は，生徒たちから英語の(　㋓　)をもらった。
○ ナンシー先生は，生徒たちから(　㋔　)を学んだ。

お別れのあいさつ(farewell speech)。　㋑家族か友人か生徒か？
㋓「もらった」は was given か？　㋔「学んだ」は learned か？

18

Naoko: Hi, Mr. Smith. Can we start now?
John: Yes, of course, but please call me John.
Naoko: OK, John. You are from Canada. Is that right?
John: No, my wife is from Canada. I'm from America.
Naoko: Oh, I see. When did you come to Japan?
John: We came here about five months ago.
Naoko: Do you think Japanese life is different from American life?
John: Yes. I think Japanese life is busier than American life.
Naoko: Why do you think so?
John: Well, Japanese people sometimes go to work on weekends.
Naoko: My father does, too.
John: I usually spend weekends with my family. I think family is the most important thing of all.

19

Hello, students. Today I must say goodbye. I'll go back to Canada next Thursday. I really enjoyed living in Japan. So, I'll tell my friends in Canada about it.

At this school, I have worked as an English teacher for three years. It was not easy for you to understand English, but you were interested in my English classes. You talked to me in English. You gave me some English letters, too. You also studied a lot. I was very happy.

And I learned Japanese from you. I didn't understand Japanese when I came to Japan. But now, I can speak Japanese well. Thank you very much. I'll always remember you. I hope I will meet you again.

5 長い英文を聴き，質問に答える

20 マークと由美の対話のあとで，英語で質問します。その質問に対する最も適当な答えを㋐～㋓から１つずつ選びなさい。〔福岡〕

(1) ㋐ Yes, he is.
　㋑ No, he isn't.
　㋒ Yes, I am.
　㋓ No, I'm not.

(2) ㋐ Yumi has.
　㋑ Mark has.
　㋒ Yumi's grandmother has.
　㋓ Mark's grandmother has.

(3) ㋐ He wants to ask Yumi about her weekend.
　㋑ He wants to learn how to play the *shamisen*.
　㋒ He wants to teach the *shamisen*.
　㋓ He wants to call Yumi.

自分の**要望を述べ**，相手に**ものを頼**(たの)**む**対話文。
(1) Question は Is he ～? か Are you ～? か。he は Mark か。
(2) Question は Who has ～? のはずだが，has のあとがポイント。
(3) Question は What does he want to do ～? のはず。do のあとが重要。

21 直美が英語でスピーチをしています。そのスピーチを聴いて，それに続く英語による２つの質問に対する答えとして最も適しているものをそれぞれ㋐～㋓から１つずつ選びなさい。〔大阪〕

(1) ㋐ Two years old.
　㋑ Four years old.
　㋒ Six years old.
　㋓ Eight years old.

(2) ㋐ Sit.　㋑ Run.
　㋒ Go.　㋓ Stop.

短い英語の**スピーチ**。**主題**は何か。
(1) Question は How old ～? と予測できる。**主語**(しゅご)は何か。年数は足し算，引き算が必要かもしれない。
(2) 答えはみな１語で命令文(めいれいぶん)。㋐が「おすわり！」だとすれば，相手は直美の愛犬か。

20

Mark: Hi, Yumi. How are you today?

Yumi: Hi, Mark. I'm fine, thank you. And you?

Mark: Fine, thanks. Yumi, I'd like to ask you about something.

Yumi: OK. What is it?

Mark: Well, I'm interested in traditional Japanese music, and I want to learn how to play the *shamisen*. Do you know anyone who can teach me?

Yumi: Yes, I do. My grandmother has taught it for twenty years, so she will be happy to teach you.

Mark: Wonderful! Do you think your grandmother can teach me this weekend?

Yumi: This weekend? I'll ask her about it later and call you tomorrow.

Mark: Great! Thank you, Yumi.

Yumi: You're welcome.

Questions: (1) **Is Mark interested in traditional Japanese music?**

(2) **Who has taught the *shamisen* for twenty years?**

(3) **What does Mark want to do this weekend?**

21

Hi, friends. I'd like to talk about my dog. His name is Shiro. He joined my family just two years ago. He is now six years old.

Shiro is a great dog. He understands the English word, "sit." I taught him the word for only a week. Now he can understand only that word in English, but I want him to understand more English. We run together, so I want to teach him the words, "go," "stop," and "wait." Thank you.

Questions: (1) **How old was Shiro when he joined Naomi's family?**

(2) **What English word can Shiro understand now?**

22 電話による会話を聴き，その内容について，次の(1)～(4)の質問に対する答えを，それぞれ日本語で書きなさい。 〔北海道〕

(1) マコトは，何をするために出かけていますか。

(2) ボブは，どこから電話をかけていますか，都市名で答えなさい。

(3) ボブは，翌日何をすることができないと言っていますか。

(4) ボブは，その日の午後の何時までに電話をかけてほしいと言っていますか。

相手が**不在**のときの**電話の応答**。ボブがどこかの都市からマコトに電話をかけたが，マコトが留守なので伝言を頼(たの)んでいるようだ。

23 これから読まれる英文の内容について，あとの質問(1)～(4)に対する最も適当な答えを，㋐～㋓から１つずつ選びなさい。 〔愛媛〕

(1) ㋐ She is a teacher of English.
㋑ She goes to school to learn English.
㋒ She is a teacher of Japanese.
㋓ She goes to school to learn Japanese.

(2) ㋐ For ten days.
㋑ For fifteen days.
㋒ For two weeks.
㋓ For five weeks.

(3) ㋐ He visited some famous places.
㋑ He took many pictures of beautiful lakes and mountains.
㋒ He saw beautiful lakes and mountains.
㋓ He talked about a lot of things of his country.

(4) ㋐ To send the pictures to his aunt in Japan.
㋑ To send the pictures to his family and friends in Canada.
㋒ To show the pictures to his family and friends in Japan.
㋓ To show the pictures to his friends in Korea, China, and Brazil.

外国訪問の報告レポート。
She はだれか。**He** はだれか。Question に関連すると思われる部分はメモしておこう。
(1) Question は What is ～? か，What does ～? か。
(2) Question は How long ～? か。期間の数字はメモしておこう。
(3) Question は What did **Kenta** do ～? か。
(4) Question は Why ～? か。「どこの国のだれに」の部分に注意して聴(き)こう。

22

Bob: Hello. This is Bob. May I speak to Makoto, please?

Hiromi: Makoto? Sorry, my father is out now. He went shopping. I'm Hiromi.

Bob: Hi, Hiromi. Do you know when he'll be back?

Hiromi: Yes. He'll be back by about three o'clock. May I take a message?

Bob: Yes, please. I'm calling from Tokyo. I cannot go to Sapporo tomorrow. Please tell him to call me back by five o'clock this afternoon.

Hiromi: Sure. Does he know your telephone number?

Bob: Yes, I think so.

Hiromi: I see. I'll tell him to call you back by five o'clock.

Bob: Thank you, Hiromi. Goodbye.

Hiromi: Goodbye, Bob.

23

Last summer Kenta visited Canada for the first time.

He stayed with his aunt for two weeks. She has lived there for fifteen years. She teaches Japanese there.

Kenta wanted to study English in Canada. So during his stay in Canada he took English classes for ten days. He studied English with some people from Korea, China, and Brazil. In the classes, they talked about many things of their countries with each other. He was very interested in other countries, so he was very glad to know a lot about them.

On weekends, his aunt took him to some famous places in Canada. Everything there was new to him. He saw beautiful lakes and mountains. He took many pictures of them, because he wanted to show them to his family and friends in Japan.

Kenta really had a good time in Canada. He wants to go there again with his family some day.

Questions: (1) **What does Kenta's aunt do in Canada?**

(2) **How long did Kenta take his English classes in Canada?**

(3) **What did Kenta do in the English classes?**

(4) **Why did Kenta take many pictures of the lakes and mountains?**

2 発音・語い・文法

- 多くの高校入試で放送を使ったリスニングテストが行われるようになり，発音に関する出題は少なくなりましたが，だからと言って，**正確な単語の発音やアクセントの知識**までが不必要になったわけではありません。間違った発音がもとで相手に英語が通じないことは，よくあることです。
- また，**単語の意味**が分からなくてはコミュニケーションも成立しません。**スペリング**の誤りも，漢字や仮名づかいの誤りと同じで，その人の英語力全体の印象まで悪くしてしまうものです。
- 文の作り方が分からなくて文が作れるはずがありません。文が作れなくて文が話せる道理がありません。日常の会話でも，話が込み入ってくれば，**文を的確に作る真の文法力**が要求されます。

そう思って，入学試験の問題にも取り組んでください。

1 発　音

1 次の問いに答えなさい。〔香川〕

(1) ①の下線部と同じ発音をするものを，②の㋐〜㋓から１つ選びなさい。

① She w<u>or</u>ks very hard every day.

② The g<u>ir</u>l(㋐) was b<u>or</u>n(㋑) in M<u>ar</u>ch(㋒) and is c<u>a</u>lled(㋓) Yayoi.

(2) 次の㋐〜㋓の語のうち，ふつう最も強く発音するものを１つ選びなさい。

A: Why did you come to Japan?

B: <u>I</u>(㋐) <u>came</u>(㋑) <u>here</u>(㋒) for <u>sightseeing</u>(㋓).

重要ポイント (1) works [wə́ːrks]　(2) Why 〜? に直接答えているのはどの語か。

2 下線部と同じ発音を含む語を１つ選びなさい。〔慶應義塾女子高〕

(1) f<u>ir</u>st　㋐ world　㋑ fast　㋒ laugh　㋓ trust

(2) <u>o</u>pened　㋐ warm　㋑ order　㋒ boat　㋓ crowd

重要ポイント (1) first [fə́ːrst]　(2) opened [óupnd] は二重母音。

3 次の各問いに答えなさい。〔長崎〕

(1) 次の①〜③の英文中の語の下線部と同じ発音を持つ語を，㋐〜㋓の中からそれぞれ1つずつ選びなさい。

① Would you like something to drink?

㋐ moon　㋑ foot　㋒ country　㋓ mouth

② My sister said, "I'll give this book to you."

㋐ listen　㋑ find　㋒ rain　㋓ remember

③ Do you know when those people will come?

㋐ together　㋑ thousand　㋒ Thursday　㋓ everything

(2) 次の①，②の英文を読むとき，1か所だけ区切るとすれば，それぞれどこで区切るのが最も適切か，㋐〜㋓の中からそれぞれ1つずつ選びなさい。

① We will go /㋐ to the concert /㋑ next Sunday /㋒ if we can get /㋓ the tickets.

② In this book /㋐ there are stories /㋑ about scientists /㋒ from all over /㋓ the world

重要ポイント (1) ① would は短母音(たんぼいん)で [wúd]。② said も短母音で [séd]。③ those は有声音(ゆうせいおん)で [ðóuz]。
(2) どこで息を切るか，文法や意味の切れ目も考えて，区切る所を判断する。

4 次の各組の語の中で，下線部の発音が他の3語と異なるものをそれぞれ1つずつ選びなさい。〔清風高〕

(1) ㋐ thought　㋑ road　㋒ cold　㋓ boat

(2) ㋐ through　㋑ think　㋒ both　㋓ another

(3) ㋐ bread　㋑ said　㋒ great　㋓ head

(4) ㋐ talks　㋑ plays　㋒ knows　㋓ runs

重要ポイント (1) 二重母音(にじゅうぼいん) [ou]。　(3) 短母音の [e] か二重母音の [ei] か。
(4) 無声音(むせいおん)の [s] か有声音の [z] か。

5 次の各組の5つの単語のうち，最も強く発音される母音の音が見出し語と違う語を2つずつ答えなさい。〔灘高〕

(1) front　㋐ button　㋑ doctor　㋒ dollar　㋓ onion　㋔ oven

(2) boat　㋐ cloth　㋑ coast　㋒ cost　㋓ ocean　㋔ photo

(3) crowd　㋐ allow　㋑ arrow　㋒ cloud
㋓ crow　㋔ flower

(4) service　㋐ circus　㋑ dessert　㋒ heartful
㋓ percent　㋔ worker

(5) envelope　㋐ adventure　㋑ centimeter　㋒ dangerous
㋓ elevator　㋔ stranger

重要ポイント (1) [ʌ] か [ɑ / ɔ] か。　(2) [ou] かそうでないか。　(3) [au] かそうでないか。
(4) [əːr] かそうでないか。dessért, percént はアクセントに注意。
(5) [e] か [ei] か。énvelope, élevator はアクセントに注意。

6 次の(1)〜(3)のそれぞれの語の下線部と同じ音を含む語を㋐〜㋓の中から 1 つずつ選びなさい。〔早稲田大学高〕

(1) most　㋐ often　㋑ only
㋒ across　㋓ job

(2) average　㋐ hate　㋑ parent
㋒ fact　㋓ make

(3) already　㋐ bread　㋑ please
㋒ teacher　㋓ real

重要ポイント (1) [ou] か [ɑ / ɔ] か。most [móust]　(2) [æ] かそうでないか。　(3) [e] かそうでないか。

7 次の問いに答えなさい。〔実践学園高〕

(1) 2 つの単語の下線部の発音が同じものを 3 組選びなさい。

㋐ should / station　㋑ paper / many
㋒ any / place　㋓ spoke / open
㋔ page / said　㋕ understand / Asia
㋖ busy / women　㋗ shouted / asked
㋘ thought / south　㋙ town / known

(2) 次の㋐～㋙の単語の中で，第 2 音節を最も強く発音するものを 2 つ選びなさい。

㋐ yes-ter-day　　㋑ sud-den-ly　　㋒ won-der-ful
㋓ di-rec-tion　　㋔ dra-mat-ic　　㋕ cen-tu-ry
㋖ his-to-ry　　㋗ in-for-ma-tion　　㋘ bas-ket-ball
㋙ u-su-al-ly

(3) A 欄の関係にならって，B 欄の(　　)内に適切な単語を入れなさい。

	A			B	
①	succeed	——	fail	uncle	—— (　　)
②	run	——	ran	lose	—— (　　)
③	river	——	swim	mountain	—— (　　)
④	know	——	no	our	—— (　　)
⑤	music	——	musician	poem	—— (　　)

重要ポイント
(1) [e] と [ei]，[æ] と [ei]，[ɔː] と [ou] と [au] などに注意。
(2) -tion，-ic で終わる語は，どこにアクセントがあるか。
(3) これは**語い**の問題。①反意語　②過去形　③関連する動詞　④同音異義語　⑤関連する人を表す名詞

8 次の問いに答えなさい。　〔成城学園高〕

(1) 下線部の発音が左の語と同じものを，㋐～㋓から 1 つずつ選びなさい。

① weak　㋐ dead　㋑ feet　㋒ weather　㋓ sweat
② news　㋐ useful　㋑ usually　㋒ subject　㋓ zero

(2) 最も強く発音する部分の記号を答えなさい。

① ex-pe-ri-ence（㋐ ㋑ ㋒ ㋓）　② um-brel-la（㋐ ㋑ ㋒）　③ e-le-va-tor（㋐ ㋑ ㋒ ㋓）

(3) A 欄の関係が B 欄の関係と同じになるように，(　　)内に適切な 1 語を入れなさい。

	A			B	
①	one	——	first	twenty	—— (　　)
②	early	——	late	easy	—— (　　)
③	bring	——	brought	feel	—— (　　)

重要ポイント
(1) ②日本語は news「ニュース」だが…。
(3) これは**語い**の問題。①序数詞　②反意語　③過去形・過去分詞

2 語い

9 次の(　　)内に入れるのに，最も適当な英語１語を書きなさい。ただし，⑴，⑵の２つの(　　)にはそれぞれ同じ語が入ります。〔岡山〕

⑴ (　　　) is one of the seven days of the week. (　　　) comes after Tuesday and before Thursday.

⑵ My friend can (　　　) the piano well. I often (　　　) baseball with him.

重要ポイント ⑴曜日の名前，つづりに注意。 ⑵動詞が入る。

10 次の英文の内容が正しいものには○印をつけなさい。正しくない場合は，内容が正しくなるように下線部を適切な英語１語にかえなさい。〔兵庫〕

⑴ The earth goes around the sun.

⑵ The sister of your father is your mother.

⑶ There are ninety minutes in an hour.

⑷ You open your mouth when you eat.

⑸ November is the tenth month of the year.

⑹ Tuesday is the day between Wednesday and Friday.

重要ポイント ⑵「おば」にあたる英語は何か。「おじ」「おい」「めい」の英語も確認しておこう。

11 次の会話文の(　　)内に当てはまる最も適当な語を１語ずつ書きなさい。ただし，(　　)内のアルファベットで始まる語を書くこと。〔島根〕

⑴ A: What shall we do this Sunday? How about going shopping?
B: I'm sorry I can't. I'm too (b　　　). I have a lot of things to do this weekend.

⑵ A: Who is your (f　　　) singer?
B: I like Ayumi the best. Her words are so nice.

⑶ A: I can't finish my homework. It's difficult for me.
B: Don't (w　　　). I'll help you.

重要ポイント ⑴「忙しすぎる，とても忙しい」 ⑵「好きな〔お気に入りの〕歌手」
⑶「心配するな。僕が手伝ってやるよ」の意味になる。

12 次の(1)〜(5)の対話文が完成するように，文中の(　　)内に入れるのに最も適する１語を書きなさい。ただし，答えはすべて(　　)内に指示された文字で書き始めること。〔神奈川〕

(1) A: What do you call the (s　　　　) month of the year in English?
B: We call it February.

(2) A: Is your brother (t　　　　) than you?
B: No. He is shorter than I.

(3) A: How many (c　　　　) in Hokkaido have you visited?
B: Two. I have visited Sapporo and Hakodate.

(4) A: Were there many people at the festival?
B: Oh, yes. There were about five (h　　　　) people.

(5) A: When is your (b　　　　)?
B: It's tomorrow. I will be sixteen tomorrow.

重要ポイント (2) shorter の反対の単語(たんご)。 (3) 都市の数を尋(たず)ねている。複数形(ふくすうけい)に注意。

13 次の会話が成り立つように，(　　)内に当てはまる適当な英語を１語ずつ書きなさい。〔佐賀〕

(1) A: Have you ever been to Australia?
B: No. This is my (　　　) time.

(2) A: Which (　　　) do you like the best?
B: I like winter the best, because I can ski.

重要ポイント (1)「初めてです，１回目です」の意味。 (2)「季節」を表す語は？

14 次の対話の(　　)内に入る最も適当なものを，㋐〜㋓から１つずつ選びなさい。〔福島〕

(1) 〔At a dinner table〕
A: Please (　　　) yourself.
B: Oh, thank you. These look good!
㋐ give　㋑ help　㋒ eat　㋓ keep

(2) 〔At school〕
A: Kumi put her message on your desk.
B: (　　　) she? Oh, this is it.
㋐ Is　㋑ Was　㋒ Did　㋓ Does

(3) 〔At a store〕

A: Have you decided what to buy for Mother (　　　)?

B: Yes. How about this white blouse?

㋐ yet　㋑ never　㋒ ever　㋓ just

重要ポイント (1)「どうぞご自由に自分で取って召し上がってください。」
(2) 短縮疑問文(たんしゅくぎもんぶん)を用いて，おうむ返しにあいづちを打つ。 (3) 疑問文の「もうすでに」は？

15 次の各組の2つの英文の(　　)内に入る共通の1語を答えなさい。ただし，与えられた文字で始めること。〔灘高〕

(1) All committee members must be (p　　　　) at the opening ceremony.

The president is going to (p　　　　) the prizes to the winners.

(2) The parents must (o　　　　) their teenage children not to smoke.

The vending machine is out of (o　　　　).

(3) My eyes began to (w　　　　) when I was cutting up onions.

The city had (w　　　　) shortage this summer because of little rain.

(4) My teacher asked me if I could (h　　　　) in a paper the next day.

He took an old woman by the (h　　　　) and crossed the street.

(5) We have to (f　　　　) this difficult situation.

War should disappear from the (f　　　　) of the earth.

重要ポイント いずれも，同じ単語(たんご)を動詞(どうし)と名詞(めいし)(または形容詞(けいようし))として使った文である。
(1)「出席する」(形) と「贈呈(ぞうてい)する」(動)。 (2)「命令する」と「故障中」。
(3)「涙でぬれる」と「水不足」。 (4)「提出する」と「(老女の)手を取る」。
(5)「直面する」と「表面」。

16 次の英文は，Mika がホームステイをしたときに体験した，ホストマザー(host mother)とのできごとを説明したものです。また，絵はその内容の一部を表しています。㋐～㋒の(　　)内に最もよく当てはまる英語を1語ずつ入れて，英文を完成しなさい。〔鹿児島〕

When I was in my room, my host mother called me. "Mika, dinner is (㋐). Come to the table. We will start dinner soon." I answered, "I'm going soon." Then I ran to the table.

When she saw me, she said, "Oh! I thought you were going out." I said, “No. I really want to have dinner because I am very (㋑).”

Later I learned an important thing from her. It was better to say, “I'm (㋒) soon.”

重要ポイント　人に呼ばれて「いま行きます」と言うとき，英語では何と言うか。英語の go と come が，日本語の「行く，来る」と合わないことがある。

3 文　法

17　次の英文を完成させるのに最も適切なものを，(　　)内の㋐～㋓から1つずつ選びなさい。〔沖縄〕

(1) I know Mark's sisters, but my mother doesn't know (㋐ they ㋑ their ㋒ theirs ㋓ them).

(2) They went to the store (㋐ to buy ㋑ buying ㋒ bought ㋓ buys) some food.

(3) Do you like (㋐ plays ㋑ playing ㋒ played ㋓ play) tennis with your friends?

(4) Her smile (㋐ began ㋑ knew ㋒ made ㋓ spoke) us happy.

(5) A big cat is sleeping (㋐ of ㋑ on ㋒ for ㋓ to) the table.

(6) Ben (㋐ leaves ㋑ leave ㋒ leaving ㋓ to leave) home at seven o'clock in the morning.

(7) Ms. Higa is the most (㋐ beautifuler ㋑ beautifulest ㋒ beautiful ㋓ beautifully) teacher in our school.

重要ポイント　(1) 目的語(もくてきご)がくる。 (2)「買うために」。 (3)「～することを」と，名詞(めいし)(目的語)の働きができるのはどれか。 (4) SVOC(第5文型(ぶんけい))に使える動詞(どうし)は？ (5)「場所」を表す前置詞(ぜんちし)は？ (6) 主語(しゅご)の Ben は3人称単数(にんしょうたんすう)。

18 次の各英文の誤りを，例にならって１語で訂正しなさい。〔東京学芸大附高〕

(例) Your hat is bigger than I.　(答) mine
(1) There are much money in the bag now.
(2) I'm going shopping to Hong Kong with my sister.
(3) I got a letter writing in English yesterday.
(4) I don't like this watch. Show me other.
(5) Breakfast is ready. —All right, Mom, I'm going.

重要ポイント (1) much money は単数扱い。 (2)「香港で買い物をしに～」と考える。
(3)「英語で**書かれた**手紙」になる。 (4) a better one のように言うのだから…。
(5) このことは，pp.490-491 の 16 に詳しく述べてある。

19 次の各問いに答えなさい。〔広島大附高〕

(1) 次の①～④の各組の文がほぼ同じ意味になるように，(　　)内に適当な英語を１語ずつ入れなさい。

① My house is 50 years old now.
　 My house (　　) (　　) 50 years ago.
② I couldn't do my homework because I was so busy yesterday.
　 I was (　　) busy (　　) do my homework yesterday.
③ No one in my class can sing as well as Yumi.
　 Yumi is the (　　) (　　) in my class.
④ Do you know the way to Hiroshima Station?
　 Do you know (　　) (　　) get to Hiroshima Station?

(2) 次の①～④の対話が成立するように，(　　)内に適当な英語を１語ずつ入れなさい。

① A: Do you have a pen?
　 B: Yes. (　　) (　　) are.
② A: (　　) (　　) we go to the movies tonight?
　 B: Yes, let's.

③ A: Is this your (　　) (　　) to Hiroshima?
B: Yes, it is. But I've been to Osaka before.

④ A: (　　) (　　) do you practice judo?
B: Once a week.

重要ポイント (1) ①「建てられた」とする。 ②「…するにはあまりに～すぎる」の構文を使う。③ the があるので，形容詞の最上級と名詞を使って表す。 ④ この get は動詞の原形。「～する方法」の言い方は？
(2) ①「はい，どうぞ」と手渡すときの言葉。 ② 疑問詞を使って「～しましょうよ」と誘う言い方は？ ③「大阪には行ったことがあるが…」という答えから考える。 ④ 回数や頻度を尋ねる言い方。

20 次の各組の2文がほぼ同じ意味を表すように，(　　)内に適語を入れなさい。 〔甲陽学院高〕

(1) How about having lunch together?
Let's have lunch together, (　　) (　　)?

(2) No one in my class can speak English as well as Kazuo.
Kazuo is the (　　) (　　) of English in my class.

(3) I have never been to Japan before.
This is (　　) (　　) (　　) to Japan.

(4) Did you have a good time at the party yesterday?
Did you (　　) (　　) at the party yesterday?

(5) Your book is half as big as mine.
Your book is half the (　　) of mine.

重要ポイント (1) Let's ～ と対になる付加疑問は？ (2)(3)は前の **19** 参照。
(4) have a good time (楽しい時を過ごす) を「自分自身をエンジョイする」のように言い換える。 (5) the のあとだから，「半分のサイズ」と名詞を使う。

21 対になっている2つの文の意味ができる限り近くなるように，(　　)内にそれぞれ英単語1語を入れなさい。短縮形(is not → isn't)も1語として扱います。 〔慶應義塾高〕

(1) What is the English name of this flower?
＝(　　) (　　) (　　) call this flower in English?

(2) His date of birth is April 5, 1982.
＝(　　) (　　) born (　　) the fifth of April, 1982.

(3) Kate has kept a diary for more than five years.
=Kate started (　　) a diary (　　) five years (　　).

(4) India is the country I'd like to visit most.
=I'd like to visit (　　) (　　) than any other (　　).

(5) Please ask him the number of students in his class.
=Please ask him (　　) (　　) students (　　) are in his class.

(6) Do you remember which girl gave you the flower?
=Do you remember the name (　　) the (　　) (　　) gave you the flower?

(7) We were all surprised to hear that he was dead.
=The (　　) of his (　　) surprised (　　) all.

(8) He ran to school in order to be in time for class.
=He ran to school (　　) he (　　) want to be late (　　) class.

(9) Susan's last novel was unfinished when she died.
=Susan (　　) without (　　) (　　) last novel.

(10) She was too tired to stay awake till the end of the movie.
=She was so tired (　　) fell (　　) (　　) the movie ended.

重要ポイント

(1) 当事者一般を示す人称代名詞を主語にする。
(2)「～に生まれた」と受動態の文に。
(3) more than ～(～以上)を 1 語で表す。
(4) 最上級と同じ内容を比較級を使って表現する。
(5)「何人いますか」という疑問文を目的語の位置に入れる。間接疑問文の問題。
(6)「あなたにくれた女の子の名前」と主格の関係代名詞を使う。
(7)「彼の死の知らせが私たち全員を～」とする。
(8)「～に遅れることを望まなかったので」とする。
(9)「彼女の～を仕上げることなしに死んだ」とする。
(10)「～する前に眠ってしまった」とする。so ～ that の構文では that が省略されることが多い。

22 次の英文を読み，それぞれの（　　）内に最も適切な語句を㋐〜㋓の中から1つずつ選びなさい。〔青山学院高〕

My grandfather（ ① ）this summer at the age of 94. It is the（ ② ）experience that（ ③ ）in my whole life because I really loved him so much. No, not only me, all of my family members loved him and cried when he died. There is another reason that made it my（ ② ）experience. That was the first time I（ ④ ）any of my family members. I didn't know how I should control my feelings.

When I（ ⑤ ）about my grandfather, I always remember his friendly smile. He was always kind and very quiet. I always enjoyed talking to him as we sat together.（ ⑥ ）next to him was my favorite time（ ⑦ ）the day when I was very little. He always listened to me very carefully. He（ ⑧ ）angry. He didn't get angry even when I（ ⑨ ）his important plate by mistake. He just said to me, "Are you alright?" and smiled.

Grandpa, I（ ⑩ ）you a lot and I'll never forget you. You will always stay in my heart.

① ㋐ was dead　㋑ died　㋒ was dying　㋓ has been dead
② ㋐ sadder　㋑ very sad　㋒ sadness　㋓ saddest
③ ㋐ I had　㋑ I didn't have　㋒ I've ever had　㋓ I'm having
④ ㋐ ever lost　㋑ lose　㋒ ever been lost　㋓ never lost
⑤ ㋐ think　㋑ thought　㋒ was thinking　㋓ have thought
⑥ ㋐ Sit　㋑ Sat　㋒ Sitting　㋓ Have sat
⑦ ㋐ by　㋑ at　㋒ on　㋓ of
⑧ ㋐ never gets　㋑ never got　㋒ is never getting
　㋓ has never gotten
⑨ ㋐ break　㋑ broke　㋒ am breaking　㋓ have broken
⑩ ㋐ am missing　㋑ missed　㋒ have missed　㋓ miss

過去形（過去のあるときの事柄）か，現在形（現在の事柄）か，現在完了形（今までのこと）か，前後の文脈から判断する。 ②と③は最上級と現在完了形の組み合わせか。はじめの②の前が the であることに注意。
④ That was 〜 と過去形の文脈。 ⑤ I always remember と現在形の文脈が続く。
⑥ あとの was の主語になれるのはどれか？

3 英作文と英文和訳

- 英語が書けるかどうかは，英語を書いてもらえば分かります。英語が読めるかどうかは，英語を読んで，その意味を日本語で言ったり書いたりしてもらえば，いちばんよく分かります。
- しかし，それが入学試験であまり出題されないのは，一つには採点に時間がかかるからです。

　そして答案用紙の数が多いと，何人かで手分けして採点しなければなりませんから，どうしても採点の基準にバラツキが生じ，公平性のうえで問題が生じやすくなります。それで，**並**(なら)**べ換**(か)**えなどによる英作文**が，非常によく出題されることになるのです。
- それでも，純然(じゅんぜん)たる**和文英訳**や**英文和訳**の出題にも，受験生が比較的少ない高校を中心に，依然(いぜん)として根強い支持があります。どのような形式にせよ，その意味を英語で書いてもらうなり，日本語で言ってもらうのが，その人の英語力がいちばんよく分かる方法だからです。

1 並べ換え作文

1 下線部が「私は皆さんとともに送った楽しい日々を決して忘れません」という意味になるように，(　　)内の語を正しく並べ換えなさい。〔愛知・改〕

Hello, boys and girls. How are you? Thank you very much for the wonderful days in Japan. <u>I (forget / happy / never / those / will / days) with you.</u> I always talk with my family about you and my wonderful experiences as an English teacher at your school.

重要ポイント never をどこに置くか。

2 下線部が「夜遅くあるいは朝早くに買い物をしたい人にとって，それは役に立つ」という意味になるように，(　　)内の語句を並べ換えなさい。

〔鳥取・改〕

Tatsuya: Most *konbini* are open for 24 hours.

Bill: Really? Why are *konbini* open all night?

Tatsuya: Well, I think it is (buy / the people / want / who / to / useful / for) things late at night or early in the morning.

Bill: I see.

関係代名詞 who を正しく使おう。

3 (　　)内の語を正しく並べ換え，対話文を完成させなさい。〔千葉〕

(1) A: Who (talking / man / that / with / was) you at the station yesterday?
B: That was my uncle.

(2) A: Will you ask (Tom / wait / thirty / to / for) minutes?
B: Sure, I will.

(3) A: May I help you?
B: Yes. I'm (for / present / looking / a / nice) for my brother.

重要ポイント
(1) 現在分詞(talking)の後置修飾。「あなたと話していたあの人」。
(2) ask ～ to *do*「～に…するよう頼む」
(3)「プレゼントをさがしているところです」。

4 (1)～(3)の(　　)内の語を意味がとおるように並べ換えて，会話文を完成させなさい。ただし，文の最初にくる語も小文字で始めてあります。〔島根〕

(1) A: I took these pictures in Hokkaido.
B: (some / me / will / show / you)?

(2) A: How nice! No trash on the beach!
B: Didn't you (was / cleaned / it / know / by) volunteers yesterday?

(3) A: How about this bag?
B: Well, (have / smaller / do / anything / you)?

重要ポイント
(1) 相手に「～してくれませんか」と頼む言い方。
(2)「～されたということを知らなかったのですか」となる。接続詞 that の省略に注意。
(3) anything の修飾語は後置される。「何かもっと小さいのはありませんか」。

5 次の対話文が完成するように，(　　)内の６つの語の中から３つを選んで正しい順番に並べなさい。(それぞれ３語ずつ不要な語があるので，それらの語は使用しないこと。)〔神奈川〕

(1) A: Do you remember John Smith? I think you saw him.

B: Is that the boy (at / visit / didn't / who / with / studied) your school last year?

A: Yes. He was in my class last year. He played tennis very well.

(2) A: Let's go to see *kabuki* next week.

B: Well, maybe it isn't (we / for / difficult / too / me / easy) to understand *kabuki*.

A: Don't worry. You will understand it. I'll tell you the story when we see it.

(3) A: I don't know Japanese singers very well. Are the songs by those five people popular in Japan?

B: Yes. The songs (sing / aren't / they / are / very / listen) loved by many people.

A: Really? I want to hear their songs!

(1) 関係代名詞(かんけいだいめいし)を使って「〜で勉強した少年」に。
(2) 仮主語(かりしゅご) it を受ける「for＋意味上の主語＋to *do*」。
(3)「彼らがうたう歌は〜によって愛されている」。関係代名詞を使わないで，直接(ちょくせつ)，文で名詞を修飾(しゅうしょく)する構文で。

6 次の対話文が完成するように，(　　)内の語を正しく並べ換えなさい。ただし，与えられた語には1つだけ余分なものがあり，文頭にくる語も小文字になっています。〔筑波大附属駒場高〕

(1) A: Let's go to Tom's house.

B: (do / he / house / know / lives / you / where)?

A: Yes. I've known him for five years.

(2) A: Hello. This is Paul. Can I speak to John?

B: He's not in right now, but he's coming back in a few minutes.

A: Then (call / will / him / I / me / tell / to / you) when he comes back?

(3) A: I'm going to give this homework to my students. What do you think about it?

B: Well, I think it's too difficult. (about / easier / have / it / make / much / to / you).

(4) A: How did you like the festival last Sunday? Did you see many singers?

B: Not so many.　Most of the (couldn't / festival / invited / singers / the / to / were) come.

(5) A: It's raining outside.　How about taking a rest today?

B: No.　I'll go out to run.　You know, (for / how / important / it's / players / practice / professional / to) every day.

重要ポイント どれが余分な単語であるか，気にする必要はない。予測した内容を表すように，与えられた語を使って作文していくと，自然に 1 つ単語が残ってくる。

(1)「彼がどこに住んでいるか(知っていますか)」。間接疑問文を含む疑問文で表す。

(2)「～に…するよう言ってくれませんか」と相手に頼む言い方。

(3)「もっと易しくしなければならない」。make は S V O C の文型で用いる。

(4)「フェスティバルに招待された歌手たちのほとんどが～できなかった」の意味に。

(5)「プロのプレイヤーには毎日練習することが大切です」の意味に。仮主語の it と，意味上の主語(for＋名詞)のある不定詞で表す。

2　条件作文

7 次の絵を見て(1)，(2)の条件に合う英文を 1 文ずつ書きなさい。〔富山〕

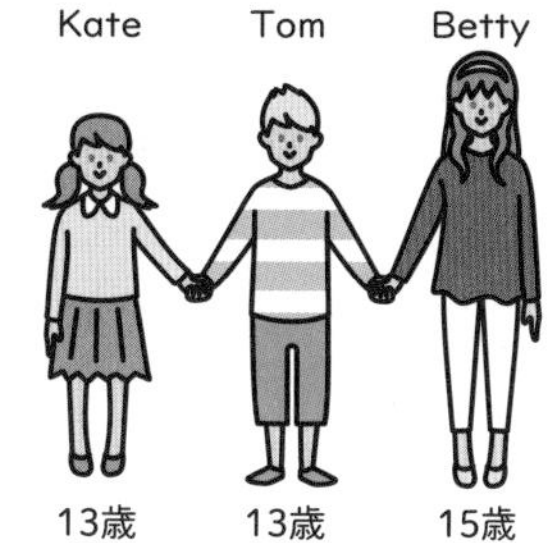

(1) Tom で始まる文
(他の 1 人と比べて)

(2) 答えが "Betty is." になる質問文
(「いちばん～」という表現を使って)

重要ポイント 年齢(old)か身長(tall)を話題にする。

(2) 人(Betty)が答えの文の主語になるような疑問文は，何で始まるのか？

8 保健室でミナと田中先生が会話をしています。2 人の対話が成立するように，ミナのセリフを自由に書きなさい。ただし，必ず文章の形(主語と動詞を含む)で答え，2 文以上書きなさい。〔沖縄〕

Ms. Tanaka: You don't look very well. What's the matter?

Mina: ______________________________

Ms. Tanaka: That's too bad.

重要ポイント 体調がすぐれない，どこかが痛い，何か悲しいことがあった，などを話題にする。病気に関する慣用的表現も使ってみよう。

9 あなたは外国から来た留学生たちとキャンプをしています。次のような場合，留学生たちに，どのように言えばよいか，英語で書きなさい。〔静岡〕

(1) 明日は歩いて川まで行こうと誘う場合。
(2) 魚の料理のしかたを知っているかどうかを尋ねる場合。
(3) 鳥を見る良い場所を見つけたことを伝える場合。

重要ポイント
(1) 提案し勧誘する言い方をどれか使う。
(2)「どのように料理する(cook)か」は「how＋to *do*」。
(3)「バードウォッチング」という言葉(ことば)を思い出そう。

3 和文英訳

10 日本文に合うように，(　　)内に適当な単語を1語ずつ入れなさい。〔大阪女学院高〕

(1) この果物は中国語で何と言いますか。
What is (　　) (　　) (　　) (　　) (　　)?
(2) 初心者に日本語を教えるのは，難しいと思いました。
I thought (　　) (　　) (　　) (　　) to (　　) (　　) (　　) the beginner.
(3) 私はアメリカにいたとき，車の運転のしかたを習いました。
When I was in America, I (　　) (　　) (　　) (　　) a car.
(4) 父は帰宅するとすぐに，何か飲み物を持ってくるように私に言いました。
As soon as he came home, my father told me (　　) (　　) him (　　) (　　) (　　).
(5) 忙しくて，本を読む時間がないという人が多いです。
Many people say that they are (　　) (　　) to find (　　) for reading.
(6) 私はこの話を聞くといつも悲しくなります。
This story always (　　) (　　) (　　).
(7) あなたと今朝，図書館で話をしていた男性はだれですか。
Who was the man (　　) (　　) (　　) in the library this morning?
(8) 信濃川は日本でいちばん長い川です。
The Shinano is (　　) (　　) (　　) all the rivers in Japan.

重要ポイント (1)「何と言いますか」は「何と呼ばれていますか」と考え，call の受動態で。
(2) 仮主語 it と不定詞 to *do* で。接続詞 that を使うかどうか。
(3)「車をどのように運転するか」は「how＋to *do*」で。
(4)「～に…するように言う」tell ～ to *do*　him は間接目的語で to なし。
(5) too ～ to *do* の構文で。　(6)「～が私を悲しくする」という SVOC の文型で。
(7) 現在分詞の後置修飾で。　(8)「～のすべての川のうちで最も長い」と考える。

11　次の日本文の下線部を英語に直しなさい。〔東京学芸大附高〕

今年から私の学校では，毎週土曜日が休みになりました。かえって忙しくなったと言う人もいますが，<u>私は以前より家族といっしょに過ごす時間がふえてうれしいです。</u>

重要ポイント 「以前よりも，より多くの時間を持ててうれしい」と考え，比較級で。

12　次の会話を読んで，下線部(1)～(3)の日本文の意味を表す英文を書きなさい。〔熊本・改〕

Kenta: We went to Aso to see the first sunrise of the year. We went there by car and waited. And we saw the sunrise. It was so nice. (1)<u>雪が積もった木々もきれいでした。</u>

Mike: You had a very good time during the vacation, Kenta. I went to Aso last summer. It was a very good place. (2)<u>そのとき以来，またそこに行きたいと思っています。</u>

Kenta: My father and I will go to Aso by car next Sunday. Are you busy next Sunday?

Mike: No. (3)<u>何もすることがありません。</u>Can I go with you?

重要ポイント (1)「雪で cover された木々」と考え，過去分詞の後置修飾で。
(2)「そのとき以来」とある。動詞はどんな形にするのがよいか。

13　次の日本文に合うように，下線部に 5 ～ 7 語の英語を書きなさい。〔広島大附高〕

(1) 彼の出した意見に賛成する生徒もいれば反対する生徒もいる。
____________________ and others are against it.

(2) 正倉院は奈良時代に建立された建物のひとつです。
Shosoin is one ____________________ in the Nara period.

(3) 地球を守るために皆さんに何か新しいことをしてほしいと思います。
I ＿＿＿＿＿＿＿＿＿＿＿＿＿＿＿＿＿＿＿＿＿＿＿＿ to save the earth.

重要ポイント (1)「～もいれば…もいる」some ～, others ... 「賛成 / 反対」は for / against を使う。文末の it は何の代名詞か。
(2) 関係代名詞を使うか，それとも過去分詞の後置修飾か。
(3)「(人)に～してもらうことを望む，(人)が～することを望む」は「want＋人＋to *do*」。

4 英文和訳

14 下線部の内容を日本語で言い表しなさい。 〔秋田・改〕

One day my Japanese friend taught me, "<u>In Japan, we sometimes want others to understand our ideas and opinions without expressing them clearly.</u>" I was surprised and thought, "Why are Japanese people like this?" I really wanted to find the answer.

「want＋人＋to *do*」で「(人)に～してもらいたいと思う，(人)が～してくれることを望む」。them は何を受けるか。

15 下線部を日本語に直しなさい。 〔愛光高〕

In Japan, when others are holding back, it is important to understand that their reserved behavior is simply good manners. <u>You can find out what they want by politely asking the things they may want, and then seeing their reaction.</u>

重要ポイント by asking ... and seeing ... と続く。the things they may want は文による後置修飾で，関係代名詞を使わない言い方。

16 下線部を日本語に直しなさい。 〔甲陽学院高〕

When Mark had a good idea, he would always get excited about it and would laugh loudly. <u>I think he knows how to enjoy every moment of life, just as a child does, and that is what I like most about my friend.</u>

does(代動詞)＝knows how to enjoy every moment of life
発展 what I like most「私がいちばん好きなこと〔ところ〕」

17 下線部を日本語に直しなさい。 〔東海高〕

These scientists have tried to find a way to communicate with dolphins. <u>One scientist who has studied dolphins for many years has found that they talk to each other about eight times as fast as people do.</u>

重要ポイント two times のときは twice というが，as fast as 〜の前の eight times の意味は？ do (代動詞)＝talk to each other

18 次の英文を読み，下線部を日本語に直しなさい。 〔洛星高・改〕

In the experiment, the scientist woke up the student at six every morning and made him go jogging. On the first few days he felt very sleepy when he was woken up. Toward the end of the seven-day experiment, he didn't feel sleepy at all when he was woken up. And he did not feel as sleepy in the daytime as before. <u>This experiment showed that a person was able to reduce his sleeping time by waking up early and raising his body temperature in the morning.</u>

語句 experiment「実験」

reduce は，前後の文脈から「減らす，短縮する」の意味だと推量する。同様に，raise は「上げる」，body temperature は「体温」。
by waking ... and raising ... と続くことに注意。

19 次の英文を読み，下線部を日本語に直しなさい。 〔立教新座高・改〕

With the help of the Internet, even a Japanese elementary school student living in the country can use many of the same sites that a very rich man, a president of a big country, or a famous newspaper man in the world uses.

<u>The Internet lets us get information from anywhere in the world faster than any other possible way such as going to the nearest library.</u> So, the Internet is also called information super highway.

「let＋目的語＋動詞の原形」で「…に〜させてくれる」の意味。SVOC の文型。faster (より速く)は get を修飾する副詞。
「比較級＋than any other 〜」で最上級と同じ意味を表す。
... such as 〜「例えば〜のような…」

20 下線部を日本語に直しなさい。 〔ラ・サール高・改〕

Hans and his family lived in the poor part of a small town in Denmark. His father was a shoemaker.

Out of paper and the leather left over from the shoes, Hans and his father made and dressed little puppets. Many children came to see the plays Hans and his father made up, and to hear Hans sing. They clapped, cheered, and laughed.

the plays Hans and his father made up は，関係代名詞を使わないで，直接，文で名詞を修飾している。修飾文の主語が Hans and his father と長いが，the plays *they* made up と同じであることに注意。

発展 「hear＋人＋動詞の原形」で「(人)が～するのを聞く」の文型。

21 英文を読み，下線部(1)～(3)を日本語に直しなさい。 〔慶應義塾女子高・改〕

Once upon a time there lived a princess named Atalanta, who could run as fast as the wind.

She was so bright, and so clever, and could build things and fix things so wonderfully that many young men wished to marry her.

Atalanta's father was a very powerful king and always had his own way. So he told her, "I have decided how to choose the young man you will marry. I will hold a great race, and the winner will be able to marry you."

(1)Now Atalanta was not only a swift runner but also a clever girl. "Very well," she said, "but you must let me race along with the others. If I am not the winner, I will marry the young man who is the winner." The king agreed to this.

(2)Young John saw the princess only from far away, but near enough to know how bright and clever she was. He wished very much to win the race, to talk with her and to become her friend.

He said to himself, (3)"It is not right for Atalanta's father to give his own daughter to the winner of the race as the prize."

(1) not only *A* but also *B* の構文。

(2) ～ enough to *do*「…するのに十分～」

(3)「It is ～ for＋人＋to *do*」で「(人)が…するのは～だ」。仮主語 it と意味上の主語を伴った不定詞の構文。

22　次の英文は赤ちゃん鯨(くじら) Sharp Ears の物語です。これを読んで，下線部(1)～(4)を日本語に直しなさい。　〔大阪教育大附高(池田)・改〕

In the warm Gulf Stream, Sharp Ears and the other baby whales swam and played together. Their mothers began to give them more and more food. Both babies and mothers put on more blubber than usual. This blubber is the whale's coat, and it is very much needed on the whale's trip. (1)<u>It keeps them warm and their bodies burn it up for food.</u> Sharp Ears' blubber soon grew thick. His mother's blubber grew thicker than his.

They left the Gulf Stream. They were near the hottest part of the earth, so the water was still warm. (2)<u>The whales were so happy in the warm water that they traveled more slowly than before</u>, but they kept on their course every day.

The icebergs were moving. (3)<u>Sharp Ears liked to put his big nose against one to try to move it faster.</u>

But they continued up the west coast of South America. (4)<u>Sharp Ears did not know where the whales were going, but his mother did.</u> They were on a trip which would take them all around the world.

語句　the Gulf Stream「メキシコ湾海流」　blubber「(鯨などの)脂肪層」

(1) keep は SVOC の文型(ぶんけい)で「(…を～に)保つ」の意味。for food「食物として，食物の代わりに」
(2) so ～ that の構文。
(3) one＝an iceberg「氷山」
(4) 文末の did(代動詞(だいどうし))＝knew (where they were going)

4 会話文と慣用表現

- 今はさまざまな場面で，世界の人々との直接の交流が，当たり前のことになりました。**実際の会話の場面で，堂々と使える英語の力**が，これからの地球人には欠かせません。
- リスニングの重視と並んで，日常の会話場面が，中学や高校の英語でも頻繁に取り上げられるようになったのもこのためです。この傾向は今後もますます強まっていくことと思います。

1 次の(1)，(2)の対話文の（　　）内に最もよくあてはまるものを，下の㋐～㋓の中からそれぞれ１つ選びなさい。〔鹿児島〕

(1) 〔In the kitchen〕
　Emily: Hi, Mom. I'm home.
Mother: Hi, Emily. I'm cooking dinner. Can you help me?
　Emily: (　　　) I'll wash my hands first.
㋐ Here you are.　　㋑ How about you?
㋒ That's too bad.　　㋓ Wait a minute.

(2) 〔At the table〕
　Emily: Wow! This tea is very good. I really like it.
Mother: Would you like another cup of tea?
　Emily: (　　　)
㋐ Yes, please.　㋑ See you.　㋒ Good luck.　㋓ Be careful.

重要ポイント　場面を想像する。

2 次のような状況のときにあなたは英語で何と言いますか。（　　）に最も適する１語をそれぞれ答えなさい。〔長崎〕

(1) You did something for your friend, and your friend said to you, "Thank you." You want to answer.
→ "You're (　　　)."

(2) You got a letter from your friend and it made you happy.
→ "I'm happy (　　　) get a letter from my friend."

(3) It's time to start dinner, but your father has not come home yet. You don't want to start without him.
→ "Let's (　　　) for a few minutes."

(4) You want to know the time, but you don't have a watch. So you try to ask a man who is walking near you.
→ "(　　　) me. What time is it now?"

(5) You and your friend are talking about your future. You want to know what your friend wants to become in the future.
→ "I want to be a doctor in the future. How (　　　) you?"

重要ポイント (1)「どういたしまして。」 (2)「〜して（うれしい）」 (3)「待ちましょう」
(4)「ちょっとすみませんが…」 (5)「あなたはどう？」

3 次の(　　)内に当てはまる単語を，下の〔　　〕内からそれぞれ選び，書きなさい。 〔群馬〕

Eriko: Do you know that a lot of people enjoy walking in our city?
Tadashi: Yes, I do. Many people say walking is (㋐).
Eriko: That's right. Walking is also good for the health. It is very important to walk every day.
Tadashi: My parents want to begin walking. Do you know a good place for walking?
Eriko: How (㋑) the park? My parents enjoy walking there.
Tadashi: I see. Do they walk in the morning (㋒) in the evening?
Eriko: They (㋓) walk in the morning. They say the air in the morning is nice.
Tadashi: Good. I will tell my parents to walk in the park in the morning.
Eriko: Do you want to walk (㋔) your parents?
Tadashi: Yes, but I (㋕) to get up early. Well, I'll think about it.

語句 walking「ウォーキング」 health「健康」

〔about, can't, fun, have, never, of, or, usually, with〕

重要ポイント ㋐ is のあとにくるような単語(名詞か形容詞)は 1 つしかない。
㋑「～はどうか」と提案している。 ㋒「朝か(あるいは)晩か」と尋ねている。
㋓ 主語と動詞の間だから頻度の副詞か？ ㋔ 名詞の前だから前置詞がくるとすると…。
㋕ to *do* があとにくるのだから…。

4 次の(1)～(4)の各場面で用いる表現として，当てはまらないものを，それぞれの㋐～㋓から 1 つずつ選びなさい。〔福岡〕

(1) 相手の提案に賛成するとき
㋐ That's great! ㋑ That's strange!
㋒ Wonderful! ㋓ Good idea!

(2) 授業中分からないことがあって先生にたずねたいとき
㋐ May I ask a question?
㋑ I'd like to ask a question.
㋒ I don't understand it. Please explain.
㋓ I can answer the question.

(3) 自分の家に来てほしい気持ちを表すとき
㋐ I want you to come to my house.
㋑ Please come to my house.
㋒ Do you have to come to my house?
㋓ Can you come to my house?

(4) 何かをもらってうれしい気持ちを表すとき
㋐ Oh, nice! I don't know what to say.
㋑ You are so kind!
㋒ Oh, I've wanted this for a long time.
㋓ I hope you will like it.

重要ポイント 「当てはまらないもの」を選ぶことに注意。
(1) 提案に「賛成する」のだから…。 (2) 自分に「分からないことがある」のだから…。
(3) 相手に「来てほしい」のだから…。 (4) 自分が「もらってうれしい」のだから…。

5 次の(1)～(4)の対話文をそれぞれ最も適切な表現にするには，(　　)内の㋐～㋓のうちどれを用いればよいか，答えなさい。〔栃木〕

(1) A: I have to finish my work by tomorrow. What should I do?
B: (㋐ No, thank you ㋑ Don't worry ㋒ Thank you ㋓ Yes, I am).
I'll help you.

⑵　A: Would you like something to eat?
　　B: (㋐ Yes, I do　㋑ You, too　㋒ No, I don't　㋓ Yes, please). I'm hungry.

⑶　A: Can you play basketball with us this afternoon?
　　B: (㋐ You're welcome　㋑ No, it isn't　㋒ I'm sorry　㋓ That's all), but I can't. I'm very busy today.

⑷　A: I don't feel well today.
　　B: (㋐ That's too bad　㋑ Excuse me　㋒ Nice to meet you　㋓ No, you aren't). You should go home early.

⑴「私が手伝ってあげるから」と言葉を続けている。　⑵ Would you ～? に対する応答だから…。　⑶ ..., but I can't. と相手の誘いを断るのだから…。
⑷ 相手が「気分がすぐれない」と言っているのだから…。

6　次の２人の会話を読んで，⑴，⑵の問いに答えなさい。　〔佐賀〕

A: Excuse me. Is there a bookstore near here?
B: Yes. ①<u>Look at (there / standing / the / over / building).</u> There is one behind that building. But I'm afraid it's closed today. What kind of books do you want?
A: (　　　②　　　)
B: (　　　③　　　)
A: (　　　④　　　)
B: (　　　⑤　　　)
A: Really? I didn't know that. Thank you.
B: You're welcome.

語句　behind ～「～の裏側に」

⑴　上の２人の会話が成り立つように，下線部①の(　　)内の語を並べ換えなさい。

⑵　次の㋐～㋓の文を②～⑤の(　　)内に入れるとき，最も適当なものをそれぞれ１つずつ選びなさい。
㋐ That's right. I think you can get one.
㋑ I see. Why don't you go to that store?
㋒ I need a map of this city.
㋓ Do you mean that convenience store?

語句　map「地図」　convenience store「コンビニエンスストア」

(1)「あそこに建っているビルを～」の意味に。
(2) ② What kind of ～? と疑問詞のある疑問文で尋ねているのだから…。want→need も参考になる。
③ A さんの②の答えを受けて，「それなら～してはどうか」と提案する。
④ 納得がいかない A さんは「～のことですか」と確認の質問をする。that store→that convenience store
⑤「そのとおりです。手にはいると思いますよ」と保証する。a map of this city→代名詞 one

7 次の(1)～(4)の対話が完成するように，(　　)内に最も よく当てはまるものを，下の㋐～㋕から 1 つずつ選びなさい。〔宮崎〕

(1) A: What's the matter, Mayumi?
B: I feel sick.
A: (　　　　　　　　　　)

(2) A: How was the party yesterday?
B: (　　　　　　　　　　) I enjoyed talking with John and his friends.

(3) A: Do you have any plans this afternoon?
B: No.（　　　　　　　　　　）

(4) A: Thank you for a great speech, Naomi. Now, it's your turn, Kenji.
B: (　　　　　　　　　　)
A: Good. Stand here, and start your speech.

㋐ You're welcome.
㋑ It was a lot of fun.
㋒ Oh, that's too bad.
㋓ OK, I'm ready.
㋔ You should go straight.
㋕ I have nothing special to do today.

(1) 同情を表す言い方は？
(2) 過去形の文は？
(3) No. だけではぶっきらぼうなので，同じことをもう少し詳しく丁寧に言う。
(4)「さあ，次はあなたの番です」と言われて，Kenji の答えは？

8　次の(1)〜(3)は Yumi と David との対話です。対話の中の下線部で Yumi が伝えようとしていることに最も近い内容の英文を，下の㋐〜㋓からそれぞれ１つずつ選びなさい。〔高知〕

(1)　Yumi: My name is Yumi. <u>May I have your name?</u>
David: I'm David. Nice to meet you.
㋐ Do you know my name?　㋑ What's your name?
㋒ I will tell you my name.　㋓ I will write your name here.

(2)　David: How was your trip?
Yumi: <u>I had a good time.</u>
David: That's good.
㋐ I enjoyed the trip.　㋑ I was tired.
㋒ I had no watch.　㋓ I stayed for three days.

(3)　David: We have a lot of beautiful forests in our country.
Yumi: Oh, really? I'm very interested in your country. <u>I want to know about it.</u>
David: OK.
㋐ Shall I tell you about my country?
㋑ Will you tell me about your country?
㋒ May I talk about my country?
㋓ Do you have to talk about your country?

重要ポイント　(1)「お名前をお聞きしてよいですか。」(2)「楽しかったわ。」
(3)「知りたい」→「話してくださいませんか」と相手に頼(たの)む言い方に。

9　次の(1)〜(4)は，〔　　〕内に示された場面での２人の対話です。対話の中にある（　　）内に当てはまる最も適切な英文を，それぞれ下の中から１つずつ選びなさい。〔長野〕

(1)　〔教室で〕
A: It's very hot, isn't it?
B: Yes.
A: Shall I open the window?
B: (　　　　　　　　　　)
㋐ Yes, please.　㋑ Have a nice day.
㋒ No, it isn't.　㋓ You are welcome.

⑵ 〔電話で〕

A: Hello. I'd like to speak to Mike.

B: (　　　　　　　　　　　)

A: This is Mary.

B: Wait a minute, please. I'll get him.

㋐ Who would you like to speak to?

㋑ Who is calling, please?

㋒ Where is he calling?

㋓ Why are you calling, please?

⑶ 〔バス停で〕

A: Excuse me.

B: Yes?

A: Which bus goes to Nagano Station?

B: Sorry. (　　　　　　　　　　　)

㋐ It will take thirty minutes.

㋑ I don't have much money.

㋒ I don't have a ticket.

㋓ I'm new here.

⑷ 〔店で〕

A: Good morning. (　　　　①　　　　)

B: I want a new T-shirt.

A: How about this one?

B: I don't like red. (　　　　②　　　　)

A: We have white, blue, yellow, and green.

B: Could you show me the blue one?

㋐ What other colors do you have?

㋑ What color do you want?

㋒ What would you like?

㋓ How did you come here?

㋔ How many T-shirts do you have?

㋕ How much is it?

重要ポイント (1)「窓を開(あ)けましょうか」と言われたのに対して答える。
(2) 次に A さんが「こちらはメアリーです」と答えている。
(3) Sorry と謝る言い方の続きだから，あとはその理由を述べる文がくるはず。
(4) ① B さんは「新しいTシャツが欲しいのです」と答えている。 ② ここは色の好き嫌(きら)いを言っているところである。

10 次の対話文の(　　)内に入る適切な英文を，㋐～㋓から 1 つずつ選びなさい。〔兵庫〕

(1) A: Happy birthday, Jim! This is for you.
B: Thank you.（　　　　　　　　　　）
A: Sure. I hope you like it.
㋐ May I open it?
㋑ This is for you, too.
㋒ When is your birthday?
㋓ You shouldn't give me anything.

(2) A: How about going to the festival tomorrow?
B: (　　　　　　　　　　) I want to wear a *yukata* and dance.
A: Me, too. I hope the weather will be nice tomorrow.
㋐ No, I don't.
㋑ Have a nice day.
㋒ I have to do my homework.
㋓ That's a good idea.

(3) A: I think e-mail is better than the telephone.
B: (　　　　　　　　　　) We can really talk to each other on the telephone.
A: You're right, but we can send e-mail to many people at the same time.
㋐ I think so, too.
㋑ That's right.
㋒ I don't think so.
㋓ That isn't bad.

(4) A: I live in Nishinomiya.
B: (　　　　　　　　　　) Will you say that again?
A: I said, "I live in Nishinomiya!"
㋐ I'm sorry, but I can't hear you.
㋑ Everyone knows that city.
㋒ I've lived there for three years.
㋓ What a nice city!

(5) A: Ken, you look so happy. What happened?
B: I was able to talk to a new student from Australia in English. It was fun to talk with him.
A: (　　　　　　　　　　) Let's ask him to come to our home some day.
㋐ That's too bad.
㋑ You did very well.
㋒ How do you do?
㋓ Thank you very much.

重要ポイント
(1) A さんが Sure. と答えているから，依頼(いらい)または許可(きょか)を求める言い方だろう。
(2) How about ～? は提案する言い方だから，まず賛成か反対かを答える。
(3) 相手の意見に同意，不同意の言い方は？
(4) B さんはうまく聞き取れなかったようだ。「もう一度言ってください」と言っている。
(5) オーストラリアからの留学生と英語で話ができたと聞いて，A さんもうれしかったのだろう。でなければ，「いつか家に呼ぼう」ということにはならない。

11 次の会話文を読み，(　　)内に入れるのに適当な文を，あとの㋐～㋖から1つずつ選びなさい。〔甲陽学院高〕

Keiko visited Mr. and Mrs. Brown's house last Sunday to have dinner with them. Mrs. Brown was cooking dinner in the kitchen. Her son, Tom was in his room. Then Keiko came into the kitchen.

Keiko: (　　　①　　　)
Mrs. Brown: Oh, thank you, Keiko. But everything is about ready.
Keiko: (　　　②　　　)
Mrs. Brown: Oh, no. I'm not really. But it is good of you to help me.
Keiko: (　　　③　　　)

Mrs. Brown: Sure. You can carry these forks and knives, too. Dinner will be ready in a minute.

Keiko: (　　　④　　　)

Mrs. Brown: He is in his room. I think he is playing video games. He spends a lot of time playing video games every day.

Keiko: (　　　⑤　　　)

Mrs. Brown: Yes. I hope he will find some other things to do.

㋐ Aren't you tired?

㋑ Will you help me cook dinner?

㋒ Oh, that's wonderful.

㋓ Oh, that's too bad.

㋔ Can I help you with something?

㋕ By the way, where's Tom?

㋖ Shall I take the cups and plates into the dining room?

すべて Keiko の発話を選ぶことになっている。Keiko になったつもりで，Mrs. Brown の応答を手がかりに判断する。

① キッチンに入って最初の言葉(ことば)。あいさつのようなもの。Mrs. Brown は次にお礼を言っている。

② Oh, no. **I'm not** really. と Mrs. Brown は答えている。

③ Mrs. Brown は Sure. と答えているので，「～しましょうか」と提案し，相手の意見を尋(たず)ねる言い方ではないか？

④ He とはだれか。Mrs. Brown は彼のいる**場所**を答えている。それを尋ねる疑問文(ぎもんぶん)は何で始まるか。

⑤ Yes. と Mrs. Brown はあいづちを打っている。Keiko のどういう意見に対してか？

5 内容理解と長文総合問題

長文問題のポイント

- 国語(日本語)の勉強でも，新聞や雑誌の記事がすらすら読め，その内容を理解するということが到達目標の一つです。英語の授業でも，**長い文を読んでその大意をつかみ，その要点を理解する**ことが大事な目標の一つになっています。しかし，同じ文章を読んでも，人により，またそのときによって，興味をもつところや感心するところは違ってきます。
- 入学試験でも状況は同じです。長い文章を読ませたあとに，いくつかの要約文を示して，それが正しいかどうかを問う問題がよく出されますが，それに関連する部分が問題文のどこにあったのか，さがすのにひと苦労します。せっかく一生懸命に読んだのに，その部分からは出題がなく，ガッカリすることもよくあります。
- ですから，長文問題では，**まず設問にさっと目をとおし**，それを頭の片すみに置きながら，ある程度要領よく，**ここは重要かどうか考えながら文章を読み，テキパキと問題を処理していく**ことが望まれます。そうすれば，時間の配分を間違って泣くこともなくなるでしょう。

1 次の文は，高校生のみほこさんと留学生のマークさんの会話です。これを読んで，あとの問いに答えなさい。 〔兵庫〕

Mark: What do you want to be in the future, Mihoko?

Mihoko: I want to be an English teacher. When I was a junior high school student, I enjoyed listening to English songs. I became interested in English because my English teacher told me many interesting stories in English.

Mark: So you study English very hard now. I hope you will be a good teacher.

Mihoko: Thank you. Learning English is interesting. I want to tell it to students as an English teacher. If we can understand foreign languages, we can learn more about other countries. Foreign languages are important when we understand people in other countries. Mark, what do you want to do?

Mark: Well, I haven't decided yet. But I want to help children in other countries. In my social studies class, I studied about children in other countries. Some children can't get enough food. I will learn more about them. I want to visit their countries and help them.

Mihoko: Oh, I've just remembered. When I was a junior high school student, we collected a lot of used stamps in our class and sent them to other countries. Our teacher said, "The stamps you sent are used to help children."

Mark: Then you've already helped them! I think (do / for / important / is / it / something / to) people in other parts of the world.

Mihoko: You're right. I hope our dreams will come true.

語句 future「将来」 foreign「外国の」 language(s)「言語」 decide「決める」 social studies「社会科」 enough「十分な」 collect「集める」 used stamp(s)「使用済みの切手」 come true「実現する」

(1) 次の質問に主語と動詞のある英文で答えなさい。

① Who told many interesting stories in English to Mihoko?

② What does Mark want to do in other countries?

(2) みほこさんは，中学生のときに子どもたちを助けるために，クラスで何をしましたか。日本語で書きなさい。

(3) (　　)内の語を並べ換えて，適切な英文を完成させなさい。

(4) 本文の内容に合うものを，次の㋐〜㋔から 2 つ選びなさい。

㋐ Mihoko studies English because she wants to live in other countries.

㋑ Mihoko thinks learning foreign languages is important.

㋒ Mark will study Japanese very hard to become a teacher in Japan.

㋓ Mark studied about children in other countries.

㋔ Mark told Mihoko to visit other countries in the future.

重要ポイント

(1) ① Who **told** 〜? に対する答えだから，A **did**. の形になるはず。人称代名詞の扱いにも注意。

(3) it is 〜 to *do*「…することは〜だ」の構文。

2 1は高校生の由美(Yumi)がアメリカに帰国したジェーン先生(Jane-sensei)に送った手紙です。2はその手紙に対するジェーン先生の返事です。2人の手紙を読んで，あとの問いに答えなさい。〔大阪〕

1

November 24

Dear Jane-sensei,

How are you? We are all fine.

Today, I want to tell you about some things I made with my friends. They're called "Our Umbrellas."

One day in June, it started to rain (①). When I was going to go home without an umbrella, you said, "Can you borrow an umbrella from the school?" I said, "No. The school doesn't have any." Then, you gave me one of your umbrellas and I returned it the next day. Do you remember that? That kind thing you did made me happy and gave me an idea.

About a month before the school festival, I said to some of my friends, "(②) make umbrellas for the students in our school?" They said, "That's a good idea. Let's make them." We sold old books and CDs at the festival to buy many white umbrellas. Then, with other students, we painted our favorite pictures on them. We put the umbrellas in a large box. On the box, we wrote, "These are Our Umbrellas. They're for all of us. Please return them after using."

Now, many students use them and return them to the box. The umbrellas help the students when they go home on a rainy day. It's important for us to work together to make life better.

Please send a letter to me.

Yours,

Yumi

2

December 8

Dear Yumi,

Thank you for your letter.

You've learned an important thing. You said it's important for us to work together to make life better. I think ③<u>so</u>, too.

When I lived in Osaka, I saw interesting bookcases called "*Machikado Bunko*" along the streets. Do you know about them? People can borrow books to read and return them to one of the bookcases. Some volunteers repair the books and bookcases. This helps people.

In my town in America, people can borrow bikes. At places like train stations, (　　　④　　　). People can ride them and return them to one of these places. People ask, "Do people really return them?" Yes, they do. People in my town love the bikes.

Some volunteers in my town repair the bikes. I do, too, and enjoy (　　　⑤　　　) with those people. We hope more people will work with us and use the bikes.

We can do many things to make life better.

Yours,

Jane

語句 umbrella「傘」 borrow「借りる」 return「返す」
sold : sell(売る)の過去形 paint「描く」 life「生活」 bookcase「本箱」
along ～「～に沿って」 repair「修繕する」

⑴ 本文中の(　①　)には「放課後に」という意味の英語２語が入ります。その語を英語で書きなさい。

⑵ 次のうち，本文中の(　②　)に入れるのに最も適しているものはどれですか。１つ選びなさい。

㋐ Did you　　㋑ Does it
㋒ Can they　　㋓ Shall we

⑶ 本文中の ③so の表す内容を述べたところが本文中にあります。その内容を日本語で書きなさい。

⑷ 本文中の At places like train stations, (④). が,「駅などの場所に,だれもが使える黄色の自転車がたくさんあります」という内容になるように,英語を書き,英文を完成しなさい。

⑸ 次のうち,本文中の(⑤)に入れるのに最も適しているものはどれですか。1つ選びなさい。

㋐ works　㋑ working　㋒ to work　㋓ worked

⑹ 次のうち,本文で述べられている内容と合うものを2つ選びなさい。

㋐ On a rainy day in June, Yumi gave her umbrella to Jane-sensei.

㋑ At the school festival, Yumi and her friends bought old books and CDs.

㋒ Yumi and her friends painted pictures they liked on the white umbrellas.

㋓ Jane-sensei saw bookcases along the streets in her town in America.

㋔ Some volunteers in Jane-sensei's town in America repair the bikes.

⑵ 相手が That's a good idea. Let's make them. と答えているから,相手に提案し勧誘する言い方が入る。

⑶ すぐ前の文の You said のあとの部分を訳せばよい。仮主語(かりしゅご)の it と,意味上の主語を伴(ともな)った不定詞(ふていし)の構文。make を (S)VOC(第5文型(ぶんけい))の構文に使っていることにも注意。

⑷ 関係代名詞(かんけいだいめいし)を使わないで,「自転車⌒だれもが使える」のように,文による後置修飾(こうちしゅうしょく)を使うとよい。

⑸ enjoy が動詞(どうし)を目的語(もくてきご)にとるとき,その動詞をどんな形にするのか?

⑹ ㋐,㋑,㋒が [1] の Yumi の手紙の内容に関係があり,㋓と㋔が [2] の Jane 先生の手紙に関係がある。㋒の pictures they liked は,関係代名詞を使わない言い方で,painted の目的語になっている。

3 次の英文は，久美(Kumi)が，補助犬(assistance dog)について述べたものです。各問いに答えなさい。 〔宮崎・改〕

Do you know anything about assistance dogs?

There are many dogs around us. Most of the dogs are pets. But there are dogs that can help physically challenged people in their everyday lives. These dogs are known as assistance dogs. ＿＿①＿＿ Some work as ears for people who can't hear well. Some work as hands and legs for people who can't move by themselves.

I have an aunt who can't walk and has to use a wheelchair when she goes out. She lives with an assistance dog. His name is Kenny. Kenny is almost always with her and does many things for her. He brings the things my aunt needs. ＿＿②＿＿ He goes shopping with her. When she goes to work, he goes there with her. And they sometimes take a walk in the park together. He helps her to do many kinds of things. Kenny is an important partner for my aunt.

My aunt says, "There are many people who need assistance dogs. Most of them can't get one, because there are not many assistance dogs. I am lucky to have Kenny. But many people don't know much about him. So I sometimes have problems. For example, some people come and speak to Kenny on the street. Some people try to give him food. They should not do ⓐ<u>such things</u> to assistance dogs, because the dogs are working to help their owners. I want people to know this."

I also can't forget the sad experience I had two years ago. When I went to a restaurant with my aunt and Kenny, we couldn't go into the restaurant with Kenny. Then she said, "Even an assistance dog like Kenny can't go into many restaurants and shops. Some people don't like to be with dogs in those places. Some are afraid of dogs. Many people don't understand anything about assistance dogs." ＿＿③＿＿ "Why can't my aunt go into such places with Kenny when she wants to do so?" I thought.

In October 2002, a new law about assistance dogs started in Japan. Now, thanks to this law, assistance dogs can go into restaurants, shops, hotels, and many other places, with their owners. ⓑ<u>This</u> made my aunt very happy.

I think this law is an important step to a barrier-free society. But I'm sad that many people do not know about this law yet. It is important for us to learn more about this law, and about assistance dogs. We should understand there are physically challenged people living in Japan with many problems. We should try to realize a barrier-free society.

I hope ______④______.

語句 pet「ペット」 everyday life「日常生活」 ear「耳」 leg「脚」
by themselves「自分で」 partner「パートナー，仲間」 forget「忘れる」
law「法律」 realize「実現する」

〔問1〕 本文中の①～③の下線部に入る最も適切な英文を，次の㋐～㋒から1つずつ選びなさい。

㋐ He opens the door for her.
㋑ It was a big shock to me.
㋒ Some of them work as eyes for people who can't see.

〔問2〕 次の⑴～⑶の英文を，本文の内容と合うように完成させるのに，下線部に最も適切なものを，それぞれ㋐～㋓から1つずつ選びなさい。

⑴ Kumi has an aunt who ____________.
㋐ keeps dogs as pets
㋑ works as a volunteer for physically challenged people
㋒ has some restaurants in her city
㋓ needs a wheelchair when she goes out

⑵ Kenny ____________.
㋐ is Kumi's aunt's husband
㋑ helps Kumi's aunt in everyday life
㋒ was given to Kumi by her aunt
㋓ has been at Kumi's house since 2002

(3) Kumi's aunt couldn't go into many shops with Kenny because ____________.

㋐ the shops were full of people
㋑ he didn't want to go into those shops
㋒ some people didn't want him to come into the shops
㋓ the shop owners didn't prepare any food for him

〔問 3〕 本文中の ⓐsuch things とは，具体的にはどのようなことですか。その内容を 2 つ，日本語で答えなさい。

〔問 4〕 本文中の ⓑThis の表す内容を，50 字以内の日本語で答えなさい。

〔問 5〕 本文中の④の下線部に入る最も適切な英文を，次の㋐〜㋓から 1 つ選びなさい。

㋐ our society will be a better one for dogs as pets
㋑ our society will be a better one for all people
㋒ our society will be a better one with many restaurants and shops
㋓ our society will be a better one without wars

〔問 6〕 本文の内容に合う英文を，次の㋐〜㋔から 2 つ選びなさい。

㋐ Kumi's aunt spends almost all her time with her assistance dog.
㋑ Kumi didn't know anything about assistance dogs till last October.
㋒ The number of assistance dogs in Japan is enough.
㋓ There are still many people who don't know about assistance dogs.
㋔ The new law disappointed Kumi's aunt and her assistance dog very much.

〔問 1〕① このあとに work as ears，work as hands and legs と，同じ構文の文章が繰り返されている。　② この前後に He brings the things 〜，He goes shopping 〜 と，同じような現在時制の文がある。
③ おばさんの長い言葉を聞き終わったときの Kumi の気持ちを考える。
〔問 3〕この文の前で For example(例えば)と言って，2 つ例をあげている。
〔問 4〕「このことは，おばを非常に喜ばせた」というのだから，「このこと」は，すぐ前の文にあるはず。

4 次の文章を読んで，あとの問いに答えなさい。〔東京〕

"Mom, I'm home!" John said and ran into the living room. John's mother said, "Hi, John. How was school today?" John sat in his grandfather's old chair and began to talk about school. After some time he asked, "Where is Grandfather?" "He is walking in the park," she answered. "Tomorrow is his birthday. I think I will buy a new chair for him as a birthday present. What do you think, John?" "That's a good idea. This chair is too old," John said.

That evening John's mother and father went out. John stayed at home with his grandfather. His grandfather sat in his old chair. John said, "Grandfather, your chair is very old. Would you like to have a new one?" "No," his grandfather said. "This chair is very old, but it means a lot to me. Maybe you don't understand, John." ①<u>John did not understand</u>. After a short time, his grandfather said, "I sat in this chair when I asked your grandmother to marry me. That was a long time ago, but when I sit in this chair and close my eyes, I feel she is near." He smiled and looked at the arm of the chair.

"When your father was born, I sat in this chair. When that little baby was put into my arms, I felt very happy," John's grandfather said with a big smile. John was beginning to understand that the chair was something very important to his grandfather.

"Many years later ...," John's grandfather said and then stopped. His smile went away. "I sat in this chair when the doctor called and told me about your grandmother's death. I cried and cried. I was very sad, but this chair gave me comfort." John saw tears in his grandfather's eyes.

"I understand now," John said. "This old chair is like a friend to you." "Yes, John. We have gone through a lot together," his grandfather said.

Late in the evening, John's mother and father came home with a new chair. John and his grandfather were already sleeping. John's mother and father put the new chair in the living room and carried the old chair out.

The next morning John got up and came into the living room. His grandfather's old chair was not there. "We carried the chair out. The garbage truck will soon come and pick it up," his father said. John was surprised. Then he heard the sound of the garbage truck. He ran out. A man was just picking the chair up. "Wait! Don't take that chair," John shouted. "That is my grandfather's chair. He still needs it." The garbage truck left without taking the chair.

Then John's mother and father came out. John said, "Don't throw away this chair! It's like a friend to Grandfather. ②<u>They have gone through a lot together</u>." He told them more about the old chair. They listened to him. John's father said, "We have learned a very important thing from you, John. Thank you." John was glad. Then they carried the chair into the house.

"Good morning, everyone." John's grandfather said when he walked into the living room. He sat down in his old chair. Then he saw the new chair in the room. John's mother said, "That's John's chair." John was surprised. "We bought it for him because he is a good boy," she said. "Oh, John is always great," John's grandfather said.

語句 living room「居間」 marry「結婚する」 death「死」 comfort「慰め」 tear「涙」 go through ～「～を経験する」 garbage truck「ごみ収集車」 pick ～ up「～を収集する」 throw away ～「～を捨てる」

〔問1〕 下線部①の内容を，次のように語句を補って書き表すとすれば，（　　）の中にあとの㋐～㋓のどれを入れるのがよいですか。

John did not understand (　　　　　　).

㋐ when his father was born

㋑ why he had to stay at home with his grandfather

㋒ how much the old chair meant to his grandfather

㋓ who would come and pick his grandfather's old chair up

〔問2〕 下線部②の内容を次のように書き表すとすれば，（　　）の中にどのような1語を入れるのがよいですか。

Grandfather and this (　　　　　　) have gone through a lot together.

〔問3〕 次の(1)～(3)の英文を，本文の内容と合うように完成するには，（　　）の中に，それぞれ下の㋐～㋓のどれを入れるのがよいですか。

(1) John's grandfather said that he felt John's grandmother was near (　　　　　　)

㋐ when he asked her to marry him.

㋑ when his little baby was put into his arms.

㋒ when he sat in his chair and closed his eyes.

㋓ when the doctor called and told him about her death.

(2) John's grandfather talked about his old chair to John, and John (　　　　　　)

㋐ understood that the chair was like a friend to his grandfather.

㋑ smiled and looked at the arm of the chair.

㋒ cried and cried, but the chair gave him comfort.

㋓ thought he would buy a new chair for his grandfather as a birthday present.

(3) When John heard the sound of the garbage truck, (　　　　　　)

㋐ he sat in his grandfather's old chair and asked, "Where is Grandfather?"

㋑ he ran out and shouted, "Wait! Don't take that chair."

㋒ he said, "Grandfather, your chair is very old."

㋓ he said, "Would you like to have a new chair, Grandfather?"

〔問 4〕 次の質問に英語で答えなさい。

(1) Who carried the old chair out late in the evening?

(2) What did John's grandfather see after he sat down in his old chair in the living room in the morning?

重要ポイント

〔問 1〕下線部①の直前で Maybe you don't understand, John. とおじいさんも言っているが…。

〔問 2〕27 行目で，Yes, John. We have gone through a lot together. と，同じ内容のことをおじいさんが言っているが，この We は？

〔問 3〕(1)～(3) いずれも，㋐～㋓の中に，同じ内容のことが問題の本文中に書かれているものが 1 つある。見当をつけて手早く本文で確認しよう。

〔問 4〕(1) Who **carried** ～? に対する答えだから，代動詞（だいどうし）を使って *A* **did**. の形で答える。

(2) 質問の文に答えの文の文型（ぶんけい）を合わせて，He saw ～の形で答える。

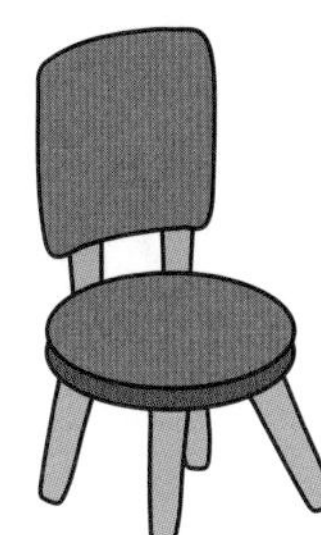

発音はオモシロイ !?

●「マスタラ メナーズ?」

アメリカの大学のカフェテリアでハンバーガーを注文したまではよかったが,「マスタラ メナーズ?」と言われて困ってしまった。Pardon? と問い返すと,「**マ**スタラ **メ**ナーズ?」と,「マ」と「メ」をすごく強く発音するだけで,なお分からない。もう一度 Pardon? と言うと,そのメキシコ系のお兄さん,'OK!' と言ってハンバーガーにカラシとマヨネーズをドボッとつけた。ああ,それは

Mustard **or** mayonnaise?

だったのだ。「**スーパー** サラダ?」というのもあるらしい。これは

Soup **or** salad?

どちらにしますか,と尋(たず)ねているのだ。**or** が前の単語(たんご)のお尻(しり)にくっついて消えてしまうのがそもそもの原因だが,「マヨネーズ」が「メナーズ」とは! [méijənè:z] とまじめに発音するのがばからしくなった。

●「ア ノイス ダイ!」

「アイム ゴーイッ テゥ**ダイ**」と聞けば, I'm going *to die*. (もう死ぬ。)と言っているのかと思うが,本人は元気にニコニコしている。

I'm going **today**. (今日(きょう)は出かけるよ。)

ということだ。オーストラリアの英語では [ei エイ] が [ai アイ] になるということは聞いて知ってはいても,英国はロンドンで,「ハウ デゥユ **パイ**?」「**ガイ**ト **アイ**ト」と言われると,やはり一瞬パニックにおちいる。何のことはない。

How do you **pay**? (お支払いの方法は?)

Gate Eight. (8番ゲートです。)

と言っているのだ。さらにやっかいなのは, [ei] が [ai] に,そして [ai] が [ɔi] に変化することもあるということだ。「ア **ノイ**ス **ダイ**」「アッざ **サイ**ム **プロイ**ス」は何と言っているのかな。まるでなぞなぞのようだが,

A **nice day**! [nais dei] → [nɔis dai]

At the **same price**. [seim prais] → [saim prɔis]

と分かってみれば,これはこれで,けっこうオモシロイじゃん!

解答編

第❶編 初級

1 This is ～. That is ～. の文

p.44

訳例 確認しよう！1

左：これはボールです。/ あれはバットです。 右：これはコップです。/ あれはコーヒーカップです。

p.45

1 (1) This is Japan.
(2) That is an elephant. (3) That's a dog.

2 (1) dog (2) crane (3) glass (4) bat
(5) apple

3 (1) This is an egg. (2) That is〔That's〕a ball. (3) That is〔That's〕Tom.

> ここに注意 That's = That is
> This is の短縮形(たんしゅくけい)はない。

2 Is this ～? Is this A or B? の文

p.47

訳例 ①

・これは猫(ねこ)ですか。—はい，そうです。それは猫です。

・あれも猫ですか。—いいえ，違(ちが)います。それはライオンです。

p.48

訳例 確認しよう！1

左：これはパンダですか。/ あれはコアラですか。

右：これは牛ですか。/ あれは象ですか。

訳例 確認しよう！2

① これは(縁のない)帽子ですか。—いいえ，違います。それは(縁のある)帽子です。

② これは鳥ですか。—はい，そうです。

p.49

訳例 ②

・これは猫ですか，それともライオンですか。—それはライオンです。

訳例 確認しよう！3

① これは腕時計ですか。—はい，そうです。

② これはドアですか，それとも窓ですか。—それはドアです。

p.50

訳例 確認しよう！5

① これはカップではありません。それはグラスです。

② これは(縁(ふち)のない)帽子(ぼうし)ではありません。それは(縁のある)帽子です。

③ これは机ではありません。それはテーブルです。

訳例 確認しよう！6

① これはバラではありません。

② あれはユリではありません。

p.51

1 (1) eye (2) bird (3) lily (4) apple
(5) orange (6) book (7) mouth
(8) album

2 (1) Is that a table? (2) Is this an apple or an orange? (3) Is that America or Japan? (4) This is not a watch.

解説 疑問文(ぎもんぶん)は is を文頭に，否定文(ひていぶん)は is の後に not を付ける。

3 (1)ウ (2)エ

解説 答えの文では，this の代わりに it を使う。It's = It is。

訳例 (1) これはバラですか。—いいえ，違(ちが)います。

(2) これは腕時計ですか，それとも置き時計ですか。—それは置き時計です。

4 (1) a, nose (2) it, isn't, an, ear

解説 (2) No, it isn't. と答えた後，説明の文を付け加えるとよい。

訳例 (1) これは口ですか，それとも鼻ですか。—それは鼻です。

(2) これは目ですか。—いいえ，違います。それは耳です。

3 He is ～. She is ～. の文

p.52

訳例 Points for Study 1
マイクはアメリカ人です。
彼は私の友人です。
訳例 Points for Study 2
彼〔彼女〕はアメリカ人です。
彼〔彼女〕はアメリカ人ですか。
はい，そうです。
いいえ，違(ちが)います。
訳例 Points for Study 3
彼は先生ではありません。

p.53

訳例 ①
・マイクはアメリカ人です。彼は私の友人です。
・アヤカは日本人です。彼女は私の友人です。
訳例 確認しよう！1
これは加藤(かとう)先生です。
彼は私の英語の先生です。

p.54

訳例 ②
・マイクは私の友人です。/ 彼はアメリカ人ですか。—はい，そうです。
・カレンは私の友人です。/ 彼女はアメリカ人ですか。—いいえ，違(ちが)います。彼女は日本人です。
訳例 確認しよう！2
① マイク：こちらはジェーンです。
アヤカ：彼女は先生ですか。
マイク：いいえ，違います。
② アヤカ：こちらはタナカさんです。
マイク：彼は先生ですか。
アヤカ：はい，そうです。
③ ジェーン：アヤカは先生ですか。
マイク：いいえ，違います。彼女は生徒です。

p.55

訳例 ③
・ジェーンは先生ではありません。彼女は生徒です。
・カトウさんは先生です。彼は生徒ではありません。

p.57

1 (1) teacher (2) friend (3) student
(4) my (5) your

2 (1) ㋑ (2) ㋒ (3) ㋐
解説 (2) Is she A or B ? の疑問文(ぎもんぶん)には Yes, No を使わないで，She is ～. と答える。
訳例 こちらはヤマダ先生です。
彼女は私の担任の先生です。
彼女は私の英語の先生でもあります。
(1) ヤマダ先生はあなたの友人ですか。
—いいえ，違(ちが)います。
(2) 彼女は先生ですか，それとも生徒ですか。—彼女は先生です。
(3) 彼女は英語の先生ですか。—はい，そうです。

3 (1) Is Jane your sister?
(2) She is not a teacher.
(3) Is Tom Jane's brother or her friend?

> ここに注意 (1) (3)「～の」の意味を表すには，特別な単語(たんご)(my，your など)を使う場合と，-'s(アポストロフィーエス)(Jane's，Mike's など)を使う場合とがある。

4 (1) This is (先生の名前).
(2) He〔She〕 is my homeroom teacher.
(3) He〔She〕 is my (教科の名前) teacher, too.
解説 (1) 男の先生には Mr.，女の先生には Ms. をつける。Miss [mís ミス](未婚(みこん)の女性) と Mrs. [mísiz ミスィズ] (既婚(きこん)の女性) の区別は，特にそれが必要と思われる場合にだけ付ける。 (3) 教科の名前を次に示す。
「国語」Japanese [dʒæpəníːz ヂぁパニーズ]
「社会」social studies [sóuʃl stʌ́diz ソウシャる スタディズ]
「数学」math [mǽθ マぁす]
「理科」science [sáiəns サイエンス]
「音楽」music [mjúːzik ミューズィック]

「美術」fine arts [fáin ɑ́ːrts ふァインナーツ]
「保健」P.E. [píːíː ピーイー], physical education [fízikl èdʒəkéiʃn ふィズィクる エヂュケイション]
「技術」industrial arts [indʌ́striəl ɑ́ːrts インダストゥリアる アーツ]
「家庭」homemaking [hóummèikiŋ ホウムメイキング]
「英語」English [íŋgliʃ イングリッシュ]

Let's Listen and Talk! ①

p.59

2 (1) ① ㋐ Mike ㋑ Mari ㋒ you ㋓ fine ㋔ thank ㋕ this ㋖ my ㋗ Sakura ㋘ this ㋙ is ㋚ friend ㋛ He ㋜ American ㋝ to ㋞ you ㋟ Nice ㋠ meet ㋡ too
② ㋐ Is ㋑ your ㋒ name ㋓ is ㋔ Is ㋕ that ㋖ your ㋗ is ㋘ not ㋙ my ㋚ uncle's

全文訳 ① マリ：こんにちは，マイク。
マイク：やあ，マリ。元気かい。
マリ：とても元気よ，ありがとう。マイク，これは私の妹のサクラよ。サクラ，こちらは私の友人のマイク。彼はアメリカ人なの。
マイク：初めまして，サクラ。
サクラ：こちらこそ初めまして，マイク。
② マリ：こんにちは，マイク。
マイク：こんにちは，マリ。気持ちのよい日だね。これは君の犬かい。
マリ：ええ。彼女の名前はアヤよ。それはあなたの犬なの，マイク。
マイク：ええと，彼女は僕(ぼく)の犬ではないよ。メグは僕のおじの犬なんだ。

4 What is ～? Who is ～? の文

p.62

訳例 確認しよう！1
① これは何ですか。―それはボールです。
② あの建物は何ですか。―それは東京駅です。

訳例 確認しよう！2
① これはペンですか，それとも鉛筆ですか。―それは鉛筆です。
② これは何ですか。―それは鳥です。

p.63

訳例 確認しよう！3
例 この本は何ですか。→これは何の本ですか。
① あの花は何ですか。→あれは何の花ですか。 ② あの木は何ですか。→あれは何の木ですか。 ③ この動物は何ですか。→これは何の動物ですか。 ④ あの鳥は何ですか。→あれは何の鳥ですか。

訳例 確認しよう！4
① これは何の花ですか。―それはチューリップです。 ② これは何の動物ですか。―それは馬です。

p.64

訳例 確認しよう！5
① フレッドはだれですか。―彼は僕(ぼく)の兄です。 ② あなたのお姉さんの名前は何ですか。―彼女の名前はジェーンです。
③ スミス夫人はだれですか。―彼女は僕の母です。 ④ マイクはあなたの弟ですか。―はい，そうです。 ⑤ スミス氏はあなたのお父さんですか，それともおじさんですか。―彼は僕の父です。

p.65

1 (1) ウ (2) エ (3) オ
解説 (1) this で尋(たず)ねているので，答えるときは it を使う。
訳例 (1) これは何ですか。―それはテレビです。 (2) こちらのご婦人はだれですか。―彼女はメアリーです。 (3) あの建物は何ですか。―それは郵便局です。

2 (1) What is your name? (2) What book is that? (3) Who is that man?

ここに注意 What，Who は必ず文頭に置く。What は，単独でも，「What＋名(めい)詞(し)」でも使われる。

3 (1) Who (2) What (3) flower

訳例 (1) あの女性はだれですか。—彼女はジェーンです。 (2) 彼の名前は何ですか。—彼の名前はトムです。 (3) あれは何の花ですか。—それはバラです。

4 (1) What flower is this?〔What is this flower?〕 (2) What is your name?

解説 (1) 近くのものを指す場合は this を使う。

5 I am ～. You are ～. の文

p.67

訳例 確認しよう！1

① トムは生徒です。 ② 私はエイミーです。 ③ あなたはいい友達です。 ④ 彼女はかわいいです。 ⑤ あなたはアメリカ人です。 ⑥ 私は日本人です。

p.68

訳例 確認しよう！2

① あなたはトムの兄弟ですか。—はい，そうです。 ② あなたは幸せですか。—いいえ，違います。 ③ あなたはだれですか。—私はエイミーです。 ④ あなたは生徒ですか，それとも先生ですか。—私は生徒です。

p.69

訳例 ③

・私は生徒ではありません。
・あなたも生徒ではありません。

訳例 確認しよう！3

① 私は教師ではありません。 ② 私の犬は大きくありません。 ③ あなたはピアノが上手ではありません。 ④ あなたのお母さんは幸せではありません。 ⑤ 私は幸せではありません。

訳例 確認しよう！4

① 彼は幸せです。彼女も幸せです。
② 私はアメリカ人です。あなたもアメリカ人ですか。 ③ これは私の本ではありません。あれも私の本ではありません。

p.70

訳例 ④

・私は生徒です。
・あなたは先生ではありません。
・トムはテニスの選手ですか。

訳例 確認しよう！5

① あなたはピアノが上手ですか。—いいえ，違います。私はピアノが上手ではありません。 ② この女の子はだれですか。—彼女はジェーンです。 ③ 彼女は何ですか。彼女はあなたの先生ですか。—いいえ。彼女は私の友人です。 ④ 私は赤いです。私は果物です。私はリンゴではありません。私は何でしょう。—あなたはイチゴです。

p.71

1 (1) is (2) is (3) Is (4) are (5) am (6) are (7) Are (8) am

訳例 (1) それは新しいラケットです。 (2) マイクは生徒です。 (3) あれはあなたの兄弟ですか。 (4) あなたは私の友達です。 (5) 私は英語の教師です。 (6) あなたはだれですか。 (7) あなたはピアノが上手ですか。 (8) 私は何でしょうか。

2 ㋐ I ㋑ What ㋒ I'm ㋓ Are ㋔ I

訳例 A：私は高校生です。
B：あなたは何年生ですか。
A：私は 1 年生です。
B：あなたは優秀な生徒ですか。
A：はい，そうです。

3 (1) I am not a doctor.
(2) He is not a doctor, either.
(3) Are you a teacher or a student?

> **ここに注意** (2) 否定文の「～もまた」は either を使う。肯定文・疑問文では too を使う。

6 have，一般動詞（like など）の文

p.73

訳例 ①

・私には兄弟〔兄，弟〕がいます。

・あなたにも兄弟〔兄，弟〕がいます。

p.74

訳例 確認しよう！1

① 私は自転車を持っています。 ② あなたは犬を飼っています。 ③ 私はバットを持っています。 ④ あなたは本を持っています。

p.76

訳例 ③

・あなたには姉妹〔姉，妹〕がいますか。
—はい，います。

・あなたは野球が好きですか。—いいえ，好きではありません。

・あなたは何を勉強しますか。—私は英語を勉強します。

・あなたは放課後に何をしますか。—私はテニスをします。

訳例 ③—❶

・あなたには兄弟〔兄，弟〕がいます。
あなたには兄弟〔兄，弟〕がいますか。

・あなたは英語が好きです。
あなたは英語が好きですか。

訳例 ③—❷

・あなたはテニスが好きですか。
はい，好きです。
いいえ，好きではありません。

訳例 ③—❸

・あなたは野球をします。
あなたは野球をしますか。
あなたは何をしますか。
私は野球をします。

p.77

訳例 確認しよう！5

① あなたはテニスが好きですか。—いいえ，好きではありません。 ② あなたは英語が好きですか。—はい，好きです。
③ あなたは何のスポーツが好きですか。
—私は野球が好きです。

p.78

訳例 ④

・私には姉妹〔姉，妹〕がいません。

・私はテニスが好きではありません。

訳例 確認しよう！7

① 私は野球をしません。 ② あの男の人は加藤さんではありません。 ③ あなたは新しい自転車を持っていません。
④ 私には鉛筆とノートが必要ではありません。 ⑤ ジェーンは彼の姉妹〔姉，妹〕ではありません。

p.79

1 (1) have (2) like (3) need

2 (1) Do you play tennis?
(2) You don't have a bicycle.
(3) What subject do you like?

解説 (1) 疑問文(ぎもんぶん)は Do を主語(しゅご)の前に置く。
(2) 否定文(ひていぶん)は don't を動詞(どうし)の前に置く。
(3) What を文頭に置いて，後は疑問文の語順にする。

訳例 (1) あなたはテニスをしますか。
(2) あなたは自転車を持っていません。
(3) あなたはどの科目が好きですか。

3 (1) ㋒ (2) ㋓

訳例 私はテニスが好きです。私は新しいボールを持っています。私は古いラケットを持っています。
(1) あなたは何が好きですか。—私はテニスが好きです。
(2) あなたは新しいラケットを持っていますか。—いいえ，持っていません。

4 (1) Do you like English? (2) I don't have a car. (3) What do you like?
(4) What sport(s) do you play? (5) Do you like English or science?

解説 (5) 教科の前には，a，an を付けない。

7 ▸ 形容詞，副詞の使い方

p.81

訳例 ①

・私は犬を飼っています。その犬はコリーです。

・太陽は大きいです。

・私はバイオリンを弾きます。

p.82

訳例 確認しよう！2

① 私は猫と犬を飼っています。その猫の名前はタマで，その犬の名前はポチです。
② 月は白いです。
③ 私はバイオリンを弾きます。

訳例 ②

・私は白い猫を飼っています。

・私の猫は白いです。

p.84

訳例 確認しよう！4

① 私はジェーンをとてもよく知っています。 ② 私はいつも英語を勉強します。
③ 私はとても熱心に理科を勉強します。
④ ジェーンはしばしば午前中忙しい。

p.85

1 (1) an (2) × (3) the (4) a (5) ×

解説 (2) pretty は形容詞で単独で使われているので a，an は付けない。 (3)「(ピアノなどを)演奏する」のときは，楽器名に the を付ける。「～というその楽器」のように，種類を代表させて言うときの the と言われている。 (5) baseball は「数えられない名詞」なので a，an は付けない。

訳例 (1) 彼はアメリカ人の男の子です。
(2) 私の姉〔妹〕はかわいいです。 (3) あなたはピアノを弾きますか。 (4) これはとても大きなリンゴです。 (5) 私は野球が好きです。

2 (1) is，white (2) is，old
(3) a，pretty，cat

解説 (1)(2) 形容詞が単独で使われる場合，a，an は使わない。 (3)「形容詞＋名詞」の場合は a，an を必要に応じて使う。

訳例 (1) これは白い帽子です。＝この帽子は白い。 (2) あれは古いラケットです。＝あのラケットは古い。 (3) この猫はかわいい。＝これはかわいい猫です。

3 (1) This elephant is very big.
(2) I sometimes play the piano.
(3) She is always busy.

> **ここに注意** (2)(3) 回数を示す副詞は一般動詞の前，be 動詞の後ろに置く。

4 (1) I like music very much. (2) I have a white dog. (3) My sister is very pretty.
(4) Do you sometimes play the piano?
(5) I study English hard. (6) I know Jane's brother very well.

8 ▸ 複数形

p.89

訳例 ②

・私は何冊かマンガ本を持っています。

・あなたはマンガ本を何冊か持っていますか。

・私はマンガ本を１冊も持っていません。

・私はマンガ本を１冊も持っていません。

訳例 確認しよう！2

① あなたには兄弟が何人かいますか。
―いいえ。私には１人も兄弟がいません。
② あなたは本を何冊か持っていますか。
―はい。私は何冊か本を持っています。
③ 私は何匹か犬を飼っています。私は猫を１匹も飼っていません。

p.90

訳例 ③

・あなたには兄弟が何人いますか。
―私には(兄弟が)２人います。

訳例 確認しよう！3

① あなたは自転車を何台持っていますか。
―私は１台持っています。
② あなたには姉妹が何人いますか。―私には１人も姉妹がいません。
③ あなたはいくつリンゴを持っています

か。―5つリンゴを持っています。

訳例 ④

・これはリンゴです。→これらはリンゴです。

・私は生徒です。→私たちは生徒です。

・マイクはジェーンの友人です。→マイクとジョンはジェーンの友人です。

p.91

訳例 ④―❸

・トムは学生です。ジェーンは学生です。

・トムとジェーンは学生です。

訳例 確認しよう！4

① これらは卵です。 ② あれらはあなたの本です。 ③ 私たちは生徒です。

④ あなたたちはエイミーの級友です。

⑤ 彼らは幸せです。

p.92

訳例 ⑤

・これらはあなたの本ですか。

・これらは私の本ではありません。

訳例 ⑤―❶

これらはあなたの本ですか。

―はい，そうです。/ いいえ，違います。

訳例 ⑤―❷

あなたたちはアメリカ人ですか。

―はい，そうです。/ いいえ，違います。

訳例 ⑤―❸

・これらの男の子たちはだれですか。―彼らは私の兄弟です。

・あれらは何ですか。―それらは花です。

p.93

訳例 確認しよう！5

① トムと私は幸せです。

② エイミーとトムはアメリカ人ですか。

訳例 確認しよう！6

① あれらの女の子はだれですか。―彼女たちはリオの姉〔妹〕です。

② あなたとジェーンは生徒ですか。―はい，そうです。

訳例 ⑥

・トムと私はテニスをしません。私たちは野球をします。

・トムとジェーンはノート型パソコンを必要としていません。彼らはタブレットを必要としています。

p.94

訳例 確認しよう！7

① トムとジェーンは猫が好きですか。―はい，好きです。 ② あなたたちにはたくさんの友人がいますか。―はい，います。 ③ 彼らは何のスポーツをしますか。―彼らは野球をします。

p.95

訳例 ⑦

・水は生活にとって大切なものです。

p.96

1 (1) boys (2) watches (3) potatoes (4) lilies (5) men (6) knives

解説 (1)「母音字＋-y」で終わるので -s を付けるだけでよい。 (4)「子音字＋-y」で終わるので -y を -i に換えて -es を付ける。 (5) man は不規則変化。 (6) -fe で終わるので -ves にする。

2 (1) These cats are very cute. (2) I don't have any apples. (3) We are junior high school students.

解説 (1) cute は形容詞なので複数形はない。 (2) 否定文では普通 some の代わりに any を使う。 (3) 主語が複数を表す we になるので，a をとって junior high school students(複数形)にする。

訳例 (1) これらの猫はとてもかわいい。

(2) 私はひとつもリンゴを持っていません。

(3) 私たちは中学生です。

3 ㋐ How ㋑ many ㋒ Are ㋓ they ㋔ any ㋕ any

解説 ㋐㋑「数」を尋ねるには「How many＋複数名詞」を使う。

㋔㋕ 疑問文・否定文では普通 some を使わず any を使う。

訳例 A：あなたには何人兄弟がいますか。

B：2人いて，ポールとジャックです。

A：彼らは生徒ですか。
B：はい，そうです。あなたにも兄弟がいますか。
A：いいえ，いません。私には1人も兄弟がいません。

4 (1) I like tennis and baseball. (2) Jane and Amy are good friends. (3) What are those flowers?〔What flowers are those?〕 (4) How many birds do you have? (5) What sports do they like?
解説 (1)「AとB」はA and Bとなる。
(2) A and Bは2人以上なので複数になる。

9 has, likes(3単現)の文

p.98
訳例 Points for Study 3
彼女は音楽が好きですか。
はい，好きです。
いいえ，好きではありません。

p.100
訳例 確認しよう！1
① トムは犬を飼っています。
② 私はカメラを2台持っています。
③ 彼はギターを持っています。
④ トムと私は自転車を持っています。
⑤ 私たちにはたくさんの級友がいます。

p.101
訳例 ③
・トムは英語が好きですか。—いいえ，好きではありません。
・彼は何をしますか。—彼は野球をします。

p.102
訳例 確認しよう！3
① トムは英語を話しますか。
② あなたは自転車が必要ですか。
③ エイミーは毎日数学を勉強しますか。
④ ボブは鳥を何羽か飼っていますか。
⑤ トムとエイミーはテニスをしますか。

p.103
訳例 確認しよう！4
① トムはテニスが好きですか。—いいえ，好きではありません。
② 彼はチェスが好きですか。—はい，好きです。
③ 彼は何の果物(くだもの)が好きですか。—彼はリンゴが好きです。
訳例 確認しよう！5
① ジェーンは日本語を話しません。
② 私の父は本を1冊も持っていません。
③ ジェーンとエイミーはテニスをしません。
④ ボブはあまり熱心に働きません。

p.104
訳例 ⑤
・私はトムを知っています。エイミーは彼を知りません。
訳例 確認しよう！6
① トムは私が好きです。 ② トムは彼女が好きです。 ③ 私たちは彼らが好きです。 ④ 私の父は私の友人を知っています。 ⑤ エイミーはトムが好きです。

p.105
1 (1) Does he study English?
(2) Amy doesn't have any brothers.
(3) Bob likes English and music.
訳例 (1) 彼は英語を勉強しますか。
(2) エイミーには兄弟が1人もいません。
(3) ボブは英語と音楽が好きです。
2 (1) ㊁ (2) ㋑
訳例 (1) その男の子は自転車を持っていますか。—いいえ，持っていません。
(2) その男の子は何を持っていますか。
—彼はバットを持っています。
3 (1) My father knows her very well.
(2) Mark doesn't like English.
(3) Do Tom and Amy like English?
解説 (3) Tom and Amyは複数形(ふくすうけい)。Doesにしないように。

Let's Listen and Talk! ②

p.107

◆ (1) ① get up ② for breakfast
③ walk to school
④ in the morning / in the afternoon
⑤ get home ⑥ after dinner
⑦ watch TV ⑧ go to bed
(2) ① bread, milk ② four, lessons
③ read, library ④ at, five
訳例 ① 私は朝食にパンと牛乳を食べます。 ② 私は午前中に授業が4時間あります。 ③ 私はしばしば放課後に図書館で本を読みます。 ④ 私はたいてい5時に帰宅します。
(3) ① No, she doesn't. ② She walks to school.〔She goes to school on foot.〕
③ No, she doesn't. ④ She goes to bed at ten thirty.
訳例 ① 彼女はバスで学校に行きますか。—いいえ，行きません。 ② 彼女はどうやって学校へ行きますか。—彼女は歩いて学校に行きます。 ③ 彼女はたいてい4時に帰宅しますか。—いいえ，帰宅しません。 ④ 彼女は何時に寝ますか。—彼女は10時30分に寝ます。
(4) ① What time do you get up? ② How do you go to school? ③ How many lessons do you have in the afternoon?
④ What do you do after dinner?
訳例 ① あなたは何時に起きますか。
② あなたはどうやって学校へ行きますか。
③ あなたは午後何時間授業がありますか。
④ あなたは夕食後何をしますか。
解説 音声の英文は次のとおり。
I get up at six fifteen.
I have bread and milk for breakfast.
I walk to school.
I have four lessons in the morning.
I have two lessons in the afternoon.
I often read books in the library after school.
I usually get home at five.
After dinner I watch TV and study.
I go to bed at ten thirty.

10 my, mine, Whose ～? の文

p.109

訳例 ①
・これはあなたの犬ですか。—いいえ，違(ちが)います。それは彼女のです。

p.110

訳例 確認しよう！1
① これはあなたのものです。
② あれは彼女のものです。
③ これは彼のものです。
④ あれらは彼らのものです。

p.112

訳例 ③
・これはだれの犬ですか。—それはトムの(犬)です。
・あの犬はだれのものですか。—それはトムのものです。

p.113

1 (1) Fred's (2) my (3) brother's
(4) Mary's (5) her (6) whose
(7) teacher's (8) their (9) uncle's (10) his

2 (1) His (2) He, my (3) his
(4) my, brother's (5) Her
訳例 (1) 彼女の兄〔弟〕の名前は何ですか。—彼の名前はジョンです。 (2) 彼はあなたの先生ですか。—いいえ。彼は私の先生ではありません。 (3) この筆箱はだれのですか。—それは彼のものです。 (4) この本はだれのですか。—それは私の弟のものです。 (5) あのご婦人の名前は何ですか。—彼女の名前はブラウンさんです。

p.114

3 (1) これはだれの机ですか。—私の兄〔弟〕のです。 (2) あの辞書はだれのですか。—山田先生のです。 (3) 彼のお父さんはお医者さんですか。—いいえ，違(ちが)います。(4) このノートはジャックのですか。—はい，そうです。 (5) これはだれのリコーダーですか。—私のです。 (6) あの白い自動車はトムのですか。—いいえ。ジョンのです。

ここに注意　(1)(2)(5) whose は，後ろに名詞があれば「だれの〜」，なければ「だれのもの」の意味。

4　(1) you → your　(2) sister → sister's
(3) father → father's　(4) Who → Whose
(5) yours → his〔my father's〕
(6) your or your father's　→ yours or your father's
(7) that's → that　(8) mother → mother's
訳例　(1) あなたの名前は何ですか。
(2) これは私の姉〔妹〕のカバンです。
(3) このカバンはだれのものですか。
—それは私の父のものです。
(4) これはだれの鉛筆ですか。
—それは私のものです。
(5) この帽子はあなたのお父さんのものですか。—はい。それは彼のものです。
(6) このペンはあなたのものですか，それともあなたのお父さんのものですか。
—それは私の父のものです。
(7) あの紳士はだれですか。
—彼はスミスさんです。
(8) これはだれのコンピューターですか。
—それは私の母のものです。

p.115

5　(1) your，brother's　(2) my，sister's
(3) her，teacher's　(4) Mr.，Yamaguchi's
(5) yours，mine，sister's
(6) Tom's，Bill's
(7) father's，father's，car
(8) Whose，dictionary，my，brother's

6　(1) What's her mother's name?—It's Setsuko.　(2) His sister is a doctor.
(3) She is Tom's mother.
(4) Whose cat is this?—It's Ben's.
(5) Is that big desk yours?—No, it isn't. It's my grandmother's.
解説　(1) her mother's name を代名詞で言い直すと it。　(5)「おばあさんのもの」は -'s を語尾に付けて表す。

11 命令文と Let's 〜. の文

p.117

訳例　①
・紅茶をティーポットに入れなさい。

p.118

訳例　確認しよう！②
① 自分の本を見てはいけません。
② 湖に行ってはいけません。
③ ラジオを聞いてはいけません。

p.120

1　(1)㋓　(2)㋒　(3)㋔　(4)㋐　(5)㋑
解説　㋒ speak to 〜「〜に話しかける」
訳例　(1) これらのシャツはとても汚れています。それらを洗いましょう。　(2) 彼らは上手に英語を話せます。彼らに話しかけましょう。　(3) これらのオレンジはおいしい。それらを食べましょう。　(4) 今日はとてもいい天気です。ピクニックに行きましょう。　(5) 彼らはとても忙しい。彼らを手伝いましょう。

2　(1) Please come here at six.
(2) Please open the window.　(3) Please be a good boy.　(4) Please listen to the music.　(5) Please sit down on the chair.
解説　please を文尾に置いても，意味はほとんど変わらない。文尾に置くときは，その前にコンマを打つこと。
(3) are の原形は be。
訳例　(1) 6 時にここへ来てください。
(2) 窓を開けてください。　(3) いい子にしてください。　(4) その音楽を聴いてください。　(5) そのいすに座ってください。

p.121

3　(1) Open，your，book(s)，ten
(2) Please，sit　(3) Let's，play，baseball
(4) Don't，go　(5) Help，please

4　(1) Come up to the blackboard.
(2) Let's go out.　(3) Don't go back to your seat.　(4) Don't open the door.　(5) Let's read our books.
解説　(1) come up to 〜「〜まで(やって)

来る」 (3) go back to ～「～へ戻る」

訳例 (1) 黒板のところまで来なさい。
(2) 出かけましょう。 (3) 自分の席に戻ってはいけません。 (4) ドアを開けてはいけません。
(5) 私たちの本を読みましょう。

5 (1) Clean your room. (2) Let's go out and play tennis. (3) Don't look at your book(s). (4) Let's go to the river.
(5) Don't sing (a song) here.

解説 (2) tennis, baseball などスポーツの競技名には the, a, an は付けない。
(5)「ここに，ここで」は here,「そこに，そこで」は there。

12 can を使う文

p.123

訳例 ①
・私はピアノを弾くことができます。
・トムもピアノを弾くことができます。

訳例 確認しよう！1
① マークはドイツ語とフランス語を話すことができます。 ② あなたの姉〔妹〕はとても速く泳ぎます。 ③ あなたの兄〔弟〕は自転車に乗ることができます。

p.124

訳例 ②
・あなたはピアノを弾くことができますか。
・だれがピアノを弾くことができますか。

訳例 確認しよう！2
① あなたは日本語を話すことができますか。 ② トムは英語で手紙を書くことができますか。 ③ トムとジェーンは英語を話すことができますか。

p.125

訳例 確認しよう！3
① あなたは何のスポーツをすることができますか。 ② 彼女は何語を話すことができますか。 ③ だれがとても上手に泳ぐことができますか。

訳例 確認しよう！4
① あなたはフランス語を話すことができません。 ② あなたの兄弟は野球をすることができません。 ③ 彼らはその箱を跳び越えることができません。 ④ メアリーはあまり上手に料理ができません。

p.126

訳例 ④
・私はとても上手にピアノを弾けます。
・私は少しピアノを弾けます。
・私はあまり上手にピアノを弾けません。

p.127

1 (1) she, can (2) Can, he
(3) What, languages (4) Can, He (5) Who

解説 (3) English and German が答えの中心。それを尋ねる疑問文にする。
(5) Jane が答えの中心。それを尋ねる疑問文にする。

訳例 (1) ジェーンはテニスをすることができますか。―はい，できます。 (2) あなたのお父さんは車を運転できますか。―いいえ，できません。 (3) トムは何語を話すことができますか。―彼は英語とドイツ語を話すことができます。 (4) トムは英語かフランス語を話すことができますか。―彼は英語を話すことができます。
(5) だれがフランス語を話すことができますか。―ジェーンができます。

2 (1) Who can sing well?
(2) Mark can't speak French very well.
(3) What sports can you play?

3 (1) I can't drive a car. (2) Tom can speak a little French. (3) Can Jane play tennis?—No, she can't.

ここに注意 (2) a little は，「少しの」という量を表す形容詞の働き。
名詞の前に置く。
She knows a *little* French.
(彼女は少しフランス語を知っている。)
JUMP! p.439【エッセンス-13】

13 時を表す表現

p.128

訳例 Points for Study 2

(1) 今，何時ですか。

(2) あなたは何時に〔いつ〕起きますか。

訳例 Points for Study 3

(1) 今日は何曜日ですか。

(2) 今日は何月何日ですか。

p.130

訳例 確認しよう！1

① 3 時(ちょうど)です。

② 2 時 30 分です。

③ 9 時 35 分です。

訳例 ②

・シドニーは何時ですか。―4 時です。

・あなたはいつ野球をしますか。―放課後です。

p.131

訳例 ③

・今日は何曜日ですか。

・今日は何月何日ですか。

p.133

1 (1) What, week, It

(2) When, on

(3) What, It, by

(4) What, at

(5) of, Monday

解説 (2) on Sundays と複数形(ふくすうけい)にすると「習慣」を強調する。every Sunday の意味に近い。 (5) 週は普通，日曜日から始まると考える。

訳例 (1) 今日は何曜日ですか。―土曜日です。 (2) あなたたちはいつ教会に行きますか。―私たちは日曜日にそこへ行きます。 (3) 今，何時ですか。―私の時計では 3 時 10 分です。 (4) あなたたちは何時に昼食を食べますか。―私たちはちょうど正午に昼食を食べます。 (5) 1 週間のうち 2 日目は何曜日ですか。―月曜日です。

p.134

2 (1) at seven on Sunday(s)

(2) in the morning

(3) on Saturday afternoon

(4) before five (5) at five

解説 (2)「午後に」は in the afternoon。(4) before five には at がいらないことに注意。

訳例 (1) 日曜日，ジョンは朝 7 時に起きます。 (2) 彼は午前中教科書の勉強をします。 (3) 彼は土曜日の午後にテニスをします。 (4) 彼女は普通 5 時前に来ます。(5) 始発電車は 5 時に出発します。

3 (1) あなたの時計では，今，何時ですか。―10 時 45 分です。 (2) あなたは何時に朝食を食べますか。―私は 7 時に朝食を食べます。 (3) 今日は何月何日ですか。―7 月 10 日です。 (4) 夏に，長い休みがあります。 (5) 7 月，8 月はたいへん暑い。

4 (1) It's April. (2) There are twelve. They are January, February, March, April, May, June, July, August, September, October, November(,) and December.
(3) It's Friday. (4) There are four. They are spring, summer, fall〔autumn〕(,) and winter. (5) Yes, it is.

解説 (4) fall はアメリカ，autumn はイギリスに多い。

> **ここに注意** (2) (4) 単語(たんご)をら列する場合は A, B, C, D *and* E のようにする。ただし A, B, C, D, *and* E のように and の前にもコンマを付ける人も多い。or の場合も同じ。

訳例 (1) 1 年のうち 4 番目の月は何ですか。 (2) 1 年には何か月ありますか。それらは何ですか。 (3) 日曜日は 1 週間のうち最初の曜日です。6 番目の曜日は何ですか。 (4) 1 年にはいくつ季節がありますか。それらは何ですか。 (5) 木曜日は 1 週間のうち 5 番目の曜日ですか。

p.135

5 (1) What time do you go to school?
(2) I go to school at eight ten.
(3) It is October the twentieth today.
(4) I have breakfast about seven.
(5) When do you play baseball?

ここに注意 (3) 日付は序数(first, second, third, fourth など)で表す。序数の前には普通 the を付ける。
JUMP! p.437【エッセンス-10】

6 (1) He goes (out) for a walk before breakfast. (2) My father gets up at six fifty. (3) January is the first month of the year. (4) My daughter's birthday is September 30〔the thirtieth〕. (5) I leave home at six fifty every morning.

Let's Try and Check! 1

p.136

1 ① this is ② this is
③ my English teacher ④ to meet you
⑤ to meet you, too ⑥ very glad
⑦ see you

解説 Nice to meet you.「初めまして。」初対面のときのあいさつ。

全文訳 カズ：おはようございます，ベイカー先生。
ベイカー先生：おはよう，カズ。お元気ですか。
カズ：とても元気です，ありがとうございます。ベイカー先生，こちらは僕の母です。お母さん，こちらがベイカー先生だよ。彼女は僕の英語の先生なんだ。
ベイカー先生：初めまして，ミウラさん。
ミウラさん：初めまして，ベイカー先生。あなたにお会いできてとてもうれしいです。

2 (1) ① speaking ② help ③ course
④ problem ⑤ seeing ⑥ much
(2) 後の全文訳の下線部参照。

解説 ① This is ～ speaking.「こちら(話しているのは)～です。」の This is を省略した言い方。Speaking.「私〔本人〕です。」とも言う。 ④ No problem.「問題は何もありません。」

全文訳 マリオ：はい，パコのメキシコ料理店。パコが承ります。ご用件をうかがいましょうか。
客：もしもし，明日，6名で㋐予約をしたいのですが。
マリオ：もちろんです。お名前をいただけますか。
客：ええ，ミラーと申します。スペルはMILLERです。
マリオ：ミラー様ですね。かしこまりました。㋑あと，何時にご来店になりたいですか。
客：7時30分です。㋒窓際のテーブルをお願いできますか。
マリオ：問題ないですよ。では，ミラー様，6名で7時30分で承りました。ご来店を心待ちにしております。ありがとうございます。
客：ありがとう，それでは。

p.137

3 (1) ① have any plans for ② play games and sing ③ Come and join us

全文訳 こんにちは，トム。
あなたは土曜日の午後に何か予定がありますか。私たちはその日の午後に私の家でクリスマスパーティーを開きます。私たちはゲームをしたり，歌をうたったりします。参加しに来てください。パーティーは2時に始まります。
マイク

(2) ① Can, I, take, with, me
② likes, parties

解説 ① May I take ～と丁寧に言ってもよい。delightful [diláitfl]「楽しい」。you know は時間つなぎの挿入句。「ねえ」ぐらいの意味。

全文訳 こんにちは，マイク。
Eメールをありがとう。土曜日の午後は暇

です。弟のジョージをいっしょに連れて行ってもいいですか。彼はいいやつで，君も知ってるとおり，とても愉快なんです。それに彼はパーティーが大好きなんです。
トム

(3) ① sounds　② great　③ sorry
④ can't　⑤ join　⑥ have　⑦ wishes

解説　invitation[ìnvətéiʃn]「招待」
sounds「～のように聞こえる」(-s は 3 単現の -s)

全文訳　マイクへ
E メールのお誘い，ありがとう。楽しそうだけど，本当にごめんなさい。私はパーティーには参加できないの。私はバスケットボールチームに入っていて，私たちはその日にとても大切な試合があるの。
それでは。
ジェーン

14 How，Which の文

p.139

訳例　①
・あなたはどうやって学校に行きますか。
―バスで行きます。

p.141

訳例　確認しよう！2
① あなたの学校までどのくらいの距離ですか。―約 500 メートルです。　② あなたは何人兄弟がいますか。―2 人います。
③ あなたのおじいさんは何歳ですか。
―70 歳です。

p.142

訳例　③
・あなたはどのバスに乗りますか。―動物園行きのバスに乗ります。

訳例　確認しよう！3
① 日本では夏の月はどれですか。―それらは 6 月，7 月，8 月です。
② 夏の後はどの季節が来ますか。―秋が来ます。
③ どの月がいちばん最初に来ますか。
―1 月が来ます。

p.143

1　(1) How
(2) Which，December，January
(3) old，old　(4) How，many　(5) How

解説　(2) what か which か迷うところだが，ある一定のものの中から「日本ではどれが～」と尋ねているので which。
(5)「交通の手段」を尋ねているので，how を使う。

訳例　(1) お元気ですか。―私は元気です。ありがとう。　(2) 日本では冬の月はどれですか。―12 月，1 月，2 月です。　(3) あなたの英語の先生は何歳ですか。―彼は 36 歳です。　(4) あなたには何人子どもがいますか。―2 人います。　(5) あなたのおばさんは普通どうやって大阪へ来ますか。―電車で来ます。

2　(1) How do you do?　(2) Which is your seat in this classroom?　(3) How do you like Kyoto?　(4) How long is the train?
(5) It's about one hundred and forty meters long.

解説　(1) 初対面の人に対して使う決まり文句。　(3) How do you like ～? は「～はいかがですか」と相手の印象を尋ねるときの決まった表現。

3　(1) How high is that hill?―It's about fifty meters high.　(2) How many English dictionaries does your father have?―He has five.　(3) How do you like Tokyo?
(4) Which watch is yours?　(5) How old is your music teacher?―He〔She〕 is fifty.

解説　(2) dictionary の複数形に注意。
(4) Which watch が主語。

15 There is ～．There are ～．の文

p.145

訳例　①
・ボールの上に犬がいます。
・サーカスにはたくさんの動物がいます。

p.147

訳例 確認しよう！2

① その部屋には机がいくつかありますか。その部屋には机が1つもありません。

② 私のカバンの中にはオレンジが1つありますか。私のカバンの中にはオレンジがありません。

③ その公園にはベンチが6つありますか。その公園にはベンチが6つありません。

訳例 ③

・そのロープの上には何匹猿がいますか。
―(その上には)2匹(の猿が)います。

p.148

1 (1) no, the (2) any, any
(3) no (4) a, any, the, some

解説 (2) 疑問文，否定文では some ではなくて any を使う。

訳例 (1) あなたはスケートができません。その湖には氷がありません。
(2) そのテーブルの上にはトマトがありますか。―いいえ，そのテーブルの上にはトマトが1つもありません。
(3) その湖のそばには家がありますか。
―いいえ。その湖のそばに家はありません。
(4) A：私の家の近くには動物園があります。
B：その動物園にはペンギンがいますか。
A：いいえ，いません。でも象がいます。

p.149

2 (1) There are my pencils
→ My pencils are
(2) some → any
(3) There's → There're
(4) No, there is no picture.
→ There is no picture.
(5) student → students

解説 (1) 主語が特定化された名詞のときは，there is〔are〕～は使わない。
(4) 疑問詞で始まる疑問文なので，yes，no で答えてはいけない。

訳例 (1) 私の鉛筆はその机の上にあります。 (2) そのカバンの中には本が何冊かありますか。 (3) その箱の中にはたくさんのリンゴが入っています。 (4) この部屋には何枚絵がありますか。―絵は一枚もありません。 (5) このクラスには何人生徒がいますか。

3 (1) Yes, there are. (2) No, there isn't.
(3) It's under the table. (4) There are two.
(5) There are three.

訳例 (1) その花びんには花が生けてありますか。 (2) そのテーブルの上には猫がいますか。 (3) その猫はどこにいますか。
(4) その花びんには何本花が生けてありますか。 (5) いすは何脚ありますか。

4 (1) There are many benches in the park. (2) Are there any lions in the zoo?
—Yes, there are some. (3) How many chairs are there in the room?—There are five. (4) Is there a piano in the room?
—No, there isn't. (5) There are three pencils and five pens in this box.

解説 (2) 動物園のライオンは数頭が普通。それで Are there *any lions* ～? (4) 常識的に考えて，部屋にピアノは1台が普通。それで Is there *a piano* ～?

16 現在進行形

p.151

訳例 ①

・この男性は歯をみがいています。

p.152

訳例 確認しよう！2

① ジェーンは箱を作っているところです。

② あなたは英語を教えているところです。

③ トムと私はテニスをしているところです。

④ マークはとても速く走っています。

p.153

訳例 確認しよう！3

① ルーシーは車を運転しているところですか。 ② トムは門の前に立っていますか。

③ メアリーはその道を歩いているところ

ですか。

p.154

訳例 確認しよう！4

① 父は工場で働いているところではありません。 ② 私たちは昼食を取っているところではありません。 ③ ジョンは新聞を読んでいるところではありません。

1 (1) is runing → are running
(2) Is → Are
(3) are → is, writeing → writing
(4) am liking → like
(5) Does → Is, swiming → swimming

ここに注意 (4) like は状態を表す動詞なので，進行形にしない。

訳例 (1) ジャックとベティはとても速く走っています。 (2) その男の子たちは部屋で遊んでいますか。 (3) その先生は自分のノートに何を書いているのですか。
(4) 私は彼のことがとても好きです。
(5) あなたのお兄さんは今泳いでいますか。

2 (1) あなたのお父さんは何をしていますか。―彼はラジオを聴いています。
(2) あなたのお母さんは今，何を読んでいますか。―彼女は歴史の本を読んでいます。
(3) 私たちは，土曜日の午後にその運動場で野球をします。 (4) 私は毎朝7時に起きます。 (5) ロイとヘレンは普通，放課後にテニスをします。

解説 (3)～(5) は現在形で習慣を表している。

p.155

3 (1) The train is running very fast. (2) I am writing a letter now. (3) Where is your uncle going now? (4) Is the baby sleeping? (5) Those three girls are reading books in the room. (6) Our teacher is reading an English book.
(7) What is your father doing?

4 (1) She is playing the piano. (2) They are swimming in the sea. (3) What is your father reading now?—He is reading a newspaper. (4) Is Tom playing tennis with his friend(s) now? (5) What is Mother doing now?—She is cooking in the kitchen.

解説 (1) piano の前には the を付ける。
(4) スポーツの名前の前には the や a, an を付けない。

Let's Write in English! ①

p.156

1 (1) ① in Rome ② many old churches ③ many huge ruins ④ one of them ⑤ full of motorcycles, cars, and tourists ⑥ an active and exciting city ⑦ having a great

解説 a, an の使い方や複数形の使い方に注意しよう。 ②③ many の代わりに a lot of, lots of を使ってもよい。 ⑤ 英語で bike と言えば，「自転車」のことになるので注意。 ⑦ have a great time は進行形で。having a very good time でもよい。

p.157

2 (1) ① for your letter and nice pictures ② my favorite subject ③ the history of ancient Rome ④ envy you ⑤ How many hills are there in Rome? ⑥ What is your answer? ⑦ another name of Rome

解説 ④「私はあなたがうらやましい」→「私はあなたをうらやむ」と英語流の文構造にする。How I ～! は「どんなに私は～することか」の意味。How I wonder!「どんなに不思議に思うことでしょう。」
「7つの丘の町」は固有名詞扱いにして，大文字になっている。1の「永遠の都」も同じ。

第❷編　中級

1 疑問詞で始まる疑問文

p.164

訳例　確認しよう！2

① A：あなたはどの季節が好きですか。

B：私は夏が好きです。

② A：あなたは何のスポーツが好きですか。

B：私は野球が好きです。

訳例　②

・あなたはいつピアノを練習しますか。

訳例　確認しよう！3

① コンサートはいつ始まりますか。

② あなたのお母さんはどこに住んでいますか。

p.165

訳例　確認しよう！4

① あなたはどうして毎日家にいるのですか。

② あなたはなぜ怒っているのですか。

p.166

訳例　確認しよう！5

① A：あなたは何歳ですか。

B：13 歳です。

② A：あなたのお兄さんはどれぐらい背が高いですか。

B：彼は 5 フィート 2 インチです。

③ A：この教室には何人生徒がいますか。

B：40 人います。

④ A：あなたは今いくら持っていますか。

B：500 円持っています。

p.167

1　(1) What　(2) Where　(3) How　(4) When　(5) How　(6) Why

訳例

(1) 彼は何をしていますか。—先生です。

(2) あなたのお姉さんはどこにいますか。—彼女は家にいます。　(3) 天気はどうですか。—晴れです。　(4) あなたの誕生日はいつですか。—1 月 28 日です。

(5) あなたの学校はここからどれぐらい遠いですか。—約 1 マイルです。　(6) あなたはなぜ毎日おばあさんの家に行くのですか。—彼女を手伝うためです。

2　(1) Where are you from?　(2) How many aunts do they have?　(3) How tall is the tower?　(4) How many days are there in a week?　(5) Where do they live?

(6) How old am I?

> **ここに注意**　(1)「あなたはどこの出身(しゅっしん)ですか。」
> Where are you *from*?
> 「私は大阪出身です。」
> I am *from* Osaka.

訳例　(1) あなたはどこ出身ですか。

(2) 彼らには何人おばさんがいますか。

(3) その塔はどれぐらいの高さですか。

(4) 1 週間は何日ありますか。

(5) 彼らはどこに住んでいますか。

(6) 私は何歳ですか。

3　(1) How do you like your new teacher?

(2) How many sisters does Tom have?

—He has two.　(3) Whose album is this?

—It's Mary's.　(4) Which desk is yours?

—The one〔desk〕in the corner is mine.

(5) How fast can Amy run?

解説　(1)「～はいかがですか」と感想や印象をたずねる場合には，How do you like ～? を使う。　(4) desk を繰(く)り返(かえ)すかわりに，代名詞(だいめいし)の one を用いてもよい。

2 be 動詞の過去形

p.169

訳例　確認しよう！1

① 私たちは 2 時間前に姫路にいました。

② 昨日は火曜日でした。③ 今朝，その机の上には本が 3 冊ありました。④ ナンシー

とマイクはそのとき大学生でした。
⑤ あなたは去年７年生(中学１年生)でした。　⑥ 私は 15 年前，高校生でした。

p.170

訳例　②

・あなたは先週おばあさんの家にいましたか。—はい，いました。

訳例　確認しよう！2

① あなたはいい先生でしたか。
② その物語(ものがたり)はとてもおもしろかったですか。
③ その庭にはベンチが１つもありませんでした。
④ ジョージは昨日(きのう)，欠席していませんでした。

p.171

1　was，is，is，is

訳例　A：トムは２か月前オーストラリアにいました。でも彼は今そこにはいません。彼は今どこにいますか。
B：彼はカナダにいます。

2　(1) was，five，last
(2) Were，there，garden　(3) were
(4) were　(5) were

3　(1) My mother was ill〔sick〕yesterday.
(2) Yesterday was Monday. 〔It was Monday yesterday.〕
(3) He was absent from school last week.
(4) Tom was in New York five years ago.
(5) At that time there were a lot of〔many〕boys in the room. 〔There were a lot of〔many〕boys in the room then.〕

ここに注意　(3) absent ⇔ present
（欠席の）（出席の）
Many people were *present* at the meeting. （多くの人々がその会合に出席した。）

3 一般動詞の過去形

p.173

訳例　①

・私は毎週日曜日，神戸に行きます。
・私はこの前の日曜日，神戸に行きました。

p.174

訳例　②

・あなたは楽しい時を過ごしましたか。
—はい，過ごしました。私は楽しい時を過ごしました。

訳例　②—❶

・トムは英語を勉強しました。
トムは英語を勉強しましたか。
トムは何を勉強しましたか。

訳例　②—❷

・トムは英語を勉強しましたか。
だれが英語を勉強しましたか。

p.175

訳例　②—❸

・昨日トムは英語を勉強しましたか。
—はい，しました。(いいえ，しませんでした。)
・今日の午後，彼は何を勉強しましたか。
—彼は英語を勉強しました。
・今日の午後，だれが英語を勉強しましたか。—トムがしました。

訳例　確認しよう！3

① 彼らは野球をしましたか。
② 彼女は音楽が好きでしたか。
③ 彼女は今朝，英語を勉強しましたか。

訳例　確認しよう！4

① 彼はいつ〔何時に〕帰ってきましたか。
② 彼女はどこでこれらの本を買いましたか。
③ この前の日曜日だれがジェーンとテニスをしましたか。

訳例　③

・トムはこの前の日曜日，神戸に行きました。
・ジャックはこの前の日曜日，神戸に行きませんでした。

p.176

訳例 確認しよう！5

① 私は今日(きょう)6時に朝食を食べませんでした。

② 彼は私に英語で話しかけませんでした。

③ 私は駅で太郎に会いませんでした。

1 (1) built (2) drank (3) got (4) gave (5) kept (6) lent (7) made (8) put (9) said (10) saw (11) taught (12) thought

2 (1) he, did (2) Did, didn't (3) What, bought (4) When, buy (5) did, put

ここに注意 現在形(げんざいけい)と過去形(かこけい)が同じ不規(ふき)則動詞(そくどうし)の例。

put ― put(置く)

cut ― cut(切る)

hit ― hit(打つ)

let ― let(～させる)

訳例 (1) トムは昨日(きのう)，図書館に行きましたか。―はい，行きました。 (2) 彼のお父さんは昨日，彼に本を買いましたか。―いいえ，買いませんでした。 (3) 彼のお父さんは彼に何を買いましたか。―お父さんは彼のためにカメラを買いました。 (4) 彼はいつそれを買いましたか。―彼は先月それを買いました。 (5) 彼は昨日どこにカメラを置きましたか。―彼はトムの机の上にそれを置きました。

p.177

3 (1) Mary got up at six thirty yesterday. (2) He read the newspaper this morning. (3) She went to the museum with her mother yesterday. (4) Tom and Mark lived in London last year. (5) Tom drank two glasses of milk an hour ago.

訳例 (1) メアリーは昨日6時30分に起きました。 (2) 彼は今朝，新聞を読みました。 (3) 彼女は昨日，彼女のお母さんと博物館に行きました。 (4) トムとマークは去年ロンドンに住んでいました。 (5) トムは1時間前にグラス2杯の牛乳を飲みました。

4 (1) He didn't come back at three. (2) Did you buy a storybook? (3) Did Jane have a good time yesterday? (4) Was there an honest man in the village? (5) Jack didn't run to school.

訳例 (1) 彼は3時に戻(もど)ってきませんでした。 (2) あなたは童話の本を買いましたか。 (3) ジェーンは昨日，楽しい時間を過ごしましたか。 (4) その村には正直な男がいましたか。 (5) ジャックは学校に走って行きませんでした。

5 (1) Did you go to the park yesterday? ―No, I didn't. (2) Mary wrote (a letter) to her father yesterday. (3) My father went to Osaka last week. (4) He liked apples very much. (5) I played baseball with my friends yesterday.

解説 (2)「手紙を書く」という表現について。

He often *writes* to me.

(彼はしばしば私に手紙を書いてよこします。)

I *write* to my parents once a month.

(私は月に1度，私の両親に手紙を書きます。)

Let's Listen and Talk! ③

p.178

1

全文訳 店員：何かご用ですか。

マイク：はい。あの時計が見たいんです。

店員：かしこまりました。これですね。わかりました。はい，どうぞ。とてもすてきな時計でしょう。

マイク：そうですね。いくらですか。

店員：99ドルです。

マイク：ええ！ それは高すぎます。もっと安いのはありますか。

店員：かしこまりました。こちらはいかがですか。こちらはたったの35ドルです。

マイク：とてもいいですね。それをいただきましょう。

店員：どうもありがとうございます。

p.179

2 (1) 後の全文訳の下線部参照。

(2) ㋐ But it's a bit too small for me.
㋑ Do you have a larger one in the same pattern and color? ㋒ Here you are. This is the largest size. ㋓ This one fits me perfectly. How much is it? ㋔ How would you like to pay? Cash or credit?

全文訳 店員：何かご用ですか。

ベイカーさん：はい。私はこのセーターが気に入っています。①柄(がら)がとてもいい。色も気に入っています。でも私にはちょっと小さすぎます。

店員：もっと大きいのがいりますか。

ベイカーさん：はい。同じ柄で同じ色の，もっと大きいのがありますか。

店員：はい，ございます。はい，どうぞ。これがいちばん大きいサイズです。②試着をしたいですか。③試着室はあちらです。

ベイカーさん：はい，します。失礼…。これは私にちょうどピッタリです。おいくらですか。

店員：45 ドルです。とてもお手頃です。④とてもお買い得品(どくひん)ですよ。

ベイカーさん：いいですね。それをいただきます。

店員：どうもありがとうございます。お支払いはどうなさいますか。現金で，それともクレジットで？

ベイカーさん：クレジットでお願いします。⑤ビザカードは使えますか。

店員：問題ありません。

4 未来表現

p.181

訳例 確認しよう！1

例 私は今度の日曜日，祖母を訪(おとず)れるつもりです。

① 私たちは今度の日曜日，バスケットボールをするつもりです。 ② マイクは今度の日曜日，泳ぎに行くつもりですか。

③ あなたは今度の日曜日，何をするつもりですか。 ④ ベンは今度の日曜日，勉強するつもりはありません。

p.183

訳例 確認しよう！2

① 彼は電車に遅(おく)れるでしょうか。

② 彼女は私たちに手紙を書かないでしょう。

③ あなたはもう家に帰るつもりですか。

④ あなたは風邪をひかないでしょう。

p.184

1 (1) are, going (2) going, to
(3) Shall (4) will, for (5) will〔shall〕

解説 (5) イギリス英語では，意志を含(ふく)まない未来表現の場合，I，we が主語(しゅご)のとき shall を使うことがある。

p.185

2 (1) When are you going to leave for London? (2) Will you please show me the way to the station? (3) Shall I open the window? (4) How old are you going to be this year? (5) Won't you come and see me next Sunday?

> ここに注意 「〜してくれませんか」(依頼(いらい))の丁寧(ていねい)な言い方。
> Will you please 〜?
> Won't you 〜?

3 (1) I will get up at five tomorrow morning. (2) Will you study this afternoon? (3) Where shall we meet?
(4) Will you (please) go for me? (5) Will you (please) mail〔post〕 this letter for me?

5 接続詞

p.187

訳例 ①

・私はビル，メアリー，スーザンといっし

ょにテニスをしました。

p.188

訳例 確認しよう！1

① 私の兄と姉は出かけたが，私は出かけなかった。 ② 急ぎなさい，さもないと遅れるよ。 ③ すぐ出発しなさい，そうすれば間に合いますよ。 ④ 英語とフランス語ではあなたはどちらのほうが好きですか。 ⑤ 私の兄と私は教師です。

訳例 ②

・彼女は若いとき，よくテニスをしました。

p.189

訳例 確認しよう！2

① ジェーンが帰宅したとき，私は宿題をしているところでした。 ② 食べる前に手を洗いなさい。 ③ もし明日晴れたら，私たちはピクニックに行くつもりです。

④ あなたが戻ってくるまで，私はここで待ちます。

p.191

訳例 確認しよう！4

① 彼女は英語だけでなくフランス語も話します。 ② 彼女は英語を読むことも書くこともかなり上手にできます。 ③ 私はとても眠かったので，自分が降りるはずの駅を乗り過ごしました。

p.192

1 (1) and (2) because〔as〕 (3) that

(4) nor (5) till〔until〕 (6) and

> **ここに注意** (4) neither A nor B は「A も B も両方とも～ない」の意味を表す。

訳例 (1) 左に曲がりなさい，そうすれば右手にホテルが見つかりますよ。 (2) 私は病気だったので，学校を休みました。

(3) 私たちはすぐ終わると思います。

(4) 彼は医者でも教師でもありません。

(5) あなたは私が戻ってくるまでここにいなければなりません。 (6) トムとメアリーは両方ともフランス語を話します。

2 (1) doesn't, or (2) either, or

(3) Both, and, are

(4) so, cold (5) though, is, young

(6) because〔as〕, it, raining〔rainy〕

> **ここに注意** (6) 軽く理由を付け加えるときには接続詞 as を使うほうがよい。
> *As* I had a cold, I didn't take a bath.
> （私は風邪をひいていたので，ふろに入らなかった。）

3 (1) Hurry up〔Make haste〕, or you will miss the bus. (2) Will you help me when I am busy? (3) He can speak not only English but (also) French. (4) Which do you like better, English or science?

(5) Both he and his brother came to my house yesterday. (6) I know (that) she is your sister.

意味順 Box トレーニング①

p.193

1 玉手箱：What part of Japan is

だれが：he ／ どこ：from?

2 (1) 玉手箱：Were ／ だれが：you

どこ：at your grandmother's house ／ いつ：last week?

(2) だれが：My grandmother

する(です)：was ／ だれ・なに：very good ／ どこ：to me.

p.194

3 (1) 1 段目 だれが：I ／ する(です)：didn't play ／ だれ・なに：tennis

2 段目 玉手箱：with them.

(2) 1 段目 だれが：I ／ する(です)：went to ／ だれ・なに：Kobe

2 段目 玉手箱：with my mother.

p.195

4 だれが：We ／ する(です)：will be

だれ・なに：back ／ いつ：before five.

5 1 段目 玉手箱：When ／ だれが：she

する(です)：was ／ だれ・なに：young,

2 段目 だれが：she ／ する(です)：often played ／ だれ・なに：tennis.

6 過去進行形

p.197

訳例 ①

・私は8時ごろ理科の勉強をしているところでした。

訳例 確認しよう！1

① そのとき，雨が降っていました。㋐ そのとき，雨が降っていましたか。㋑ そのとき，雨は降っていませんでした。

② そのとき，彼女は雨の中を歩いていました。㋐ そのとき，彼女は雨の中を歩いていましたか。㋑ そのとき，彼女は雨の中を歩いていませんでした。

③ そのとき，ジャックとトムはテニスをしていました。㋐ そのとき，ジャックとトムはテニスをしていましたか。㋑ そのとき，ジャックとトムはテニスをしていませんでした。

p.198

訳例 確認しよう！2

① 私が家を出たとき，雨が降っていました。

② 彼の友達が彼を訪(おとず)れたとき，彼はピアノを弾(ひ)いていました。

③ 彼女の電話が鳴ったとき，彼女は電車に乗っていました。

p.199

1 (1) am listening (2) were writing
(3) were studying (4) is coming
(5) was cooking

訳例 (1) 私は今，音楽を聞いているところです。 (2) あなたは昨夜，手紙を書いていましたよね？ (3) トムとテッドはそのとき日本語を勉強していました。
(4) ほら！ 大きな犬がこちらに向かってきているよ。 (5) 私が帰宅したとき，母は台所で料理をしていました。

2 (1) were, doing, was, having〔eating, taking〕 (2) was, making

解説 (2)「make＋(物)＋for＋(人)」で「(人)のために(物)を作る」。
I was making a bookcase for him. (彼に本箱を作っていました。)

3 (1) My mother was reading a magazine at that time〔then〕.
(2) A lot of children were playing at the playground when I visited the school.
(3) It was raining yesterday morning.

7 比較表現 (1)

p.201

訳例 ①

・私は兄〔弟〕と同じくらいの背の高さです。

p.203

訳例 確認しよう！3

① この猫(ねこ)は3匹の中でいちばん小さい。
② トムは4人の中でいちばん走るのが速い。 ③ マークは私のクラスでいちばん速く走ることができます。

p.204

訳例 ④

・日本では野球が最(もっと)も人気のあるスポーツだそうですね。

訳例 確認しよう！4

① この物語(ものがたり)はあの物語よりもおもしろい。
② もっと注意して宿題をやりなさい。
③ メアリーは私の姉妹の中で最も美しい。

p.205

1 (1) Kyoto is not as large as Tokyo.
(2) He is the tallest in our class.
(3) I can run faster than John.
(4) He is the happiest of all the boys.

2 (1) the, longest (2) earlier, earliest, in
(3) colder, than (4) the, in

3 (1) He is from Tokyo. Tokyo is the most important city in Japan. (2) Tokyo is the biggest〔largest〕 city in Japan.
(3) Bill is not as tall as Tom.

解説 (2) large と big の違(ちが)い…… big は口(こう)語的(ごてき)で，しかも主観的(しゅかんてき)な意味で「でっかい」といった感じである。それに対し，large は単に客観的(きゃっかんてき)に形・量・広がりなどが大きいことを示す。

8 比較表現 (2)

p.207

訳例　確認しよう！1

① あなたとあなたの父とでは，どちらが背が高いですか。─私です。私は父よりも背が高いです。

② あなた(たち)のクラスでいちばん速く泳ぐのはだれですか。─ジョンです。ジョンは私のクラスでいちばん速く泳ぎます。

③ 富士山とエベレスト山とでは，どちらが高いですか。─エベレスト山です。エベレスト山は富士山より高いです。

④ 日本でいちばん大きな都市はどれですか。─東京です。東京は日本でいちばん大きな都市です。

p.208

訳例　②

・野球とサッカーでは，あなたはどちらのほうが好きですか。─私はサッカーのほうが好きです。

訳例　確認しよう！2

① サリーとジェーンとケイトではだれがいちばん上手(じょうず)に歌いますか。　② リンゴとオレンジでは，あなたはどちらのほうが好きですか。　③ トムは私の兄〔弟〕よりたくさんの本を持っています。

p.210

1　(1) She is one of the best writers in America.　(2) The sky became darker and darker.　(3) Who is the most important person for you?　(4) Tom reads more comic books than novels.　(5) I like English better than any other subject.

2　(1) Which　(2) Which, most　(3) in　(4) Who, or　(5) better　(6) bigger, than

訳例　(1) 太陽と月では，どちらのほうが大きいですか。　(2) 英語，数学，理科では，あなたにとってどれがいちばんおもしろいですか。　(3) あなたの学校でだれがいちばん速く走ることができますか。　(4) トムとジャックでは，どちらのほうが年上ですか。　(5) 春と秋では，あなたはどちらのほうが好きですか。　(6) 象はネズミよりずっと大きい。

3　(1) August is longer than February.　(2) She likes juice much better than coffee.　(3) Baseball is one of the most popular sports in America.　(4) Which is larger, Lake Biwa or Lake Towada?　(5) It is getting warmer and warmer.

意味順 Box トレーニング②

p.211

6　1段目　だれが：I ／ する(です)：was watching ／ だれ・なに：a movie
2段目　玉手箱：with my sister.

7　1段目　玉手箱：Are ／ だれが：you　だれ・なに：taller
2段目　玉手箱：than ／ だれが：your father?

8　だれが：Soccer ／ する(です)：is　だれ・なに：the most popular sport　どこ：in the world.

Let's Read and Sing! ②

p.212

(1) エ
(2) ① long　② strong
(3) ③ river　④ reed　⑤ soul
⑥ endless　⑦ flower　⑧ seed

解説　(1) 第1節の中で何度も「Some say ～」と繰り返しており，これは作者以外のだれかの意見を述べている。そして同節の7行目で「I say ～」に続けて a flower と述べていることから，これが作者自身の意見であると解釈できる。

(2) 押韻の関係になっている語が①②それぞれの空所に入る。the strong で「強い人」という意味を表す。

p.213

(1) ① around　② surround
(2) ウ

(3) evening, to come, leaving,

解説 (2) 歌詞の中で「Let ～ go on and on」という表現が何度も使われており，これは「～をそのままにしておく」という意味を表している。物事を「自然の成り行きに任せる」「あるがままに任せる」という意味だと解釈できることから，「ありのままの人間の姿」を wild child と表現していると推察でき，答えに最も近いのは「人間本来の姿」となる。

(3) evening と leaving が押韻の関係になっていることに注目する。

9 助動詞

p.215

訳例 ①—❷

① 子どものころ，ジェーンはとても速く走ることができましたか。—はい，できました。/ いいえ，できませんでした。

② 子どものころ，ジェーンはあまり速く走ることができませんでした。

p.219

1 (1) ㋒ (2) ㋐ (3) ㋒ (4) ㋒

訳例 (1) あなたの鉛筆を使ってもいいですか。—はい，使っていいです。 (2) あなたはその質問に答えることができますか。—はい，できます。 (3) 私はその本をゆっくり読まなければなりませんか。—いいえ，その必要はありません。 (4) 真実を伝えるべきですか。—はい，そうすべきです。

p.220

2 (1) 明日は晴れかもしれない。 (2) 彼はきつい仕事で，たいへん疲(つか)れているに違(ちが)いない。 (3) あなたはお父さんの言葉(ことば)をいつも覚えていなければいけません。

(4) 彼女は昨日(きのう)，かぎを見つけることができませんでした。 (5) メアリーはあまり上手(じょうず)にバイオリンを弾(ひ)くことができません。

3 (1) ㋑ (2) ㋓ (3) ㋐ (4) ㋕ (5) ㋒ (6) ㋗

訳例 (1) 彼女は試験に合格することができましたか。—いいえ，できませんでした。 (2) あなたの部屋(へや)に入ってもいいですか。—いいえ，いけません。 (3) あなたはピアノを弾くことができますか。—はい，できます。 (4) 私は今ここを出発しなければいけませんか。—いいえ，その必要はありません。 (5) お手伝いしましょうか。—いいえ，大丈夫です。ありがとう。

(6) 8時までに戻(もど)るべきでしょうか。—はい，そうすべきです。

4 (1) mustn't (2) was, able, to (3) has, to (4) Could

訳例 (1) 部屋の中で走ってはいけません。 (2) 彼は3歳のとき，泳ぐことができました。 (3) 彼女は英語で手紙を書かなければいけません。 (4) あなたはその質問に答えることができましたか。

p.221

5 (1) It's already eight. We must go〔be going〕.

(2) My sister can〔is able to〕 drive a car.

6 (1) ウ (2) ア (3) ア (4) イ

10 have to ～, had better ～

p.223

訳例 ①

・私は明日，数学のテストを受けなければなりません。

訳例 確認しよう！1

① 私は今，宿題をしなければなりませんか。—はい，しなければなりません。

② 彼はたくさんの手紙を書かなければなりませんでしたか。—はい。彼は10通の手紙を書かなければなりませんでした。

③ 私は学校で靴(くつ)を脱(ぬ)がなければなりませんか。—いいえ，脱ぐ必要はありません。

p.225

1 (1) better (2) had, to (3) don't, have〔need〕, to (4) had, better, not

解説 (3) don't have to を使う。need to ～「～する必要がある」を使って否定文(ひていぶん)にしてもよい。

2 (1) You have to〔must〕read louder.
(2) Do I have to〔Must I〕come here every day?—No, you don't have〔need〕to come (here) every day. (3) You had better come to school earlier. (4) We must〔have to〕study English harder.
(5) Do I have to〔Must I〕leave here at once〔immediately〕?—No, you don't have〔need〕to.

11 不定詞 (1)

p.227

訳例 ①
・私は野球がしたい。〔私は野球をすることを望む。〕
・野球をするのは楽しい。

p.228

訳例 確認しよう！2
① トムは食べ物を買うためにその店に行きました。 ② あなたはおじさんを出迎えるために駅に行かなければなりません。
③ 私は昼食を取るために戻(もど)るつもりです。
④ 私の両親はその知らせを聞いて悲しむでしょう。

p.229

1 (1) ㋒㋐㋑㋓ (2) ㋒㋑㋐㋓
(3) ㋒㋕㋐㋔㋑㋓

2 (1) 最善の方法はすぐに出発することです。 (2) あなたは私に何を言いたいのですか。 (3) 彼は試験に合格するために、毎日一生懸命勉強する。 (4) あなたといっしょにいるのはすばらしい。 (5) 彼らは、湯を沸かすために火をおこしていた。

3 (1) He came to see me yesterday.
(2) I went to the Ueno Zoo to see pandas.
(3) I want to buy these dolls for her.
(4) I went to the park to play baseball yesterday.
(5) It is dangerous to swim in this river.

4 (1) It, is (2) to, see

> **ここに注意** (1) *It* is hard *to learn English*. (英語を学ぶことは難しい。)
> この場合，仮主語(かりしゅご)が it で，本当の主語は to learn English である。
> JUMP! p.447【エッセンス-24】

訳例 (1) 英語を学ぶのは難しい。
(2) 明日(あす)，私に会いに来てください。

12 不定詞 (2)

p.234

1 (1) ㋑ (2) ㋓ (3) ㋐ (4) ㋒

訳例 (1) 私は野球をするのが好きです。
(2) 私は食べるものを何も持っていません。
(3) 私は英語を勉強するためにロンドンに行きました。
(4) 私の車を売るのは難しかった。
㋐ ジョンはキャッチボールをしに公園に私を連れて行きました。
㋑ 私は牛乳を買いたかった。
㋒ 間違(まちが)いを犯すのは簡単だ。
㋓ 彼は訪(おとず)れるべき友人がたくさんいます。

2 (1) 私はとても忙しかったので，お祭りに行けなかった。 (2) ジェーンはテニスをするために公園へ行った。 (3) この船は大海を横断することができるほどに大きい。 (4) 私は自分でこれをする方法を見つけることができなかった。 (5) ホワイトさんはたいへんお金持ちなので，世界中を旅行することができる〔世界中を旅行できるほどお金持ちだ〕。

解説 (1)～(5) の不定詞(ふていし)の用法は次のとおりである。
(1) 副詞的(ふくしてき)用法 (2) 副詞的用法
(3) 副詞的用法 (4) 形容詞的(けいようしてき)用法
(5) 副詞的用法

> **ここに注意** 次の書(か)き換(か)えに注意。
> (1) I was *too* busy *to* go to the festival.

→ I was *so* busy *that* I couldn't go to the festival.
(5) Ms. White is rich *enough to* travel all over the world.
→ Ms. White is *so* rich *that* she can travel all over the world.
JUMP! p.452【エッセンス-33】

p.235

3 (1) ㋑㋒㋐㋔㋓ (2) ㋒㋑㋔㋓㋕㋐
(3) ㋒㋑㋐㋔㋓ (4) ㋓㋒㋐㋔㋑

4 (1) too, to
(2) enough, to
訳例 (1) その問題は難しくて私には解けなかった。
(2) 暑かったので私たちは川で泳ぐことができた。

5 (1) This coffee is too hot to drink.
(2) Mary doesn't know how to go to the station. (3) I didn't know where to find the book. (4) I have nothing to give you.
(5) I have no time to play with you.

p.236

意味順 Box トレーニング③

9 (1) 玉手箱：May ／ だれが：I
する(です)：go ／ どこ：to your house
いつ：tonight?
(2) だれが：I ／ する(です)：must finish
だれ・なに：my paper on history ／
いつ：tonight.

10 (1) だれが：I ／ する(です)：have to take ／ だれ・なに：a test in mathematics
いつ：tomorrow.
(2) だれが：You ／ する(です)：had better go to bed ／ いつ：now.

p.237

11 (1) だれが：I ／ する(です)：went to see ／ だれ・なに：Tom.
(2) 1段目 だれが：He ／ する(です)：went ／ どこ：to the park
2段目 する(です)：to play ／ だれ・なに：baseball.
(3) 1段目 する(です)：is
だれ・なに：fun
2段目 する(です)：to play ／ だれ・なに：baseball ／ いつ：on such a fine day.

12 だれが：I ／ する(です)：have
だれ・なに：nothing to do
いつ：today.

Let's Listen and Talk! ④

p.238

1 (3) 観光客：すみませんが，地下鉄のラッセル・スクウェア駅へ行く道を教えていただけませんか。
学　生：ええ，分かりました。あのあそこの通りを向こう側へ渡り，左へ行ってください。通りに沿って4，5分まっすぐに進んで，そして最初の角(かど)を右へ曲がってください。そうすると1，2分で右手に入り口が見つかるでしょう。
観光客：どうもありがとうございます。
学　生：どういたしまして。さようなら。

p.239

2

全文訳 老婦人：すみません，大英博物館へ行く道を教えていただけませんでしょうか。道が分からなくなったんです。
若い男性：かしこまりました。ラッセルスクエアに沿ってこの道をまっすぐ行ってください。そして2番目の角で左に曲がってください。実際そこはラッセルスクエアの角に当たります。1ブロックずっと行って右に曲がってください。すると通りに沿って博物館の黒い鉄製のフェンスが見えます。そのフェンスに沿って行くと，2，3分で入り口の門に着きます。
老婦人：どうもありがとうございます。どのぐらい時間がかかると思いますか。
若い男性：ああ，あまり遠くはありませんよ。10分以上はかからないでしょう。
老婦人：本当にありがとうございます。
若い男性：どういたしまして。

13 SVCの文とSVOOの文

p.242

訳例 ②

・私の姉〔妹〕が私にこのジャケットをくれました。

訳例 ②—❷

・トムは彼女に手紙を送りました。

・母は彼らにコーヒーをいれてあげました。

p.243

❶ (1) told, an, interesting, story
(2) got, angry
(3) got〔grew, became〕, dark

❷ (1) Mr. Smith became a famous doctor. (2) Mother gave us kind advice.
(3) Will you please give me a cup of coffee?

> ここに注意 (1) become (〜になる)
> He *became* poor.
> (彼は貧乏になった。)
> He *became* a doctor.
> (彼は医者になった。)
> be動詞(どうし)と同様に, becomeも補語(ほご)として名詞(めいし)・形容詞(けいようし)をとる。

14 前置詞

p.246

訳例 確認しよう!1

① 私は毎朝6時に起きます。 ② 私の妹は4月5日に生まれました。 ③ 冬はとても寒いです。 ④ 私は日曜日に教会に行きました。 ⑤ 私は5月に生まれました。

訳例 ②

・彼は10年前, 大阪に住んでいました。

p.247

訳例 確認しよう!2

① エイミーは水に跳(と)び込みました。彼女は水の中にいます。 ② エイミーは床の上に倒れました。彼女は床の上にいます。 ③ エイミーはドアのところまで走って行きました。彼女はドアのところにいます。

訳例 ③

・私はおじのジャックとキャッチボールをしました。

p.248

訳例 確認しよう!3

① 彼らは6時前に駅に着きました。
② 彼女は3日間, 私といっしょにいました。 ③ 彼女は飛行機でヨーロッパに行きました。 ④ あなたの答えをペンで書いてください。 ⑤ エイミーは人工知能についての映画を見ました。

p.249

❶ (1) to (2) at, in (3) with, in (4) for (5) to, by

訳例 (1) 私はラジオを聞いているところです。 (2) 学校は午前7時半から始まります。 (3) ポケットに手を突っ込んだまま歩くべきではありません。 (4) すてきなプレゼントをどうもありがとうございます。 (5) 私たちの先生は車で学校に来ます。

❷ (1) ㋐ (2) ㋔ (3) ㋒ (4) ㋑ (5) ㋓

訳例 (1) ジョンは壁(かべ)の絵を見ているところです。 (2) 私は祖母のところに泊まるつもりです。 (3) その母親は娘をとても誇りに思っています。 (4) 父と私は旅行に行きました。 (5) エイミーは故郷の母親のことを考えていました。

❸ (1) We don't go to school on Sunday(s). (2) Yesterday she studied English from morning till〔to〕 night. (3) Let's go on a picnic next Sunday. (4) Mary was late for school this morning. (5) Must I〔Do I have to〕 write the letter in English?

> ここに注意 (1) on Sundays
> 曜日の後ろに複数(ふくすう)の -sを付けると習慣を強調する。
> on Sundays = every Sunday

15 動名詞

p.252

訳例 ②

・あなたは音楽を演奏するのが好きですか。

p.253

訳例 ③

・私とギターを練習するのはどうでしょう。

p.255

1 (1) to become　エイミーはりっぱなピアニストになりたいと思っています。
(2) reading　その小説をもう読み終わりましたか。　(3) to see　トムはおばさんに会うためにニューヨークへ行きました。
(4) eating　昼食を食べる前に手を洗いなさい。　(5) to get　それがそこへ行く最も易しい方法です。

2 (1) to go → going
(2) to solve →(in) solving
(3) see → seeing　(4) eating → to eat
(5) locking → to lock

解説 (1) What about doing ～?「～してはどうだろう」 (3) look forward to doing「～することを楽しみにして待つ」 (4) but に注意。「エイミーは空腹だった。しかし食べるために立ち止まらなかった」の意味にする。このままでは「食べるのをやめなかった」の意味。

訳例 (1) 散歩に出かけるのはどうですか。
(2) エイミーはその問題を解くのに非常に苦労しました。　(3) 私たちは近いうちにまたあなたに会えるのを楽しみに待っています。　(4) エイミーは空腹でしたが，彼女は食べるために立ち止まりませんでした。　(5) 出て行くとき，ドアにかぎをかけるのを忘れないでください。

3 (1) I never thought of going there alone.　(2) We use this dictionary for studying English.　(3) Thank you for helping me with the dishes.

Let's Write in English! ③

p.256

1 (1) ① cleaned　② studied　③ went
④ shopping　⑤ with　⑥ found
⑦ bought　⑧ for　⑨ watched　⑩ on

全文訳　9月9日　土曜日　曇り
午前中，私は部屋を掃除し，それから英語と数学の勉強をしました。午後には母と買い物に行きました。私はすてきなスカートを見つけて，母は私にそれを買ってくれました。夕食後，テレビでサッカーの試合を見ました。それはややピリッとしない退屈な試合でした。10時30分に寝ました。

p.257

2

全文訳　9月10日　日曜日　晴れ
天気は晴れでした。私は犬のタロウと散歩に出かけました。私は1時間ほど公園で彼と遊びました。昼食後，私は数学と理科を勉強し，4時前に宿題を全部終わらせました。夕方，野球の試合を見るために父といっしょに東京ドームに行きました。ジャイアンツは2対3で試合に負けました。それは本当に熱戦でした。私たちは試合をおおいに楽しみました。

16 受動態(受け身) (1)

p.260

訳例　確認しよう！2
① この部屋はメアリーによって掃除されます。　② 日本では日本語が話されています。　③ バスケットボールは多くのアメリカ人によって愛されています。
④ トムはみんなに好かれています。
⑤ アメリカでは4月から10月まで野球が行われています。

p.261

訳例 ②

・英語は多くの国で話されていますか。
―はい，話されています。

訳例　確認しよう！3
① あの店ではアイスクリームは売られていません。　② あの国ではフランス語が話されていますか。　③ その先生はみんなに好かれていますか。　④ 授業中コンピューターは使われていません。　⑤ インドではサッカーはされますか。

p.262

1　(1) Both English and French are spoken in Canada.
(2) The dishes are washed by Mary.
(3) Wheat is grown in central Canada.
(4) Ms. White is liked by every student.
(5) This desk is used by Amy.
訳例　(1) カナダでは英語とフランス語の両方が話されています。(2) お皿はメアリーによって洗われます。(3) カナダ中央部では小麦が育てられます。(4) ホワイト先生はすべての生徒に好かれています。(5) この机はエイミーによって使われています。

2　(1) 何語がブラジルでは話されていますか。　(2) この教室はホワイト先生〔さん〕によって使われています。　(3) オーストラリアでは英語が話されています。
(4) あの学校ではフランス語とスペイン語が教えられて〔を教えて〕います。　(5) あの店では砂糖が売られて〔を売って〕います。

3　(1) This letter is written in English.
(2) Is the class taught by Ms. Green?
(3) Many stars are seen at night.　(4) He is not believed by anybody.　(5) Is English used by people in Kenya?　(6) A rainbow is sometimes seen in the sky.　(7) What language is used in this country?　(8) This story is divided into two parts.　(9) Many kinds of fruit are grown in this village.
(10) Is baseball played in the U.K.?
解説　(6) sometimes の位置は be 動詞の後ろに。

p.263

4　(1) Chinese isn't studied〔taught〕in〔at〕this school.　(2) A lot of cameras are made in Japan every day.　(3) Japanese isn't used in this class.　(4) What subjects are taught in〔at〕this school?　(5) This room is cleaned by my mother every morning.
解説　(1)「この学校では，中国語は勉強されません」と考えてもよい。　(3)「このクラスでは，日本語は使われません」と考える。

17 受動態（受け身）(2)

p.265

訳例　確認しよう！1
① これらの手紙はスミスさんによって書かれました。　② そのドアはジャックによってペンキが塗られるでしょう。
③ その川の近くではニンジンを育てることができます。

p.267

1　(1) He will be surprised at the news.
(2) Many useful things were invented by Edison.　(3) Was this cup broken by the clerk?　(4) A lot of information can be found on the Internet.　(5) When and where were you born?

> **ここに注意**　(5) 疑問詞が含まれる受動態の疑問文。
> 疑問詞＋be 動詞＋主語＋過去分詞～？
> What *were* you *given* by your father as a birthday present？
> （誕生日のプレゼントとしてお父さんに何をもらいましたか。）

2　(1) I was given a watch by my uncle.
(2) Her song was〔Her songs were〕liked by everybody〔everyone〕.　(3) The top of the mountain was covered with〔by〕snow.
(4) A lot of〔Many〕stories were written by him.　(5) These shoes are made of leather.

18 感嘆文

p.270

訳例 確認しよう！1

① 今日(きょう)はなんて寒い日なんでしょう。
② 彼はなんて背が高いんでしょう。
③ あれはなんて美しい山なんでしょう。
④ 彼はなんて速く泳ぐのでしょう。

訳例 ②

・彼女はなんて背が高いんでしょう。彼女はなんて背の高い女の子なんでしょう。

訳例 確認しよう！2

① ルーシーはなんてかわいい猫を飼っているんでしょう。 ② トムはなんて速く走るんでしょう。 ③ あちらはなんて背の高い男の子なんでしょう。 ④ 今日はなんて暑いんでしょう。

p.271

1 (1) How fine it is today!
(2) How beautiful the moon is tonight!
(3) What a large house his uncle has!

2 (1) What a good cook your father is!〔How well your father cooks!〕
(2) How pretty〔beautiful〕 this flower is!
(3) What an interesting story this is!
(4) What a big airplane〔plane〕 that is!
(5) How hot it was last night!

19 Here is ～ で始まる文，その他

p.273

訳例 確認しよう！1

① 彼らがこちらへ来られます。
② ここに数本の鉛筆があります。
③ こちらが教室です。

p.274

訳例 ②

・ケーキをひと切れいかがですか。

訳例 ③

・私は犬が大好きですが，自宅では飼っていません。

p.275

1 (1) How〔What〕, about, another
(2) How〔What〕, about, going

2 (1) one (2) One (3) one

訳例 (1) このジャケットは私には大きすぎます。もっと小さなものを試着してもいいですか。 (2) 私は２人招待しました。１人は先生で，もう１人は生徒です。 (3) 私は犬が好きですが，飼ってはいません。

3 (1) Here are some knives. (2) How〔What〕 about going for a walk〔taking a walk〕 in the park? (3) I am busy on Monday. How〔What〕 about Tuesday?

意味順 Box トレーニング④

p.276

13 １段目 だれが：My sister ／ する(です)：gave ／ だれ・なに：me this jacket
２段目 玉手箱：for my birthday.

14 玉手箱：Where did
だれが：you ／ する(です)：go
いつ：on Saturday afternoon?

15 (1) 玉手箱：Do ／ だれが：you
する(です)：like
だれ・なに：playing music?
(2) だれが：Playing the guitar
する(です)：is
だれ・なに：one of my favorite things.

p.277

16 だれが：What languages
する(です)：are taught
どこ：at your school?

17 だれが：It ／ する(です)：was written
だれ・なに：by Shakespeare.

18 玉手箱：What large oranges ／
だれが：they
する(です)：are!

19 (1) 玉手箱：How about ／ だれが：a piece of cake?
(2) だれが：Here ／ する(です)：is ／ だれ・なに：your room.

Let's Try and Check! 2

p.278

1 (1) ① I'm looking for the post office.
② I want to send this parcel to Japan.
③ turn right at the second traffic light
④ You'll see the sign ahead on your right.

解説 (1) a five-minute walk(歩いて5分)は five minutes' walk ともいう。この場合，複数形の所有格の使い方に注意。

全文訳 カズオ：すみません。郵便局をさがしています。行き方を知っていますか。私はこの小包を日本に送りたいのです。
女性：もちろん。この道をまっすぐ進み，2番目の信号(のところ)を右に曲がりなさい。そして次の角まで歩いて左折しなさい。そうすれば，(郵便局の)表示〔看板〕が右手前方に見えるでしょう。
カズオ：どうもありがとうございます。遠いですか。
女性：いいえ，そうは思いません。歩いてほんの5分です。
カズオ：もう一度ありがとう。
女性：どういたしまして。

(2) ① ㋐ don't ㋑ a ㋒ stranger
② ㋐ Sorry ㋑ new

解説 (2) ① ㋐ I'm afraid (that) I don't (know the way). と考える。that は省略することが多い。「知らないと思う〔恐れる〕」，「あいにくですが〔申しわけありませんが〕知りません」の意で，丁寧に，遠慮していう言い方。all the same「それでも，やはり，同じように」 ② anyway「いずれにせよ，とにかく」

全文訳 ① 女性：すみませんが，市役所への行き方を知っていますか。
カズオ：あいにく知りません。このあたりはまったく不案内なんです。
女性：分かりました。それでも，ありがとうございました。
② 女性：すみません。最寄りのバス停はどこですか。この辺りは初めてで。
カズオ：すみません，私もこの辺りは初めてなんです。
女性：分かりました。とにかくありがとうございました。

p.279

2 ① Shoji-ko is the smallest. ② I like Kawaguchi-ko (the) best〔most〕 of the five (lakes). ③ We went around〔round〕 Kawaguchi-ko by bike〔bicycle〕.
④ Cycling on a sunny day was a lot of fun. ⑤ I'll never forget that day.

解説 ① 最上級の前に定冠詞 the を忘れないこと。 ② 特定の5つの湖なので，ここでも of the five の the を忘れないこと。 ③ by は「手段・方法」を表す前置詞なので，bike〔bicycle〕は数えられない名詞扱いで冠詞なし。前置詞 on の場合は「〜に乗って」と「乗り物・道具」の意味になるので，on a bike〔bicycle〕と数えられる名詞として扱い，不定冠詞 a が必要。⑤「その日」は軽く the day ですませてもよい。

全文訳 私はこの前の日曜日，家族といっしょに富士五湖に行きました。富士五湖，つまり富士山の5つの湖は富士山の北側のふもとの山々の間にあります。それらは山中湖，河口湖，西湖，精進湖，本栖湖です。精進湖がいちばん小さいです。私は5つのうちで河口湖がいちばん好きです。
　私たちは河口湖を自転車で1周しました。晴れた日のサイクリングはとても楽しかったです。河口湖はすばらしかったです。私は決してその日を忘れないでしょう。

3 後の全文訳の下線部参照。

解説 had to「〜しなければならなかった」

全文訳 先生：ボブ，どうしてこんなに遅刻したの？
ボブ：ベイカー先生，外はものすごい風です。僕が1歩前進すると，(風に押しもどされて)2歩ずるずると後退しなければなりませんでした。
先生：うーん。① そんな(1歩前進，2歩後退の)進みぐあいで，一体全体どうやってここまで来たの？
ボブ：②僕はついに〔とうとう〕がんばるのをやめて〔努力するのをあきらめて〕，向きを変えて家にもどることにしたのです。（すると，1歩前進，2歩後退で学校に来たのです。）

p.280

4 (1) 後の全文訳の下線部参照。
(2) ㋐ keeps　㋑ blooming　㋒ forgotten
㋓ were　㋔ used　㋕ was　㋖ made
㋗ became

解説 (1) ② 最初の grow は目的語がなく，自動詞で「はえる」。後ろの grow は他動詞で「～をはやす，育てる，栽培する」。
(2) ㋐㋑ keep *doing*「～し続ける」
㋒～㋖はそれぞれ「be 動詞＋過去分詞」で受動態。最後のパラグラフは，第2番目の文から，全体が過去時制で話されていることに注意。

全文訳 ①タンポポを雑草としてでなく，花としてながめたなら，タンポポ以上に美しい花はたくさんはありません。その色は堂々としています。その形は美しいものです。早くから花を開き，最初のデイジーが姿を現すまで，ずっと咲き続けます。

②タンポポはどこにでもはえます。みなさんは，タンポポを育てるよりも，むしろ抜いて捨てるために，一生懸命に働かなくてはなりません。タンポポは都会の舗道の割れ目にも根をおろし，花を咲かせます。郊外の花壇の土も大好きです。田舎では，農家の牧草地をまるごと自分のものに乗っ取ってしまいます。

昔のタンポポの長所は，今はほとんど忘れられています。その内側の葉は，春のりっぱな野菜になりました。その根は煮物用の野菜として使われました。明るい花からはワインが作られました。しかしそれは，タンポポが玄関前の庭の雑草となる以前のことでした。

第③編　上級

1 過去形と現在完了形

p.285

訳例 ①
・私はまだ宿題を終えていません。
・エイミーはすでに彼女のものを終わらせました。

p.286

訳例 確認しよう1
① ジョンとトムはそれをしてしまいました。　② あなたはもうその本を読んでしまいましたか。　③ エイミーはまだ医者に診てもらっていません。

p.288

訳例 確認しよう！3
① 私たちの乗る電車が着いたよ。行こう。
② その電車は朝6時に着いた。

1 (1) arrived　(2) been　(3) come
(4) done　(5) found　(6) had　(7) known
(8) lost　(9) made　(10) read　(11) stopped
(12) written

> **ここに注意** (10) read [ríːd]（読む）はつづりはそのままで，発音が [réd] に変わる。

2 (1) have found　(2) have had
(3) have done　(4) has lost

訳例 (1) 私はかぎを見つけました。(2) エイミーと彼女のお母さんは朝食を食べました。(3) 私たちは宿題をしました。(4) 彼は私のノートをなくしてしまいました。

p.289

3 (1) I have not〔haven't〕seen Amy this week.　(2) Did Amy write a letter to her mother?　(3) Has Tom read the letter?
(4) Have you seen the doctor?　(5) Jane did not〔didn't〕meet the teacher yesterday.

訳例 (1) 私は今週まだエイミーに会っていません。 (2) エイミーはお母さんに手紙を書きましたか。 (3) トムはその手紙を読みましたか。 (4) あなたは医者に診てもらいましたか。 (5) ジェーンは昨日，先生に会いませんでした。

4 (1) Have you sent (2) arrived
(3) has found (4) was

訳例 (1) あなたはその手紙をもう送りましたか。 (2) その電車は午前6時に到着した。 (3) 私は財布をなくしましたが，だれもまだそれを見つけていません。
(4) ジョンは先週，病気でした。

5 (1) I have not〔haven't〕found my key yet. (2) Have you had breakfast?
(3) Have you finished your homework?
(4) Has Tom lost the money? (5) The bus has not〔hasn't〕arrived yet.

訳例 (1) 私はまだかぎを見つけていません。 (2) あなたは(もう)朝食を食べましたか。 (3) あなたは(もう)宿題を終えましたか。 (4) トムはそのお金をなくしてしまいましたか。 (5) バスはまだ到着していません。

2 現在完了形の表す意味

p.293

訳例 ②
・これまでに韓国料理を食べたことはありますか。
・私は有名人に会ったことが一度もありません。

p.294

1 (1) ever (2) since (3) never
(4) before (5) already

解説 (2) since は接続詞として使うこともある。「子どものときから彼を知っています」の意。

訳例 (1) あなたは今までに富士山を見たことがありますか。 (2) 私は子どものころから彼を知っています。 (3) トムとマークはこんな勇敢な人を見たことがありません。 (4) あなたは以前に彼に会ったことがありますか。 (5) まだ11時ですが，エイミーはすでに昼食を食べてしまいました。

2 (1) is, is (2) has, is (3) has, is
(4) has, has

解説 (2) has done(現在完了(げんざいかんりょう)) と is free (be＋形容詞(けいようし))。 (3) has been(現在完了) と is liked(受動態(じゅどうたい))。

訳例 (1) エイミーは何をしているところですか。―彼女は宿題をしているところです。 (2) エイミーはちょうどそれをしたところです。彼女は今暇(ひま)です。 (3) エイミーはみんなにとても親切にしてきました。彼女はクラスメイト全員に好かれています。
(4) 何が起こったんですか。エイミーがまだ到着していません。

3 (1) John has lost his money.
(2) Tom has already done his homework.
(3) Amy has been sick since last Tuesday.
(4) I have never seen such a beautiful mountain.
(5) Someone has broken the window.

解説 (2)(4) already, never は have〔has〕と過去分詞(かこぶんし)の間に。

訳例 (1) ジョンはお金をなくしてしまいました。 (2) トムはすでに宿題をしてしまいました。 (3) エイミーは先週の火曜日からずっと病気にかかっています。
(4) 私はこんなに美しい山を今までに見たことがありません。 (5) だれかが窓を割ってしまいました。

意味順 Box トレーニング⑤

p.295

1 (1) だれが：Amy ／ する(です)：has already finished ／ だれ・なに：hers.
(2) だれが：I ／ する(です)：haven't finished ／ だれ・なに：it ／ いつ：yet.

2 (1) 玉手箱：Have ／ だれが：you
する(です)：ever eaten
だれ・なに：Korean food?

(2) だれが：She ／ する(です)：has lived ／ どこ：there ／ いつ：for many years.

3 注意すべき現在完了形

p.298

訳例 確認しよう！1

① あなたはいつエイミーに会いましたか。 ② エイミーはどこにいますか。—私は数分前にここで彼女を見ました。 ③ 私は小さな子どものころから彼を知っています。

訳例 ②

・花はすべてどこへ行ってしまったの？

・私は映画館に行ってきたところです。

p.299

訳例 ③

・私は今朝から手紙を書いています。

・3日間ずっと休みなく雨が降っています。

p.300

訳例 確認しよう！3

① 先週の日曜日からずっと雨が降っています。 ② 私は1時間ずっと彼を待っています。 ③ だれが私のいすに(今までずっと)座っていますか。

p.301

1 (1) have you done → did you do

(2) have been → went

(3) gone → been (4) been を取り去る。

(5) have gone → went

解説 (4)「行ってしまって今はいない」は go の現在完了形。 (5) a minute ago があるから過去形にする。

訳例 (1) あなたはそれをいつしましたか。

(2) 私は2年前，北海道に行きました。

(3) トムは3回，九州に行ったことがあります。 (4) エイミーは外出中です。彼女はメアリーおばさんを出迎えるために駅に行ってしまいました。 (5) 子どもたちはみんな少し前に出かけました。

2 (1) ㋐ 今までここに何度来たことがありますか。㋑ 今までここにどれぐらいいますか。〔ここに来てからどれぐらいになりますか。〕

(2) ㋐ ジェーンはまだカナダに出発していません。(こちらにいます。)㋑ ジェーンは一度もカナダに行ったことはありません。

解説 (1) ㋐ 経験，㋑ 継続。

(2) ㋐ 完了，㋑ 経験。

3 (1) I have never been to Kyushu.

(2) I'm afraid (that) Amy is out. She's gone shopping.

Let's Listen and Talk! ⑤

p.302

1 (1) ① ホテルの部屋の番号 ② 紅茶，ベーコンエッグ，トマト，マッシュルーム ③ 紅茶，ゆで卵，トースト ④ ジュースとシリアルはご自由にお取りください。向こうのテーブルに置いてあります。

解説 Breakfast には Continental(大陸式)と(Full) English(英国式)とがある。Continental に cooked meal が加わったものが English である。eggs の料理には fried，scrambled，boiled などがある。

全文訳 ウェイター：部屋番号をお願いします。

母親：45号室です。

ウェイター：紅茶ですか，それともコーヒーですか。

母親：紅茶をお願いします。

カズ：僕も。

ウェイター：分かりました。何か温かい料理は？

カズ：はい。ベーコンエッグとトマトとマッシュルームを。

ウェイター：奥様は？

母親：ゆで卵をいただけますか。

ウェイター：はい。ゆでかげんは半熟ですか，固ゆでですか。

母親：ええと，半熟でお願いします。それにトーストも。

ウェイター：分かりました。(全粒小麦粉の)黒パンですか，それとも(精白した小麦粉で作る）白パンですか。

母親：両方まぜてください。

ウェイター：ありがとうございます。ジュースとシリアルはご自由に取ってお召し上がりください。ビュッフェテーブルはあちらにございます。

p.303

2 (1) ① often have you been
② has never been ③ interested in
④ is more interesting than
(2) 後の**全文訳**の下線部参照。

全文訳

母親：おはようございます，あの…

マリオ：ロッシです。マリオ・ロッシです，ミウラさん。お元気ですか。

母親：とても元気です，ありがとう。いいお天気ですね。

マリオ：そうですね。今日はどちらにいくんだい，カズ。

カズ：今日はとてもいいお天気なので，私たちはハイドパークに行くつもりです。午後には大英博物館に行きます。

マリオ：私は何回かそこに行ったことがあります。あなたたちは何回行ったことがありますか。

母親：3回だと思います。でもカズは一度も行ったことがありません。これが初めての見学になります。彼はミイラに興味があります。㋐私はむしろ（英国）国立美術館で2，3時間過ごしたいんですけれど。

マリオ：私はあなたに同感です。私にとっても国立美術館の方が大英博物館よりも興味深いです。㋑ロンドンを去る前に，ぜひ訪れるべきですよ。

母親：私もそうするつもりです，マリオ。㋒ええと，私たちはもう行かなければなりません。アドバイスをありがとう。

マリオ：いい一日を，カズ。

カズ：ありがとうございます，マリオ。明日会いましょう。さようなら。

4 SVOの文

p.305

訳例 確認しよう！1
① その犬はエイミーの後について行った。
② エイミーはその犬の後について行った。
③ エイミーはその犬に後を追われた。

p.306

訳例 ②
・私は彼が新しい先生なのかどうか気になっています。
・私は彼に以前に会ったことがあるとは思いません。

p.307

訳例 確認しよう！3
① 私はその箱をどこに置くべきか分かりません。 ② あなたはいつお金を払うべきか分かりましたか。 ③ 私はどちらの本を買うべきなのかしら。

p.309

訳例 確認しよう！4
① 私はあの女の子がだれか知りません。
② あなたはあの列車がどこ行きか知っていますか。
③ 彼は日本に来てどれぐらいになるのかしら。

p.310

訳例 ⑤
・ジョンはエイミーがどこに行くところか知りません。
・ジョンはエイミーがどこに行くところか知りませんでした。

訳例 確認しよう！5
① 彼女はそれが何か知りませんでした。
② あなたは彼がどこに住んでいるか知っていましたか。

p.311

1 (1) Sunday (2) Tuesday (3) Saturday (4) Thursday

解説 A follows B.（= B is followed by A.）「A は B の後に従う（= B は A によって従

われる)。」すなわち，Bが先でAはその後。

訳例 (1) 月曜日は日曜日の後に来ます。
(2) 月曜日の後は火曜日が来ます。
(3) 土曜日は金曜日の後に来ます。
(4) 木曜日の後は金曜日が来ます。

2 (1) what, to, do
(2) which, to, take
(3) sure〔certain〕, when
(4) wonder, if〔whether〕

3 (1) 地球は平らであると信じている人が多かった。〔多くの人が地球は平らであると信じていた。〕 (2) 私は彼が何を言っているのか分かりません。 (3) あなたは私がどこ出身(しゅっしん)か推測することができますか。

> ここに注意 (1) But Columbus believed that the earth is round. という文では，「地球が丸い」ことは昔も今も変わらない真理であるので，現在時制(げんざいじせい)が用いられる。 JUMP! p.381

4 (1) I don't know where she has gone.
(2) Do you know who that man is?

解説 (1) where has she gone にしないこと。 (2) who is that man にしないこと。間接疑問文(かんせつぎもんぶん)は「主語(しゅご)＋述語動詞(じゅつごどうし)」の語順で。

5 SVOO の文

p.313

訳例 ①
・私の友達が私にこのカメラを買ってくれたの。
・私にそれを見せてくれてありがとう。

訳例 ①—❷
・私は彼女にそれらの写真を見せた。
・私はそれらを私の英語の先生に見せた。
・私は彼女にチョコレートケーキを作ってあげた。
・私は妹のためにドレスを作った。

訳例 確認しよう！1
① 彼女は彼に写真を見せました。
② 彼女に名前を聞きなさい。

p.314

訳例 ②
・あなたが何歳か聞いてもいいですか。
・私がそれの使い方を教えてあげましょう。

p.315

1 (1) moved (*v.*), the car (*o.*)
(4) returned (*v.*), the book (*o.*)

解説 (3)の home は副詞(ふくし)。目的語(もくてきご)(名詞(めいし))ではない。 (5) 日本語では「ドアを」だが，英語では前置詞(ぜんちし) on があり，the door は knock の目的語にはならない。

訳例 (1) エイミーは車をゆっくり動かしました。 (2) 車がゆっくりと動きました。
(3) トムはすぐに家に帰ってくるでしょう。
(4) エイミーは昨日(きのう)，私にその本を返してくれました。 (5) だれがそのドアをノックしていますか。

2 (1) She bought some candy for her three children.
(2) I sent her a birthday present.
(3) I gave some flowers to Amy.

解説 (1)は間接目的語(かんせつもくてきご)のほうが長く重い語句なので，前置詞を付けて文尾にまわし，直接目的語(ちょくせつもくてきご)を先に言う。(2)は SVOO の文型にして，sent her と軽く先に言う。

訳例 (1) 彼女はキャンディーを3人の子どもに買ってあげました。 (2) 私は彼女に誕生日プレゼントを送りました。
(3) 私はエイミーに花をあげました。

3 (1) ヘンリーは彼の息子(むすこ)に愛は大切だと教えた。 (2) メアリーは彼女の娘(むすめ)に料理のしかたを教えた。 (3) どうか私に，だれをパーティーに招待するつもりなのか教えてください。

意味順 Box トレーニング⑥

p.316

3 (1) だれが：I ／ する(です)：have never been ／ どこ：abroad.
(2) だれが：I ／ する(です)：have been ／ どこ：to many countries.

(3) だれが：My brother ／ する(です)：has been ／ どこ：to Australia.

4 (1) 1段目　だれが：I ／ する(です)：don't think

2段目　玉手箱：that ／ だれが：I

する(です)：have seen ／ だれ・なに：him

いつ：before.

p.317

(2) 1段目　だれが：I ／ する(です)：wonder

2段目　玉手箱：if ／ だれが：he ／ する(です)：is ／ だれ・なに：a new teacher.

5 (1) 1段目　だれが：My friend ／ する(です)：bought ／ だれ・なに：me this camera

2段目　玉手箱：for my birthday.

(2) だれが：You ／ する(です)：should never ask ／ だれ・なに：a woman such a question.

(3) だれが：I ／ する(です)：will teach

だれ・なに：you how to use it.

Let's Read and Sing! ③

p.319

♬ (2) ① ㋐ 3　㋑ 強　㋒ 弱　㋓ 弱

② ㋐ 4　③ ㋐ dear　㋑ 3　㋒ hear

㋓ 6　㋔ 7　㋕ removed　㋖ roved

㋗ loved

④ (全部の行のリズムを示す。)

Téll me the táles that to mé
were so déar — —,
Lóng, long a-gó — —, lóng,
long a-gó — —;
Síng me the sóngs I de-líght-ed
to héar — —,
Lóng, long a-gó, long a-gó — —.
Nów you are cóme, all my gríef is
re-móved — —,
Lét me for-gét that so lóng you have
róved — —,
Lét me be-líeve that you lóve as
you lóved — —,
Lóng, long a-gó, long a-gó — —.

(4) ① come　② grief　③ forget

④ long　⑤ have　⑥ believe

⑦ love　⑧ loved

解説 are come と have roved という2つの現在完了形(放浪は終わり，やっと私のもとに帰ってきた)，現在形の love と過去形の loved の対照(昔愛してくださったのと同じように，今も愛していると…)，そして Let me ～(私に～させてください〔私はそうしたいのです〕)の繰り返しに注目して意味を考えよう。「お願い，私に信じさせてくださいね」と訴える言葉に，愛しい人の帰りを喜ぶ気持ちに，これまでのつらかった過去の追憶がにじむ。

6 SVOC の文

p.323

訳例　確認しよう！2

① 寒いです。どうかドアを開けたままにしないでください。　② その問題は私には難しすぎると思った。　③ 何が彼女をそんなに幸福にしたのですか。　④ 彼は食べ過ぎでとても気分が悪くなった。

p.327

1 (1) named　(2) elected〔made〕

(3) kept　(4) call　(5) made

訳例 (1) エイミーはその猫をトムと名付けた。　(2) 私たちは，ジョンを私たちのクラブのリーダーに選んだ。　(3) 彼らはその部屋を暖かくしておいた。　(4) これらの花は，日本語では何といいますか。

(5) 先生は彼にその文を繰り返させた。

2 (1) ㋐ エイミーは彼にお茶をいれた。

㋑ 私たちは彼をリーダーにした。

(2) ㋐ トムはテーブルの上におもしろい本を見つけた。㋑ トムはテーブルの上の本がおもしろいと分かった。

(3) ㋐ マークは待ち続けた。

㋑ マークは私を待たせ(続け)た。

> ここに注意　㋑の文は，いずれもSVOCの文型で，(1)では名詞(leader)，(2)では形容詞(interesting)，(3)では現在分詞(waiting)が補語になっている。

3　(1) 私たちは地面が揺れているのを感じた。　(2) 私は人々が，ジョンは歌がうまいと言っているのを聞いた。　(3) 私たちはそのバンドが歌を演奏しているのを聴いた。　(4) そのニュースはみんなを悲しませた。　(5) それは言わないままにしておいたほうがいい。

> ここに注意　いずれもSVOCの文型で，(1)と(3)はVが知覚動詞でCが現在分詞，(2)は動詞の原形の場合。(4)はVが使役のmakeでCが形容詞(sad)の場合，(5)はCが過去分詞の場合である。

7 形容詞と現在分詞・過去分詞

p.329

訳例　①

・花びんの中に美しいバラが見えます。

・あのバラは美しい。

訳例　確認しよう！1

① 私は毎朝，満員電車に乗ります。

② 私はお金でいっぱいの財布を見つけました。

③ あるとても背の高い人が彼を待っていました。

p.333

1　boring，bored，bored，boring，boring

解説　boringとboredは独立した形容詞と考えることもできる。

訳例　その授業は少女たちを退屈させた。その授業は本当に退屈だった。少女たちはみんな退屈した。退屈した少女たちは質問も何ひとつしなかった。その授業はなんと退屈だったことだろう。ああ，本当にそれは退屈な授業だった。

2　(1) tiring，tired

(2) were，surprised，was，surprising

(3) interested，interesting

(4) were，amused，amusing

訳例　(1) その仕事は疲れる〔人を疲れさせる〕仕事だった。作業者たちはすぐに疲れてしまった。

(2) そのニュースは人々を驚かせた。人々はそのニュースに驚いた。それはびっくりするような〔人を驚かす〕ニュースであった。

(3) 私はあなたのアイデアに興味があります。それは興味のあるアイデアです。

(4) その新しいおもちゃは子どもたちを楽しませた。彼らは何時間もそのおもちゃで楽しんだ。子どもたちはそれらの新しいおもちゃを本当に楽しいと思った。

3　(1) ほえる犬はめったにかみつかない。

(2) おぼれる者はわらをもつかむ。

(3) 禁じられた果実が最も甘い。

(4) 転石こけを生ぜず。

解説　(4)は「転々と職を変える人は出世しない」の意味に用いられるが，アメリカでは，しばしば「常に動きまわっている者は新鮮で，古くさくならない」という良い意味にも使われる。

8 分詞のさまざまな用法

p.335

訳例　①

・ジョンは中古車を運転します。

・ジョンによって使われる車は中古車です。

p.336

訳例　確認しよう！1

① トムと話している女の子はエイミーです。　② オーストラリアで話されている言語は英語です。　③ あなたはピアノを弾いている女の子を知っていますか。　④ 私たちはみんな先生によって語られた物語を楽しみました。　⑤ テレビを見ているその男の人はだれですか。

訳例 確認しよう！2

① これはジェーンによって作られたケーキです。

② これは私の姉〔妹〕によって描かれた絵です。

③ 私はトムと呼ばれる少年を知っています。

④ 駅には写真を撮っているたくさんの人たちがいました。

⑤ エイミーは私たちに沖縄で撮られたいくつかの写真を見せてくれました。

訳例 ②

・新聞を置いて，ジョンは窓のところまで歩いて行きました。

p.339

1 (1) sleeping 眠る赤ちゃんは成長が早い。〔寝る子は育つ。〕 (2) written これは私の祖父によって書かれた日記です。

(3) dancing エイミーとダンスしている少年を知っていますか。 (4) making ジェーンはパーティーの計画作りで忙しい。

(5) made 私はドイツ製の〔ドイツで作られた〕自動車を持ちたいと思っている。

2 (1) Some letters written by Soseki are in this library. (2) Do you know the boy playing over there? (3) Can you see the man climbing up that rock? (4) People singing in the gym were students.

解説 (4) singing in the gym を people の後に置いて，「体育館で歌っている人々」と実際の具体的な動作を表す。

訳例 (1) 漱石によって書かれた何通かの手紙がこの図書館にある。 (2) あそこで遊んでいる少年を知っていますか。

(3) あの岩を登っている男の人があなたには見えますか。 (4) 体育館で歌っている人々は学生であった。

3 (1) Not knowing what to do

(2) carrying a bag

> **ここに注意** いずれも分詞構文。(2)は付帯状況を表す。

訳例

(1) 何をすべきか分からなかったので，彼女は友達に尋ねた。

(2) トムはバッグを持って家の中へと入ってきた。

Let's Listen and Talk! ⑥

p.340

◆ (1) ① 修学旅行の行き先について話し合いをしている。 ② 京都に行くことを望んでいる。 ③ 京都には古都としての長い歴史と，多くの神社仏閣があるから。

④ 広島を訪ねることを望んでいる。

⑤ 広島は現代世界史において忘れてはならない都市であるから。 ⑥ 京都と広島の両方を訪れることになった。

(2) ① They are talking about the coming school trip. 〔They are talking about where they should go on the coming school trip.〕 ② She wants to go to Kyoto. ③ Because it has a long history as a former capital of Japan and there are many famous temples and shrines. 〔Because it has some of the most important roots of Japanese culture.〕

④ He wants to visit Hiroshima.

⑤ Because it is the city we must not forget in modern world history. ⑥ They have decided to visit both Kyoto and Hiroshima.

(4) 後の**全文訳**の下線部参照。

全文訳 ユミ：来たるべき修学旅行について話しましょう。あなたはどこに行きたいですか，マサミ。

マサミ：私は京都に行きたいです。

ユミ：あなたはどうですか，カズオ。

カズオ：広島を訪れたいです。

ユミ：マサミ，あなたはどうして京都に行きたいんですか。

マサミ：京都は昔の日本の都として長い歴

史があるからです。そこには日本文化の最も重要な起源のいくつかがあります。有名なお寺や神社がたくさんあり，それらの中には世界遺産に登録されているものもあります。
カズオ：それは本当です。しかし，私はマサミに同意できません。京都の歴史は古い日本の歴史だからです。㋐広島は現代の世界の歴史の中で私たちが忘れてはならない都市です。そこには平和記念資料館と原爆ドームがあります。それにみんなも知っているように，厳島神社は世界遺産のひとつにあげられています。㋑広島こそ私たちが修学旅行に選ぶべき場所です。
マサミ：私は同意できません。㋒広島はかなり小さな都市で，私たちが修学旅行で訪れるような場所も十分ではありません。
ユミ：なるほど。私はマサミに同意します。そしてカズオにも同意します。ええと。私たちは京都と広島にまとめて行くことはできませんか。私はできると思います。
マサミとカズオ：それはいい考えですね。修学旅行には両方の場所を訪れましょう。

9 名詞を修飾する文

p.344

訳例 ②

・これは，あなたが好きになりそうなものです。

・あれが，私がさがしている本です。

p.346

訳例 確認しよう！3

① これは私が先週買った本です。 ② あれはあなたが公園で会った男の人ですか。 ③ これが，そのことについて私が知っているすべてです。〔そのことについて私が知っているのはこれだけです。〕 ④ あなたは好きな人はだれでも連れてきてもいいですよ。 ⑤ あなたは彼が言ったすべての言葉を理解しましたか。

p.347

1 (1) Is this the dictionary you bought last week? (2) Is this the key you're looking for? (3) I want to tell you about the old man I met in the church last Sunday. (4) The story Tom told us was very funny. (5) Who is the boy Amy is talking with?

解説 (2)の for，(5)の with に注意。

訳例 例 これが，エイミーが彼女の妹のために作ったドレスです。
(1) これが，先週あなたが買った辞書ですか。 (2) これが，あなたがさがしていらっしゃるかぎですか。 (3) 私がこの前の日曜日に教会で会った老人のことについて，あなたにお話ししたいと思います。
(4) トムが私たちに話した物語はとてもおもしろかった。 (5) エイミーが話している相手の男の子はだれですか。

2 (1) This is the house they visited last week.
(2) This is the car John sold last week.
(3) This is the key Tom lost last week.
(4) These are the girls Amy met last week.

解説 (4) These または Those で始めること。いきなり They では始めない。

訳例 (1) これが先週彼らが訪れた家です。
(2) これが先週ジョンが売った車です。
(3) これが先週トムが失くしたかぎです。
(4) こちらが先週エイミーが会った女の子たちです。

3 (1) I'll give you anything you want.
(2) I remember every word he said.
(3) This is all the money I have.

意味順 Box トレーニング⑦

p.348

6 (1) だれが：I ／ する(です)：call ／ だれ・なに：him Bud.
(2) だれが：He ／ する(です)：makes だれ・なに：me very happy.

7 (1) だれが：I ／ する(です)：am ／ だれ・なに：bored.

(2) 玉手箱：Do
だれが：you ／ する(です)：know
だれ・なに：any interesting games?

p.349

8 (1) だれが：There ／ する(です)：are ／ だれ・なに：two missing children named Brian and Tim.
(2) 1段目　する(です)：Not knowing ／ どこ：where they are,
2段目　だれが：she ／ する(です)：called
だれ・なに：the police.
(3) 1段目　だれが：The police officers
する(です)：looking for
だれ・なに：them
2段目　する(です)：have not found
だれ・なに：them ／ いつ：yet.

9 (1) 1段目　だれが：It ／ する(です)：is ／ だれ・なに：the one
2段目　だれが：my boyfriend ／ する(です)：bought ／ どこ：for me.

10 主語の働きをする関係代名詞

p.351

訳例　①
・エイミーが作ったクッキーはとてもおいしかった。　・そのクッキーを作った人はエイミーでした。

p.353

訳例　確認しよう！2
① 向こうに立っている男の子を知っていますか。　② エイミーは大きな池のある公園に行きます。　③ 教会の隣に立っている建物は私のおじの家です。　④ ⑤ ヒント参照。

p.354

訳例　確認しよう！3
① ジョンはこれまでで最高のテニス選手の1人です。　② ジェーンはこの町に住んでいるただ一人のアメリカ人です。
③ あなたの健康に害になるようなものは何もしてはいけません。

p.355

1 (1) that〔which〕 これはある有名なアメリカ人が撮った〔アメリカ人によって撮られた〕写真です。　(2) who〔that〕 いちばん最後にパーティーに来たのはトムだった。〔トムが，パーティーに来た最後の人であった。〕 (3) that〔which〕 エイミーの猫は，灰色の毛をした猫です。　(4) who あの家に住んでいる女の子は私の友達です。
解説　(1) which でも間違いではない。
(2) 先行詞に last(最上級)があるので that も可。ただしその場合でも，先行詞が「人」なら who が多い。
(3) which でも間違いではない。one は cat の代わりの代名詞。

2 (1) The girl who wants to meet you is Amy.
(2) Do you know the boy who invited me to the party?
(3) The two languages that〔which〕 are used in Canada are English and French.
訳例　例 窓を割った少年はトムです。
(1) あなたに会いたがっている少女はエイミーです。　(2) 私をそのパーティーに招待した男の子を，あなたは知っていますか。　(3) カナダで用いられている2つの言語は英語とフランス語です。

3 (1) I have an aunt who lives in New York.　(2) You have parents who love you.
解説　(1) *an* aunt who lives となることに注意。「一人」でなければ，I have *aunts* who *live* in New York. の場合も考えられる。

11 目的語の働きをする関係代名詞

p.358

訳例　確認しよう！1
① エイミーは昨日私の父がバスで会った女の子です。
② 桜は多くの日本人が好む花です。
③ これは先月私のおじが購入した車です。

訳例 ②

・彼らが借りた車は故障しました。

・私が途中で会った女の子はエイミーの友達だった。

p.360

訳例 確認しよう！3

① 私はおじさんが有名な科学者である女の子を知っています。

② ジェーンは私を理解してくれるたった1人の人です。

③ 私たちがいちばんすばらしいと思う先生はスミス先生です。

p.361

1 (1) whose, father (2) that, has (3) teacher, who(m)〔that〕

解説 (2) that の代わりに which を用いてもよいが，本当は，関係代名詞なしでもよいところ。主語の The cat(3人称単数)に合わせて has を使うことに注意。

2 (1) I'll give you anything you want. (2) This is something you may like. (3) It is something which everybody will need.

訳例 (1) あなたの欲しいものを何でもあげるよ。 (2) これは君が気に入るかもしれないものです。 (3) それはだれもが必要とするものです。

3 (1) This is all I have. (2) He gave me all he had. (3) That's all I know about him. (4) This is all the money I have. (5) That's all I can do for your birthday.

解説 関係代名詞 that を使ってもよいが，上のように関係代名詞を使わない言い方のほうが簡潔で力強く，口語的な表現になる。(4)の all *the* money の言い方に注意。

Let's Write in English! ④

p.362

1 (1) ① had〔enjoyed〕 ② returned〔got〕 ③ enjoyed〔had〕 ④ shopping ⑤ filled ⑥ living ⑦ left ⑧ arrived ⑨ hurried ⑩ got〔returned〕

(2) ㋐ I have never seen such a beautiful shrine.

㋑ I learned a lot about the war that brought such a tragedy to this city

解説 (1) ④ shopping は「～して，～しながら」の意の分詞構文。 ⑤ be filled with ～「～でいっぱいである」 ⑥ living は「生きた～，生ける～」。形容詞の働きに使われた -ing 形。 ⑦ leave *A* for *B*「B に向けて A を出発する」 ⑧ arrive at ～「～に到着する」 ⑩ get home は「帰宅する」, get to ～は「～に着く」。

(2) ㋐ such ～ as ... の構文で，such a beautiful shrine (as this shrine) と考える。a の位置に注意。 ㋑ 関係代名詞 that を brought の主語の位置に使う。

全文訳 私たちの京都と広島への修学旅行はすばらしかったです。私たちは正午に京都に着きました。昼食後，私たちは清水寺，南禅寺，平安神宮を訪れました。

翌日，午前中私たちは金閣寺と大徳寺に行き，嵐山で昼食を食べました。私たちは4時ごろホテルに戻り，友達と買い物をして自由時間を楽しみました。

京都はお寺と神社がいっぱいでした。それはほんとうに日本の文化遺産の生きた博物館です。

その翌朝，私たちはかなり早く広島に向けて京都を出発しました。広島に着いた後，私たちは宮島に急ぎました。厳島神社はすばらしかったです。こんな美しい神社を私は今まで見たことがありません。

次の日の朝，私たちは平和記念資料館と原爆ドームを訪れました。私は1945年8月6日にこの都市にこのような悲劇をもたらした戦争について多くのことを学びました。私はその日を決して忘れません。

私は5時ごろに帰宅しました。なんて楽しい旅だったことでしょう！

p.363

2 (1) ① for ② in ③ of ④ by ⑤ of

(2) ㋐ two days before my birthday ㋑ I

looked very pretty ㋒ what I want to be in the future ㋓ in the sweater you sent me ㋔ the day your present reached me

解説 (1) ② be interested in *A*, *B*, and *C* と続くことに注意。

③ take care of ～「～の世話をする」

⑤ be proud of ～「～を誇りに思う」

(2) ㋑ Everyone said に合わせて，looked と過去形にする。(時制の一致) ㋓ 前置詞 in や関係代名詞を使わない言い方など，すでに前に出てきている表現を参考にする。㋔ ここでも関係詞などは使わないで，直接，文で名詞を修飾する。また，next day や last Sunday などと同じように，この言い方では前置詞 on は不要。

全文訳 メアリーおばさんへ

誕生日にあなたが私に送ってくれた美しいセーターをどうもありがとう。それは私の誕生日の2日前に私に届きました。今日私は誕生日パーティーでそれを着ました。みんなはそのセーターを着ると私はとてもきれいに見えると言ってくれました。

私はまだ将来何になりたいか分かりません。私は絵を描くこと，母のような看護師として働くこと，先生として子どもの世話をすることに興味があります。

私に送ってくださったセーターを着た私の写真を何枚か同封しています。それらはあなたのプレゼントが私に届いた日に父によって撮られました。彼はそれらの写真を誇りに思っていますし，私はとてもそれらが気に入っています。

もう一度，ご親切に感謝いたします。

あなたの姪

エイミー

12 不定詞を含む重要構文

p.365

訳例 ①

・私はあなたに会えてとてもうれしいです。

・そんなことをするなんて，トムは愚か者に違いありません。

p.366

訳例 確認しよう！1

① トムはその知らせを聞いて驚いた。

② 私たちはあなたのお父さんが亡くなられたことを聞き，残念に思います。

③ はっきり言って，私はジェーンに会いたくありません。

④ 実を言うと，デイビッドはあなたのことが好きではありません。

⑤ 私はまたあなたに会えてうれしいです。

p.369

訳例 ここに注意！

その問題は私が解くには難しすぎました。

訳例 確認しよう！3

① トムは愚かにもその話を信じました。

② そのがけは私たちが登るには険しすぎました。

p.370

訳例 確認しよう！4

① 先生はジョンにもうそこへ行かないように言いました。/ 先生はジョンに「もうそこへ行ってはいけない」と言いました。

② ジェーンは私に彼女の家に来てくれるように頼みました。/ ジェーンは私に「私の家に来てください」と言いました。

p.371

1 (1) sorry, hear (2) happy, to
(3) to, go (4) to, say
(5) begin, too, to

訳例 (1) その悪い知らせを聞いて残念に思った。 (2) ヒント参照。 (3) こんなあらしの日に出かけるとはトムは愚かだ。
(4) 言うも不思議なことですが，マークはその日姿を見せなかった。 (5) まず第一に，ジェーンはそのようなことをするには若すぎる〔若すぎてそのようなことはできない〕。

2 (1) have〔need〕, for, to
(2) It, for, move
(3) enough, me, so, it
(4) too, for, that, we, it

ここに注意 (2) for ～ to *do* の形で不定

詞の意味上の主語を示す。

解説 (3)(4)の so ～ that の構文では it(目的語)を忘れないこと。

訳例 (1) あなたはそこへ行く必要がない。 (2) 少年ではこの石を動かすことはできない〔不可能である〕。 (3) この本は私が読むにも十分易しい。〔非常に易しいので私でもそれを読むことができる。〕 (4) その話は私たちが信じるにはあまりにもばからしすぎる。〔非常にばからしいので私たちにはそれを信じることができない。〕

3 (1) Amy asked Tom to drive more slowly. (2) What do you want me to do? (3) It is easy for a child to form a bad habit.

意味順 Box トレーニング⑧

p.372

10 (1) 1 段目 だれが：I ／ する(です)：think
2 段目 だれが：Mr. Smith ／ する(です)：is ／だれ・なに：the best teacher
3 段目 だれが：I ／ する(です)：ever had.
(2) 1 段目 だれが：Everybody ／ する(です)：says
2 段目 だれが：he ／ する(です)：is だれ・なに：the nicest person
3 段目 だれが：who ／ する(です)：ever lived.

p.373

11 (1) 1 段目 だれが：The new computer だれ・なに：that
2 段目 だれが：I ／ する(です)：just bought
3 段目 する(です)：is already broken.

12 (1) 1 段目 だれが：It ／ する(です)：is ／ だれ・なに：very nice
2 段目 だれが：of you ／ する(です)：to say ／ だれ・なに：so.
(2) 1 段目 だれが：The rain ／ する(です)：was ／ だれ・なに：too heavy
2 段目 だれが：for me ／ する(です)：to leave ／ どこ：my house.

13 関係詞の when, where, what

p.377

1 (1) when (2) where (3) where (4) when (5) what

解説 (5) is の主語になる語が欠けている。主語になれるのは代名詞の what だけである。

訳例 (1) 日本では，4 月が新学年の始まる月です。 (2) 大阪が私の生まれた都市です。 (3) これ〔ここ〕があなたの間違っている点〔ところ〕です。 (4) 今こそ私たちが行動しなければいけないときである。 (5) 常に正しい(ところの)ことをするように努力しなさい。

2 (1) 私たちに必要なのは，うまい二遊間コンビだ。 (2) 確かに，自分の知らないことは，自分を傷つけることはないでしょう。〔知らぬが仏。〕

14 話法と人称・時制の一致

p.379

訳例 確認しよう！1
① 男の子たちはみんな K 先生の英語の授業を楽しんでいると言いました。
② ジェーンはタクシーに乗りたいと私に言いました。

p.381

訳例 確認しよう！2
① エイミーは私に「部屋のかぎはどこですか」と言いました。/ エイミーは私に部屋のかぎがどこにあるか尋ねました。
② その医者は私に「食べ過ぎてはいけません」と言いました。/ その医者は私に食べ過ぎないように言いました。

p.382

訳例 確認しよう！3
① ジョンは父親に「ぼくにこの靴を買っ

て」と言いました。/ ジョンは父親にその靴を買ってくれるように頼みました。
② 彼は私に「私はその知らせを聞いたばかりです」と言いました。/ 彼は私にその知らせを聞いたばかりだと言いました。

p.383

❶ (1) she, was (2) asked, I, was
(3) told, to, her
訳例 (1) エイミーは「私はジョンをさがしているところです」と言いました。/ エイミーはジョンをさがしているところだと言いました。 (2) ジョンは私に「あなたはだれを待っているところですか」と言いました。/ ジョンは私にだれを待っているところか尋ねました。 (3) ジェーンのお母さんは彼女に「ベストを尽くしなさい」と言いました。/ ジェーンのお母さんは彼女にベストを尽くすように言いました。

❷ (1) John said to her, “Where are you from?” (2) Jane said to Mike, “Have you ever been to Scotland?” (3) Tom's mother said to him, “What do you want me to do?”
訳例 (1) ジョンは彼女に「どこ出身ですか」と言いました。
(2) ジェーンはマイクに「スコットランドに行ったことがありますか」と言いました。
(3) トムの母は彼に「何をして欲しいですか」と言いました。

❸ (1) ジョンは私たちの食事が終わるまで待っていてくれた。
(2) ジェーンは 60 歳になっていたが，生まれて以来ずっとその小さい村に住んでいた。
(3) エイミーは私に，京都に来たのはそれが初めてだと言った。
解説 いずれも過去完了の問題。(3)は間接話法への時制の一致による場合，元の英語は “This is the first time I've ever been to Kyoto.”

❹ (1) Amy said to him, “Where does this bus go?” / Amy asked him where that bus went. (2) The teacher said to the students, “Be quiet.” / The teacher told the students to be quiet. (3) John said to me, “When and where did you find it?” / John asked me when and where I had found it.
解説 (1) this → that に注意。
(3) ‘When ...?’ は「過去のいつに？」と尋ねているのだから過去形で。現在完了形は使わない。時制の一致は過去形は過去完了形に。

15 仮定法

p.386

訳例 確認しよう！1
① 私がこのレースに勝ったら，そのことについてまず母に伝えるでしょう。
② もし私が一等を取ったら，世界一周するだろうに。
③ もし私が大統領になったら，まず日本を訪問するだろう。
④ もし私が大統領になったら，その国の人々全員を助けるだろうに。

p.387

訳例 確認しよう！2
① もしあなたの住所を知っていたら，あなたに手紙を書いただろうに。でも私はあなたの住所を知らなかったので，あなたに手紙を書きませんでした。 ② もし私が十分なお金を持っていたら，私はあなたの誕生日プレゼントを買うことができただろうに。でも私は十分なお金を持っていなかったので，それを買うことができなかった。

p.389

❶ (1) try, will (2) tried, would
(3) knew, could, visit
(4) had, known, have, visited
解説 (2)(3)は仮定法過去，(4)は仮定法過去完了で。

❷ (1) I, had, been, there
(2) as, if, were
(3) shouldn't, have, said

(4) had, left, earlier, would, not, have

解説 (2) was も間違いではないが，were でよい。いずれにせよ過去形で。次の 3 の(1)も同じ。

3 (1) If I were you, I would wait a little〔bit〕more time.

(2) If I had known your birthday, I could have given you a present.

(3) I wish I could travel all over the world.

(4) I should've〔should have〕taken his advice.

解説 いずれも現実とは違う仮定の想像だから，仮定法で。極端な場合，I would have ..., I should have ... はそれぞれ I'd-a ..., I should-a ... のように聞こえる。

意味順 Box トレーニング⑨

p.390

13 (1) 1 段目　だれが：That ／ する(です)：is

2 段目　玉手箱：what

だれが：I ／ する(です)：want to be.

14 (1) 玉手箱：Who ／ する(です)：is ／ だれ・なに：that tall man?

(2) 1 段目　だれが：John ／ する(です)：asked ／ だれ・なに：Amy

2 段目　玉手箱：who ／ だれが：that tall man ／ する(です)：was.

p.391

15 (1) 1 段目　玉手箱：If

だれが：I ／ する(です)：were

だれ・なに：you,

2 段目　だれが：I ／ する(です)：would go ／ だれ・なに：to Europe.

(2) 1 段目　だれが：I ／ する(です)：wish

2 段目　だれが：I ／ する(です)：could go ／ どこ：there.

(3) 1 段目　だれが：It ／ する(です)：would be great

2 段目　玉手箱：if ／ だれが：I ／ する(です)：could speak ／ だれ・なに：Italian

3 段目　玉手箱：as if

だれが：I ／ する(です)：were

だれ・なに：a native speaker.

Let's Try and Check! 3

p.392

1 (1) ① yourself ② to ③ glad ④ like

(2) ① pass ② me ③ Here ④ you ⑤ are

(3) ① dessert ② delicious ③ like ④ have ⑤ more ⑥ had ⑦ enough

解説 (1) help oneself to ～「～を自由に自分で取って食べる」 (2) pass「取って渡す」 (3) I'm fine.「(十分にいただきましたので,)もうけっこうです。」

全文訳 (1) リタ：サラダをご自由にお取りください。

カズ：ありがとう。これはとてもおいしいです。

リタ：あなたがそれを気に入ってくれてうれしいです。

(2) リタ：コショウを取っていただけますか。

カズ：もちろん。はい，どうぞ。

リタ：ありがとう。

(3) リタ：このデザートはおいしいです。気に入りました。

カズ：ありがとう。もっといかがですか。

リタ：いいえ，けっこうです。十分いただきました。もうけっこうです。

2 ① me ② you ③ take ④ I ⑤ before ⑥ can ⑦ or

解説 ④ Shall I ～? は「～しましょうか」と相手の意向を尋ねる言い方。 ⑦ Gas or non-gas? は「炭酸入りですか, 炭酸なしですか」と尋ねている。Still or sparkling? や Sparkling or non-sparkling? もよく使われる。

全文訳 女性：すみませんが，今日のスペシャルランチは何か教えていただけますか。

ウェイター：もちろんです。本日のスペシャルはフライドチキンです。

女性：いいですね。それをいただきます。
ウェイター：何かお飲み物は？
女性：そうですね。コーヒーをお願いします。
ウェイター：コーヒーはお食事前にお持ちしましょうか。それともお食事後ですか。
女性：食後にお願いします。それと今ミネラルウォーターをいただけますか。小さいびんをお願いします。
ウェイター：かしこまりました。炭酸入りですか，炭酸なしですか。
女性：炭酸なしをお願いします。
ウェイター：ありがとうございます。

p.393

3 ① What did John buy ② what John bought ③ the thing John bought ④ what John bought ⑤ the thing John bought ⑥ the clock John bought

解説 疑問代名詞 what の使い方と，文による名詞修飾の練習問題。高校で学習する，いわゆる関係代名詞の what も，疑問の意味の薄れた疑問代名詞の what と同じで，幼児も楽に使うやさしい言い方である。

全文訳 エイミー：ジョンは昨日何を買いましたか。あなたはジョンが何を買ったか知っていますか。もし知っていたら，私にジョンが昨日買ったものを教えてください。
ボブ：私はジョンが昨日何を買ったか知っています。彼は昨日古い時計を買いました。古い時計が昨日ジョンが買ったものです。ほら！ あれが昨日ジョンが買った時計です。

4 (1) to help him with his homework
(2) what I was looking for (3) to eat lunch
(4) that Tom couldn't climb it

解説 (1) me，my → him，his や(2) are you → I was など，人称代名詞，時制，語順に注意。 (4) ... couldn't climb it の it を忘れないこと。

訳例 例 私たちの先生は私たちに「すぐそこへ行きなさい」と言いました。→私たちの先生は私たちにすぐそこへ行くように言いました。
(1) ジョンは私に「私の宿題を手伝ってください」と言いました。→ジョンは私に宿題を手伝ってくれるように頼みました。
(2) エイミーは私に「あなたは何をさがしているのですか」と言いました。→エイミーは私に何をさがしているのか尋ねました。
(3) ベティは昼食をとることができないほど忙しかった。→ベティは昼食をとるには忙しすぎた。
(4) その山はトムが登るには高すぎた。
→その山はトムが登れないほど高かった。

5 (1) ① did you go ② where to go
③ what to see ④ have you been
⑤ will you be
(2) ㋐ I had to be back at the hotel before dark. ㋑ I advise you to visit it. ㋒ I'm afraid I'll not be able to do so. ㋓ I've been here for almost two weeks,
(3) 後の**全文訳**の下線部参照。

解説 (1) ② ③「疑問詞＋to *do*」の表現。「どこへ行くか，行く場所」「何を見るか，見るもの」の意味。 ④「ここに来てどれぐらいになりますか」，⑤「ここにどれぐらいいますか」。現在完了形と未来の表現の対照に着目すること。
(2) ㋐「もどる」は come back to，return to を使ってもよい。 ㋑ advise ～ to *do*「～に…するようすすめる〔助言する〕」
㋒「～と思います」は，ここは望ましくないことなので，I'm afraid ～，I fear ～などを使う。「そうなってほしいと思う」の場合は I hope ～とする。 ㋓ ここは現在完了形がピッタリの内容である。「ほとんど」は about でも可。 (3) ⓐ so many ～ that ...「～が非常に多いので…」 ⓑ目的格の関係代名詞 that と，対をなす 2 つの現在完了形の使い方に注意。 ⓒ「形容詞〔副詞〕＋enough to *do*」で「…するのに十分～な，十分に～なので…することができる」の意味。

全文訳 テイラーさん：おはようございま

す，マリさん。お元気ですか。
マリ：元気です，ありがとうございます。あなたは，テイラーさん？
テイラーさん：元気です，ありがとうございます。昨日はどこへ行きましたか，マリさん。
マリ：私はナショナルギャラリーに行きました。ⓐ見たい美しい絵が非常にたくさんあったので，午後の時間をほとんど全部そこで過ごしてしまいました。私は米国国立公文書館にも行きたかったのですが，時間が残っていませんでした。暗くなる前にホテルにもどらなくてはなりませんでした。
テイラーさん：米国国立公文書館はとても興味深い場所です。独立宣言書のような，とても貴重で重要な書類を見ることができますよ。訪(おとず)れてごらんになるよう，おすすめしますよ。
マリ：助言をありがとうございます。でもそうすることはできないだろうと思います。ⓑ長い間訪れたいと思ってきたのに，まだ訪れていないところが，まだまだたくさんあるのです。―ワシントン記念塔，リンカーン記念堂，アーリントン墓地などです。毎朝私はどこに行ったらいいか，何を見たらいいか途方に暮れています。
テイラーさん：無理はありませんよ。私もここに来てほとんど2週間になりますが，新しい興味深い場所が毎朝現れます。マリさん，ここに来てどのぐらいになりますか。
マリ：4日間です。
テイラーさん：それにあとどのぐらいここにいますか。
マリ：来週の今日(きょう)出発することになっています。
テイラーさん：ああ，心配することはありませんよ，マリさん。ⓒ1週間もあれば十分長くて，ワシントンD.C.の重要な所はほとんど訪ねられますよ。私はもう行かなくてはなりません。よい一日を，マリさん。
マリ：ありがとうございます，テイラーさん。また明日(あした)。さようなら。

第6編 高校入試対策

1 リスニング(聴き方・話し方)

p.458

1 (1)ウ (2)エ (3)ア

解説 (2) の with a number, (3) の the boy wearing glasses は速く続けて発音されるので注意。

p.460

2 (1)イ (2)ア

解説 (2) look over「見渡す」
over there「ずっと向こうに，あそこに」

3 (1)ウ (2)エ (3)イ (4)オ

p.462

4 (1)イ (2)ウ

5 (1)イ (2)ウ (3)エ

p.464

6 (1)ウ (2)ア (3)エ (4)イ (5)ア

解説 (3) 主語(しゅご)が「人」でなく desk であっても，How old is ～? の問いさえ予測していれば，あわてることはない。 (5) she, her が Mother であることが分かれば，後は簡単だ。

p.466

7 (1)ウ (2)ア (3)エ

p.468

8 (1)イ (2)ウ (3)ウ

解説 Kaori と Susan，Mike の人間関係をすばやくキャッチしよう。 (2) No, *she wasn't*. She went to ～. と考える。

9 (1)ア (2)イ

p.470

10 (1)ア (2)イ

解説 (1) カナダの入国審査官との対話。

11 (1)ウ (2)イ

解説 (1)ウは I *feel* a little *better now*. の省略した言い方。

p.472

12 (1)エ (2)イ (3)ウ

解説 (1) Pardon?「すみません，もう一度言ってくださいませんか。」 (3)ウ「お医者さんにみてもらっては」と助言する。

13 (1)ア (2)エ (3)ウ (4)イ

解説 (3) Pardon? と言われて，John は別の言い方で言い直したのである。
(4) Who's ～? と尋(たず)ねられたのだから，答えは Mary and Bill だけでもよいところ。問いと答えの動詞(どうし)の時制(じせい) ～'s *going to* come → *will* come にも注意。

p.474

14 ア腕を骨折 イ3

解説 アにあたる broke his arm が[ブローキザーム]のように速く軽く発音され，すぐに yesterday に移ってしまうので注意。

15 ア2番目の信号 イ左
ウ右手〔右がわ〕 エ公園

p.476

16 (1)アサッカー イ東
(2)ア買い物 イ7

17 日(曜日)，(午後)1(時)20(分)

解説 the *first* movie in the afternoon とあるから，1時20分。

注意 答えは上映開始の時刻だから，放送のときにそれをメモしておくとよい。しかしそのとき，**手もとを見ないで**(見ると音への集中がとぎれる)，'one twenty, three fifty...' と**英語をそのまま**(日本語に訳さないで)頭の中で繰(く)り返(かえ)しながら，「1:20，3:50...」のようにメモしよう。

p.478

18 アアメリカ イ5 ウ家族

19 ア木 イ友達 ウ3 エ手紙
オ日本語

p.480

20 (1)ア (2)ウ (3)イ

21 (1)イ (2)ア

p.482

22 (1) 買い物 (2) 東京

(3) 札幌に行くこと　(4) 5時

解説　(3) I cánnot go to Sappóro は，not go to が［ノッゴトゥ］と軽く速く発音されるので注意。

23　(1)㋒　(2)㋐　(3)㋓　(4)㋒

解説　He は Kenta，She は his aunt である。　(2)㋑と㋓は放送される文の中にない。㋐か㋒か，実際の入試では放送が2回流れるので，間違えないように2回目で確認する。　(3) *Question* の in the English classes をしっかりと聴き取る。

2 発音・語い・文法

p.484

1　(1)㋐　(2)㋓

解説　(1) March［mɑ́ːrtʃ］は大きく口を開け，［əːr］とは異なる発音。

2　(1)㋐　(2)㋒

解説　(1) 日本語では同じ「ファースト」だが，英語では first［fə́ːrst］，fast［fǽst/fɑ́ːst］で，違う発音。　(2) oa のつづりは［ou］と二重母音に発音されるのが普通。

p.485

3　(1)①㋑　②㋓　③㋐
(2)①㋒　②㋐

解説　(1)① foot［fút］短母音。　(2)① 接続詞 if の前で主節と従属節に分かれる。②「世界中からの科学者についての話」の意味でひとまとまり。文頭の副詞句の後でひと呼吸入れて主文が始まる。

4　(1)㋐　(2)㋓　(3)㋒　(4)㋐

解説　(1) thought だけが［θɔ́ːt］と長母音。他は二重母音［ou］。　(2) another だけが［ənʌ́ðər］と有声音。他は無声音［θ］。
(3) great だけが［gréit］と二重母音。他は短母音［e］。　(4) talks だけが［tɔ́ːks］と無声音。他は有声音［z］。無声の子音に続くときは，3単現の -s の発音も無声。

5　(1)㋑と㋒　(2)㋐と㋒　(3)㋑と㋓
(4)㋒と㋓　(5)㋒と㋔

解説　(1) 日本語では「フロント」と言うが，front［frʌ́nt］。㋑と㋒が［ɑ/ɔ］。onion［ʌ́njən］「たまねぎ」，oven［ʌ́vn］「オーヴン」の発音は要注意。　(2) boat［bóut］は二重母音。㋐と㋒が［ɔː］。ocean［óuʃn］「大洋，オーシャン」は二重母音。
(3) crowd［kráud］「群集」。㋓が［ou］で，㋑ arrow［ǽrou］「矢」はアクセントが第1音節で［æ］。　(4) service［sə́ːrvis］に対して，㋒［hɑ́ːrtfəl］と㋓［pərsént］が違う発音。percént「パーセント」のアクセントに注意。なお，heartful「心からの」は最近は使われないのか，掲げていない辞書が多い。
(5) 難問。envelope［énvəloup］「封筒」に対して，㋒［déindʒərəs］と㋔［stréindʒər］が二重母音［ei］。elevator［éləveitər］「エレベーター」のアクセントに注意。

p.486

6　(1)㋑　(2)㋒　(3)㋐

解説　(1) most［móust］と only［óunli］が二重母音［ou］。他は［ɑ/ɔ］。
(2) average［ǽvəridʒ］「平均」と fact［fǽkt］「事実」が同じ母音。

7　(1)㋐，㋓，㋖　(2)㋓と㋔
(3)① aunt　② lost　③ climb　④ hour
⑤ poet

解説　(1)㋐両方とも［ʃ］。㋓両方とも二重母音［ou］。㋖［bízi］と［wímin］で両方とも［i］。　(2) -tion［-ʃn］，-ic［-ik］で終わる単語は，その前の音節，すなわち後ろから2番目の音節にアクセントがくる。
(3)③ climb［kláim］「登る」
⑤ poet［póuit］「詩人」

p.487

8　(1)①㋑　②㋓
(2)①㋑　②㋑　③㋐
(3)① twentieth　② hard〔difficult〕
③ felt

解説　(1)② news［n(j)úːz］と zero［zí(ː)rou］が同じ。㋑と㋒は［ʒ］と［dʒ］で別の発音。
(3) ① 複数形(bab*ies*) や3単現の -s (stud*ies*)と同じ感覚で y を ie に変えて th をつける。

p.488

9 (1) Wednesday (2) play

10 (1) ○ (2) aunt (3) sixty (4) ○
(5) October (6) Thursday

解説 (2)「おじ」uncle
「おば」aunt [ǽnt/ɑ́:nt]
「おい」nephew [néfju:/névju:]
「めい」niece [ní:s]

11 (1) busy (2) favorite (3) worry

p.489

12 (1) second〔shortest〕 (2) taller
(3) cities (4) hundred (5) birthday

解説 (2) 比較級(ひかくきゅう)になっていることに注意。
(3) 複数形(ふくすうけい)のつづりに注意。

13 (1) first (2) season

14 (1) ㋑ (2) ㋒ (3) ㋐

解説 (1) help oneself (to ～)「自由に(～を)取って食べる」
(2) put が過去形(かこけい)であることに注意。
(3)「もう～したか」と疑問文(ぎもんぶん)のときは yet。「まだ～ない」と否定文(ひていぶん)のときも not ～ yet だが,「もう(すでに)～した」と肯定文(こうていぶん)のときは already。

p.490

15 (1) present (2) order (3) water
(4) hand (5) face

解説 (1) つづりは同じだが, 発音は形容詞(けいようし) [préznt], 動詞(どうし) [prizént] と異なる。
(4) hand in「提出する」

16 ㋐ ready ㋑ hungry ㋒ coming

解説 ㋒ 軽く簡単に Comin' と応答することが多い。

p.491

17 (1) ㋓ (2) ㋐ (3) ㋑ (4) ㋒ (5) ㋑
(6) ㋐ (7) ㋒

解説 (4)「彼女のほほ笑みが私たちを幸福にした」が文字どおりの意味。

p.492

18 (1) is (2) in (3) written (4) another
(5) coming

解説 (4) other を形容詞(けいようし)として使うと another watch となるところだから, 代名詞(だいめいし)のときも *another* と不定冠詞(ふていかんし)を含(ふく)んだ形にする。

19 (1) ① was, built ② too, to
③ best, singer ④ how, to
(2) ① Here, you ② Why, don't
③ first, visit ④ How, often

解説 (2) ③「あなたの第 1 回目の訪問」のように言うとよい。

p.493

20 (1) shall, we (2) best, speaker
(3) my, first, visit (4) enjoy, yourself
(5) size

21 (1) What, do, they〔you〕
(2) He, was, on
(3) keeping, over〔above〕, ago
(4) India, more, country
(5) how, many, there
(6) of, girl, who
(7) news, death, us
(8) because, didn't, for
(9) died, finishing, her
(10) she, asleep, before

解説 (3)「～することを始める」は start〔begin〕*doing*〔to *do*〕。この問題の場合は 1 語だから -ing 形で。一般に, to *do* は無意志の動作が始まる場合に, *doing* は有意志の継続的な動作を始める場合に使う。
(7) surprise は他動詞(たどうし)なので, The news surprised us. のように SVO の文型(ぶんけい)で用いる。 (9) without は前置詞(ぜんちし)。「～することなしに」は without *doing* と動名詞(どうめいし)の -ing 形を使う。 (10) stay awake(眠らないでいる)の反対は fall asleep(眠ってしまう)。

p.495

22 ① ㋑ ② ㋓ ③ ㋒ ④ ㋐ ⑤ ㋐
⑥ ㋒ ⑦ ㋓ ⑧ ㋑ ⑨ ㋑ ⑩ ㋓

解説 ② ③「私の全人生で今までに経験した最(もっと)も悲しい経験です。」→「生まれてこのかた今まで経験したことのない悲しい経験です。」 ④「私の家族の一員を失った最初のときでした。」→「私はそれまで家族をだれも失ったことがありませんでした。」 ⑥動名詞の Sitting を主語にして「～の隣に座っていることが…，～と並んで座っているのが…」とする。 ⑦「私がまだとても幼かったころの，私の好きなひとときでした。」when 以下は the day を修飾する形容詞節で，when は関係副詞。 ⑩過去の話が終わり，I *miss* you ... and I'*ll* never forget ... と，現在形から未来形へと移る。 ㋐の現在進行形も，Grandpa に呼びかけ，強く訴えかける言い方として誤りではない。

3 英作文と英文和訳

p.496

1 I *will never forget those happy days* with you.

解説 「みなさんとともに送った日々」を，days *with* you と前置詞 with で表現していることに注意。

2 it is *useful for the people who want to buy* things late at night or early in the morning

解説 it is *useful* ... *want to buy* things と続くことに注意。

p.497

3 (1) Who *was that man talking with* you at the station yesterday?

(2) Will you ask *Tom to wait for thirty* minutes?

(3) I'm *looking for a nice present* for my brother.

4 (1) *Will you show me some*?

(2) Didn't you *know it was cleaned by* volunteers yesterday?

(3) Well, *do you have anything smaller*?

解説 (1) show を SVOO の文型で使っている。間接目的語 me の位置に注意。

(2) 典型的な受動態の文。was cleaned by *volunteers* と続くことに注意。

5 (1) who studied at (2) easy for me

(3) they sing are

解説 (1) the boy *who didn't visit* your school も文法的には可能だが，内容が対話として成立しない。 (2)「歌舞伎を理解することは私には易しくない」の意味に。

(3) 主語の The songs they sing の後に，are loved by many people と受動態の述語が続く。

p.498

6 (1) *Do you know where he lives*?

(2) Then *will you tell him to call me* when he comes back?

(3) *You have to make it much easier*.

(4) Most of the *singers invited to the festival couldn't* come.

(5) You know, *it's important for professional players to practice* every day.

解説 (1) 間接疑問文 where he lives が know の目的語になる。 (2) him と me の使い方に注意。tell *him* to call *me* となる。

(3) 難問。You have to で始め，make it much easier と続ける。 (4) the singers *invited* to the festival と，過去分詞を受け身の意味で後置修飾に使うとよい。

(5) how を使った感嘆文かとも考えられるが，How important it is ...! となり，it's では不適当。さらに，余分な単語が 1 つ残らなくなる。

p.499

7 （解答例）(1) Tom is taller than Kate. / Tom is as old as Kate. / Tom is younger than Betty. / Tom is shorter〔not taller〕than Betty. / Tom is not as tall as Betty.

(2) Who is the tallest (of the three)? / Who is the oldest (of the three)?

8 （解答例） I feel sick, Ms.Tanaka. I have a bad headache〔toothache, stomachache〕. / I'm very sad, Ms.Tanaka. My cat Kitty died last night. / I've lost my cellphone. I can't find it anywhere.

解説 「～が痛い」は My head〔My stomach, One of my teeth〕aches [eiks] badly. のよ

うにも表現できる。

p.500

9 (1) Why don't we〔Shall we〕walk to the river tomorrow? / Let's walk to the river tomorrow, shall we? / How〔What〕about going to the river on foot tomorrow?
(2) Do you know how to cook fish?
(3) I've found a good place for birdwatching〔a good place to watch birds〕.
解説 (3) I *found* と単純過去形でもよいが，この場面では現在完了形がピッタリ。

10 (1) this, fruit, called, in, Chinese
(2) that, it, was, hard〔difficult〕, teach, Japanese, to
(3) learned, how, to, drive
(4) to, bring, something, to, drink
(5) too, busy, time
(6) makes, me, sad
(7) talking, with, you
(8) the, longest, of
解説 (1) この文は What is *the Chinese for this fruit*? とも言える。 (2) 接続詞 that は省略できるが，( )の数が合わなくなる。また，I thought it difficult to teach ... と SVOC の文型でも言えるが，これも( )の数が合わない。 (4)「…に～を持ってくる」は bring を SVOO の文型で使う。 (6) 主語の story は 3 人称単数。makes の -s を忘れないように。 (7) 関係代名詞を使うと( )の数が足りない。with you(あなたと)が入らなくなる。 (8)「～のうちで最も…」は「最上級＋of ～」。

p.501

11 I am glad〔happy〕to have more time to spend with my family than before.
解説「比較級＋than ～」を使う。I am glad *I have*〔*I've*〕*got* more time ... と，文の形で書いてもよい。

12 (1) The trees covered with snow were also beautiful. / The trees with snow were beautiful, too.
(2) I have wanted to go there again since then.
(3) I have nothing to do.
解説 (2) I *have been wanting* to visit it again ever since. と現在完了進行形を使うのもよい。

13 (1) Some students are for his opinion
(2) of the buildings that were built
(3) want you to do something new
解説 (2) 過去分詞による後置修飾では，指定の語数に足りない。「～のうちの 1 つ」は one of の後なので，定冠詞 the が必要。

p.502

14 日本では，私たちは自分の考えや意見をはっきりと表現しなくても，他の人々がそれを理解してくれることを望むことがときどきあります。〔日本では，はっきりと言葉に表現しなくても，自分の考えや意見を相手は察してくれるものと思う傾向がある。〕
解説 others「他の人々」, them＝our ideas and opinions。なお，下線部ではないが，Why are Japanese people like this? は「なぜ日本の人々はこのようであるのか」の意味。like ～「～のような，～のように」に注意。

15 彼らが望んでいるかもしれないことを丁寧に質問し，そしてそれから彼らの反応を見ることによって，彼らが何を望んでいるのか〔彼らが望んでいることを〕見いだすことができる。
解説 下線部ではないが，次の語句にも注意。hold back「遠慮して言わない，ためらって行動しない」, reserved behavior「控えめな振る舞い」, good manners「礼儀，みだしなみ，行儀作法」。

16 子どもが人生の一瞬一瞬の楽しみ方を知っているように，彼もそれを知っているのだと私は思う。そしてそれが，彼のことで私がいちばん好きなところだ。
解説 would は「よく～したものだ」。過去の習性，習慣を表す。what I like は「私は何が好きか，私の好きなこと」の意。what は，疑問の意味が弱くなった疑問代名詞と考えるとよい。先行詞をかねた関係代名詞とも呼ばれる。

p.503

17 長年にわたってイルカの研究をしてきた一人の科学者が，イルカは人間の約8倍の速さでお互いに話をすることを発見した。

18 この実験は，早く起きて朝(のうち)に体温を上げることによって，人は睡眠時間を減らすことができるということを示した。

解説 wake up は自動詞で「起きる」の意味にも，また，他動詞で「起こす」の意味にも(したがって受動態にも)，使うことができる。

19 インターネットは，例えばいちばん近くの図書館に行くといったような，他のどのような取り得る方法よりも迅速に，世界中のどこからでも，情報を私たちに入手させてくれる。

解説 下線部より前の even a Japanese ... living in the country は「地方に住んでいる日本の小学生でも」。living は後置修飾の現在分詞。the same sites that ... uses「…が使うのと同じサイト」 that は目的格の関係代名詞。

p.504

20 たくさんの子どもたちが，ハンスとハンスのお父さんが作り上げた劇を見，ハンスが歌うのを聞くためにやって来た。

解説 3行目の the leather left over from the shoes は「靴(作り)の後に残された革」。left は leave の過去分詞で，the leather の後置修飾。

21 (1) さてアタランタは走るのが速かっただけでなく，頭のいい娘であった。

(2) 若者のジョンは，ただ遠く離れたところからだけであったが，しかし，王女がどんなに聡明で頭がいいか分かるのには十分近くで彼女を見た。

(3) アタランタの父が，その競走の勝者に賞として自分自身の娘を与えるのは正しくない。

解説 3行目からの so bright, and so clever, and ... so wonderfully that ... は so ～ that ...(非常に～なので…)の構文。5行目の had his own way は「自分の思いどおりにした」。6行目の how to choose ～ marry は「お前が結婚する若者の選び方」。

p.505

22 (1) それ(脂肪層)は彼らを暖かく保ち，彼らの体は食物の代わりにそれを燃焼させる。

(2) 鯨たちは暖かい海水の中で非常に気持ちがよかったので，以前よりももっとゆっくりと旅をした。

(3) シャープ・イアズは氷山に彼の大きな鼻を押し当て，それをもっと速く動かそうとすることが好きだった。

(4) シャープ・イアズには鯨たちがどこに行こうとしているのか分からなかったが，彼の母親には分かっていた。

4 会話文と慣用表現

p.506

1 (1) ㋓ (2) ㋐

2 (1) welcome (2) to (3) wait (4) Excuse (5) about

p.507

3 ㋐ fun ㋑ about ㋒ or ㋓ usually ㋔ with ㋕ have

解説 不要な単語が3語あるが，正しいものから順に入れていけば，自然に3語残ってくるので気にしない。

㋓ can't や never も文法的には可能だが，前後の内容と意味が合わない。

㋔ about は㋑で決まりだから，残る前置詞は of か with ということになる。

㋕ 主語のすぐ後なので動詞か助動詞だが，to get up と to が続くので can't は無理。「朝早く起きないといけない」の意味で have (to)がピッタリ。

p.508

4 (1)㋑ (2)㋓ (3)㋒ (4)㋓

解説 (3)㋒の have to *do* は「～しなければいけない」の意味だから，相手に来てほしくないような言い方になる。

(4)㋓はもらう人ではなく，あげるほうの人が言う言葉である。

5 (1)㋑ (2)㋓ (3)㋒ (4)㋐

解説 (2) Would you ～? と相手が尋ねてきているので，I do〔don't〕の㋐と㋒はそれだけでも不適当。

p.509

6 (1) the building standing over there
(2)②㋒ ③㋑ ④㋓ ⑤㋐

解説 (1) standing は building の後置修飾に。 (2)㋑ Why don't you ～?「どうして～しないのか，～しなさいよ」相手に提案し，促す言い方。

p.510

7 (1)㋒ (2)㋑ (3)㋕ (4)㋓

解説 (1) What's the matter, Mayumi?「どうしたの，マユミ。」とたずねて，I feel sick.「気分がよくないの。」と答えているので，㋒「まあ，それは気の毒に。」の同情を表す言い方が適切。

p.511

8 (1)㋑ (2)㋐ (3)㋑

解説 (2) have a good time＝enjoy oneself「楽しむ，楽しい時を過ごす」

9 (1)㋐ (2)㋑ (3)㋓ (4)①㋒ ②㋐

解説 (1)㋐「ええ，どうぞ」と相手の申し出を受け入れる言い方。 (2)㋑「(電話をかけているのは)どちら様ですか」と，please を使って丁寧に尋ねている。

(3)㋓「ここに来てまだ新しいので」と丁重に。I'm *a stranger* here.(ここのことはよく知りませんので)ともいう。 (4)①「何がお入り用ですか」と，would を使って丁寧に尋ねている。 ②「赤色は嫌いなの。他にはどんな色がありますか。」これを受けて，次の *A*(店員)が手持ちのTシャツの色を列挙する。また We *have* ～. の答えから，～ do you *have*? の疑問文を逆に考える。

p.513

10 (1)㋐ (2)㋓ (3)㋒ (4)㋐ (5)㋑

解説 (1) 欧米では，プレゼントをもらうと，贈り主の目の前で包みを開いて喜びと感謝を伝えるのが普通である。 (2) *B* は「浴衣を着て踊りたい」と言っているのだから，「いい考えだ」と大賛成していると考えられる。 (3) *B* は「電話ではお互いに話ができる」と，*A* の意見に否定的なので，不同意の表現を選ぶ。 (4)「もう一度言ってください」と言う前に，ひとこと「申しわけありませんが…」と断るのが礼儀である。 (5) *A* は「いつか家に来てもらおう」と言っているのだから，「それはよかったね」とほめる表現以外は考えられない。この問題は消去法でいくのがよい。

p.514

11 ①㋔ ②㋐ ③㋖ ④㋕ ⑤㋓

解説 ①「何かお手伝いしましょうか」という意味。about ready「だいたい用意はできている」，about は「おおよそ，約～，～ぐらい」の意。 ② Mrs. Brown の答えから Are you ～? の構文の疑問文だろうと推測がつく。実際は *Aren't* you ～? と否定疑問文なので，日本語なら，答えの no は「ええ，ちっとも。本当に疲れていませんよ」となる。I'm not really の後に tired を補って考える。 ③ Keiko が「カップやお皿を運びましょうか」と提案し申し出たので，Sure. という返事になり，「このフォークとナイフも」ということになった。

④ Mrs. Brown の答えから Where is he? の形の疑問文と推測する。実際は，最初に By the way(ところで)という，話題を変えるときの表現が来ているが，同じこと。spend a lot of time *doing* ～は「～することに多くの時間を費やす」。

⑤ Mrs. Brown は「ええ，そうね」と同意し，「何か他にすることを見つけてくれれ

ばいいのだけど」と嘆(なげ)いているのだから，Keiko も Tom の日常生活を「困ったことだ」と嘆いたはず。Mrs. Brown の 'Yes.' は Yes, it is (too bad). と同意を表している。

5 内容理解と長文総合問題

p.517

1 (1) ① Her English teacher did.

② He wants to help children (in other countries).

(2) 多くの使用済みの切手を集め，それを他の国々に送った。

(3) it is important to do something for

(4) ㋑，㋓

解説 (1) ① Mihoko は 4～5 行目で，... because my English teacher told me many interesting stories in English. と言っている。my → her の転換にも注意。

② Mihoko から「何になりたいの？」と尋(たず)ねられて，Mark は(まだ決めてはいないが) I want to help children in other countries. と答えている。(13～14 行目参照) I want → He wants の転換に注意。最後の in other countries は，問いの文にもあるので，繰(く)り返(かえ)す必要はない。

(2) 18 行目の Oh, I've just remembered. (ああ，ちょうど思い出したわ)に続いて，Mihoko は When I was a junior high school student, *we collected a lot of used stamps* in our class *and sent them to other countries*. と言っている。

(4) まず一つは，14～15 行目に Mark が In my social studies class, I *studied about children in other countries*. と，㋓と同じことを同じ言葉(ことば)で述べている。もう一つは，10～11 行目の Mihoko の言葉に，Foreign languages are *important* when we understand people in other countries. とあるので㋑だと思われるが，その前に Learning English is *interesting*.(8 行目)と，同じ構文で別のことを述べているので一時保留する。残りの㋐，㋒，㋔を検討し，いずれも本文と内容が矛盾したり無関係であることを確認したのち，㋑と決める。

全文訳 マーク：君は将来，何になりたいと思っている，みほこ？

みほこ：私は英語の先生になりたいわ。中学生のとき，英語の歌を聴(き)くのが楽しかったの。英語の先生が私に英語で興味深い話しをたくさんしてくれたから英語に興味を持つようになったのよ。

マーク：じゃあ，君は今英語を一生懸命(いっしょうけんめい)勉強しているんだね。いい先生になれるといいね。

みほこ：ありがとう。英語を学ぶことは興味深いわ。私は英語の先生としてそのことを生徒たちに教えたいのよ。もし外国語を理解できれば，私たちは他の国のことをもっと学べるわ。他の国々の人々を理解するとき外国語は大事ね。マーク，あなたは何になりたいの？

マーク：うーん，まだ決めていないんだ。でも他の国々の子どもを助けたいと思っているよ。社会の授業で他の国々の子どもたちについて勉強したんだけど，十分な食べ物をもらえない子どもがいるんだね。彼らについてもっと学ぶつもりだよ。そういう国々を訪(おとず)れて彼らを助けたいんだ。

みほこ：ああ，ちょうど思い出したわ。私が中学生のとき，クラスでたくさんの使用済(ず)み切手を集めて他の国々に送ったの。先生が「君たちが送った切手は子どもたちを助けるために使われるんだ」と言っていたわよ。

マーク：それなら君はもうすでに彼らを助けたじゃないか！　世界の他の地域にいる人々のために何かをするということが重要だと僕(ぼく)は思っているよ。

みほこ：そのとおりね。私たちの夢が叶うといいわね。

p.519

2 (1) after school　(2) ㋓

(3) 生活をより良くするために，私たちはいっしょに働くことが重要であるということ。 (4)there are a lot of yellow bikes everyone can use (5)㋑ (6)㋒, ㋔

解説 (1) school は「授業」の意味なので冠詞なし。at school「授業中」, go to school「登校する」なども同様。

(2) Shall we ～? — Yes, let's. / No, let's not.(～しませんか。—ええ，しましょう。/ いや，やめておきましょう。)の言い方を思い出そう。

(3)「あなたは it's important for us to work together to make life better. と(手紙の中で)言っていました。私もまたそう思います」と続く。it は，意味上の主語 for us を伴った不定詞 to work を受ける仮主語。to make は「…を～にするために」と目的を表す副詞的な不定詞。

(4) everyone の代わりに anyone を使って bikes *anyone* can use としてもよい。「自転車」は bicycle でもよいが，ジェーン先生は bike という単語を使っているので同じ単語を使って答える。日本語の「バイク」とは違うことに注意。「たくさんの」は many でもよいが，肯定文では a lot of を使って強調する。

(5) enjoy の目的語に動詞を使うときは動名詞の -ing 形にする。不定詞の to *do* は使わない。

(6) [1]の 15 行目で，由美は we painted our favorite pictures on them. と，㋒と同じ内容のことを言っている。favorite が pictures *they liked* と言い換えられていることに注意。また，[2]の終わりのほうで，ジェーン先生が㋔と同じ内容のことを言っている。in my town が in Jane-sensei's town in America に換わっている。あとの㋐, ㋑, ㋓が本文の内容と合わない部分は次のとおり。

㋐ Yumi と Jane-sensei が逆。㋑ bought ではなく sold。㋓ in her town in America ではなく in Osaka。

全文訳 [1] 11 月 24 日

親愛なるジェーン先生

お元気ですか。私たちはみんな元気です。

今日は先生に私が友達と作ったいくつかのものについてお話しします。それらは『私たちの傘』と呼ばれています。

6 月のある日，放課後雨が降り始めました。私が傘なしで家に帰ろうとしたとき，先生は「学校から傘を借りたら？」と言ったので，私は「いいえ，学校にはもう傘がないんです」と言いました。そうすると，先生はご自分の傘を一本私に渡してくださって，私は翌日それをお返ししました。そのことを覚えていらっしゃいますか。先生がしてくださったご親切で私は幸せになりました。そしてそのことがきっかけであるアイデアを思いつきました。

文化祭の約 1 か月前，私は友人の何人かに「私たちの学校の生徒のための傘を作らない？」と言いました。彼らは「それはいい考えね。作りましょう」と言いました。私たちは，白い傘をたくさん買うために文化祭で古い本や CD を売りました。それから，他の生徒たちと傘の上にお気に入りの絵を描きました。私たちは傘を大きな箱に入れました。その箱に「これらは私たちの傘です。それらは私たち全員のものです。使用後は傘を返却してください。」と書きました。

今，多くの生徒たちがそれを使い，それから箱に返却します。雨の日に家に帰るときその傘が生徒たちを助けてくれます。生活がより良くなるように，私たちがいっしょに働くということが重要なのです。

お返事くださいね。

由美より

[2] 12 月 8 日

親愛なる由美さんへ

お手紙ありがとう。

あなたは大切なことを学びましたね。生活がより良くなるように私たちがいっしょに働くということが重要だとあなたは言いました。私もそう思います。

大阪に住んでいたとき，私は通りで「街角文庫」と呼ばれる本棚を見かけました。あなたはそれについて知っていますか。人々は読む本を借りることができ，その本棚の１つに返すのです。数名のボランティアが本や本棚の修理をしています。これが人々を助けるのです。

アメリカの私の町では，人々は自転車を借りることができます。駅のような場所に，だれもが使える黄色の自転車がたくさんあります。人々はそれに乗ることができ，こういった場所の１つにそれを返すのです。「人々は本当に自転車を返すの？」と尋ねる人たちがいます。返しますよ。私の町の人たちはその自転車が大好きです。

私の町のボランティアが自転車を修理します。私もします。そしてその人たちと働くのを楽しみます。私たちはもっと多くの人々が私たちと働き，自転車を使ってくれるといいなと思います。

生活をより良くするために，できることがたくさんありますね。

ジェーンより

p.522

3 〔問１〕①㋒　②㋐　③㋑
〔問２〕⑴㋓　⑵㋑　⑶㋒
〔問３〕通りでケニーのところにやって来て話しかけること。
ケニーに食べ物をやろうとすること。
〔問４〕新しい法律のおかげで，レストランや商店など多くの場所に，補助犬が飼い主といっしょに入れること。(47字)
〔問５〕㋑　〔問６〕㋐，㋓

解説 〔問１〕①「ものを見ることのできない人の目として働く」の意味で，目，耳，手足の順で文章を展開している。
〔問２〕⑴「久美には，外出するときに車いすが必要なおばがいる」の意味に。an aunt *who* ～(～であるおば)という，３人称単数の aunt を受ける主格の関係代名詞 who に注意。
⑶「彼(ケニー)が店に入るのを望まない〔嫌がる〕人もいるので…」の意味に。some people ... は「いく人かの人々は…」の意味で，「…の人も(いく人か)ある」ということ。「want＋目的語＋to *do*」で「…が～することを望む」の構文。him は補助犬 Kenny のこと。didn't は主節の couldn't との時制の一致で過去形。
〔問３〕try to *do* は「～しようとする〔試みる〕」という意味。
〔問４〕50字以内という制限があるので，まずその部分を訳したうえで，不必要な部分を削りながら，字数とともに表現を整えていくのがよい。
〔問５〕㋐，㋒が不適切であることは一目瞭然。㋑は physically challenged people (身障者)も含めて for *all* people(すべての人にとって)と言っている。
〔問６〕㋐と㋓以外は，はっきりと内容の不適合がある。㋑ till last October(この前の〔去年の〕10月まで)とあるが，久美が忘れられない体験をしたのは，すでに２年前である(22行目参照)。㋒日本の補助犬の数は「... is enough(十分である)」と言っているが，非常に不足している(15～17行目参照)。㋔「新しい法律は久美のおばや補助犬を失望させた(disappointed)」のではなく，「幸福にした(made ... happy)」のである(32～33行目参照)。なお，設問とは直接関係はないが，次の英語表現にも注意しよう。
〔2行目から始まるパラグラフ〕 most of ～「～のうちのほとんど(が)」 physically challenged people「身体に障害のある人々」 are known as ～「～として知られている」
〔8行目から始まるパラグラフ〕 the things my aunt needs「私のおばが必要としているもの」 文(my aunt needs)に直接，名詞を修飾させている。helps her to do「彼女が～するのを助ける」「help＋目的語＋to *do*」の構文に注意。
〔15行目から始まるパラグラフ〕 Most of

them can't get one「彼らのうちのほとんどの人が補助犬が得られない」 oneは代名詞で an assistance dog の代わり。want people to know「人々が知ってくれることを望む」「want＋目的語＋to *do*」の構文に注意。

〔22行目から始まるパラグラフ〕the sad experience I had「私がもった悲しい体験」文(I had)に直接，名詞(experience)を修飾させている。are afraid of ～「～をこわがる〔恐れる〕」

〔30行目から始まるパラグラフ〕thanks to ～「～のおかげで，～によって」 この形で前置詞のように使う。made my aunt (very) happy「私のおばを(たいへん)幸福にした〔喜ばせた〕」 SVOC(第5文型)に使われた使役動詞の make。

〔34行目から始まるパラグラフ〕It is important for us to learn more「もっと学ぶことが私たちにとって重要です / 私たちがもっと学ぶことが大切です」 意味上の主語(for us)を伴った不定詞(to learn)を受ける仮主語(It)の構文に注意。there are ... problems「多くの問題を抱えて日本で生活している身障者がいる / 日本でも身障者が多くの問題を抱えて生活している」 living は前の people を修飾する現在分詞と考える。should(～すべきである)は「義務」を表す助動詞。

全文訳 あなたは補助犬について知っていますか。

私たちの周りにはたくさんの犬がいます。たいていの犬はペットです。しかし体の不自由な人々を日常生活において助けることができる犬がいます。これらの犬は補助犬として知られています。目が見えない人のために目として働く犬もいれば，耳がよく聞こえない人のために耳として働く犬もいます。また，自分ひとりで動けない人のために手足となって働く犬もいます。

私には歩くことのできないおばがいます。彼女は出かけるときには車いすを使わなければなりません。彼女は補助犬と暮らしています。名前はケニーです。ケニーはほとんどいつも彼女といっしょにいて，彼女のために多くのことをします。彼は私のおばが必要とするものを持ってきます。彼はおばのためにドアを開けます。おばといっしょに買い物にも行きます。おばが仕事に行くとき，彼もいっしょに行きます。そして時にはいっしょに公園へ散歩に行きます。彼はおばがたくさんの種類のことをするのを助けます。ケニーはおばの大切なパートナーです。

おばは「補助犬を必要とする人はたくさんいるのに，補助犬はたくさんいないので，そのような人のほとんどが補助犬を手に入れることができないの。私にはケニーがいてラッキーだわ。でもたくさんの人が彼についてあまり知らないのよ。だからときどき困ることがあるわ。たとえば，通りでケニーに話しかけに来る人がいたり，食べ物を与えようとする人がいたりするの。補助犬は飼い主を助けるために働いているので，補助犬にはそういうことをするべきではないのよ。私はこのことを人々に知ってもらいたいわ」と言います。

私も2年前にした悲しい体験を忘れることができません。私がおばとケニーといっしょにレストランに行ったとき，ケニーとはレストランに入ることができませんでした。そのときおばは「ケニーのような補助犬でさえ，多くのレストランやお店に入ることができないの。そのような場所では犬といっしょにいたくない人がいるのよ。犬を怖がる人もいるわ。多くの人が補助犬について理解していないの」と言いました。それは私にとって大きなショックでした。「どうしておばは行きたいときにケニーといっしょにそのような場所に行けないのだろう」と思いました。

2002年10月，補助犬に関する新しい法律が日本で始まりました。今では，この法律のおかげで，補助犬はレストランやお店やホテルや多くの場所に飼い主といっしょに入ることができます。このために私のおばはとっても幸せになりました。

　私はこの法律はバリアフリーの社会への大切な一歩だと思っています。しかし多くの人々がこの法律をまだ知らないので悲しいです。私たちがこの法律と補助犬についてもっと多くのことを知ることが大切です。多くの問題を抱えながら日本で暮らしている体が不自由な人々がいるということを私たちは理解すべきです。私たちはバリアフリーの社会を実現しようとするべきです。

p.526

4　〔問 1〕ウ　〔問 2〕chair
〔問 3〕(1) ウ　(2) ア　(3) イ
〔問 4〕(1) John's mother and father did.
(2) He saw the new chair.

解説　〔問 1〕おじいさんは「たぶんお前には分からないだろうが」と言い，事実，「ジョンには分からなかった」とある。何が分からないのか？　おじいさんがすぐ前に言った，... but it means a lot to me ということである。it → the old chair, means → meant [ment]，a lot → how much，me → his grandfather と置き換えていくと正解のウの文になる。

〔問 2〕ジョンは 27 行目のおじいさんの言葉(こと ば)をほとんどそのまま使って，両親に訴えている。おじいさんの使った We は This old chair and I で，ジョンの使った They は Grandfather and this (old) chair ということになる。

〔問 3〕(1) 15 行目で，おじいさんがウと同じ内容のことを述べている。　(2) 26 行目でアと同じ内容のことをジョンが言っている。　(3) 35〜37 行目で，この場面のことがイと同じ言葉で語られている。

〔問 4〕(1) 28〜31 行目で，このときのことが語られている。日本では「父母」と父を先に言うが，ここでは問題の英文にならって，John's *mother* and *father* と答えよう。
(2) 46〜47 行目参照。主語(しゅご)のおじいさんの視点から見ると初めて目にするいすなので *a* new chair としてもよいが，「(今まで話題にしてきたあの)新しいいす」ということで，問題の英文にならって *the* new chair としておこう。

なお，設問とは直接関係はないが，次の英語表現にも注意しよう。

〔8 行目から始まるパラグラフ〕a new one の one は代名詞(だいめいし)で chair の代わり。it means a lot の it は This chair を受ける。mean は「意味する，意味をもつ，大切である」ということ。asked 〜 to marry me は「私と結婚してくれるように〜に求めた」の意。「ask＋人＋to *do*」の構文に注意。close「閉じる」　arm「(いすの)ひじ掛け」

〔17 行目から始まるパラグラフ〕
something (very) important to 〜「〜にとって(とても)大切なあるもの」　形容詞(けいようし)の位置に注意。

〔26 行目から始まるパラグラフ〕... is like a friend to 〜「〜にとって…は友達のようなものである」　like は「〜のような，〜のように」の意味で前置詞(ぜんちし)。40 行目も同じ。

〔32 行目から始まるパラグラフ〕最後の文 ... left without taking 〜は「〜を取ることなしに去った」の意味で，「〜を積み込まないでその場に残して行ってくれた」ということ。

全文訳　「お母さん，ただいま！」ジョンはそう言って，走ってリビングルームに入っていきました。ジョンのお母さんは「お帰り，ジョン。今日は学校はどうだった？」と言いました。ジョンはおじいさんの古いいすに腰かけて学校のことについて話し始めました。しばらくするとジョンは尋(たず)ねました。「おじいちゃんはどこ？」「公園で散歩しているわよ」とお母さんが答えました。「明日はおじいちゃんの誕生日(たんじょうび)だから，誕生日プレゼントにおじいちゃんに新しいいすを買おうと思うのよ。どう思う，ジョン？」「それはいい考えだね。このいすは古すぎるから」とジョンが言いました。

その日の夕方，ジョンの両親は出かけていきました。ジョンはおじいさんと家で留守番でした。おじいさんは自分の古いいすに座っていました。「おじいちゃん，おじいちゃんのいすはとっても古いね。新しいのがほしい？」とジョンが言いました。「いいや，このいすはとても古いが，私にはたくさんの意味がある。たぶんお前には分からないけどね」とおじいさんが言いました。ジョンは理解できませんでした。しばらくすると，おじいさんが「私はおばあちゃんに結婚してくれるように頼んだとき，このいすに座っていたんだ。大昔のことだが，このいすに座って目を閉じると，おばあちゃんが近くにいるように感じるよ」とおじいさんは言いました。おじいさんはほほ笑んで，いすのひじ掛けを見ました。

「お前のお父さんが生まれたとき，わたしはこのいすに座っていたんだよ。あの小さな赤ちゃんをわたしの腕の中に抱いたとき，わたしはとても幸せだった」ジョンのおじいさんはにっこり笑って言いました。ジョンはそのいすがおじいさんにとってとても大切なものだと理解し始めました。

「それから何年もたって…」ジョンのおじいさんは言いかけて話をやめました。笑顔はなくなっていました。「医者が電話してきておばあさんの死についてわたしに告げたときもこのいすに座っていたな。たくさん泣いた。とても悲しかったが，このいすがわたしを慰めてくれた。」おじいさんの目に涙がたまっているのがジョンには見えました。

「今は分かるよ」とジョンは言いました。「この古いいすはおじいちゃんにとっては友達みたいなものなんだね」「そうだよ，ジョン。わたしたちはたくさんのことをいっしょに経験してきた」とおじいさんが言いました。

夜遅くなって，ジョンの両親が新しいいすを持って家に帰ってきました。ジョンとおじいさんはすでに眠っていました。ジョンの両親はリビングルームに新しいいすを置き，古いいすを運び出しました。

翌朝，ジョンが目を覚ましリビングルームに入ると，おじいさんの古いいすはそこにありませんでした。「ぼくたちでいすを運び出したんだよ。ごみ収集車がもうすぐやって来て拾っていくだろう」とお父さんが言いました。ジョンは驚きました。そのときごみ収集車の音が聞こえました。彼は走って外に出ました。ひとりの男性がちょうどいすを拾いあげているところでした。「待って！　そのいすを持っていかないで」ジョンは叫びました。「それはぼくのおじいちゃんのいすなんだ。おじいちゃんにはまだ必要なんだよ」ごみ収集車はいすを持っていかずに去って行きました。

そのときジョンの両親が出てきました。ジョンは「このいすは捨てちゃダメだ！　おじいちゃんの友達みたいなものなんだよ。たくさんのことをいっしょに経験してきたんだ」と言いました。ジョンは両親にその古いいすについてもっとたくさんのことを話しました。両親は彼の話を聞きました。ジョンのお父さんは「ぼくたちはお前からとても大切なことを学んだよ，ジョン。ありがとう」と言いました。ジョンはうれしく思いました。それから彼らはいすを家の中に運びました。

「おはよう，みんな」ジョンのおじいさんはリビングルームに入ってきて言いました。彼は自分の古いいすに座って，部屋にあった新しいいすを見ました。ジョンのお母さんは「あれはジョンのいすなんです」と言いました。ジョンは驚きました。「ジョンが良い子なので，彼のために買ったんですよ」とお母さんは言いました。「おや，ジョンはいつも良い子だよ」とジョンのおじいさんは言いました。

さくいん

さくいん

・調べやすいように，一部本文と表現を変えている箇所があります。

お

か

き

く

け

こ

さ

し

す

せ

そ

た

ち

つ

て

と

な

に

ね

の

は

ひ

ふ

ほ

ま

Y

編著者
大向 雅士　四天王寺高等学校・中学校 教諭
松本 真奈　四天王寺高等学校・中学校 教諭
Edwin G Wiehe　四天王寺高等学校・中学校 英語科講師

装丁デザイン：ブックデザイン研究所
本文デザイン：A.S.T DESIGN
イラスト：ホンマヨウヘイ
マンガ：青木 麻緒

※ QR コードは㈱デンソーウェーブの登録商標です。

中学 自由自在 英語

昭和37年 1月10日	第 1 刷 発 行	昭和61年 4月 1日	全訂第1刷発行
昭和40年 3月10日	改訂第1刷発行	平成 2 年 3月 1日	改訂第1刷発行
昭和41年 3月 1日	三訂第1刷発行	平成18年 3月 1日	増訂第1刷発行
昭和43年 1月10日	四訂第1刷発行	平成21年 2月 1日	全訂第1刷発行
昭和47年 2月 1日	全訂第1刷発行	平成28年 2月 1日	新装第1刷発行
昭和53年 3月 1日	改訂第1刷発行	令和 3 年 2月 1日	全訂第1刷発行

監修者　田地野 彰
編著者　中学教育研究会（上記）
発行者　岡 本 明 剛

発行所　受験研究社
©株式会社 増進堂・受験研究社
〒550-0013 大阪市西区新町 2—19—15
注文・不良品などについて：(06) 6532-1581(代表)／本の内容について：(06) 6532-1586(編集)

Printed in Japan　岩岡印刷・高廣製本
落丁・乱丁本はお取り替えします。